"十四五"国家重点出版物出版规划项目
极复杂艰险地质环境地下工程关键技术研究书系（第二期）
国家自然科学基金重大项目（51991390）资助
吉林省科技发展计划（20180622009JC）资助
吉林省科技发展计划（20190801011ZX）资助
吉林省科技发展计划（20210510001RQ）资助
深圳市科技计划（KQTD20180412181337494）资助

复杂地质盾构刀盘刀具关键技术

The key technologies of cutters and cutting wheels of Shieded Machines in complex geological conditions

卢春房◎总顾问
杜彦良◎总主编
张 凌 陈 馈◎著

西南交通大学出版社
·成 都·

图书在版编目（CIP）数据

复杂地质盾构刀盘刀具关键技术 / 张凌，陈馈著．
成都：西南交通大学出版社，2024.9． --（极复杂艰险
地质环境地下工程关键技术研究书系 / 杜彦良总主编）．
ISBN 978-7-5643-9967-2

Ⅰ．U455.43

中国国家版本馆 CIP 数据核字第 2024UN6520 号

"十四五"国家重点出版物出版规划项目

极复杂艰险地质环境地下工程关键技术研究书系（第二期）/ 杜彦良总主编

Fuza Dizhi Dungou Daopan Daoju Guanjian Jishu
复杂地质盾构刀盘刀具关键技术

张 凌 陈 馈 / 著

出 版 人	王建琼
策划编辑	黄庆斌 胡 军 左廷亮
责任编辑	姜锡伟
责任校对	蔡 蕾
封面设计	曹天擎
出版发行	西南交通大学出版社 （四川省成都市金牛区二环路北一段 111 号 西南交通大学创新大厦 21 楼）
邮政编码	610031
营销部电话	028-87600564　028-87600533
网址	http://www.xnjdcbs.com
印刷	廊坊市祥丰印刷有限公司
成品尺寸	185 mm×260 mm
印张	22
字数	468 千
版次	2024 年 9 月第 1 版
印次	2024 年 9 月第 1 次
书号	ISBN 978-7-5643-9967-2
定价	368.00 元

图书如有印装质量问题　本社负责退换
版权所有　盗版必究　举报电话：028-87600562

内容提要

全书共 7 章,主要针对复杂地质盾构施工的重大需求,介绍盾构起源及其发展概要、盾构开挖系统发展概要、刀盘的分类与选择、刀具的分类与应用、刀盘刀具的配置与应用、超大直径泥水盾构刀盘刀具、刀盘刀具数字化设计技术及复杂地质盾构刀盘刀具配置实例。

第 1 章"概论"主要介绍盾构起源及其发展概要、盾构开挖系统发展概要。第 2 章"刀盘的分类与选择"主要介绍刀盘的分类、刀盘的选择。第 3 章"刀具的分类与应用"主要介绍刀具技术发展历程、刀具的分类、滚刀破岩机理、滚刀结构设计、切刀切削机理、刀具材料与制造工艺、刀具失效形式、刀具失效分析、刀具磨损检测、刀具磨损区域划分与刀具配置、刀具技术新进展、刀具技术研究方向。第 4 章"刀盘刀具的配置与应用"主要介绍淤泥地层、黏土地层、砂质地层、砂卵石地层、砂岩地层、泥岩地层、软硬不均地层的地质特点与刀盘刀具配置,刀盘刀具工程应用示例。第 5 章"超大直径泥水盾构刀盘刀具"主要介绍超大直径泥水盾构的刀盘构造与刀具配置、刀盘刀具选型设计、刀具管理。第 6 章"刀盘刀具数字化设计技术"主要介绍刀盘数字化设计理论模型、刀盘数字化设计实验平台研制、刀盘数字化设计实验及工程验证、刀盘数字化优化设计。第 7 章"复杂地质盾构刀盘刀具配置实例"通过具体工程实例介绍土压平衡盾构和泥水平衡盾构的刀盘刀具关键技术。

全书理论与实践相结合,前沿技术与实用技术相结合,既有较强的理论引领性,又有较强的工程实用性,可供从事盾构设计、施工、管理、教学、科研等有关技术人员、教师及学生学习参考。

序
PREFACE

盾构是目前广泛应用于城市地铁、市政公路、城际铁路、水工隧洞和城市综合管廊施工的特大型专用特种工程装备,它与地质的适应性息息相关。盾构的安全施工主要依赖于刀盘刀具系统的高效破岩。

盾构属于大国重器,但长期以来,盾构刀盘刀具关键核心技术一直被国外垄断。

习近平总书记指出:真正的大国重器,一定要掌握在自己手里。核心技术、关键技术,化缘是化不来的,要靠自己拼搏。

中国盾构刀盘刀具技术的发展,经历了最早的初始探索阶段,到引进消化吸收阶段,再到自主创新阶段,从"国外引进"到"中国制造",再到"中国创造",从曾经的受制于人,到享誉世界。目前,中国盾构刀盘刀具设计与制造的总体技术水平已达到国际领先水平,中国盾构已成为响当当的"中国名片"。在这耀眼成绩的背后,离不开一批批中国盾构工程师数十年以来的奋斗不止、坚守初心、勇担使命,攻坚克难、开拓创新与无私奉献。

《复杂地质盾构刀盘刀具关键技术》一书,是一部关于复杂地质下盾构刀盘刀具设计、制造与工程应用的学术专著,是我国出版的第一部盾构刀盘刀具关键技术专著。该书以复杂地质盾构工程为切入点,结合具体工程实例,通过理论分析与工程实际相结合,由浅入深、通俗易懂地进行阐述,不仅工程实用性强,且具有较强的学术性。

我相信该书的出版必将进一步推动我国盾构技术的跨越式发展,必将对提升我国盾构隧道建设水平起到积极的推动作用。我诚挚地向各位从事盾构设计、制造、施工、工程管理、教学、科研等有关工作的人员和学生推荐此书。

前人栽树，后人乘凉，有感于作者的辛勤劳动，在该书即将付印之际，我谨以此序向该书的作者表示祝贺，愿此书在盾构设计、制造及盾构施工中发挥重要的参考作用。

中国工程院院士
中国铁道学会理事长

2024 年 9 月

前 言
FOREWORD

21世纪是地下工程跨越式大发展的新时代。盾构是地下工程施工最先进的大型高端装备，具有广阔的市场前景。盾构是一种特殊的地下工程施工专用设备，它与地质的适应性息息相关，盾构工程的安全与快速施工主要依赖于刀盘刀具系统的高效破岩。刀盘刀具的安全性、可靠性、高效性至今仍是世界性难题；刀盘刀具的设计技术、刀具材料、热处理技术、焊接技术等均属于尖端技术，面临着诸多重大科学挑战。本书以复杂地质盾构工程为切入点，结合具体工程实例进行阐述，以期推动复杂地质盾构刀盘刀具技术的创新与快速发展。

全书共7章。第1章"概论"主要介绍盾构起源及其发展概要、盾构开挖系统发展概要。第2章"刀盘的分类与选择"主要介绍刀盘的分类、刀盘的选择。第3章"刀具的分类与应用"主要介绍刀具技术发展历程、刀具的分类、滚刀破岩机理、滚刀结构设计、切刀切削机理、刀具材料与制造工艺、刀具失效形式、刀具失效分析、刀具磨损检测、刀具磨损区域划分与刀具配置、刀具技术新进展、刀具技术研究方向。第4章"刀盘刀具的配置与应用"主要介绍淤泥地层、黏土地层、砂质地层、砂卵石地层、砂岩地层、泥岩地层、软硬不均地层的地质特点与刀盘刀具配置，刀盘刀具工程应用示例。第5章"超大直径泥水盾构刀盘刀具"主要介绍超大直径泥水盾构的刀盘构造与刀具配置、刀盘刀具选型设计、刀具管理。第6章"刀盘刀具数字化设计技术"主要介绍刀盘数字化设计理论模型、刀盘数字化设计实验平台研制、刀盘数字化设计实验及工程验证、刀盘数字化优化设计。第7章"复杂地质盾构刀盘刀具配置实例"通过具体工程实例介绍土压平衡盾构和泥水平衡盾构的刀盘刀具关键技术。

本书在撰写过程中得到了中铁工程装备集团有限公司和海瑞克股份公司的大力支持，在此深表感谢！本书参引了国内外相关领域大量的论文资料和学术著作，在此向这些专家学者表示诚挚的谢意！

期望本书能给我国盾构刀盘刀具设计与盾构法施工提供参考和借鉴。尽管作者为本书付出了大量的心血，但书中不可避免地会出现疏漏和不足之处，有些提法也可能需要大家进一步研讨，敬请广大同行提出批评并指正。

2024 年 9 月

目 录
CONTENTS

第 1 章　概　论 / 1

1.1 盾构起源及其发展概要 / 1
1.1.1 盾构的起源 / 1
1.1.2 圆形盾构的开发 / 3
1.1.3 泥浆盾构的开发 / 3
1.1.4 机械化盾构的开发 / 3
1.1.5 压缩空气在盾构中的应用 / 4
1.1.6 辐条式盾构的开发 / 5
1.1.7 液体盾构的开发 / 5
1.1.8 泥水盾构的开发 / 5
1.1.9 土压平衡盾构的开发 / 6
1.1.10 多元化盾构的开发 / 7
1.1.11 中国盾构发展简述 / 7

1.2 盾构开挖系统发展概要 / 7
1.2.1 盾构开挖系统概述 / 7
1.2.2 刀盘的构成及功能 / 8
1.2.3 刀盘的形状 / 8
1.2.4 刀盘的支承形式 / 8

第 2 章　刀盘的分类与选择 / 10

2.1 刀盘的分类 / 10
2.1.1 按适应地质进行分类 / 10
2.1.2 按刀盘结构形式进行分类 / 13
2.1.3 按换刀作业环境进行分类 / 14

2.2 刀盘的选择 / 16
2.2.1 土压平衡盾构刀盘结构形式的选择 / 16
2.2.2 泥水平衡盾构刀盘结构形式的选择 / 17

第 3 章 刀具的分类与应用 / 20

3.1 刀具技术发展历程 / 20
- 3.1.1 初始阶段 / 20
- 3.1.2 引进消化吸收阶段 / 20
- 3.1.3 自主创新阶段 / 20

3.2 刀具的分类 / 20
- 3.2.1 滚压刀具 / 21
- 3.2.2 切削刀具 / 23
- 3.2.3 锤击刀具 / 23
- 3.2.4 辅助刀具 / 23

3.3 滚刀破岩机理 / 24

3.4 滚刀结构设计 / 26
- 3.4.1 中心滚刀 / 28
- 3.4.2 正滚刀与边滚刀 / 29
- 3.4.3 轴承 / 29
- 3.4.4 密封 / 30
- 3.4.5 刀圈刃形 / 31

3.5 切刀切削机理 / 32

3.6 刀具材料与制造工艺 / 33
- 3.6.1 刀具材料 / 33
- 3.6.2 刀具制造工艺 / 36

3.7 刀具失效形式 / 37
- 3.7.1 滚刀失效形式 / 37
- 3.7.2 切削刀具失效形式 / 37

3.8 刀具失效分析 / 38
- 3.8.1 质量稳定性 / 38
- 3.8.2 刀具现场管理 / 38
- 3.8.3 刀具安装形式 / 38
- 3.8.4 受力变化频繁 / 39
- 3.8.5 密封失效 / 39

3.9 刀具磨损检测 / 40
- 3.9.1 刀具磨损检测方式 / 40

3.9.2 刀具磨损检测发展方向 / 41

3.10 刀具磨损区域划分与刀具配置 / 41

 3.10.1 极易磨损区 / 42

 3.10.2 易磨损区 / 43

 3.10.3 中等磨损区 / 44

 3.10.4 低磨损区 / 44

3.11 刀具技术新进展 / 45

 3.11.1 梯度结构刀圈 / 45

 3.11.2 可锻硬质合金刀圈 / 46

 3.11.3 新型刀毂结构 / 46

 3.11.4 内腔带压滚刀 / 46

 3.11.5 滚刀内外压力平衡装置 / 47

3.12 刀具技术研究方向 / 47

 3.12.1 刀具适应性理论研究 / 47

 3.12.2 高效破岩刀具研究 / 48

 3.12.3 刀具技术标准化研究 / 48

第 4 章 刀盘刀具的配置与应用 / 49

4.1 典型地层刀盘刀具配置 / 49

 4.1.1 淤泥地层地质特点与刀盘刀具配置 / 49

 4.1.2 黏土地层地质特点与刀盘刀具配置 / 49

 4.1.3 砂质地层地质特点与刀盘刀具配置 / 50

 4.1.4 砂卵石地层地质特点与刀盘刀具配置 / 51

 4.1.5 砂岩地层地质特点与刀盘刀具配置 / 52

 4.1.6 泥岩地层地质特点与刀盘刀具配置 / 52

 4.1.7 软硬不均地层地质特点与刀盘刀具配置 / 53

4.2 刀盘刀具工程应用示例 / 54

 4.2.1 中国中铁盾构 / 54

 4.2.2 德国海瑞克盾构 / 73

第 5 章 超大直径泥水盾构刀盘刀具 / 79

5.1 刀盘构造与刀具配置 / 79

 5.1.1 刀盘结构 / 79

5.1.2 刀具配置 / 80

5.1.3 刀间距与常压刀具 / 81

5.1.4 超挖刀 / 81

5.1.5 刀盘耐磨 / 83

5.1.6 刀盘磨损检测 / 83

5.1.7 刀盘防泥饼 / 85

5.2 刀盘刀具选型设计 / 86

5.2.1 刀盘选型设计 / 86

5.2.2 刀盘结构设计 / 87

5.2.3 刀具布置原则 / 89

5.3 刀具管理 / 90

第 6 章 刀盘刀具数字化设计技术 / 95

6.1 刀盘数字化设计理论模型 / 95

6.1.1 刀具高效破岩理论优化 / 95

6.1.2 盾构刀盘推力的优化模型 / 100

6.1.3 盾构刀盘扭矩的优化模型 / 101

6.1.4 单刀侵压数值模拟 / 103

6.1.5 多刀侵压数值模拟 / 113

6.1.6 最优刀间距数值模拟 / 120

6.1.7 小结 / 130

6.2 刀盘数字化设计实验平台研制 / 131

6.2.1 实验平台的功能 / 131

6.2.2 滚刀岩机作用综合实验台方案设计 / 131

6.2.3 滚刀岩机作用综合实验台研制 / 133

6.2.4 岩石磨蚀性伺服实验仪研制 / 143

6.2.5 小结 / 145

6.3 刀盘数字化设计实验及工程验证 / 145

6.3.1 岩石力学性能试验 / 145

6.3.2 岩石静压破坏实验 / 159

6.3.3 三刀滚压实验 / 167

6.3.4 滚刀刀间距实验验证 / 171

6.3.5 刀盘破岩推力、扭矩模型实验验证 / 176

6.3.6 工程实例反算 / 186

6.3.7 小结 / 188

6.4 刀盘数字化优化设计 / 188

6.4.1 开发方案 / 188

6.4.2 刀盘参数化建模 / 189

6.4.3 刀盘优化分析 / 208

6.4.4 小结 / 239

第7章 复杂地质盾构刀盘刀具配置实例 / 240

7.1 天津地铁 3 号线土压平衡盾构 / 240

7.1.1 工程概况 / 240

7.1.2 工程重难点 / 244

7.1.3 刀盘本体结构设计 / 245

7.1.4 刀盘功能结构设计 / 246

7.1.5 刀具种类及布置 / 250

7.1.6 刀盘参数化自动建模与优化技术 / 251

7.2 武汉长江公路隧道大直径泥水盾构 / 262

7.2.1 工程概况 / 262

7.2.2 工程重难点 / 262

7.2.3 刀盘刀具地质适应性设计 / 263

7.2.4 刀具配置 / 266

7.2.5 刀盘有限元分析 / 268

7.3 汕头海湾隧道工程超大直径泥水盾构 / 312

7.3.1 工程概况 / 312

7.3.2 工程重难点 / 316

7.3.3 刀盘刀具地质适应性设计 / 317

7.3.4 高强度花岗岩破岩实验 / 324

7.3.5 刀盘强度分析 / 332

参考文献 / 336

第1章 概 论

本章重点

盾构起源、圆形盾构的开发、泥浆盾构的开发、机械化盾构的开发、压缩空气在盾构中的应用、辐条式盾构的开发、液体盾构的开发、泥水盾构的开发、土压平衡盾构的开发、多元化盾构的开发等世界盾构的发展历程；中国盾构的发展简述；盾构开挖系统发展概要。

1.1 盾构起源及其发展概要

1.1.1 盾构的起源

盾构可以在地下如火如荼地开挖隧道，而地面上的人们却毫无察觉，工作生活如常。这么好的工程装备，它是如何发明的呢？

正如牛顿因苹果掉落而发现万有引力，盾构的发明灵感也来源于自然界：船上的蛀虫（船蛆）。

1806年，法国工程师麦克·布鲁内尔（Marc Isambard Brunel）发现船的木板中，有一种蛀虫（船蛆）能将木板钻出孔道。

船蛆（图1-1）是一种蛤，头部有外壳，在钻穿木板时，分泌出液体涂在孔壁上形成坚韧的保护壳，用以抵抗木板受潮后的膨胀变形，以防自身被压扁。

图1-1 船蛆

在蛀虫钻孔的启示下，麦克·布鲁内尔发现了盾构掘进隧道的原理，并在英国注册了专利（图1-2）。麦克·布鲁内尔专利盾构由不同的单元格组成，每一个单元格可容纳一个工人独立工作，并对工人起到保护作用。所有的单元格牢固地装在盾壳上。一段隧道挖完后，由千斤顶将整个盾壳向前推进。1818年，布鲁内尔完善了盾构结构的机械系统，设计成全断面螺旋开挖的封闭式盾壳，衬砌紧随其后，如图1-3所示。

1825年，麦克·布鲁内尔和他的儿子金德姆·布鲁内尔（Isambard Kingdom Brunel）创造性地发明了一种施工机具和施工工艺，在伦敦泰晤士河下用一个断面高6.8 m、宽11.4 m的矩形盾构修建第一条盾构法隧道。

布鲁内尔的矩形盾构由12个邻接的框架组成（图1-4），每一个框架分成3个工作舱，每个舱可容纳一名工人独立工作并对工人起到保护作用。每个工作舱都牢固地装在盾壳上，共36个人工作。掘进完一段隧道后，由螺杆将鞍形框架向前推进，紧接着后部砌砖。

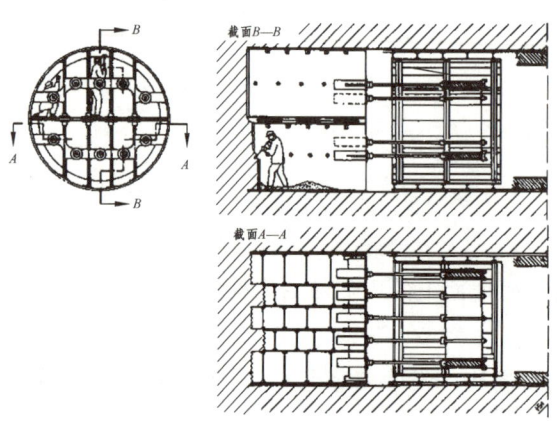 

图1-2　布鲁内尔专利盾构（1806年）　　　图1-3　布鲁内尔螺旋盾构（1818年）

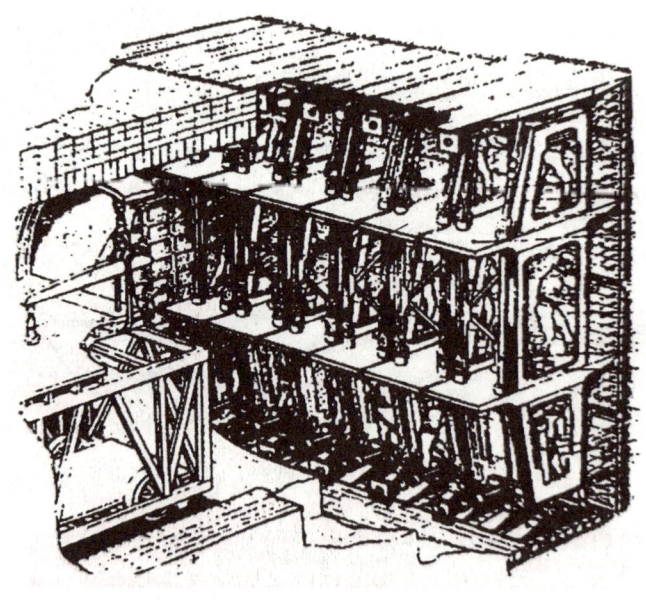

图1-4　布鲁内尔矩形盾构（1825年）

1.1.2 圆形盾构的开发

1865 年，英国桥梁工程师巴洛（Barlow）发明了一种盾构，是在布鲁内尔盾构原理的基础上改进的，并注册了专利。这种盾构呈圆筒形，不再用砖衬砌隧道内壁，而是用铸铁管片。

1869 年，巴洛和他的学生兼助手詹尼斯·亨利·格瑞海德（James Henry Greathead）利用这种盾构在泰晤士河床下修建第 2 条隧道，隧道外径为 2.18 m，长 402 m，并第一次采用了铸铁管片。由于圆形盾构在推进时比矩形断面更能减小阻力，且隧道更稳定，盾构在施工中表现得非常有效，隧道在一年之内就凿通了。

1.1.3 泥浆盾构的开发

1874 年，格瑞海德开发了液体支撑隧道工作面的盾构（图 1-5），通过液体流，土料以泥浆的形式排出。

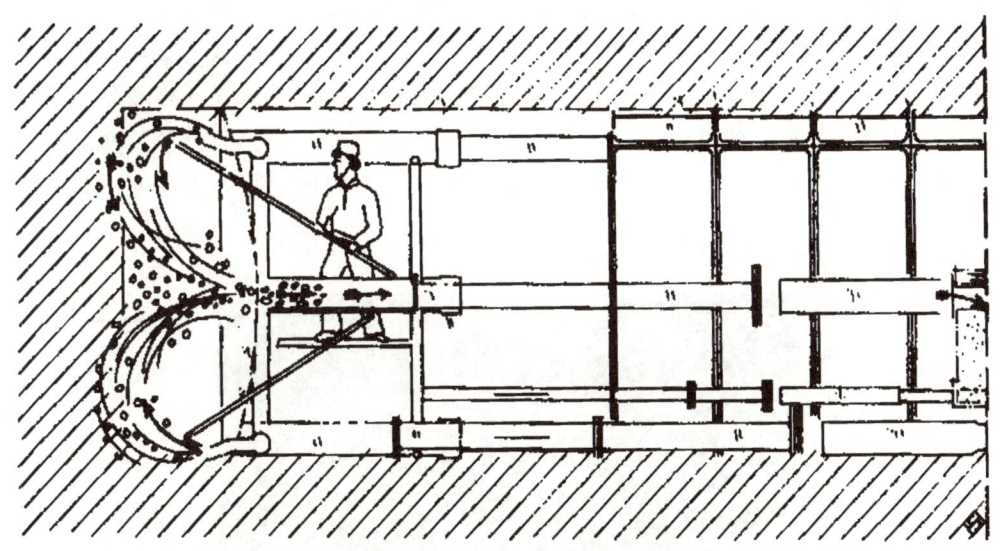

图 1-5　格瑞海德泥浆盾构（1874 年专利）

1.1.4 机械化盾构的开发

在布鲁内尔开发盾构之后的另一个进步是用机械开挖代替人工开挖。第一个机械化盾构（图 1-6）的专利是英国人约翰·荻克英森·布伦敦（John Dickinson Brunton）和姬奥基·布伦敦（George Brunton）于 1876 年申请的。这台盾构采用了半球形旋转刀盘，开挖土渣落入径向装在刀盘上的料斗中，料斗将土渣转运到皮带输送机上。

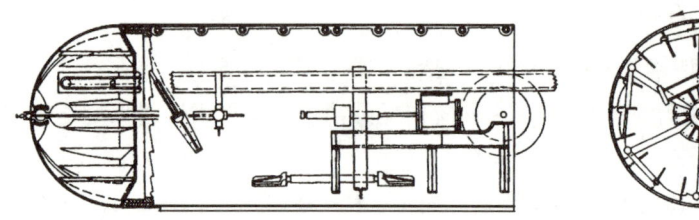

图 1-6　布伦敦机械化盾构（1876 年专利）

1.1.5　压缩空气在盾构中的应用

巴洛的学生兼助手格瑞海德进一步改进了巴洛的盾构隧道技术，首先是盾构断面大为增加，推进动力也改为液压系统，辅以压缩空气抵消外面的水压，盾构开挖端施加有较高的气压，其目的除抵抗地下水压外，还用气压防止开挖面塌方。

1886 年，格瑞海德在伦敦地下施工中将压缩空气方法与盾构掘进结合使用。压缩空气在盾构掘进中的使用，标志着在承压水地层中掘进隧道有了一个重大进步。

1890 年，伦敦用这种技术建成了世界上第一条地下铁道。盾构成为英国修建地铁的主要手段。格瑞海德用这种盾构修建了数条地铁线路，一时名声大振，格瑞海德圆形盾构后来成为大多数盾构的模型。

图 1-7 所示为用于修建罗瑟希德（Rotherhithe）隧道的直径为 9.35 m 的格瑞海德圆形盾构。

图 1-7　格瑞海德圆形盾构

1.1.6 辐条式盾构的开发

1896年,英国人普莱斯(Price)开发了一种辐条式刀盘机械化盾构(图1-8),并于1897年起成功应用在伦敦的黏土地层施工中。它第一次将格瑞海德圆形盾构与旋转刀盘结合在一起,在4个辐条式刀盘上装有切削工具,刀盘通过一根长轴由电机驱动。

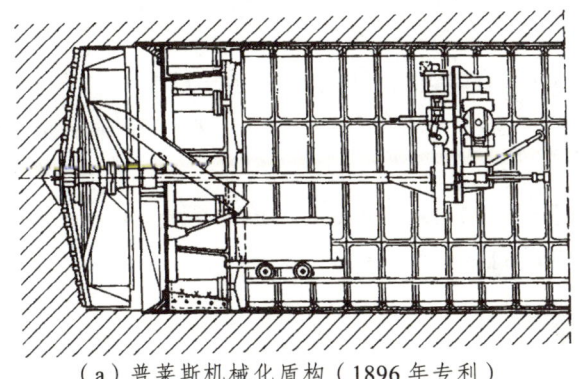

(a)普莱斯机械化盾构(1896年专利)　　(b)马克姆(Markham)公司普莱斯机械化盾构

图1-8　普莱斯机械化盾构

1.1.7 液体盾构的开发

1896年,德国人哈姬(Haag)在柏林为第一台德国盾构申请了专利。这是一台用液体支撑隧道工作面并把开挖舱密封作为压力舱的盾构(图1-9)。

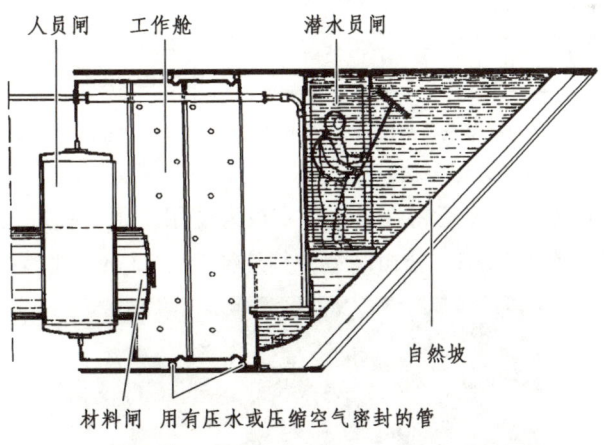

图1-9　德国哈姬液体盾构(1896年专利)

1.1.8 泥水盾构的开发

最初的泥浆盾构是通过喷射水流,使土料以泥浆的形式排出。但水不能支护开挖面,无法阻止开挖面不停地流动。这种情况与充满水的挖槽类似,从而有人提出在开挖面用类同槽壁的方法支护,而膨润土泥浆可在无黏聚力土槽沟中支护掘出的开挖面,这样就诞生了泥水加压平衡盾构。

英国工程师约翰·巴特利特（John Bartlett），莫特·海伊-安德森公司（Mott Hay & Anderson）的高级合伙人，在 1965 年提交了（1967 年公布）名为"膨润土盾构（Bentonite Shield）"的专利。但由于英国当时缺乏能适合促进这种技术的隧道工程，这种技术的发展受到了限制。

1967 年，第一台用刀盘切削土体和水力出渣的泥水盾构在日本投入使用。这台盾构由三菱公司制造，其直径为 3.1 m。

1970 年，日本铁道建设公司在京叶线森崎运河下的羽田隧道工程中采用了直径为 7.29 m 的泥水盾构施工，施工长度为 1 712 m，获得了极大成功。这是当时直径最大的泥水盾构。

1974 年，德国的维斯·福莱塔格公司（Wayss & Freytag）开发了德国第一台泥水盾构，并在汉堡首次使用了这种盾构开挖 4.6 km 长的污水管道。

1.1.9　土压平衡盾构的开发

1963 年，日本佐藤工业（Sato Kogyo）公司首先设计研发土压平衡盾构（图 1-10）。

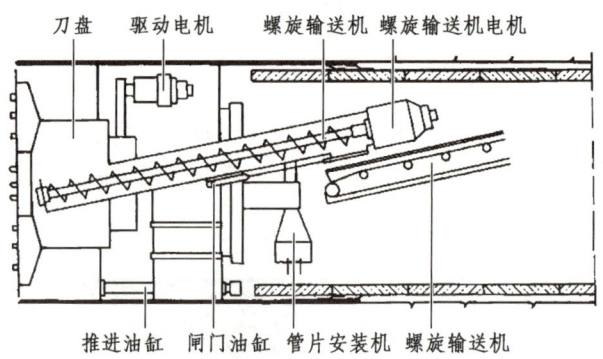

图 1-10　日本佐藤工业公司设计研发的土压平衡盾构（1963 年专利）

1974 年，第一台土压平衡盾构在日本东京投入使用，用于掘进长 1 900 m 的隧道。该盾构由日本石川岛播磨（IHI）公司制造，其外径为 3.72 m，外形如图 1-11 所示。

图 1-11　日本第一台使用的土压平衡盾构（石川岛播磨公司 1974 年制造）

1.1.10 多元化盾构的开发

1984年后，德国和日本相继研制出了大直径盾构、多模式盾构、异型断面盾构。

多模式混合盾构（德国称为混合盾构，中国称为多模式盾构）主要是针对欧洲的地质条件由德国开发的。

1985年，德国的维斯·福莱塔格公司和海瑞克公司申请了混合式三模盾构专利。它以维斯·福莱塔格公司拥有专利的泥水盾构为基础，可转换为泥水模式、土压模式、敞开模式运行。

1.1.11 中国盾构发展简述

盾构技术起源于英国，发展于德国、日本，跨越式发展于中国。

我国盾构技术的发展大致分为3个历史时期。1953—2001年，是中国盾构技术的探索期，1953年，东北阜新煤矿开发了手掘式盾构（$\phi 2.6m$）用于疏水巷道施工，开启了中国盾构的自主探索阶段；2002—2008年，是中国盾构技术的创新期，2002年，盾构研发列入国家高技术研究发展计划（863计划），2008年4月26日，中国研制出了首台具有完全自主知识产权的复合盾构，实现了中国高端盾构零的突破；自2009年起，进入到中国盾构技术的跨越期，中国盾构自主创新能力显著提升，盾构实现产业化生产，国产盾构开始走向世界。

1.2 盾构开挖系统发展概要

1.2.1 盾构开挖系统概述

开挖系统设置在盾构的最前端，一般包括切削装置和驱动装置，可实现隧道岩土的挖掘和搅拌。

世界上第一台盾构是法国工程师麦克·布鲁内尔在蛀虫钻孔的启示下发明的。形象地说，开挖系统就是盾构的"牙齿"。俗话说"牙好胃口就好"，有一口"好牙"，对于盾构来说，相当重要。

世界盾构的发展主要经历了4个阶段（图1-12）。一是以布鲁内尔盾构为代表的手掘式盾构；二是以机械式、气压式等盾构为代表的半机械式盾构；三是以土压平衡盾构、泥水盾构等为代表的闭胸式盾构；四是以大直径、长距离、高水压、大埋深、高智能化、多样化为特色的高智能多样化盾构。

对手掘式盾构而言，主要采用鹤嘴锄、风镐、铁锹等开挖工具；对半机械式盾构而言，主要采用铲斗、掘削头等开挖机构；对闭胸式、高智能多样化盾构而言，则主要采用切削刀盘开挖机构。本书仅对刀盘开挖系统作重点介绍。

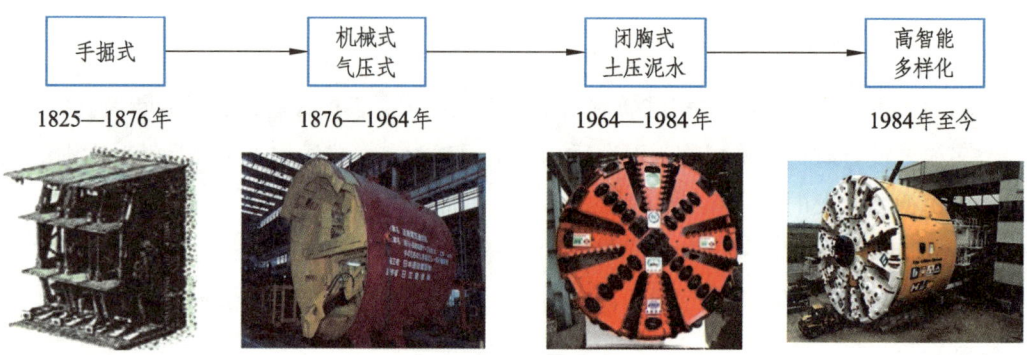

图 1-12　世界盾构发展的 4 个历史阶段

1.2.2　刀盘的构成及功能

盾构的切削刀盘是一种作转动或摆动的盘状刀盘，主要由切削土体的刀具、稳定切削掌子面的面板、出土开口、转动或摇动的驱动机构等组成。

根据开挖原理不同，切削刀盘包括旋转开挖刀盘、摆动切削刀盘、滚筒式刀盘等；根据工程地质不同，刀盘一般可分为软土刀盘、硬岩刀盘、复合刀盘等。

开挖系统的形式种类繁多，但归纳起来，主要具有三大功能：在刀盘切削力和盾构推进力的共同作用下切削土体；在开挖和停机时支撑开挖掌子面；在开挖过程中采用搅拌棒和改良剂对切削的渣土进行改良。

1.2.3　刀盘的形状

刀盘的纵断面形状主要有垂直平面形、突芯形、穹顶形、倾斜形和缩小形等 5 种。其结构如图 1-13 所示。

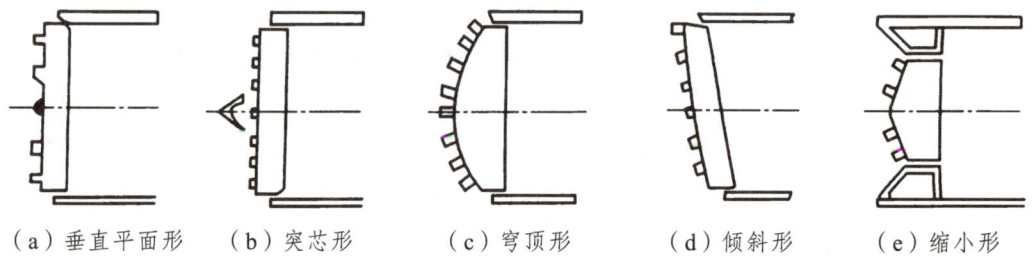

（a）垂直平面形　　（b）突芯形　　（c）穹顶形　　（d）倾斜形　　（e）缩小形

图 1-13　刀盘的纵断面形状

刀盘的正面形状一般为辐条式、面板式或辐板式。

1.2.4　刀盘的支承形式

刀盘的支承方式可分为中心支承式、周边支承式和中间支承式等 3 种（图 1-14），一般以中心支承式、中间支承式居多。

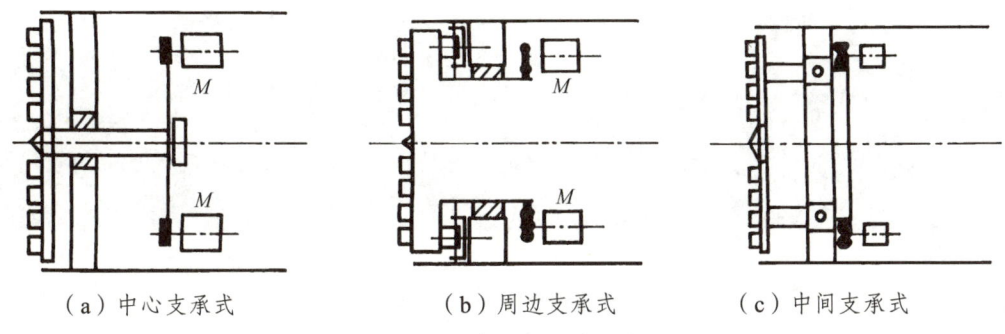

图 1-14 刀盘支承方式示意图

对于异型盾构，采用单个定轴回转圆形刀盘是无法实现异型断面开挖的。为达到异型断面开挖的目的，一般采用平行轴多刀盘旋转开挖、仿形刀盘摆动开挖、多圆刀盘组合开挖或其他异型断面开挖形式。异型断面隧道开挖方式的选择，除需考虑隧道断面、覆土、地质等工况外，还需综合考虑隧道功能用途、施工成本、工期等因素。例如：平行轴多刀盘旋转开挖、仿形刀盘摆动开挖适用于建造城市过街通道、地铁出入口等矩形断面、马蹄形断面隧道；双圆盾构适用于建造双线地铁隧道；三圆盾构适用于建造地下车站；敞开式盾构开挖适用于地层比较稳定，不需要支护掌子面的隧道等。

第 2 章 刀盘的分类与选择

> **本章重点**
>
> 刀盘分类方式，土压平衡盾构刀盘结构形式选择，泥水平衡盾构常压刀盘与常规刀盘的选择，常压刀盘的优缺点、局限性与针对性设计等。

2.1 刀盘的分类

盾构刀盘由钢结构构件焊接和机加工后安装上各种刀具和辅助附件而成，目前主流材料是 Q345R。

盾构刀盘一般具有三大基本功能：切削开挖面、支撑开挖面、搅拌渣土。除此以外，盾构刀盘还具有为渣土改良的管道和各种喷嘴提供结构和通道、为辅助的液压和电气管线提供结构和通道以及连接主驱动的作用。

2.1.1 按适应地质进行分类

根据地质条件合理选择刀盘类型及配置刀具。地质不同，对刀盘的结构及刀具的组合布置、刀具性能的要求也不同。

按适应的地质不同，盾构的刀盘可分为切削刀盘（软土刀盘）、滚刀刀盘（硬岩刀盘）和复合刀盘等 3 类（图 2-1）。其中，滚刀刀盘（硬岩刀盘）是用于岩石隧道掘进机的，因此，盾构刀盘按适应的地层主要划分为切削刀盘（软土刀盘）和复合刀盘。

（a）切削刀盘（软土刀盘）　　（b）滚刀刀盘（硬岩刀盘）　　（c）复合刀盘

图 2-1　刀盘按适应地质分类

1）切削刀盘

切削型刀具适用于未固结成岩的软土地层和全风化或强风化的软岩地层，一般破岩能力在单轴抗压强度 20 MPa 以下。例如：对于上海、天津、西安、郑州等均一的软土地层，通常只使用切刀、边刮刀类等软土刀具就可以了。这类刀盘结构相对简单，通常称为切削刀盘或软土刀盘，如图 2-2 所示。

图 2-2　切削刀盘

切削刀盘以切刀等软土类刀具为主，可以有周边刮刀和先行刀，但是没有滚刀，一般用于软土地层或强风化的软岩地层。软土刀盘可以是辐条式刀盘，也可以是面板式刀盘或辐板式刀盘。切削刀盘的刀具配置参见表 2-1。

表 2-1　切削刀盘的刀具配置

刀具类别	所在刀盘位置	作用	工作原理
正面切刀	正面区域	切削掌子面	切削破碎
边刮刀	边缘区域	切削掌子面 保护刀盘外周 确保隧道外径	切削破碎
先行刀	中心或正面区域	松动掌子面	挤压破碎
保径刀	边缘区域	保护刀盘外周 确保隧道外径	切削或挤压破碎
鱼尾刀	中心区域	切削中心区域	切削或挤压破碎
刀盘保护刀	刀盘围板	保护刀盘围板	挤压破碎

2）滚刀刀盘

盘形滚刀适用于岩石地层，对于全断面岩石地层，通常只用滚刀配以刮板。铁路隧道、公路隧道、引水隧洞等山岭隧道及重庆、深圳、青岛等部分地铁隧道常常是这类地层。

岩石隧道掘进机（TBM）采用滚刀刀盘。滚刀刀盘也称为硬岩刀盘，如图 2-3 所示。

图 2-3 滚刀刀盘

滚刀刀盘是用于岩石隧道掘进机的，以滚刀为主，边缘和部分面板上装有铲刀，但是没有切刀，一般用于全断面岩石地层，其开口率较小，在 20% 以下。滚刀刀盘是一种特殊的面板式刀盘。

3）复合刀盘

对于既有软土、软岩，又有硬岩，一段软一段硬，或上软下硬、密实胶结、卵石土等软硬不均的地层，如广州、深圳、成都、北京地区，刀盘上的刀具不仅要安装滚刀，还要布置切刀、刮刀等软土刀具，这样的刀盘称为复合刀盘（图 2-4）。复合刀盘上既装有滚刀，也装有切刀和周边刮刀，还可以安装先行刀。滚刀还可以与切削类刀具互换，这样也可以使用于软土地层。复合刀盘一般都是面板式刀盘（也有辐条上安装滚刀的辐条式刀盘）。刀盘上有没有滚刀是区别软土刀盘和复合刀盘的重要标志。

图 2-4 复合刀盘

刀具的合理布置与选择在这类刀盘上显得特别重要，应按位置选择刀具。

刀盘一般分为中心区、正面区、边缘区等 3 个不同的区域；在某些刀盘上，正面区与边缘区之间还存在过渡区。不同区域的刀具，因其承担的破岩量和刀具的受力特性有差异，刀具的性能也有差别。

（1）中心区

中心区的特点是空间小，滚刀的转弯半径小，滚刀滑动加滚动，承受的轴向力大。

中心滚刀与正滚刀相比有如下差别：一是成组安装，2~6个一组；二是轴承常选用大角度，且预紧力较大；三是刀圈要求韧性指标更高些。

（2）正面区

该区处于中心区和边缘区之间，工作时刀具正对着掌子面，有一定的转弯半径，是所谓的纯滚动工作区，又有足够的布置空间。该区的刀具称为正滚刀，在掘进中，刀具纯滚动，无论是刀具轴承寿命还是刀圈寿命都比较高。

（3）边缘区

该区位于刀盘的边缘，刀具承担的破岩量大，且刀具受力非常复杂，还要保证开挖直径，刀圈的允许磨损量较小（一般由正滚刀的35 mm降到15 mm），常常布刀量较多，刀间距较小。边滚刀寿命一般较低。

（4）过渡区

过渡区的滚刀与正滚刀超出刀盘面板的高度相等，但是为了减小磨损量，其刀间距小于正面滚刀。

2.1.2 按刀盘结构形式进行分类

按刀盘结构形式不同，盾构刀盘主要划分为面板式刀盘、辐条式刀盘和辐板式刀盘，如图2-5所示。辐板式刀盘是一种"辐条+面板"的复合结构刀盘，是在辐条式刀盘的基础上，增加了支撑开挖面的小面板，如图2-6所示。

（a）面板式刀盘

（b）辐条式刀盘

（c）辐板式刀盘

图2-5 刀盘按结构形式分类

（a）辐板式刀盘（软土刀盘）

（b）辐板式刀盘（复合刀盘）

图2-6 辐板式刀盘

面板式刀盘一般为焊接箱形结构，由面板、焊接箱形构件、刀箱、传力架、加强筋及刀具组成，刀盘上设置有刀座、刀具、开口、添加剂注入口及主轴承连接部件，切刀布置在面板上开口的两侧，滚刀通过刀座布置在刀盘上。其结构较为复杂，开口率一般为 25%～40%，对开挖面有一定的支撑作用，刚度较高，可安装的刀具数量和种类较多，对驱动扭矩要求较高，适用于自稳性较差的砂性土、黏土、砂卵石和破碎的风化岩地层及全断面岩石地层。

辐条式刀盘主要由轮缘、辐条、传力架及安装在辐条上的刀具组成。刀具一般布置在辐条的两侧，其结构简单，**重量轻**，开口率一般大于 60%，刚度低，可安装的刀具数量少，对驱动扭矩要求低，一般不安装滚刀，适用于自稳性较好的砂性土或砂卵石地层。

辐板式刀盘的切刀和滚刀分别布置在宽辐条的两侧和内部；相对于面板式刀盘，其开口率较大，一般为 35%～50%；中心开口率较大，不易结泥饼，较适用于黏土地层。国外一般将辐板式刀盘和面板式刀盘统称为面板式刀盘。

1）面板式刀盘、辐板式刀盘的优缺点

（1）优点

面板式刀盘、辐板式刀盘由于有面板的支撑，在中途换刀时较安全可靠；可设置刀盘开口的大小，能限制进入土舱的渣土尺寸。

（2）缺点

在施工中，面板式刀盘、辐板式刀盘由于受面板开口率影响，开挖面土压与测量土压不相等，土舱内土压力与开挖面土压力之间产生压力降，且压力降大小受面板开口率影响不易确定，从而使得开挖面土压力不易控制，因而土压管理较困难；刀具负荷大，使用寿命短；由于开口率较小，渣土进入土舱不顺畅，易黏结和堵塞，特别是在刀盘中心易结泥饼。

2）辐条式刀盘的优缺点

（1）优点

辐条式刀盘仅有几根辐条，开口率大，开挖面的渣土进入土舱流动顺畅，有利于防止黏土附着，不易黏结和堵塞。由于没有面板阻挡，渣土从开挖面直接进入土舱，不存在土压力衰减，即开挖面土压与测量土压相等，能对土压进行有效管理。刀具负荷小，使用寿命长。必要时，在辐条上也能安装滚刀。

（2）缺点

辐条式刀盘的结构强度较低，一般不适应在风化岩及软硬不均地层中掘进。

2.1.3　按换刀作业环境进行分类

根据换刀作业环境不同，盾构刀盘划分为常规刀盘和常压刀盘两大类（图 2-7）。

（a）常规刀盘　　　　　　　　　　　　（b）常压刀盘

图 2-7　刀盘按换刀作业环境分类

常压刀盘的基本思路是将刀盘设计为外部受压的压力容器，人员在刀盘内部常压下通过操作特殊设计的换刀装置进行换刀作业。与常规刀盘在压缩空气下带压换刀（图 2-8）相比，采用常压刀盘，作业人员在刀盘的空心辐臂内常压换刀（图 2-9），可有效降低高水压环境下的换刀作业风险。

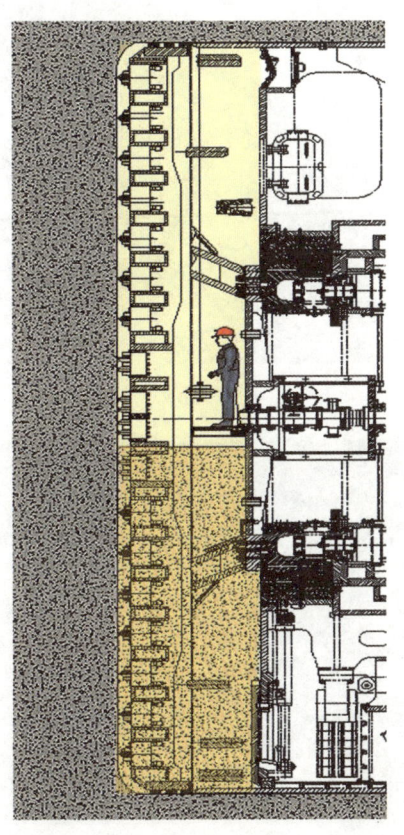 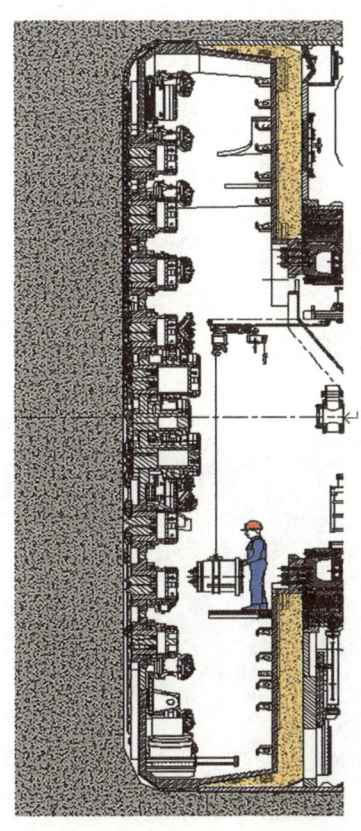

图 2-8　在压缩空气下带压换刀　　　图 2-9　在刀盘的空心辐臂内常压换刀

2.2 刀盘的选择

2.2.1 土压平衡盾构刀盘结构形式的选择

一般来说，砂层、砂砾层、小粒径砂卵石地层，宜采用辐条式软土刀盘，如图 2-10（a）所示。辐条式刀盘开口率大，易于进渣和控制土压平衡，可减小刀具磨损；切削刀分层布置，可加大合金尺寸以加强其耐冲击性能。

黏土地层，宜采用辐板式软土刀盘，如图 2-10（b）所示。黏土地层具有结泥饼堵舱的先天条件，采用辐板式刀盘，中心开口率大，有利于减少中心泥饼。

大粒径卵石地层，宜采用辐板式复合刀盘，如图 2-10（c）所示。卵石地层对刀盘的磨损大，特别是大直径卵石不易破碎，以辐条式为主的结构有利于减小刀盘扭矩，大开口率有利于卵石的排出；采用滚刀可以起到破碎作用，采用小面板和隔栅限制进入土舱的卵石大小，以排为主，排破结合，同时增加刀具的耐磨性。

岩石地层，宜采用面板式复合刀盘，如图 2-10（d）所示。面板式复合刀盘具有较强的破岩能力。

（a）辐条式软土刀盘

（b）辐板式软土刀盘

（c）辐板式复合刀盘

（d）面板式复合刀盘

图 2-10 不同地质条件下的刀盘结构

2.2.2 泥水平衡盾构刀盘结构形式的选择

土压平衡盾构都采用常规刀盘。泥水平衡盾构的刀盘则需根据开挖直径、地质条件、掘进长度等，选择采用常规刀盘（图 2-11）还是常压刀盘（图 2-12）。

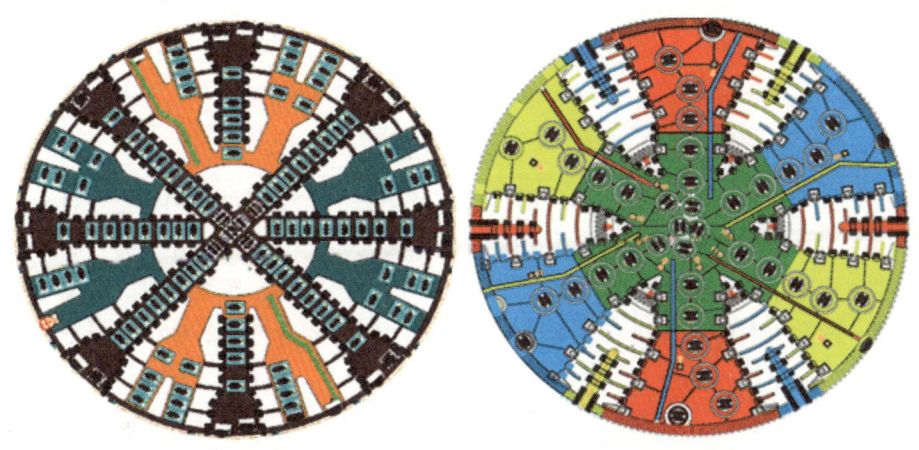

图 2-11　常规刀盘　　　　　　　图 2-12　常压刀盘

常压刀盘是为了解决较大直径泥水盾构在高水压条件下需要频繁、安全、高效更换刀具问题而发明的，还不能取代常规刀盘。它们各有优劣，需要视具体盾构隧道工程而定。

常规刀盘较适应于黏土或以泥岩为主或容易实现地面加固的大直径项目，以及适应于水压小、开挖面较稳定、以硬岩地层为主的项目；对于以裂隙水为主、围岩稳定性较好的盾构隧道，可以预先选好多个换刀点。采用常规刀盘可以较大地提高掘进效率。

常压刀盘则主要适应于大直径、高水压（大于 0.55 MPa）、长距离（大于 2.5 km）和刀具更换频繁的盾构隧道工程项目。

1）常压刀盘的优缺点

（1）常压刀盘的优点

与常规刀盘相比，常压刀盘具有以下优点：

① 降低施工风险。对于高水压、大埋深盾构，常压刀盘不用开舱就可以实现刀具的检查与更换。

② 减小掘进风险。常压刀盘配备了滚刀旋转监测系统，能够及时发现刀具的失效问题，降低了掘进风险。

③ 保证冲刷。常压刀盘冲刷管路基本都布置在中心锥位置，方便更换与修复，保证了冲刷流量。

（2）常压刀盘的缺点

与常规刀盘相比，常压刀盘存在以下缺点：

① 刀盘开口率小。常压刀盘的刀筒、刀箱需要较大的内部空间，因此刀盘的开口

率小，特别是在刀盘的中心位置无法开口，刀盘易结泥饼。

② 破岩能力弱。常压刀盘需要较大的内部空间，滚刀布置较少，刀间距较大，不利于破岩。

③ 不利于排渣。常压刀盘比常规刀盘要厚要重，导致泥水舱排渣通道加长，易滞排。

④ 刀具易二次磨损。常压刀筒处于封闭状态，刀具切削的渣土容易通过刀具与刀筒的间隙进入刀筒内，因刀筒积渣导致刀具二次磨损。

2）常压刀盘的局限性

（1）中心无开口。如图 2-13 所示的黄色区域，由于常压刀盘采用中空设计，刀盘中心部位作为刀具最密集的区域和连接所有辐臂的通道，是不能设计开口的。所以，常压刀盘一般在刀盘中心 4~5 m 直径的区域没有开口。如果在容易结泥饼的地层中使用这样的刀盘，就会更容易结泥饼。尽管已经有了成功的处理措施，但是仍然会影响掘进速度，同时还要产生额外的费用。

（2）并不是所有的刀具都可以在常压下更换。滚刀均可在常压下更换，但刮刀只有部分正面刮刀可以在常压下更换，边刮刀和部分正面刮刀只能带压更换。这就意味着即使采用了常压刀盘，往往也需要进行带压换刀作业，只是带压作业的频率和时间大大降低了。

（3）滚刀刀间距受限。如图 2-14 所示，由于常压换刀的刀具需要设置双闸门，而闸门的开闭是需要空间的，再加上刀盘辐臂内的空间也有限，在刀盘中心需要布置的刀具尤为密集，目前的技术水平一般只能做到中心滚刀的刀间距为 120 mm、正面滚刀的刀间距为 90~100 mm。尽管这样的刀间距对大多数围岩也是可掘的，但是相较于常规刀盘可以做到正面滚刀 80 mm 的刀间距，其破岩能力就有很大的差距了。

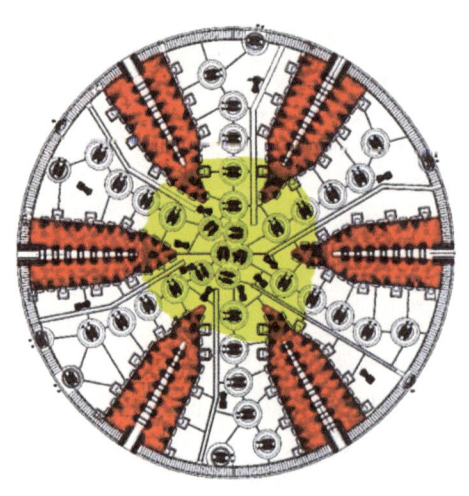 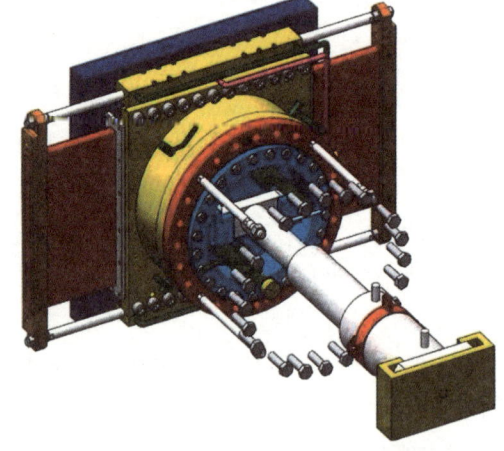

图 2-13　常压换刀刀盘开口设计图　　图 2-14　常压可更换刀具的闸门系统

（4）刀盘厚度大、重量大。这需要主驱动提供更大的扭矩来克服刀盘厚度和重量产生的额外扭矩，制造成本高。刀盘辐臂除了需要承受开挖产生的复杂荷载外，还需要完全隔绝压力，不能有任何泄漏，从而使结构制造的成本增加。另外，常压刀盘还需要闸门、刀筒这些常规刀盘没有的设计，进一步增加了制造成本。

（5）盾构直径的限制。在目前的技术条件下，只有较大直径的泥水盾构才能采用常压换刀刀盘。目前，世界最小直径常压刀盘盾构是中俄东线天然气管道长江盾构穿越工程所采用的泥水盾构，刀盘采用直径为 7.95 m 的常压刀盘，承压能力为 1.0 MPa，设计了 46 把可常压更换的刀具，可实现高水压下常压换刀作业。

3）常压刀盘的针对性设计

（1）刀盘刀具耐磨设计：滚刀、刮刀、边缘刮刀及相关的刀箱、刀座配置相关耐磨材料保护；可常压更换的滚刀上安装磨损探测装置；沿刀盘土臂布置磨损探测装置以监测刀盘钢结构的磨损。

（2）防滞排设计：刀盘中心区域设计中心冲刷，以冲刷刀盘外表面；在滚刀刀箱上设置冲刷系统，以确保密封和闸门正常工作；在换刀过程中滚刀与刀筒同时抽回，即使滚刀被黏性渣土包住，滚刀和刀箱作为一个整体也可以快速得到更换。

（3）刀具状态监测：每把滚刀上安装滚刀旋转监测系统，可实时监测刀具运转情况；泥水舱内配置摄像头和 LED 灯，实时监测舱内情况。

第 3 章 刀具的分类与应用

本章重点

刀具技术发展历程、刀具的分类、滚刀破岩机理、滚刀结构设计、切刀切削机理、刀具材料与制造工艺、刀具失效形式、刀具失效分析、刀具磨损检测、刀具磨损区域划分与刀具配置、刀具技术新进展、刀具技术研究方向等。

3.1 刀具技术发展历程

我国盾构刀具技术的创新与发展，主要分为初始阶段、引进消化吸收阶段和自主创新阶段等 3 个阶段。

3.1.1 初始阶段

初始阶段的主要特点是：自主制造的滚刀直径小，一般在 400 mm 以下；承载能力低，在 100 kN 左右；全部安装在国产盾构上；刀圈材料差异很大；刀具非正常损坏较多，比例大于 50%。

3.1.2 引进消化吸收阶段

引进消化吸收阶段的主要特点是：国外施工公司使用国外盾构和刀具在我国施工，或国内企业引进国外盾构及刀具在我国施工；国内施工单位、科研院所和刀具制造企业联合对进口刀具进行技术攻关。

3.1.3 自主创新阶段

自主创新阶段的主要特点是：国外联合制造的盾构及国产盾构大量涌现；盾构施工企业数量增加，遇到的刀具技术问题增多；刀具研发单位数量迅速增加；国家"863"计划、火炬计划、创新基金等大力支持；刀具制造与应用技术明显提高，刀具品种增加。

3.2 刀具的分类

盾构刀具可大致分为滚压刀具、切削刀具、锤击刀具和辅助刀具等 4 类，具体如图 3-1 所示。

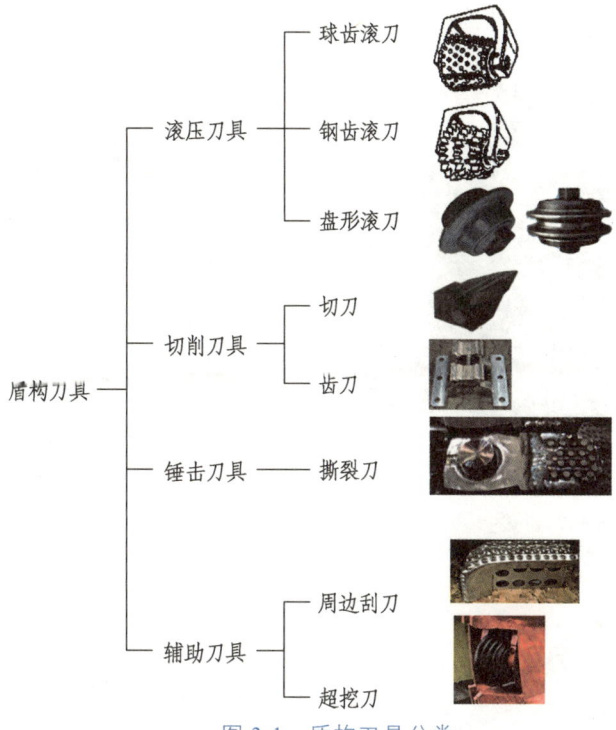

图 3-1 盾构刀具分类

3.2.1 滚压刀具

滚压刀具简称滚刀,主要适用于岩石地层,是指不仅随刀盘中心轴公转,还同时沿刀轴作自转运动的破岩刀具。它主要由刀圈、刀体、刀轴、轴承、金属浮动密封环、刀盖及连接螺栓等组成。

滚刀按刀圈外径规格一般分为 12 in[①]、15.5 in、17 in、19 in 等系列,见表 3-1。目前国内地铁盾构所用刀具主要为 17 in;成都地铁盾构使用了 18 in 的正滚刀,增加了刀体两端厚度,堆焊了耐磨层,有效增加了滚刀的破岩与耐磨效果,延长了滚刀的使用寿命,减少了换刀次数。目前已开发了 20 in 和 21 in 滚刀。

表 3-1 滚刀尺寸系列

刀具尺寸/in (刀圈外径/mm)	12 (305)	15.5 (394)	17 (432)	19 (483)
刀具质量 (正滚刀)/kg	60~80	125~170	135~180	180~210
应用范围 (断面直径)/m	2~3	3~5	5以上	8以上

---

① 1 in=25.4 mm。鉴于盾构刀具行业尺寸均使用英寸(in),本书一仍其旧。——编者注

根据刀刃的形状，滚刀可分为齿形滚刀（钢齿和球齿）（图 3-2）和盘形滚刀（钢刀圈滚刀和球齿刀圈滚刀）（图 3-3）。

（a）钢齿滚刀　　　　　　　　　　（b）球齿滚刀

图 3-2　齿形滚刀

（a）钢刀圈滚刀　　　　　　　　　　（b）球齿刀圈滚刀

图 3-3　盘形滚刀

盘形滚刀按刀圈材质主要分为 4 类，并分别适用于不同的地层：

（1）耐磨层表面刀圈，适用于掘进单轴抗压强度 ≥ 40 MPa 的紧密地层，80～100 MPa 的断裂砾岩、砂岩、砂黏土等地层。

（2）标准钢刀圈，适用于掘进单轴抗压强度为 50～150 MPa 的砾岩、大理石、砂岩、灰岩地层。

（3）重型钢刀圈，适用于掘进单轴抗压强度为 120～250 MPa 的硬岩，80～150 MPa 的高磨损岩层，如花岗岩、闪长岩、斑岩、蛇纹石及玄武岩等地层。

（4）镶齿硬质合金刀圈，适用于掘进单轴抗压强度 150～250 MPa 的花岗岩、玄武岩、斑岩及石英岩等地层。

3.2.2 切削刀具

切削刀具是指只随刀盘转动而没有自转的刀具,主要适用于软土地层。切削刀具种类繁多,目前常用的有切刀、先行刀、中心鱼尾刀、齿刀等,如图 3-4 所示。

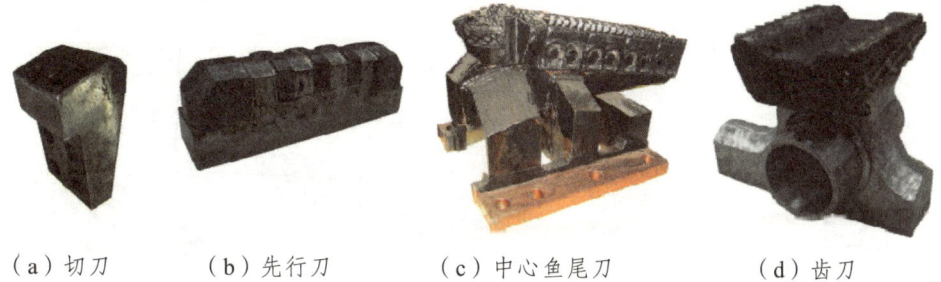

(a) 切刀　　　　(b) 先行刀　　　　(c) 中心鱼尾刀　　　　(d) 齿刀

图 3-4　切削刀具

切削刀具适用于未固结成岩的软土地层和某些全风化或强风化的软岩地层,一般破岩能力在单轴抗压强度 20 MPa 以下。对于如上海、天津、西安、郑州等均一的软土地层,通常只使用切刀、边刮刀类刀具即可。

3.2.3 锤击刀具

锤击刀具采用冲击破岩原理,主要指撕裂刀,主要用于破碎砂卵石和漂石。撕裂刀随刀盘高速旋转产生冲击惯性能量,对卵石、砾石和漂石等进行"锤击"破碎(图 3-5)。

(a) 撕裂刀　　　　(b) 安装在刀盘上的撕裂刀　　　　(c) 被撕裂刀破碎的大漂石

图 3-5　撕裂刀及其锤击破岩

3.2.4 辅助刀具

辅助刀具主要包括周边刮刀、保径刀、超挖刀、仿形刀等。

周边刮刀也称铲刀(图 3-6),安装在刀盘的外圈,用于清除边缘部分的开挖渣土,防止渣土沉积,确保刀盘的开挖直径以及防止刀盘外缘的间接磨损。该刀的切削面上设有一排连续的碳钨合金齿和一个双排碳钨合金柱齿，用于增强刀具的耐磨性，确保即使在掘进几千米之后刀盘仍然能保持正确的开挖直径。周边刮刀一般采用背装式，可从土舱内进行更换。对周边刮刀而言，单排连续碳钨合金刀齿是足够的，因为周边刮刀仅其端部切削地层，而切刀在整个宽度范围内切削地层。

图 3-6　不同类型的周边刮刀

仿形刀（图 3-7）安装在刀盘的外缘上，通过液压油缸动作，采用可编程控制，通过刀盘回转传感器来实现仿形。

图 3-7　仿形刀

3.3　滚刀破岩机理

滚刀在推力和滚动力（转矩）的作用下，推力使刀圈压入岩体，滚动力使刀圈滚压岩体，通过对岩体的挤压和剪切使岩体发生破碎。

在滚刀不断滚压岩石的过程中，岩石内部裂纹不断发育并逐步破碎。在盘形滚刀侵入岩石的初始阶段，岩石内部开始产生大量微裂纹，局部产生变形，并逐渐向外释放能量。随着滚刀刀刃不断侵入岩石，刀刃下方岩石由于受压和空间的限制形成密实破碎区。紧邻该区域岩石在内部应力作用下产生大量裂纹，其中主要的几条长裂纹分别称为中间裂纹、径向裂纹和侧向裂纹，如图 3-8、图 3-9 所示。伴随着滚刀不断侵入岩石，侧向裂纹进一步生长并与相邻滚刀的侧向裂纹相互贯通，从而使刀间岩石以片状岩渣的形式破碎、剥落。因此，滚刀破碎岩石依靠的是多把滚刀的相互协同作用，尤其是相邻滚刀的协同作用。

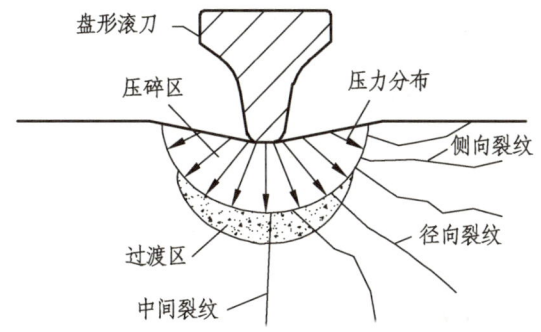

图 3-8　单滚刀作用下岩石破碎体系

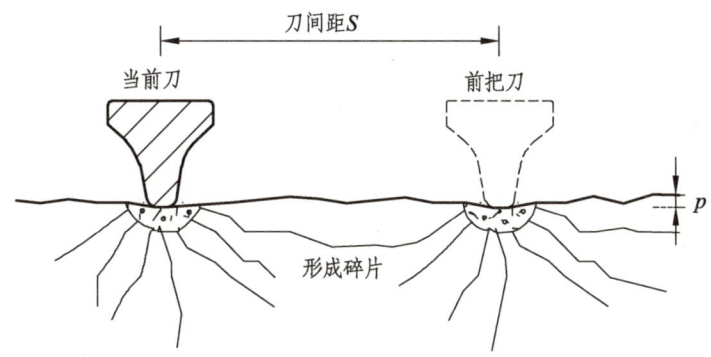

图 3-9　相邻滚刀之间碎片形成

在滚刀破岩过程中，多把滚刀在一定刀间距下组合破岩。刀间距的合理选择相当重要，是刀具布置的关键。刀间距选择成功与否，对盾构掘进效率高低和刀具使用寿命长短至关重要。应根据地质条件合理设计刀间距。当刀间距过大时，相邻滚刀间的岩石不能完全剥离，进而形成"岩脊"（图 3-10），盾构掘进将相当困难，同时滚刀破岩负担加重，滚刀更易发生磨损、断裂失效等问题。如果刀间距设计过小，会使得相邻滚刀之间的岩石过度破碎（图 3-11），从而造成浪费；并且由于刀间距过小，意味着刀盘需要更多的空间布置刀具，不利于刀盘结构设计。

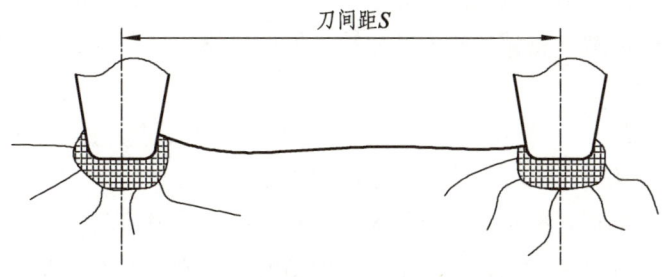

图 3-10　刀间距 S 过大形成"岩脊"

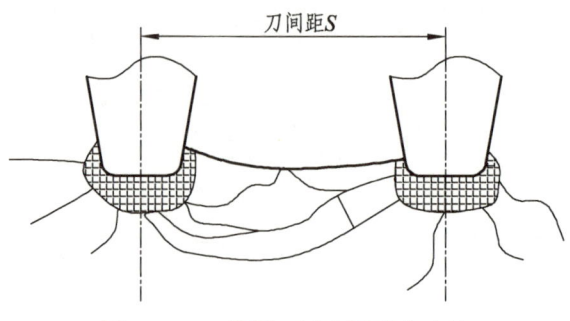

图 3-11　刀间距 S 过小形成小碎块

3.4　滚刀结构设计

根据安装位置的不同，滚刀可分为正滚刀、中心滚刀、边滚刀、扩挖滚刀。

盾构滚刀主要是盘形滚刀。盘形滚刀根据刀圈刃数又分为单刃、双刃和多刃滚刀。

根据刀圈外径的大小，滚刀还可分为 12 in、13 in、14 in、15 in、17 in、18 in、19 in、20 in、21 in 等规格，市场上主要采用 17 in 和 19 in 系列。

不同规格滚刀能够承受的最大荷载是不同的，以下是滚刀规格与最大荷载对应关系：

12 in 单刃滚刀　　　　　　　　最大荷载：200 kN
13 in 单刃滚刀　　　　　　　　最大荷载：200 kN
14 in 单刃滚刀　　　　　　　　最大荷载：220 kN
15 in 单刃滚刀　　　　　　　　最大荷载：220 kN
17 in 单刃滚刀　　　　　　　　最大荷载：267 kN
18 in 单刃滚刀　　　　　　　　最大荷载：267 kN
19 in 单刃滚刀　　　　　　　　最大荷载：315 kN
20 in 单刃滚刀　　　　　　　　最大荷载：315 kN
21 in 单刃滚刀　　　　　　　　最大荷载：400 kN

从上面数据可以看出，刀圈越大的滚刀，能够承受的荷载越大，这意味着能够开挖的土石方量越大，破岩能力越强。当然，滚刀越大，其尺寸和重量也越大，在相同面积的刀盘上能够布置的数量也越少，刀具运输、更换也越困难。所以，在滚刀的选择上要均衡考虑。

同时也应当看到，17 in 与 18 in、19 in 与 20 in 的刀圈尺寸相差 1 in，但是最大荷载相同，破岩能力也相同，因为它们所使用的轴承是一样的。

刀圈作为岩石隧道开挖时消耗量最大的材料之一，受力情况复杂，工作条件非常恶劣，再加上地质条件复杂多变，其质量极大地影响施工成本、施工进度，所以对其材料的性能要求非常高。

根据刀圈的工作条件，刀圈材料应具有以下性能：

（1）较高的屈服强度，避免刀刃端在高应力下压溃变形。

（2）足够高的硬度，增强耐磨性，减小刀圈磨损。

（3）良好的冲击韧性，提高材料裂纹扩展功，防止刀圈断裂。

（4）良好的抗回火性能，提高材料的热稳定性，保证刀圈在热装和滚压岩体过程中不降低硬度。

目前普遍使用的滚刀刀圈有两大类：整体耐磨钢材料的常规钢刀圈和镶有硬质合金的球齿刀圈，如图 3-12 所示。

（a）常规钢刀圈

（b）球齿刀圈

图 3-12　滚刀刀圈

滚刀是通过一套锁具固定在刀盘刀座上的。常用的锁具有楔形锁具和压板锁具（图 3-13）。

（a）楔形锁具

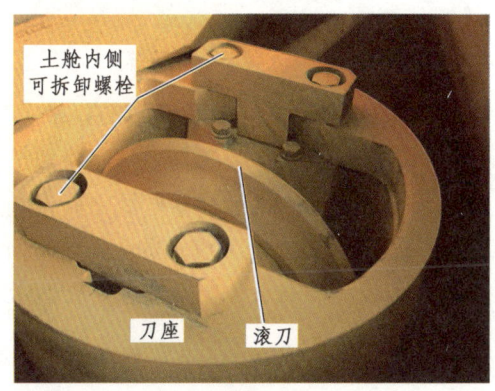
（b）压板锁具

图 3-13　滚刀锁具

楔形锁具结构较复杂、成本较高，但滚刀和螺栓的受力条件好，与之配合的刀座刚性好，可以保证滚刀性能的发挥；其缺点是占用空间大，在相同的空间内可布置的数量较少。

压板锁具结构简单紧凑、成本低，但滚刀和螺栓的受力条件较差，与之配合的刀座也很简单，刚性差，不能保证滚刀性能的发挥；其优点是占用空间小，在相同的空间内可布置的数量较多。

综合来看，楔形锁具具有明显的优势。第一，采用楔形锁具的 17 in 滚刀刀间距也可以做到 80 mm 以内，即使是单轴抗压强度为 250 MPa 的极硬岩也可以破除；第二，滚刀、刀座及锁具受力好，不但可以充分发挥滚刀的性能，还可以大大降低滚刀的不正常损坏，延长滚刀寿命，减少换刀次数，提高掘进速度，降低施工成本。而压板锁具则恰恰相反，除了刀间距可以做到更小（达到 70 mm）这个看上去不错的优点外，全是缺点：第一，刀座刚度不够，很容易发生变形，轻则影响滚刀的性能发挥，重则导致滚刀脱落；第二，固定滚刀的 4 颗螺栓在掘进时不但要承受拉伸力，还要承受剪切力，再加上振动的作用，螺栓很容易松脱或断裂，易导致滚刀脱落。

常用的楔形锁具是指固定螺栓与刀盘垂直的锁具，此外还有一种固定螺栓与刀盘成一定夹角的锁具，如图 3-14 所示。后者也可以实现较小的刀间距，但也存在螺栓承受剪切力、滚刀容易掉落的风险，目前很少使用。

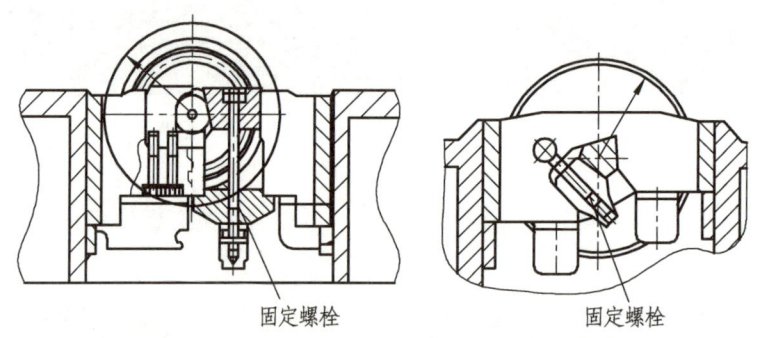

图 3-14　不同类型的滚刀楔形锁具设计

盘形滚刀是盾构/TBM 破岩的直接工具，滚刀性能的优劣，直接影响盾构/TBM 施工效率和施工成本。承载能力、耐磨性和整体可靠性是盘形滚刀的 3 个主要技术指标。目前，工程中常用的盘形滚刀直径主要为 17 in 和 19 in，在大直径的盾构/TBM 中也采用 20 in 的盘形滚刀。较大直径的盘形滚刀允许较大的刀圈磨损量，可降低滚动阻力系数，允许使用较大的轴承，从而具有更大的承载力。

3.4.1　中心滚刀

盾构/TBM 的中心滚刀一般采用 17 in 双联滚刀（图 3-15），主要部件有刀圈、刀体、刀轴、轴承、浮动金属环密封、O 形密封圈、端盖、刀圈轴向挡圈、隔环。中心双联滚刀用于保证两个刀圈启动扭矩一致。

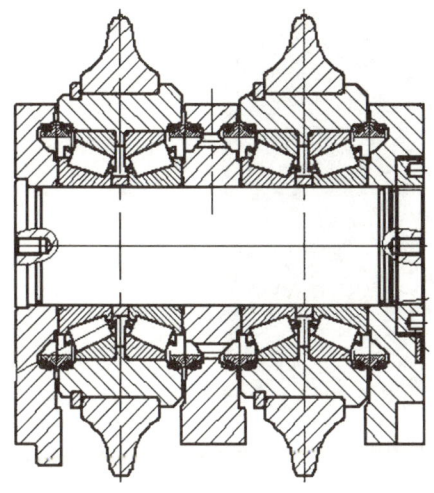

图 3-15 双联滚刀

3.4.2 正滚刀与边滚刀

正滚刀与边滚刀主要采用单刃滚刀（图 3-16），主要部件有刀轴、下端盖、浮动密封、刀圈、刀体、轴承、上端盖、隔环。

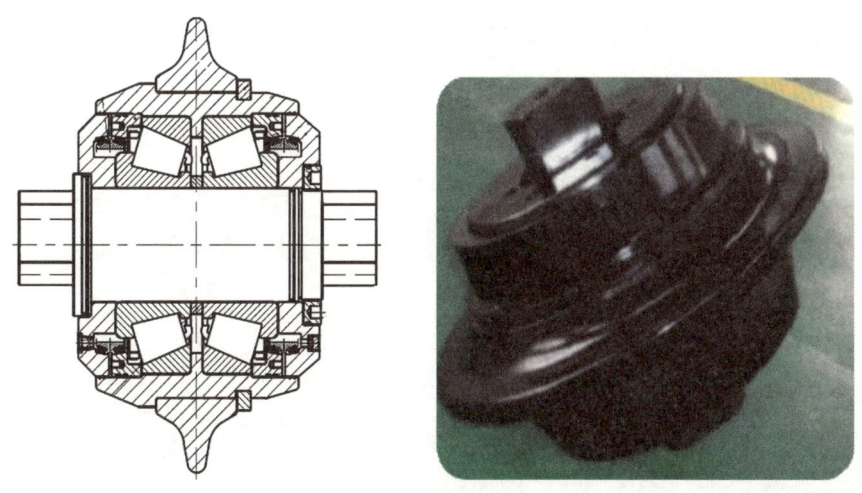

图 3-16 单刃滚刀

滚刀刀圈和刀毂间过盈量的配合非常重要。过盈量大则刀圈内应力大，刀圈容易发生崩块、断裂现象；过盈量小则刀圈和刀毂间产生的轴向摩擦力小，刀圈容易发生移位现象。

3.4.3 轴承

轴承（图 3-17）是滚刀最重要的零部件之一，其承载力、寿命、稳定性对滚刀的破岩起着至关重要的作用。

图 3-17 滚刀轴承

滚刀轴承通常采用圆锥滚子轴承。轴承外圈与刀毂内孔采用预紧装配设计，轴承内圈与刀轴采用预紧装配设计。为了便于轴承拆卸，轴承内圈与刀轴之间需涂抗咬合剂。安装时通过调整隔环的厚度使其预紧，消除轴承游隙并产生一定的弹性变形，通过装配时测量刀具转动扭矩来检测预紧程度。

为了达到轴承最佳运行游隙，所需要的安装游隙根据地质的不同而变化。通常根据不同地质条件的经验值可以确定最佳的运行游隙。一般来说，为使盾构滚刀轴承寿命最大化，理想的轴承运行游隙为零游隙或负游隙（图 3-18）。

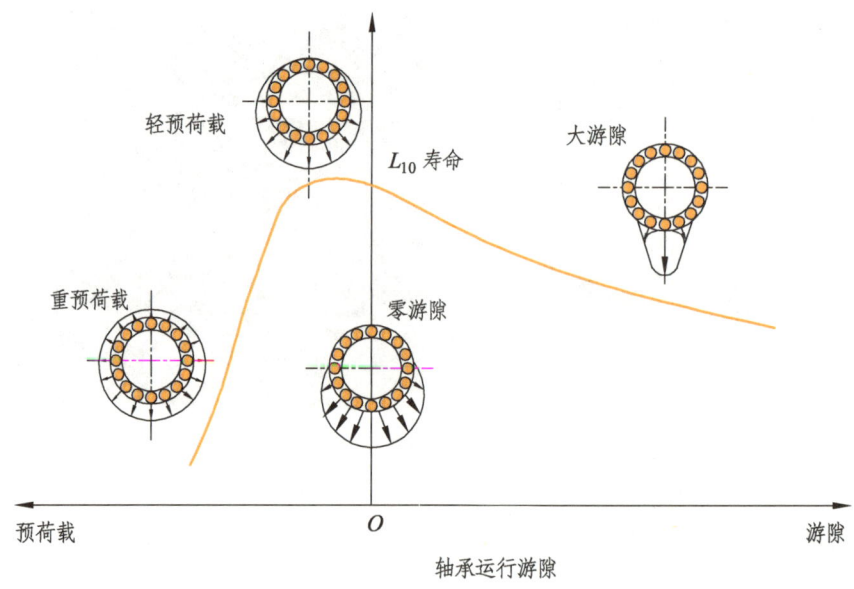

图 3-18 轴承游隙和疲劳寿命之间的关系

3.4.4 密封

滚刀密封如图 3-19 所示。

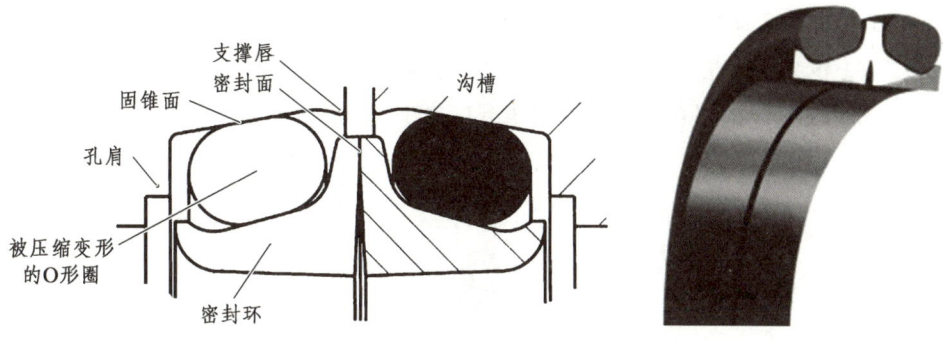

图 3-19　滚刀密封

浮动金属环密封是滚刀最重要的零部件之一,由合金铸铁密封环和橡胶 O 形圈组成。O 形圈受轴向压缩后产生变形,对合金铸铁密封环端面产生压紧力,合金铸铁密封环端面间依靠强大的油膜张力阻止滚刀刀体内润滑介质泄漏和异物进入刀体内部;随着密封端面的均匀磨损,O 形圈储存的弹性能量逐步释放,从而起到轴向补偿作用。

O 形圈的材质有丁腈橡胶、氢化丁腈橡胶、硅橡胶、氟橡胶。TBM 滚刀多采用硅橡胶。硅橡胶的硬度高、抵抗变形能力强、耐高温能力强,可满足 TBM 滚刀长距离、连续工作的要求。

3.4.5　刀圈刃形

合理地进行刀圈刃形的设计和选择对破岩可以起到事半功倍的效果。刀圈刃形通常采用锥形截面(图 3-20)和半圆形截面(图 3-21),这两种刃形可以更有效地切入岩石,进而实现破岩功能。在相同的贯入度下,锥形截面和半圆形截面刀圈破岩需要较小的顶推力,更容易切入岩层,减少滚刀轴承、刀圈等的异常损坏。

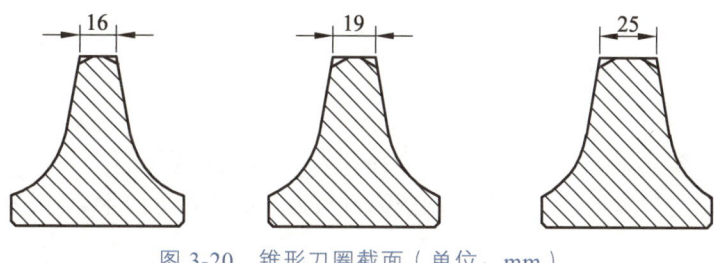

图 3-20　锥形刀圈截面(单位:mm)

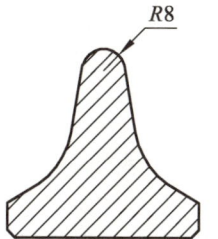 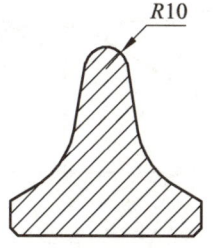 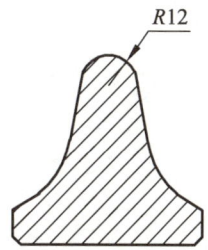

图 3-21　半圆形刀圈截面(单位:mm)

17 in 滚刀刀圈的设计最大允许磨损量为 25 mm（图 3-22）。针对单轴抗压强度在 120 MPa 以上的硬岩，滚刀设计刃形 $R10$、刃宽 16.8 mm，刀圈磨损 25 mm 后，刃宽为 25.6 mm。单把 17 in 滚刀在 25 kN 最大承载能力下很难破除硬岩。

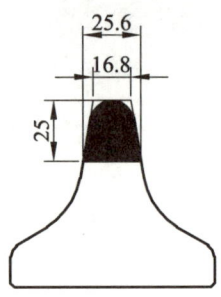

图 3-22　17 in 滚刀磨损量（单位：mm）

19 in 滚刀刀圈的设计最大允许磨损量为 35 mm（图 3-23）。针对单轴抗压强度在 120 MPa 以上的硬岩，滚刀设计刃形 $R10$、刃宽 16.8 mm，刀圈磨损 35 mm 后，刃宽为 29.2 mm。单把 19 in 滚刀在 35 kN 最大承载能力下很难破除硬岩。

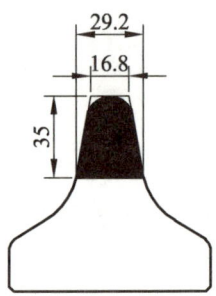

图 3-23　19 in 滚刀磨损量（单位：mm）

3.5　切刀切削机理

切削刀具（图 3-24）一般由刀座、刀体和刀刃三部分组成。

刀座是刀具与刀盘连接的部分。切削刀具与刀盘的连接方式主要有焊接方式、螺栓连接方式和插销连接方式。

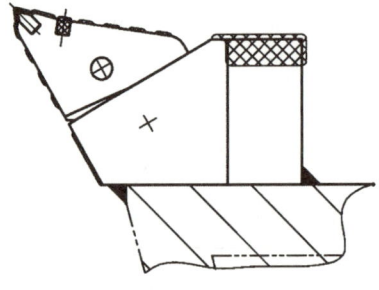

图 3-24　切削刀具

刀体对硬质合金刀刃起支撑和保护作用，应有足够的强度和耐磨性，常常采用表面硬化技术或局部堆焊耐磨层。切削刀的刀刃是切刀切削岩土和保护刀体不被磨损的关键部位，通常用硬质合金做成。其数量、大小和形状根据部位、作用、地层设计。

切削刀具的切削机理为：在推力的作用下，刀刃嵌入岩土层中，刀盘带动刀具转动切削岩土，在掌子面形成一环环犁沟（图 3-25）。其特点是效率高，刀盘转动阻力大。

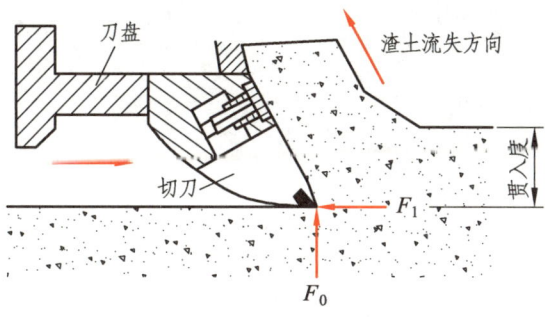

图 3-25　切刀切削机理

3.6　刀具材料与制造工艺

3.6.1　刀具材料

刀圈的材料成分和热处理工艺是刀圈的核心技术。

刀圈材料电渣锭要求严格，其中的重点是对碳含量、氧含量、氮含量、非金属夹杂物和有害元素进行控制，$[N] \leqslant 70$ mg/kg，$[O] \leqslant 10$ mg/kg，$[H] \leqslant 2$ mg/kg；同时必须严格限制 Co、B、S、P、Cu、Pb、Bi、As、Sb、Sn、Zn、Cd 等有害元素，应使其含量尽可能低。

滚刀刀圈主要有两类材料：一种是热作模具钢，常见的为 H13；一种是冷作模具钢，常见的为 DC53。

H13 钢种化学成分见表 3-2。

表 3-2　H13 钢种化学成分（%）

元素	C	Si	Mn	Cr	Mo	V	S	P
5Cr5 MoSiV1E	0.48~0.52	0.80~1.0	0.20~0.45	4.80~5.2	1.4~1.6	0.8~1.2	≤0.002	≤0.02

H13 类刀圈材料组织通常为回火索氏体（图 3-26）。热处理硬度分布在 HRC57~59（图 3-27），刀圈具有高的韧性和较好的耐磨性。

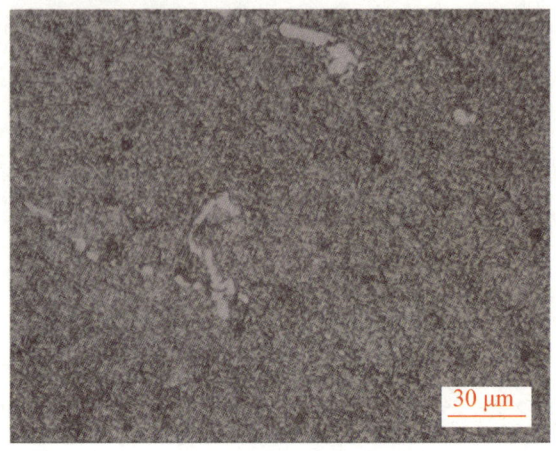

图 3-26　H13 材料金相组织

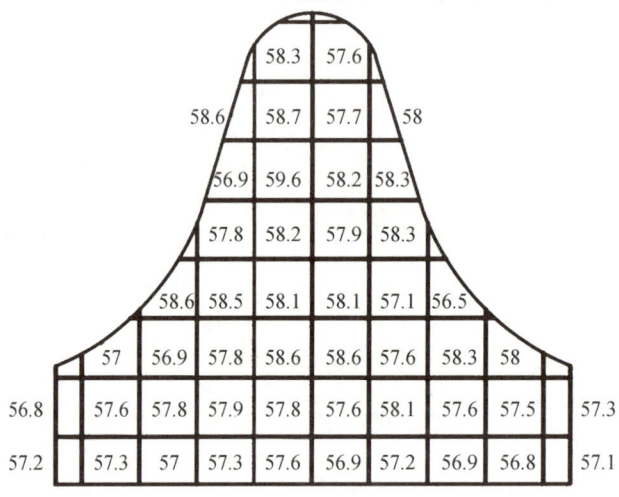

图 3-27　H13 材料刀圈硬度（HRC）分布

DC53 钢种化学成分见表 3-3。

表 3-3　DC53 钢种化学成分（%）

元素	C	Si	Mn	Cr	Mo	V	S	P
DC53	1.0～1.15	1.05～1.35	0.25～0.4	7.50～8.0	1.40～1.7	2.20～2.6	≤0.01	≤0.030

　　DC53 类刀圈材料组织通常为回火索氏体，但常有条链状分布的大块共晶碳化物（图 3-28）。热处理硬度分布在 HRC59～62（图 3-29），刀圈有很好的耐磨性，但块状的碳化物影响了刀圈的韧性。

　　国内一般较普遍采用 H13 钢材作为刀圈的首选材料，并尝试采用莱氏体模具钢作为滚刀刀圈新材质，利用特殊热处理工艺研制新型刀圈。莱氏体模具钢具有很高的淬透性、淬硬性和红硬性，热处理后可获得较高的耐磨性能。日本、韩国等采用 SKD11 材料制作刀圈。

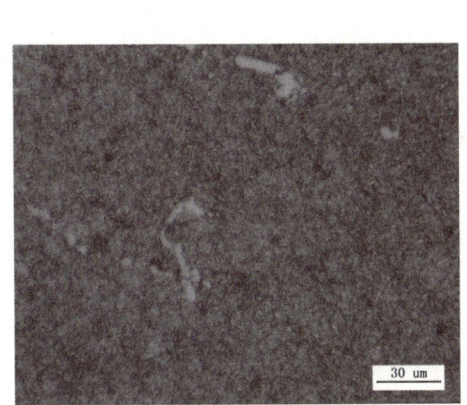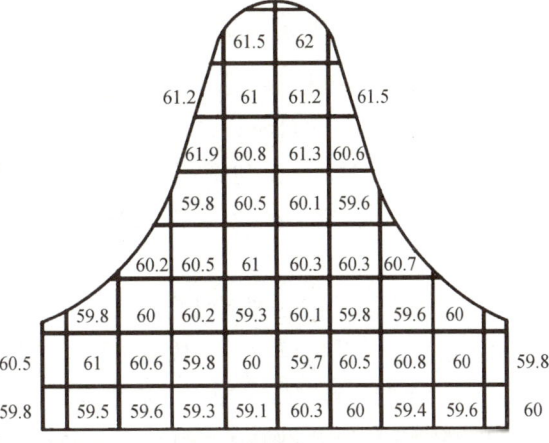

图 3-28 DC53 材料金相组织　　图 3-29 DC53 材料刀圈硬度（HRC）分布

轴承材料为低合金渗碳钢；浮动密封材料为高合金铸铁；刀轴、刀体、刀盖为 42CrMo 以上材料，属于超高强度钢，具有高强度和高韧性，淬透性较好，无明显的回火脆性，调质处理后有较高的疲劳极限和抗多次冲击能力，低温冲击韧性良好。

切刀本体为 40CrNiMo 合金钢，有高的强度、韧度和良好的淬透性和抗过热的稳定性；切刀硬质合金为 YG8～YG13。

合金结构钢材料标准比较详见表 3-4、表 3-5。

表 3-4　合金结构钢材料标准比较（一）（%）

标准	牌号	C	Mn	Si	Cr	Mo	V
GB	4Cr5 MoSiV1	0.32～0.42	0.2～0.5	0.8～1.2	4.75～5.5	1.1～1.75	0.8～1.2
DIN	X40CrMoV51	0.37～0.42	0.3～0.5	0.9～1.2	4.8～5.5	1.2～1.5	0.9～1.1
JIS	SKD61	0.32～0.42	≤0.5	0.8～1.2	4.5～5.5	1.0～1.5	0.8～1.2
NF	X40CrMoV5	0.36～0.44	0.2～0.5	0.8～1.2	4.8～5.5	1.2～1.5	0.85～1.15
ASTM	H13	0.32～0.45	0.2～0.5	0.8～1.2	4.75～5.5	1.1～1.75	0.8～1.2

表 3-5　合金结构钢材料标准比较（二）（%）

标准	牌号	C	Mn	Si	Cr	Mo	Ni
GB	40CrNiMoA	0.37～0.44	0.5～0.8	0.17～0.37	0.6～0.9	0.15～0.25	
DIN	36CrNiMo4	0.32～0.40	0.5～0.8	≤0.4	0.9～1.2	0.15～0.3	0.9～1.2
JIS	SNCM439	0.36～0.43	0.6～0.9	0.15～0.35	0.6～1.0	0.15～0.30	1.6～2.0
NF	40NCD3	0.37～0.44	0.6～0.9	≤0.4	0.9～1.2	0.15～0.3	1.3～1.7
ASTM	4340	0.38～0.43	0.6～0.8	0.15～0.35	0.7～0.9	0.2～0.3	1.65～2.0

3.6.2 刀具制造工艺

刀具制造的关键技术主要包括4个方面：一是材质的选择；二是锻造工艺；三是热处理工艺；四是刀具的装配工艺。

刀具制造的工艺主要包括钢材冶炼的真空熔炼工艺和电渣重熔工艺、锻造成型的模锻成型工艺、真空热处理工艺、数控加工工艺、真空钎焊和中频钎焊工艺、装配工艺等。

刀圈一般有以下几种锻造工艺：

① 先铸造成型再模锻。其优点是对锻造设备吨位要求低，容易制作；缺点是内部钢材纹理、晶粒、致密度不好，碳化物聚集，成品刀圈容易崩裂。

② 圆钢先热冲孔再碾环。其优点是热锻成型，节约材料；缺点是大部分属于手工操作，锻造时间长，始锻温度和终锻温度掌握不好，废品率高，如果在碾环之前没经过三向锻造，则碳化物不能被击碎。

刀圈的热处理是保证刀圈性能的最后一步也是最关键的一个环节。经过反复试验，选择如图 3-30 所示的热处理工艺，可保证刀圈的高耐磨性和良好的抗冲击性能。

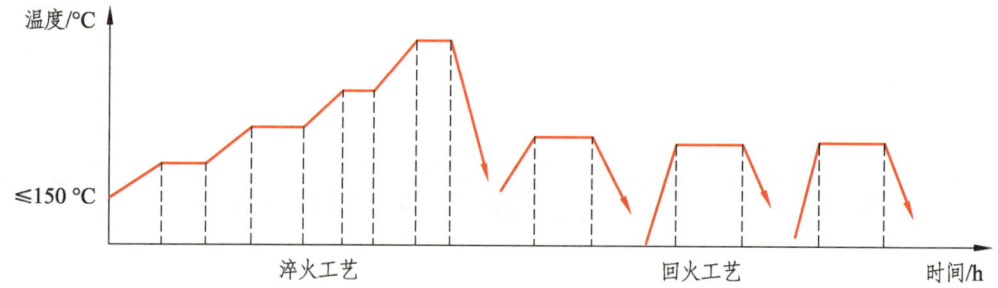

图 3-30 刀圈热处理工艺

刀圈经热处理后，刀圈和刀体配合安装后的内部应力也不可忽视，这是造成刀圈断裂的主要原因之一。

滚刀装配工艺是保证滚刀质量的关键性工艺，是保证滚刀质量一致性的关键步骤。

滚刀装配涉及各零件的组装配合，必须严格按照组装工艺进行组装，组装前对零部件进行质检和清洗。图 3-31 所示为全自动刀具生产线，是滚刀装配领域最新、最先进的研究成果，通过调整工装夹具和控制程序，可进行 17 in、18 in、19 in、20 in 单刃滚刀的装配和检测。该生产线实现了滚刀装配的自动化，显著提高了滚刀的生产效率，且减小了生产过程中人为因素对滚刀质量的影响，保证不同批次滚刀装配质量的稳定性、可靠性、可追溯性。

每一把滚刀必须进行保压实验，保压实验在 0.5 MPa 压力下，15 min 无压力降为合格。针对每一把滚刀，必须进行跑合实验，在跑合实验台上进行正、反转跑合，正反向各 15 min；油温升高在 20℃内为合格。

图 3-31　滚刀自动生产线

3.7　刀具失效形式

3.7.1　滚刀失效形式

滚刀失效的形式主要有：正常磨损、刀圈断裂、挡圈磨损或脱落、偏磨、多边形弦磨、滚刀漏油（密封损坏）、轮毂磨损、油封座损坏、轴承损坏等，如图 3-32 所示。

（a）正常磨损　　　　　　（b）刀圈断裂　　　　　　（c）偏磨

图 3-32　滚刀破坏形式

轴承损坏主要有破损或滚道被划出沟槽、疲劳点蚀、磨损或是轴承保持架破损、滚子损坏、压坑/震蚀等。

3.7.2　切削刀具失效形式

磨损是切刀、先行刀、周边刮刀等切削刀具失效的主要形式，其次是刀体崩裂、刀体变形、切刀或边刮刀的合金脱落或崩裂，如图 3-33 所示。

图 3-33　失效的切削刀具

3.8 刀具失效分析

3.8.1 质量稳定性

受刀具设计、选材、生产设备条件、工艺技术水平、检测手段和组织管理等因素的影响，刀具的质量稳定性有待提高。刀具因其质量问题，在使用中表现为以下形式的非正常失效：刀圈不耐磨、断裂或崩裂，轴承或密封损坏，刀体崩裂或变形，切刀或边刮刀的合金脱落或崩裂，如图 3-34 所示。

（a）刀圈崩裂　　（b）密封损坏

（c）刀体崩裂　　（d）合金脱落

图 3-34　质量不可靠引起的刀具破坏

3.8.2 刀具现场管理

刀具的现场管理是保障盾构安全和高效施工的有效手段之一，但由于具有丰富经验的施工现场管理人员极度缺乏，现场管理涉及的刀具采购、保管、安装、检查等环节，应加强刀具维护技术培训。盾构施工过程不仅需要合理的刀具配置，而且要从建立刀具档案、制订科学的换刀计划、正确使用刀具及定期检查刀具等方面采取相应的措施，以使得刀具在实际使用过程中达到最佳效果。

3.8.3 刀具安装形式

盾构与 TBM 相比，由于其刀盘是双向旋转的（TBM 刀盘一般为单向旋转），刀具在使用过程中，受到的荷载不均，会因交变荷载造成疲劳（螺栓连接）失效，如图 3-35 所示。

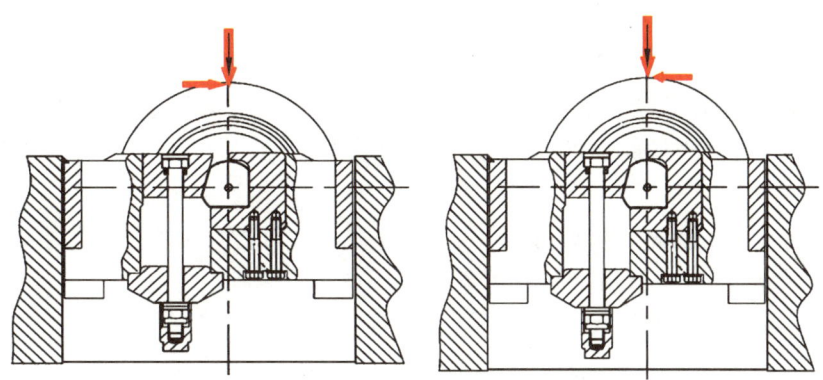

图 3-35 滚刀正反滚时交变受力

3.8.4 受力变化频繁

在软弱地层中掘进时，刀具所受荷载变化为偏置的正弦曲线；在上软下硬地层中掘进时，刀具由于受到隧道底部基岩的冲击作用，动荷载突变。

3.8.5 密封失效

浮动金属环密封失效形式：密封破损、表面熔化、磨损。密封失效的原因：装配误差、阻力太大、密封内部压力过低、长期未使用而生锈。

土体压力的存在，不论是土压平衡还是泥水平衡工况，均使得刀具轴承密封内外压力不一致，有压力差存在。

1）泥浆灌入

泥浆通过刀体和密封形成的保护之间挤入，过一段时间后，变干燥，就像水泥一样将一个金属密封环与另外一个密封环凝固到一起。当滚刀再次转动时，凝固在一起的金属密封会瞬间一起转动拉扯橡胶环密封，从而损坏橡胶环密封，造成润滑剂从滚刀中泄漏，且土和碎石渣有可能进入轴承腔。

2）高压环境

当滚刀应用于高水压环境时，在高压下工作引起的问题是泥浆推挤橡胶密封，推动它移位到密封法兰斜坡下。这就推动金属密封之间挤得更紧，增大密封表面的面接触压力，这样密封环就像是一个刹车盘。刀具的驱动扭矩增大，从而造成滚刀不转，引起偏磨。

3）高温环境

当温度升高时，内压增大，使得金属环压紧，摩擦力增大。

为有效消除刀具轴承密封内外的压差，可采取压力补偿方法：

① 在刀轴中心设置压力补偿活塞，随外部压力增加活塞移动，导致内部压力上升到一个相等的水平。当压力补偿装置的外面被石渣封住时，活塞不能向相反方向移动，可能导致内部压力超高，毁坏密封。

② 在密封端盖的环孔上安装一张膜片，当大气侧压力上升时移动，导致内部压力上升。这种方法与前一种方法有着同样的问题，膜片保护罩上的呼吸孔容易被堵塞住。

③ 装有弹簧的活塞，可以提供 0.2～0.3 MPa 的预装内部压力，在外部压力高达 0.6 MPa 时，造成最高 0.3 MPa 的压力差。

3.9 刀具磨损检测

3.9.1 刀具磨损检测方式

1）开舱检查

这是最常用、最直接、最可靠的方法，停机后由人工进舱逐个进行刀具检查。在不稳定地层中，开舱前需首先进行地层加固或带压作业。

开舱检查的方法最为直接有效，但却存在很高的风险，可能造成开挖面的坍塌，进而影响隧道周边建筑物的安全或进舱人员安全。

2）加入异味添加剂

这种方法在 TBM 中应用较多。秦岭隧道使用的维尔特（WIRTH）滚刀，为了检测轴承失效情况，在其轴承润滑油中加入了具有异味的添加剂，掘进中若刀具漏油，则放出刺鼻的异味，能很敏感地报告刀具密封损坏信息。这种方法在土压平衡盾构和泥水盾构等密闭式盾构中效果不佳。

3）安装磨损感应装置

在刀具内安装液压或电子传感器系统，一旦刀具磨损到一定程度就自动报警或指示。

滚刀磨损感应装置则是采用液压油缸从刀盘伸出至滚刀刃尖，通过比较伸出行程与磨损前行程的差值判断滚刀的磨损量。此外还有一些采用液压短路、光纤维短路或超声波等方式来判断滚刀磨损的感应装置。由于感应装置只能在少量刀具上安装，应用范围受到很大限制。

4）进行掘进参数分析

随着刀具的磨损，在推力不变的情况下，掘进速度一般会降低，扭矩增大，据此可以粗略估计刀具磨损情况。但由于掘进速度、扭矩受众多因素影响，包括推力变化、转速变化、地层变化、土舱压力变化等，故往往难以直接用于判断。

5）进行岩渣分析

若轴承损坏，刀具偏磨后，刀刃将与岩石表面发生剧烈摩擦，产生大量热量，导致渣土温度升高，故渣土温度异常时也可能意味着刀具失效。

一般地，新刀产生的岩渣块度较大，多呈片块状，棱角分明；刀具磨损后，岩渣块度变小、粉末增加。此外还可留意观察渣土中有无金属块，崩裂的刀圈往往会随渣土一并排出。

6）通电式刀具磨损检测

在刀具制作时先将电线埋入刀具中，随着盾构的掘进，当刀具磨耗达到限定磨耗量时，通电电线被磨断，于是电路断路，通知外界。该方法简单直接，但不能连续定量检测刀具磨损的进展情况。

针对切削类的盾构刀具，可优化设计通电式传感装置，连续定量检测磨损量；按间距设置多支通路随刀具磨损，使用单片机控制选通其中支路，通过电量判断其通断，从而得知刀具的磨损量。

3.9.2　刀具磨损检测发展方向

实时获取刀具的磨损量对研究刀具的磨损规律、刀具寿命预测、刀具设计、刀盘刀具布置优化、刀具消耗量的估计以及施工成本预测等具有重要意义。实时获取刀具的磨损量是刀具磨损检测的发展趋势，但成本是一个最大的制约因素。

1）切刀磨损测量

利用超声波传感器进行测量，利用同一个发射接收电路，实现多通道数据的采集。

2）滚刀磨损测量

利用电涡流传感器进行测量，两个方位同时进行，监测滚刀刀圈的磨损及转速。

3）刀具可视化测量

利用摄像头等在盾构停机时进行测量，以减少开舱检查的次数。

3.10　刀具磨损区域划分与刀具配置

我国幅员辽阔，地质条件复杂多变。盾构掘进效率的高低和不同地层的不同刀具配置有很大关系。根据地质勘察资料，将我国地层对刀具的磨损分为极易磨损区、易磨损区、中等磨损区和低磨损区等 4 个区域，如图 3-36 所示。

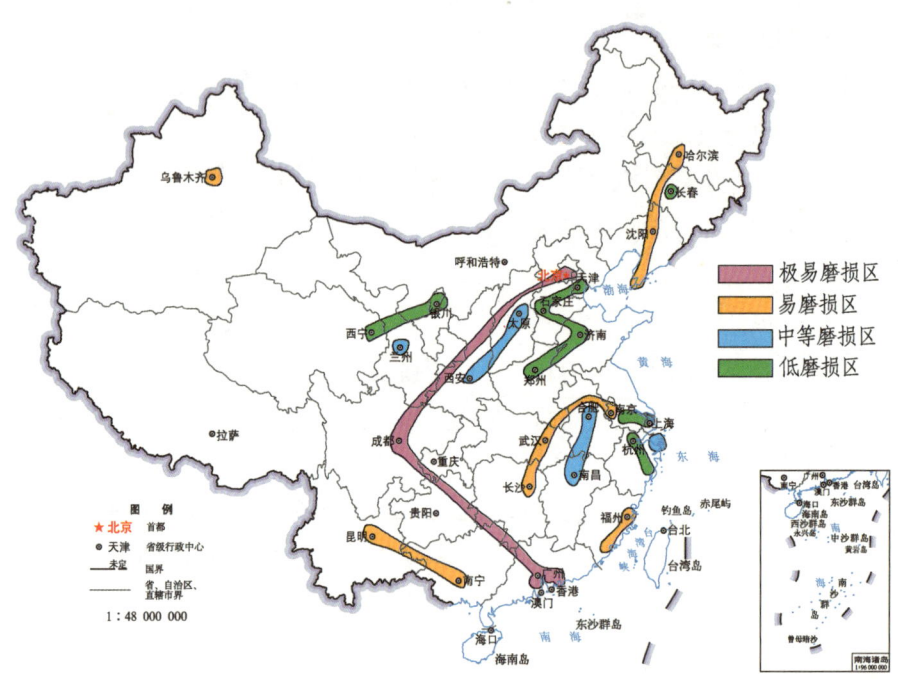

图 3-36 刀具磨损区域划分示意图

审图号：GS 川（2023）252 号

3.10.1 极易磨损区

将砂卵石含量很高、上软下硬、极硬岩和花岗岩球状风化体岩层等复杂地层划分为极易磨损区。该区卵石含量高于 50%，内摩擦角大于或等于 35°，石英含量很高，地层中孤石粒径大、强度高、分布多，基岩岩石饱和单轴抗压极限强度大于 150 MPa；刀具失效类型主要有滚刀磨损，切刀、周边刮刀磨损，齿刀磨损和中心刀磨损等。

极易磨损区盾构刀具应配置滚刀、切刀、周边刮刀和超前刀（表 3-6），并增大刀盘开口率，允许破碎后的卵石通过刀盘开口顺利进入土舱，以降低刀具磨损。极易磨损区主要分布在北京、广州、成都、深圳等地区。

表 3-6 极易磨损区盾构刀具配置建议

地层描述	城市	刀具配置建议
砂卵石地层	北京 广州 成都	滚刀+切刀+周边刮刀+超前刀
上软下硬地层	广州 深圳	
极硬岩地层	广州 深圳	
花岗岩球状风化体	深圳	

3.10.2 易磨损区

易磨损区的特点主要是砾石、圆砾分布广泛,卵石含量低于50%,内摩擦角在30°~35°,石英含量高,地层中含孤石,基岩岩石饱和单轴抗压极限强度较大(≥ 100 MPa)。

易磨损区的盾构刀具(表 3-7)主要配置滚刀或切刀,增大刀盘开口率,允许较多大粒径卵石通过刀盘面板,以降低刀具磨损。易磨损区主要分布在沈阳、厦门、武汉、福州、哈尔滨、大连、长沙、南宁、昆明、南京、东莞、乌鲁木齐等地区。

表 3-7 易磨损区盾构刀具配置建议

城市	地层描述	刀具配置建议
沈阳	粉质黏土、中粗砂、砾砂和圆砾地层	切刀+贝壳刀+周边刮刀
厦门	粉质黏土,砂质、砾质黏性土地层,下伏微风化基岩,岩石饱和单轴抗压极限强度最大值接近 150 MPa	滚刀+切刀+先行刀+中心刀+周边刮刀
武汉	黏性土、细砂、中细砂混粉质黏土,中粗砂混砾、卵石地层;含砂黏性土内摩擦角最大值在 30°左右;砾石主要成分为石英、长石,且砾石含量高	滚刀+切刀+中心刀+周边刮刀
福州	黏性土、含碎石黏性土地层,含孤石,中风化基岩岩石饱和单轴抗压极限强度最大值接近 100 MPa	滚刀+切刀+周边刮刀
哈尔滨	粉砂、中砂、砾石内摩擦角接近 35°,颗粒成分为石英、长石	滚刀+切刀+中心刀+周边刮刀
大连	卵石(透镜体状)+含碎石粉质黏土(厚层状)+碎石,下伏基岩为板岩、石英岩和凝灰岩;卵石含量高、粒径大,成分为石英岩	滚刀+切刀+先行刀+中心刀+周边刮刀
长沙	粗砂+圆砾+卵石(含砂、砾石),石英质,卵石粒径较大	滚刀+切刀+先行刀+中心刀+周边刮刀
南宁	圆砾(厚层状)+砾砂,砾石颗粒较大、含量高,以石英岩、硅质岩为主	滚刀+切刀+先行刀+中心刀+周边刮刀
昆明	圆砾、碎石含量高(50%以上),粒径较大,卵石、砾石成分主要为砂岩、石英等;下伏基岩灰岩为次坚岩	滚刀+切刀+先行刀+中心刀+周边刮刀
南京	砂土+含砾粉质黏土(内摩擦角接近30°),砾石含量较高,磨圆度差,主要成分为石英	滚刀+切刀+周边刮刀
东莞	黏性土+风化岩,上软下硬,地面以下 5~25 m 范围内微风化岩石饱和单轴抗压极限强度为 101 MPa,局部含球状风化体	滚刀+切刀+先行刀+周边刮刀
乌鲁木齐	粉土+砾石土	切刀+先行刀+中心刀+周边刮刀

3.10.3 中等磨损区

中等磨损区的地层为局部含卵石的中粗砂且卵石含量较高（20%~30%）；粉质黏土层中黏粒含量高，极易在刀盘中心结泥饼，进而造成刀具偏磨。

中等磨损区刀具失效类型有滚刀偏磨、刀圈断裂、刮刀脱落等。中等磨损区盾构刀具配置（表 3-8）以切刀和刮刀为主，部分配置滚刀，调整刀盘开口率，允许存在的大粒径卵石通过刀盘面，以降低刀具磨损。中等磨损区主要分布在南昌、西安、太原、宁波、兰州、合肥（合肥部分上软下硬地层可划为易磨损区）等地区。

表 3-8　中等磨损区盾构刀具配置建议

城市	地层描述	刀具配置
西安	以黄土为主，局部为含卵石的中、粗砂，或全断面富水砂层	先行刀+切刀+周边刮刀
太原	粉土（局部夹中砂透镜体）+中粗砂	切刀+周边刮刀
宁波	砂质粉土+淤泥质（粉质）黏土+粉质黏土	切刀+周边刮刀
南昌	砾砂+粗砂（内摩擦角最大为36.5°）+砾砂夹圆砾，母岩成分以石英岩、砂岩为主，圆砾含量较高，粒径较大，中粗砂充填，砂成分以石英、长石为主	切刀+周边刮刀+周边保径刀+撕裂刀+鱼尾刀+滚刀
合肥	粉质黏土+黏土+全~中风化泥质砂岩（极软岩） （部分区间上软下硬地层：滚刀+切刀+周边刮刀+超前刀）	切刀+撕裂刀+鱼尾刀+周边刮刀+保径刀+超挖刀+贝壳刀
兰州	卵石层厚度较大，为砂土充填，充填程度高，母岩以石英及长石砂岩为主	滚刀+切刀+周边刮刀

3.10.4 低磨损区

低磨损区主要是软土地层，以黏性土为主，地层均匀、单一，很少或不含粗粒土，或者砾石埋深较深。盾构在此类地层中施工时受力均匀，能顺利运转和推进。该区常发生刀盘中心结泥饼、刀具偏磨等。

低磨损区盾构刀具配置（表 3-9）以切刀为主，盾构施工中添加土体改良材料，避免发生结泥饼或开挖面失稳，以降低刀具可能的损坏。低磨损区主要分布在上海、天津、郑州、长春、苏州、杭州、石家庄、无锡、贵阳、常州、温州、徐州、济南（大部分地区为黏性土、粉砂地层，部分地区穿越含碎石粉质黏土、胶结砾岩、闪长岩、透水卵石层/砂层，可划为中等磨损区）等地区。

表 3-9　低磨损区盾构刀具配置建议

城市	地层描述	刀具配置
上海	黏性土	中心鱼尾刀+切刀 +周边刮刀
天津	黏性土	
郑州	厚层砂质黄土、黏性土	
长春	地层以粉质黏土、黏土、粗砂为主	
苏州	粉质黏土+粉土+粉砂+碎石土（埋深在地面 40 m 以下）	
杭州	黏性土+淤泥质（粉质黏土），粉细砂、砾砂和圆砾埋深较深	
石家庄	黏性土+含卵砾石中砂+卵石层内摩擦角局部达 40°，埋深较深（地面 40 m 以下）	
无锡	黏性土	
贵阳	黏土+强～中风化泥岩（软岩）	
常州	黏性土+粉砂	
温州	粉细砂+黏土+淤泥质黏土	
徐州	粉砂+粉土+黏土	
济南	黏性土+粉砂	
西宁	黏性土	

3.11　刀具技术新进展

近年来，盾构国产刀具取得了重大技术突破，主要表现在新研制的滚刀刀圈表面硬度≥HRC60，冲击韧性≥15J/cm^2，滚刀轴承装配精度同轴度达到 0.01 mm。新开发的硬质合金齿刀、切刀，刀体采用合金工具钢制造，硬度大于 HRC32；耐磨堆焊采用等离子堆焊与保护气体焊接，表面硬度大于 HRC62；焊接采用中高频焊机、银钎焊料，破坏性焊接强度检测与超声波无损检测相结合，有效保证了焊接质量。同时，开发的常压刀具，其质量不断提高。

3.11.1　梯度结构刀圈

刀圈硬度呈梯度分布（图 3-37），刃口硬度高，芯部韧性好，刀圈具备良好的耐磨性能和耐冲击性能，适合全断面硬岩、上软下硬复合岩层和高磨蚀性岩层的掘进。

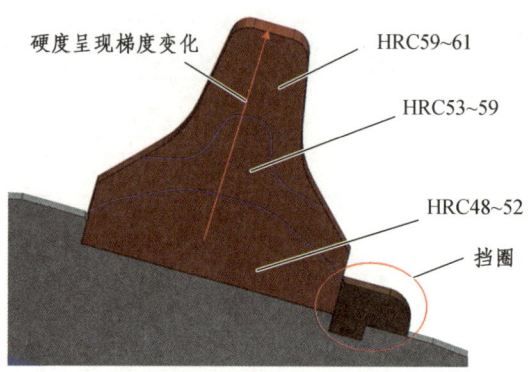

图 3-37　梯度结构刀圈

3.11.2　可锻硬质合金刀圈

开发的可锻造硬质合金刀圈,刃部硬度≥HRC67,适合掘进含石英砂等磨蚀性岩层,适用于长距离不换刀施工。内圈采用抗冲击性能较好的材料,硬度≥HRC50,具备良好的抗冲击韧性。

3.11.3　新型刀毂结构

刀毂盖住端盖（图 3-38）,渣土首先冲击或磨损刀毂,有效保护端盖,避免因端盖变形造成密封过早失效；这种创新型设计,使外部入侵的泥沙路径增多,阻力增大,泥沙对浮动密封的冲击大大降低,从而提高浮动密封的可靠程度。

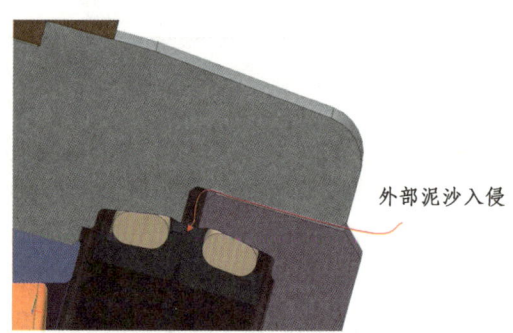

图 3-38　盖住端盖的新型刀毂

3.11.4　内腔带压滚刀

设计有单向阀（图 3-39）,以保证滚刀内部带一定压力（初装压力为 0.25 MPa）,能防止泥浆渗入内腔损毁轴承和密封,使内部润滑更加充分,能有效防止滚刀偏磨。

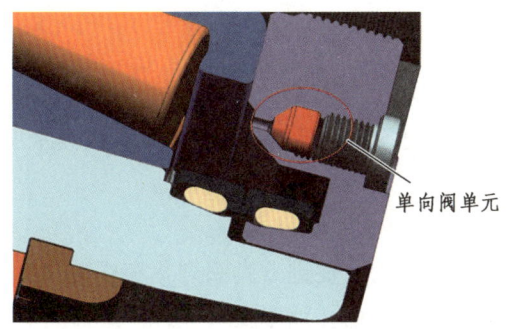

图 3-39 内腔带压滚刀

3.11.5 滚刀内外压力平衡装置

滚刀内外压力平衡装置（图 3-40）是通过刀轴内孔将外部压力引入滚刀内腔，使外部压力与内腔压力平衡，目前主要应用于泥水盾构。

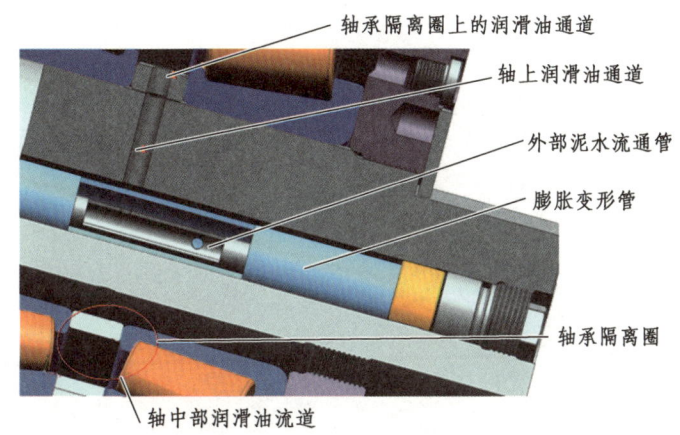

图 3-40 滚刀内外压力平衡装置

3.12 刀具技术研究方向

随着盾构刀具市场需求的不断增长，盾构刀具厂家越来越多，针对盾构国产刀具种类多、品牌多、质量参差不齐、性能差异较大的现状，有必要在以下三个方面进行深入研究。

3.12.1 刀具适应性理论研究

刀具适应性理论方面，主要开展刀盘刀具整体动态破岩机理研究，刀具寿命预测管理技术研究，高耐磨、高韧性、长寿命刀具的结构、材料与工艺研究，刀具磨损量实时动态检测技术研究，刀具快速更换技术研究等。

3.12.2　高效破岩刀具研究

开发极硬岩、高地温、高水压等特殊极端地质的刀具；开发砂卵石、漂石、孤石等地质条件使用的刀具；开发软硬不均地层耐冲击刀具；开发高水压下可常压更换的刀具。

3.12.3　刀具技术标准化研究

加强行业管理，规范市场行为，促进刀具系列化和标准化；推进刀圈标准化，统一刀圈内孔与刀体之间的配合公差及内孔处厚度尺寸，制定刀圈耐磨性、抗断裂性等硬性检测标准，推进刀圈的标准化发展；推进滚刀本体的标准化、轴承及密封标准化；制订不同地质情况下刀具性能指标及配置方案。

第 4 章　刀盘刀具的配置与应用

> **本章重点**
>
> 淤泥地层、黏土地层、砂质地层、砂卵石地层、砂岩地层、泥岩地层、软硬不均地层的地质特点、刀盘选型与刀具配置要点，刀盘刀具工程应用示例。

4.1　典型地层刀盘刀具配置

4.1.1　淤泥地层地质特点与刀盘刀具配置

1）淤泥地层的特点

淤泥地质的主要特点是地质松软、呈灰褐色、地层较均匀，无大硬块出现，地表沉降反应较快，地层稳定性较差，含水量充足，地层密封性较差。

2）刀盘选型与刀具配置

在刀盘选型方面，主要根据淤泥地质特点，选用刀盘开口率较大的辐条式刀盘或辐板式刀盘，刀盘一般配置中心鱼尾刀、切刀和周边刮刀等，如图 4-1 所示。

图 4-1　淤泥地层刀盘刀具配置

4.1.2　黏土地层地质特点与刀盘刀具配置

1）黏土地层的特点

黏土地层的特点是地层密实、透水性差、含水量小，密封性好，渣土呈黄色、黄褐色，渣土非常黏手，且大块硬块较多，地层较为稳定。

2）刀盘选型与刀具配置

在盾构刀盘选型方面，一般情况下选用开口率相对适中的辐板式刀盘来掘进黏土地层。黏土地层掘进土质非常黏，极易出现糊刀盘和糊土舱现象，因此选用适当开口率的刀盘，刀盘上应至少设计 3~5 路泡沫喷射孔和 2~4 路加水孔以及刀盘中心冲刷系统，如图 4-2 所示。

图 4-2　黏土地层刀盘刀具配置

4.1.3　砂质地层地质特点与刀盘刀具配置

1）砂质地层的特点

砂质地层（图 4-3）分细砂、中砂、粗砂层，地质较松散，透水性强，极易出现坍塌、涌水、涌砂等现象。

图 4-3　砂质地层

2）刀盘选型与刀具配置

在盾构刀盘选型方面，砂质地层一般选择开口率较大的辐条式刀盘或辐板式刀盘，且刀盘上泡沫孔数量不少于 3 路，膨润土孔数量不少于 2 路。盾构应配备盾壳膨润土注入系统，螺旋输送机上应设计有膨润土和泡沫加入孔，如图 4-4 所示。

图 4-4　砂质地层刀盘刀具配置

4.1.4　砂卵石地层地质特点与刀盘刀具配置

1）砂卵石地层的特点

砂卵石地层对刀盘的磨损大，特别是大直径卵石不易破碎。

2）刀盘选型与刀具配置

在盾构刀盘选型方面，通常情况下，在掘进富水砂卵石地层时，一般采用面板式刀盘，刀盘开口率以在 36% 左右为宜；在掘进无水砂卵石地层时，刀盘开口率根据具体地质情况而定。根据已施工的工程实际，北京无水砂卵石地层采用的盾构刀盘，既有面板式刀盘，也有辐条式刀盘，面板式刀盘其开口率一般在 25%~40%，辐条式刀盘其开口率较大，一般大于 60%。砂卵石地层刀盘选型与刀具配置如图 4-5 所示。

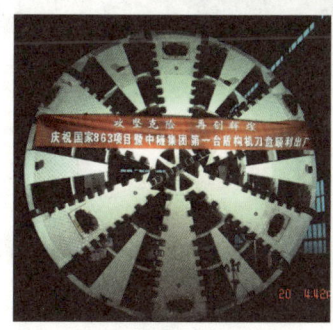

图 4-5　砂卵石地层刀盘选型与刀具配置

4.1.5 砂岩地层地质特点与刀盘刀具配置

1) 砂岩地层的特点

砂岩地层（图 4-6）主要分为中风化砂岩、强风化砂岩、全断面砂岩地层。在盾构施工中，砂岩地层相对比较稳定，盾构掘进渣土呈褐色或灰色。

图 4-6 砂岩地层

2) 刀盘选型与刀具配置

砂岩地层盾构刀盘通常选用滚刀、切刀、周边刮刀相结合的复合刀盘，刀盘中心开口率尽可能大些，配备完善的泡沫系统和刀盘中心冲刷系统，如图 4-7 所示。

图 4-7 砂岩地层刀盘选型与工程应用

4.1.6 泥岩地层地质特点与刀盘刀具配置

1) 泥岩地层的特点

泥岩均为风化岩，分中风化、微风化和强风化，强度较砂岩要低，且呈褐红色，如图 4-8 所示。

图 4-8 泥岩地层

2）刀盘选型与刀具配置

在掘进泥岩地层时，盾构刀盘通常选用滚刀、切刀、周边刮刀相结合的复合刀盘，要求刀盘中心开口率较大，配备完善的泡沫系统和刀盘中心冲刷系统，如图 4-9 所示。

图 4-9 泥岩地层刀盘选型与工程应用

4.1.7 软硬不均地层地质特点与刀盘刀具配置

1）软硬不均地层的特点

软硬不均地层比较复杂，主要有上软下硬、上硬下软或中间硬上下软的复合地层。各种软硬地层在盾构开挖面所处的位置和所占比例不同，会导致盾构掘进时的掘进参数不同，渣土改良的方法也不同。

2）刀盘选型与刀具配置

在掘进软硬不均地层时，盾构刀盘通常选用滚刀、切刀、周边刮刀相结合的复合刀盘，要求刀盘中心开口率应尽可能大些，配备完善的泡沫系统、膨润土系统和刀盘中心冲刷系统，如图 4-10 所示。

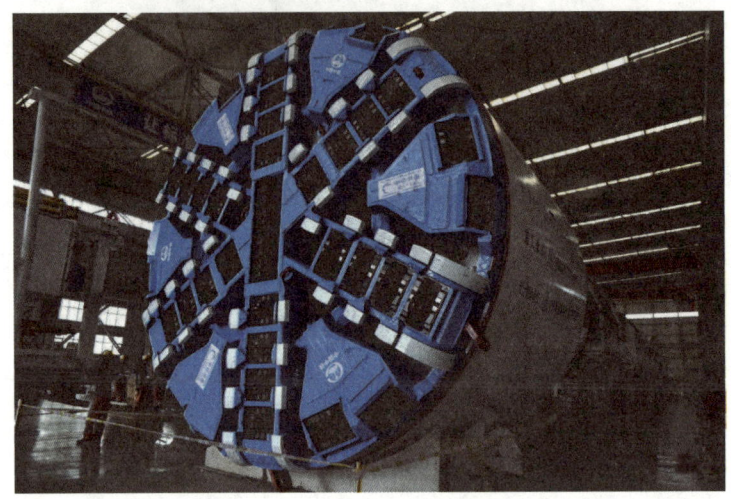

图 4-10　软硬不均地层刀盘刀具配置

4.2　刀盘刀具工程应用示例

4.2.1　中国中铁盾构

中铁工程装备集团有限公司（以下简称中铁装备）是世界 500 强企业中国中铁股份有限公司的骨干成员企业，是专业从事盾构 TBM 研发制造和技术服务的大型国有企业，于 2009 年 12 月在国家郑州经济技术开发区注册成立。中铁装备先后被列入国家火炬计划重点高新技术企业、工信部品牌培育示范企业，河南省 10 家创新方法示范企业、50 家重点培育的装备制造企业。2014 年 5 月 10 日，习近平总书记视察中铁装备时，高度肯定了中铁装备在盾构技术重大装备领域做出的创新贡献，提出"推动中国制造向中国创造转变、中国速度向中国质量转变、中国产品向中国品牌转变"的殷切期望。2024 年 1 月 19 日上午，"国家工程师奖"表彰大会在人民大会堂举行，81 名个人被授予"国家卓越工程师"称号，50 个团队被授予"国家卓越工程师团队"称号；其中，中铁装备盾构创新研发团队被授予"国家卓越工程师团队"称号。目前，中铁装备的产品订单已超过 1500 台，产品远销 30 多个国家和地区，连续 6 年盾构产销量居世界第一，已成为中国装备"走出去"的典型代表。现将其代表性盾构刀盘刀具配置情况简要介绍如下。

1）中铁 1 号盾构

中铁 1 号盾构如图 4-11 所示，采用液压驱动，总功率为 630 kW，应用于天津地铁 3 号线营口道站—和平路站—解放北路站—天津站区间施工。主要穿越的地质为粉土、粉质黏土。最高日掘进 22.8 m，最高月掘进 450 m。

图 4-11　应用于天津地区（粉土、粉质黏土）的中铁 1 号盾构

中铁 1 号盾构为面板式软土刀盘土压平衡盾构，刀盘由 4 条主辐条及面板组成，开挖直径为 6.4 m，刀盘开口率为 34%，配置切刀 80 把、边刮刀 8 把、中心鱼尾刀 1 把、先行贝壳刀 24 把。

2）中铁 2 号盾构

中铁 2 号盾构如图 4-12 所示，采用液压驱动，总功率为 630 kW，应用于郑州地铁 1 号线施工。主要穿越的地质为粉土、粉质黏土，局部粉细砂层。

图 4-12　应用于郑州地区（粉土、粉质黏土，局部粉细砂层）的中铁 2 号盾构

中铁 2 号盾构为辐板式软土刀盘土压平衡盾构，刀盘由 6 根刀梁、小面板和外圈梁组成，开挖直径为 6.28 m，刀盘开口率为 34%，配置切刀 90 把、边刮刀 12 把、中心鱼尾刀 1 把、贝壳刀 40 把。

3）中铁 3 号、4 号盾构

中铁 3 号、4 盾构如图 4-13 所示，采用变频电机驱动，总功率为 550 kW，应用于北京地铁 10 号线施工。主要穿越的地质为中粗砂、卵石地层。

图 4-13　应用于北京地区（中粗砂、卵石地层）的中铁 3 号、4 号盾构

中铁 3 号、4 号盾构为辐板式复合刀盘土压平衡盾构，刀盘由 6 根刀梁和外圈梁组成，开挖直径为 6.28 m，刀盘开口率为 40%，配置中心滚刀 5 把、单刃滚刀 27 把、切刀 46 把、边刮刀 16 把、超挖刀 1 把。

4）中铁 5 号盾构

中铁 5 盾构如图 4-14 所示，采用变频电机驱动，总功率为 660 kW。该盾构首先应用于北京地区南水北调 12 标施工，最高日掘进 27.6 m，最高月掘进 655.2 m；后用于南昌地区施工。主要穿越的地质均为中粗砂、卵石地层。

图 4-14　应用于北京、南昌地区（中粗砂、卵石地层）的中铁 5 号盾构

中铁 5 号盾构为辐板式复合刀盘土压平衡盾构，开挖直径为 6.28 m，刀盘开口率为 45%，配置切刀 70 把、边刮刀 12 把、周边保径刀 12 把、撕裂刀 30 把、中心鱼尾刀 1 把、超挖刀 1 把、双刃滚刀 4 把、单刃滚刀 1 把。

5）中铁 7 号盾构

中铁 7 盾构刀盘如图 4-15 所示，采用液压驱动，总功率为 630 kW，应用于郑州地区施工。主要穿越的地质为粉土、粉质黏土，局部为粉细砂层。

图 4-15　应用于郑州地区（粉土、粉质黏土，局部粉细砂层）的中铁 7 号盾构刀盘

中铁 7 号盾构为辐板式软土刀盘土压平衡盾构，开挖直径为 6.28 m，刀盘开口率为 50%，配置切刀 100 把、边刮刀 16 把、中心鱼尾刀 1 把、先行撕裂刀 54 把、保径刀 8 把、超挖刀 1 把。

6）中铁 11 号盾构

中铁 11 号盾构如图 4-16 所示，采用液压驱动，总功率为 630 kW，应用于郑州地区施工。主要穿越的地质为粉土、粉质黏土，局部粉细砂层。

图 4-16　应用于郑州地区（粉土、粉质黏土，局部粉细砂层）的中铁 11 号盾构

中铁 11 号盾构为辐板式软土刀盘土压平衡盾构,开挖直径为 6.28 m,刀盘开口率为 50%,配置中心鱼尾刀 1 把、切刀 72 把、边刮刀 16 把、先行刀 41 把、超挖刀 1 把。

7)中铁 12 号盾构

中铁 12 号盾构如图 4-17 所示,采用变频电机驱动,总功率为 660 kW,应用于无锡地铁 1 号线施工,最高日掘进 24 m,最高月掘进 387.6 m。主要穿越的地质为粉土、粉质黏土,局部为粉细砂层。

图 4-17 应用于无锡地区(粉土、粉质黏土,局部粉细砂层)的中铁 12 号盾构

中铁 12 号盾构为辐板式软土刀盘土压平衡盾构,刀盘由 6 根刀梁、小面板和外圈梁组成,开挖直径为 6.38 m,刀盘开口率为 43%,配置中心鱼尾刀 1 把、切刀 84 把、刮刀 12 把、保径刀 6 把、超挖刀 2 把、先行刀 44 把。

8)中铁 17 号、18 号盾构

中铁 17 号、18 号盾构为土压平衡盾构,采用变频电机驱动,总功率为 660 kW。

该 2 台盾构首先用于重庆地区(圆砾、砾砂、中粗砂)施工,盾构刀盘如图 4-18 所示,属于面板式复合刀盘,开挖直径为 6.28 m,刀盘开口率为 34%,配置中心双刃滚刀 5 把、单刃滚刀 34 把、边滚刀 1 把、切刀 60 把、边刮刀 16 把。

刀盘新制后用于西安地区(黄土、软土地层)施工,盾构刀盘如图 4-19 所示,属于辐条式软土刀盘,刀盘开口率为 60%,配置中心鱼尾刀 1 把、切刀 82 把、边刮刀 8 把、撕裂刀 36 把、保径刀 8 把、圆环保护刀 24 把、超挖刀 2 把。

图 4-18 应用于重庆地区的刀盘　　　图 4-19 应用于西安地区的刀盘

9）中铁 19 号~23 号、26 号、27 号盾构

中铁 19 号~23 号、26 号、27 号盾构如图 4-20 所示，采用变频电机驱动，总功率为 1 200 kW，应用于重庆地铁施工。主要穿越的地质为圆砾、砾砂、中粗砂。

图 4-20 应用于重庆地铁的中铁 19 号盾构

中铁 19 号~23 号、26 号、27 号盾构均为面板式复合刀盘土压平衡盾构，开挖直径为 6.28 m，刀盘开口率为 34%，配置中心双刃滚刀 5 把、单刃滚刀 34 把、边滚刀 1 把、切刀 60 把、边刮刀 16 把。其中：中铁 19 号、23 号在重庆地区使用后，经维修用于成都地区（圆砾、砾砂、中粗砂）施工；中铁 21 号、22 号在重庆地区使用后，经维修用于东莞地区（圆砾、砾砂、中粗砂、软硬不均地层）施工。

10）中铁 38 号、39 号盾构

中铁 38 号、39 号盾构如图 4-21 所示，采用变频电机驱动，总功率为 660 kW，应用于南昌地铁 1 号线施工。主要穿越的地质为圆砾、砾砂、中粗砂。

图 4-21 应用于南昌地区（圆砾、砾砂、中粗砂）的土压平衡盾构

中铁 38 号、39 号盾构均为辐板式软土刀盘土压平衡盾构，刀盘由 6 根刀梁、小面板和外圈梁组成，开挖直径为 6.28 m，刀盘开口率为 43%，配置中心鱼尾刀 1 把、切刀 68 把、刮刀 12 把、先行刀 42 把、保径刀 6 把、保护刀 36 把、超挖刀 3 把。

11）中铁 41 号盾构

中铁 41 号盾构如图 4-22 所示，采用变频电机驱动，总功率为 660 kW，应用于南京地铁施工。主要穿越的地质为粉质黏土、粉土，局部穿越中风化砂岩、强风化闪长岩、中风化闪长岩。

图 4-22 应用于南京地区施工的中铁 41 号盾构

中铁 41 号盾构为辐板式复合刀盘土压平衡盾构，开挖直径为 6.46 m，刀盘开口率为 37%，配置中心滚刀 4 把、单刃滚刀 34 把、刮刀 40 把、边刮刀 16 把、保径刀 4 把。

12）中铁 67 号~70 号盾构

中铁 67 号~70 号盾构如图 4-23 所示，采用变频电机驱动，总功率为 1 120 kW，应用于深圳地铁 11 号线施工。主要穿越的地质为砾质黏性土，全、强风化花岗岩，局部洞顶位于砂层或砾砂层内，局部底板位于中、微风化花岗岩中。

图 4-23 应用于深圳地铁 11 号线施工的土压平衡盾构及其刀盘

中铁 67 号~70 号盾构均为辐板式复合刀盘土压平衡盾构，开挖直径为 6.98 m，刀盘开口率为 33%，中心开口率为 38%，配置中心滚刀 6 把、单刃滚刀 38 把、切刀 49 把、边刮刀 12 把，正滚刀最大刀间距为 80 mm，最小刀间距为 75 mm。

13）中铁 152 号盾构

中铁 152 号盾构如图 4-24 所示，应用于武汉地铁 6 号线项目施工。

图 4-24 武汉地铁 6 号线使用的泥水平衡盾构

中铁 152 号盾构为辐板式复合刀盘泥水平衡盾构，开挖直径为 6.5 m，刀盘开口率为 38%，配置中心鱼尾刀 4 把、双刃滚刀 18 把（正面滚刀在现场使用时被更换为撕裂刀）、刮刀 44 把、边刮刀 16 把、焊接撕裂刀 30 把、保径刀 6 把、超挖刀 1 把。正面滚刀刀间距为 100 mm。

14）中铁 297 号盾构

中铁 297 号盾构如图 4-25 所示，应用于北京望京隧道工程项目施工。主要穿越的地质为黏土层、粉质黏土层、粉土层和粉细砂层。

图 4-25　京沈客专望京隧道工程大直径泥水平衡盾构

中铁 297 号盾构为辐板式复合刀盘泥水平衡盾构，开挖直径为 10.9 m，刀盘开口率为 49%，中心开口率为 38%，配置中心滚刀 6 把、单刃滚刀 38 把、切刀 49 把、边刮刀 12 把。

15）中铁 306 号盾构

中铁 306 号盾构如图 4-26 所示，应用于汕头苏埃海湾隧道工程施工。

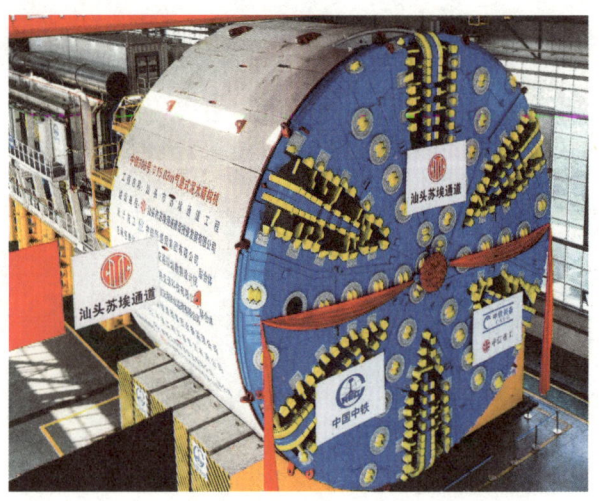

图 4-26　汕头苏埃海湾隧道工程的超大直径泥水平衡盾构

主要穿越的地质为填筑土、淤泥、淤泥质土、淤泥混砂、粉细砂、粉质黏土、中砂、粗砂、砾砂、砾质黏性土、微弱中全风化花岗岩等，不良地质有砂土液化、软土震陷、花岗岩球状风化体（孤石）、基岩突起、有害气体等。盾构穿越的主航道下有 3 处基岩突起段，补勘结果表明，基岩突起段 RQD=55%～78%，层顶高程 -34.72～-27.46 m，层底未揭穿，揭露厚度为 1.10～9.00 m，饱和单轴抗压强度为 41.7～214 MPa，抗拉强度为 2.02～9.35 MPa。

中铁 306 号盾构为常压复合刀盘泥水平衡盾构，开挖直径为 15.03 m，刀盘开口率为 28%，配置中心滚刀 12 把、正面及周边滚刀 67 把、常压切刀 50 把、带压切刀 145 把、边刮刀 12 把，正滚刀最大刀间距为 100 mm，最小为 85 mm。

16）中铁 456 号盾构

中铁 456 号盾构如图 4-27 所示，应用于大连地铁 5 号线大连站—梭鱼湾南站区间。区间隧道主要穿过中风化白云质灰岩（单轴饱和抗压强度最大为 116.0 MPa）、溶蚀地层、中风化钙质板岩（单轴饱和抗压强度最大为 118.2 MPa）、中风化板岩（单轴饱和抗压强度最大为 88.5 MPa）、少量中风化辉绿岩（单轴饱和抗压强度最大为 116 MPa）等，海域段存在辉绿岩侵入岩脉。洞顶覆盖层依次为淤泥、粉土、粉质黏土、基岩层。

图 4-27 大连地铁 5 号线大直径泥水平衡盾构

中铁 456 号盾构为常压复合刀盘泥水平衡盾构，开挖直径为 12.26 m，刀盘开口率为 22%，配置中心滚刀 12 把、正面及周边滚刀 50 把、常压切刀 32 把、带压切刀 96 把、边刮刀 36 把，正滚刀间距为 100 mm。

17）中铁 588 号盾构

中铁 588 号盾构如图 4-28 所示，应用于深圳春风隧道工程。沿线主要地层为人工填土层（Q^{ml}）、第四系新近冲积层（Q^{al}）、第四系全新统海陆交互沉积层（Q_4^{mc}）、第四系全新统冲洪积层（Q_4^{al+pl}）、第四系上更新统冲洪积层（Q_3^{al+pl}）、第四系中更新统残积层（Q_2^{el}）及场内下伏基岩。盾构段开挖面地层多为粗粒花岗岩、构造碎裂岩、凝灰质砂岩、片岩、变质砂岩、构造角砾岩、糜棱岩，并且存在部分上软下硬地层、断层破碎带，全断面岩层占全线 80%以上。勘察区内，下伏基岩自西向东分布有不同形状、大小断裂带共 9 条。特殊性岩土主要有人工填土、淤泥质黏性软土、风化岩、地质断层等。根据工程资料分析，沿线不良地质现象有风化沟槽、球状风化体及风化岩块。

图 4-28 深圳春风隧道工程超大直径泥水平衡盾构

中铁 588 号盾构为常压复合刀盘泥水平衡盾构，开挖直径为 15.8 m，刀盘开口率为 27%，配置中心滚刀 12 把、正面及周边滚刀 71 把、常压切刀 52 把、带压滚刀 6 把、带压切刀 155 把、边刮刀 36 把，正滚刀最大刀间距为 100 mm，最小为 80 mm。

18）中铁 595 号、596 号盾构

中铁 595 号、596 号盾构刀盘如图 4-29 所示，均为辐板式软土刀盘泥水盾构，应用于杭州博奥隧道工程。

开挖直径为 11.7 m，刀盘开口率为 52%，配置中心鱼尾刀 1 把、可更换撕裂刀 61 把、焊接撕裂刀 82 把、切刀 196 把、边刮刀 32 把。

图 4-29　杭州博奥隧道使用的泥水平衡盾构

19）中铁 758 号、759 号、788 号、789 号盾构

中铁 758 号、759 号、788 号、789 号盾构均为辐板式复合刀盘泥水盾构，刀盘参见图 4-30，应用于杭州天目山隧道。开挖直径为 13.46 m，刀盘开口率为 31%，配置 18 in 中心双联滚刀 6 把、20 in 单刃滚刀 82 把、刮刀 124 把、边刮刀 16 把。

图 4-30　杭州天目山隧道使用泥水平衡盾构刀盘

20）中铁 808 号盾构

中铁 808 号盾构如图 4-31 所示，应用于深圳妈湾跨海通道项目。盾构段全长 2 063 m，其中：全断面土层长 329 m，占比 16%；全断面岩层长 585 m，占比 28%；上软下硬段

长 1 069 m，占比 52%；断裂带长 80 m，占比 4%。基岩起伏大，上软下硬占比高，岩层为混合花岗岩。主要矿物为石英、长石、黑云母等，石英含量平均为 34%，最高达 54%，长石含量平均为 55%，最高为 69%。岩石平均强度为 44.9 MPa，最大为 193 MPa。

图 4-31　深圳妈湾跨海通道项目使用的泥水平衡盾构常压刀盘

中铁 808 号盾构为常压复合刀盘泥水平衡盾构，开挖直径为 15.53 m，刀盘开口率为 27%，配置中心滚刀 12 把、正面及周边滚刀 67 把、常压切刀 50 把、带压切刀 145 把、边刮刀 12 把，正滚刀最大刀间距为 100 mm，最小为 85 mm。

21）中铁 858 号盾构

中铁 858 号盾构如图 4-32 所示，应用于杭州之江路项目施工。主要穿越的地质为强风化粉砂岩、中风化粉砂岩。中铁 858 号盾构为辐板式复合刀盘泥水平衡盾构，开挖直径为 15.03 m，刀盘开口率为 38%，配置中心滚刀 6 把、单刃滚刀 83 把、切刀 144 把、焊接撕裂刀 148 把、边刮刀 40 把、超挖刀 2 把。正面滚刀刀间距为 90 mm。

图 4-32　杭州之江路项目使用的泥水平衡盾构刀盘

22）中铁 892 号盾构

中铁 892 号盾构如图 4-33 所示，为辐板式复合刀盘泥水平衡盾构，应用于珠江三角洲水资源 A6 标。主要穿越的地质为黏土、砂层等软土地层和上软下硬、基岩突起、风化岩等复合地层。刀盘采用 6 主梁+6 副梁的结构设计，开挖直径为 6.28 m，刀盘开口率为 35%，配置 18 in 中心双联滚刀 6 把、18 in 单刃滚刀 34 把、刮刀 40 把、边刮刀 12 把。

图 4-33　珠江三角洲水资源 A6 标泥水平衡盾构

23）中铁 893 号盾构

中铁 893 号盾构如图 4-34 所示，为辐板式复合刀盘土压平衡盾构，应用于珠江三角洲水资源 A6 标。主要穿越的地质为黏土、砂层等软土地层和上软下硬、基岩突起、风化岩等复合地层。刀盘采用 6 主梁+6 副梁的结构设计，开挖直径为 6.28 m，刀盘开口率为 35%，配置 18 in 中心双联滚刀 6 把、18 in 单刃滚刀 34 把、刮刀 40 把、边刮刀 12 把。

图 4-34　珠江三角洲水资源 A6 标土压平衡盾构

24）中铁 996 号盾构

中铁 996 号盾构及刀盘如图 4-35 所示，应用于中俄东线天然气管道长江盾构穿越工程项目。该项目属于新时代中俄全面战略协作伙伴关系跨国工程，盾构主要穿越的地层分为陆域段和水域段两部分，其中：陆域段主要有④层粉质黏土、⑤层粉土、⑤-1 层粉砂、⑥-2 层黏土，水域段主要有⑦粉砂（石英含量为 40%～75%）、⑥粉质黏土、⑦-1 层粉质黏土。工程集"急、难、险、重"于一身。

急——投产急，盾构月进度指标为 450 m，竖井施工周期仅 7 个月。

难——难度大，独头掘进 10.226 km 水下隧道，在当时全球在建隧道中排名第一；水下掘进 9000 m，属当时长江水下最长隧道。

险——设备可靠性风险高，水压最高达 0.73 MPa，高水压开挖面稳定、换刀风险高；超长距离掘进运输通风与轴线控制难度大；穿越地层强弱透水交替并伴有沼气喷出，沼气地层掘进安全风险高；环境保护风险高。

重——中俄两国国家元首签署的国家战略合作工程，是中国四大油气战略通道的重要组成部分。

图 4-35　中俄东线长江盾构穿越工程项目使用的泥水平衡盾构及其刀盘

盾构刀盘采用常压软土刀盘，开挖直径为 7.92 m，是世界上首台最小直径常压换刀的泥水盾构，刀盘开口率为 32%，配置常压撕裂刀 22 把、常压切刀 24 把、焊接撕裂刀 18 把、常规切刀 46 把、边刮刀 8 把、常压可更换超挖刀 2 把。

25）中铁 1000 号盾构

中铁 1000 号盾构如图 4-36 所示，为辐板式复合刀盘泥水平衡盾构。

该盾构应用于粤海水务 B2 标，开挖直径为 8.64 m，刀盘开口率为 32%，配置 18 in 中心双联滚刀 6 把、19 in 单刃滚刀 6 把、切刀 62 把、边刮刀 12 把。

图 4-36 粤海水 B2 标使用的泥水平衡盾构

26）中铁 1016 号、1017 号盾构

中铁 1016 号、1017 号盾构如图 4-37 所示，为辐板式复合刀盘泥水平衡盾构，应用于福州机场线施工。开挖直径为 8.63 m，刀盘开口率为 32%，配置 18 in 中心双联滚刀 6 把、19 in 单刃滚刀 47 把、切刀 54 把、边刮刀 12 把。

图 4-37 福州机场线使用的泥水平衡盾构

27）中铁 1058 号盾构

中铁 1058 号盾构为泥水平衡盾构，如图 4-38 所示，应用于武汉地铁 12 号线施工。隧道洞身地层为④-21 粉细砂、⑤-1 角砾土。

图 4-38　武汉地铁 12 号线使用的泥水平衡盾构

盾构刀盘采用常压软土刀盘，开挖直径为 12.56 m，刀盘开口率为 39%，配置常压撕裂刀 32 把、常压切刀 42 把、焊接撕裂刀 43 把、常规切刀 42 把、边刮刀 36 把、常压可更换滚刀 6 把。

28）中铁 1068 号盾构

中铁 1068 号盾构如图 4-39 所示，应用于深江铁路通道。

图 4-39　深江铁路通道珠江口隧道工程使用的泥水平衡盾构

珠江口隧道全长 13.69 km，水下最大埋深 115 m，是我国水下隧道的最深纪录。盾构刀盘采用常压复合刀盘，开挖直径为 13.32 m，刀盘开口率为 24%，配置中心滚刀 12 把、正面及周边滚刀 59 把、常压切刀 36 把、带压切刀 72 把、边刮刀 36 把，正滚刀间距为 90 mm。

29）中铁 1128 号盾构

中铁 1128 号盾构如图 4-40 所示，为面板式复合刀盘泥水平衡盾构，应用于韩国新青州隧道。主要穿越的地质为全断面微风化花岗岩、中风化花岗岩，最高强度约 150 MPa。开挖直径为 5.31 m，刀盘开口率为 29%，配置 18 in 中心双联滚刀 6 把、18 in 单刃滚刀 18 把、切刀 40 把、边刮刀 6 把。

图 4-40 韩国新青州隧道使用的泥水平衡盾构

30）中铁 1329 号盾构

中铁 1329 号盾构如图 4-41 所示，为辐板式刀盘泥水平衡盾构，应用于粤东城际 8 标。开挖直径为 13.22 m，刀盘开口率为 42%，配置中心可更换刀 6 把、正可更换撕裂刀 62 把、切刀 120 把、边刮刀 16 把。

图 4-41 粤东城际 8 标使用的泥水平衡盾构

31）中铁 1398 号盾构

中铁 1398 号盾构如图 4-42 所示，应用于我国目前在建标准最高、掘进距离最长、规模最大的高铁越江隧道——崇太长江隧道工程项目。

图 4-42 崇太长江隧道项目使用的泥水平衡盾构

沪渝蓉高铁崇太长江隧道工程是目前世界最大直径高铁盾构隧道。主要穿越的地层分为陆域段和水域段两部分，其中陆域段主要有①层素填土，③层粉土、粉质黏土，④层粉砂、粉土、淤泥质黏土、淤泥质粉质黏土、⑤层粉土、粉质黏土；水域段主要有⑦层粉砂、粉质黏土，⑧层细砂、中砂、粗砂。工程集"长、大、高、深"于一身。

长——超长掘进距离，隧道正线全长 14.25 km，盾构需在长江底独头掘进 11.325 km，是目前全世界独头掘进距离最长的过江隧道。

大——超大开挖直径,是迄今国内铁路建设开挖最大直径盾构,开挖直径达 15.34 m。

高——超高水土压力,最大水土压力高达 1.02 MPa,是长江全线水土压力最大的水下隧道。

深——超大埋深,最深处距离长江水面 89 m,是长江流域已建和在建工程中开挖最深的隧道。

中铁 1398 号盾构为常压软土刀盘泥水平衡盾构,刀盘开口率为 50%,配置常压撕裂刀 41 把、常压切刀 54 把、边刮刀 12 把。

4.2.2　德国海瑞克盾构

德国海瑞克(Herrenknecht AG)于 1977 年由马丁·海瑞克(Martin Herrenknecht)创立。总部位于德国巴登-符腾堡州的施瓦瑙(Schwanau),是盾构 TBM 全球市场领导者之一,也是机械化隧道掘进综合技术解决方案的优质供应商,可以为全世界任何一个地下基础设施建设项目提供服务,提供的技术解决方案适用于所有直径、所有地质状况和所有应用领域的项目。

1) S179、S180 盾构

S179、S180 盾构均为复合刀盘土压平衡盾构,是中国首批次引进的德国海瑞克公司制造的盾构。S179 盾构先后应用于广州地区的软硬不均复合地层、深圳地区的软硬不均复合地层、北京地区的砂卵石地层、长沙地区的软硬不均复合地层;S180 盾构先后应用于广州、长沙的软硬不均复合地层。

S179、S180 盾构均为面板式复合刀盘土压平衡盾构,刀盘开挖直径为 6.28 m,刀盘如图 4-43 所示,刀盘开口率为 28%,配置了正滚刀 6 把、双刃滚刀 13 把、切刀 64 把、刮刀 16 把、超挖刀 1 把。根据工程地质的不同,滚刀可以更换为齿刀。

图 4-43　德国海瑞克 S179、S180 盾构刀盘

2）S195、S217 盾构

S195、S217 盾构均为软土刀盘土压平衡盾构，应用于南京地铁玄武门—许府巷站区间和许府巷—南京站区间。主要穿越的地质为淤泥质粉质黏土、粉质黏土、粉砂、粉土。

S195、S217 盾构均为面板式刀盘土压平衡盾构，刀盘开挖直径为 6.4 m，刀盘如图 4-44 所示，刀盘开口率为 34%，配置切刀 120 把、周边刮刀 16 把、超挖刀 1 把。

图 4-44　德国海瑞克 S195、S217 盾构刀盘

3）S261 盾构

S261 盾构为复合刀盘土压平衡盾构，应用于广州地铁 4 号线大学城专线小谷围—新造区间。主要穿越的地质为砂质黏性土、混合岩全风化带、混合岩强风化带、混合岩中风化带、混合岩微风化带等软硬不均复合地层。

S261 盾构为面板式复合刀盘土压平衡盾构，刀盘开挖直径为 6.28 m，刀盘如图 4-45 所示，刀盘开口率为 28%，配置单刃滚刀 31 把、双刃滚刀 4 把、切刀 64 把、边刮刀 16 把、超挖刀 1 把。

图 4-45　德国海瑞克 S261 盾构刀盘

4）S317、S317 盾构

S317、S318 盾构如图 4-46 所示，应用于上海长江隧道工程，是当时世界上最大直径的泥水盾构，盾构开挖直径为 15.43 m。

图 4-46 超大直径常压软土刀盘泥水盾构

上海长江隧桥工程也称崇明越江通道，是我国长江口沿海一项特大型交通基础设施项目。该工程南起浦东五号沟，穿越长江南港后，途经长兴岛，再跨越长江北港，向北止于崇明岛东端，全长 25.5 km，采用"南隧北桥"方案。工程以长兴岛为界分为长江隧道和长江大桥两部分，其南港采用隧道过江，北港采用桥梁过江。其中，长江隧道工程全长 8 955.26 m，包括浦东岸边段（试验段）、江中段和长兴岛岸边段 3 部分，浦东段长 657.83 m，长兴岛段长 826.93 m，江中圆隧道段东线长 7 471.654 m、西线长 7 469.363 m。隧道段采用 2 台德国海瑞克公司制造的直径为 15.43 m 的超大直径泥水盾构施工。

上海地区位于长江三角洲冲积平原的东南前缘，自晚第三纪以来，呈持续缓慢沉积，堆积了厚 300 m 左右的松散地层。本工程陆域部分地貌属上海四大地貌单元中的"河口、砂嘴、砂岛"地貌类型，地面较平坦，标高一般在 3.5 m 左右（吴淞高程）。水域部分则属河床地貌类型，上海长江隧桥坡度平缓，最大坡度为 2.9%，最小平面曲线半径为 4 230 m。江底最浅覆土约 14.0 m，最深覆土约 29.0 m。

上海长江隧道具有长、大、深三大特点：

长——盾构一次性掘进距离长达 7.5 km，在世界上绝无仅有；

大——所采用的 2 台超大泥水盾构的直径达 15.43 m，属当时世界之最；

深——大部分施工要在江底完成，而最深的隧道深度达到 55 m。

盾构刀盘采用常压软土刀盘，刀盘开口率为 28%，配置切刀 157 把（其中 8 把带有磨损监测系统、66 把为可常压更换型设计）、周边刮刀 24 把（其中 2 把带有磨损监测系统）、可更换中心刀 7 把、仿形刀 2 把。

5）S359 盾构

S359 盾构为面板式刀盘泥水平衡盾构，其刀盘如图 4-47 所示，应用于南水北调穿黄隧洞施工。主要穿越的地质为粉质壤土、砂层和砂砾（泥砾）石层。

图 4-47　德国海瑞克 S359 盾构刀盘

S359 盾构刀盘开挖直径为 9.04 m，开口率为 35%，配置先行刀 27 把、切刀 76 把、齿刀 6 把、边缘滚刀 2 把、周边刮刀 16 把、仿形刀 1 把。

6）S401 盾构

S401 盾构为面板式复合刀盘土压平衡盾构，应用于成都地铁施工，主要穿越富水砂卵石地层。刀盘开挖直径为 6.28 m，如图 4-48 所示，刀盘开口率为 24%，配置中心滚刀 4 把、单刃滚刀 32 把、切刀 28 把、刮刀 16 把。

图 4-48　德国海瑞克 S401 盾构

7）S508、S509 盾构

S508、S509 盾构均为辐板式复合刀盘泥水平衡盾构，开挖直径为 6.5 m，应用于武汉地铁 2 号线越江隧道工程。主要穿越的地质为粉土、淤泥质土、粉细砂、含砾中粗砂以及中风化泥质粉砂岩。刀盘如图 4-49 所示，开口率为 35%，配置有切刀 90 把、双刃滚刀 18 把、周边刮刀 16 把。

图 4-49　德国海瑞克 S508、S509 盾构刀盘

8）S551 盾构

S551 盾构为面板式复合刀盘泥水平衡盾构，刀盘开挖直径为 9.03 m，应用于台山核电站海底取水隧洞工程。隧洞主要位于海底；近岸处多为基岩出露（大襟岛）及人工堆积块石（陆地侧）；离岸较远部位，属于滨海地貌。工程区出露岩性为第四系松散堆积物、燕山期花岗岩侵入体（γ_5）及泥盆系老虎头组（$D_{2-3}l$）粉砂岩、泥岩、变质砂岩及角岩。其中：陆域侧花岗岩侵入体围岩强度较高，局部存在球状风化体及基岩突起等不良地质情况；大襟岛侧为粉砂岩及部分泥岩和变质砂岩；围岩节理发育，出口段有一条断层破碎带侵入洞身内部；隧洞洞身通过路径上主要为黏土和粉质黏土，局部存在淤泥质粗砾砂等不良地质。

S551 泥水盾构刀盘如图 4-50 所示，开口率为 25%，配置单刃滚刀 47 把、中心滚刀 4 把、切刀 146 把、焊接撕裂刀 19 把、边刮刀 16 把。

图 4-50　德国海瑞克 S551 盾构刀盘

9）S657、S658 盾构

S657、S658 盾构均为辐板式复合刀盘土压平衡盾构，刀盘开挖直径为 9.38 m，应用于长株潭城际铁路综合 I 标开福寺—滨江新城盾构段。

盾构区间内左、右线地质情况相近，出露地层主要为第四系地层、白垩系泥质粉砂岩及砾岩、元古界冷家溪群板岩。其中，过江段 WDK6+860～WDK7+100 m 分布有 K_2 砾岩与 Ptln 板岩的不整合接触带。盾构区间地质主要为粉质黏土及细圆砾层，下伏基岩为褐黄色-青灰色板岩，地层分布较简单，层面较平缓，覆盖层厚度为 5.35～10.3 m，场地无软土分布，无膨胀土分布。盾构区间内基岩为元古界板岩，地层较古老，受构造影响较大，层理面及节理裂隙均较发育，存在一定的基岩裂隙水，局部裂隙密集发育区地下水量较大，但其富水性较差。白垩系泥质粉砂岩、粉砂质泥岩、砾岩类，为中厚层状产出，岩层平缓，构造基本不发育，除浅部因受风化作用而形成风化裂隙，含不稳定的基岩裂隙水外，可视为相对隔水层。

盾构如图 4-51 所示，开口率为 37%，配置单刃滚刀 48 把、双刃滚刀 4 把、切刀 104 把、边刮刀 16 把、保径刀 8 把、超挖刀 1 把。

图 4-51　长株潭城际铁路工程盾构段使用的土压平衡盾构

第 5 章 超大直径泥水盾构刀盘刀具

本章重点

超大直径泥水盾构的刀盘构造与刀具配置、刀盘选型设计、刀盘结构设计、刀具布置原则及刀具管理等。

超大直径泥水平衡盾构根据换刀作业环境的不同,分为常压刀盘泥水平衡盾构和常规刀盘泥水平衡盾构两大类。常规刀盘超大直径泥水平衡盾构的刀盘刀具配置与中小直径泥水平衡盾构类同,本章不再介绍。本章主要以汕头海湾隧道 $\phi15.03$ m 超大直径泥水平衡盾构为例,介绍常压刀盘超大直径泥水平衡盾构的刀盘构造与刀具配置、刀盘选型设计、刀盘结构设计、刀具布置原则等,以及超大直径泥水平衡盾构的刀具管理技术。

5.1 刀盘构造与刀具配置

5.1.1 刀盘结构

常压可更换滚刀的刀盘结构如图 5-1 所示,有利于高水压下的刀具更换,提高了换刀作业的安全性。

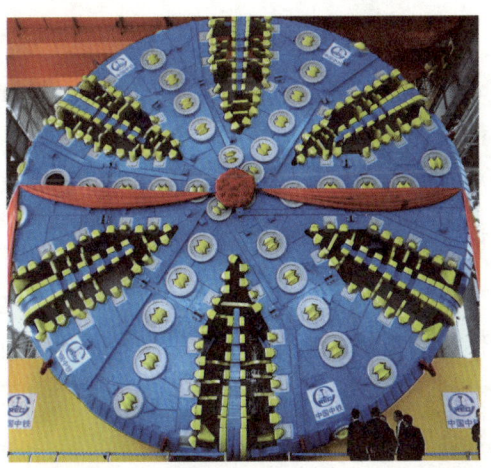

图 5-1 气垫式泥水平衡盾构常压刀盘

刀盘开挖直径为 15.03 m，刀盘采用 6 主梁+6 辅梁的结构形式，开口率为 28%。

5.1.2 刀具配置

刀具配置采用立体式布置方式，刀具类型主要包括常压滚刀、刮刀、边刮刀、超挖刀等。刀具配置主要技术参数详见表 5-1。

表 5-1 刀具配置主要技术参数

名称	数量/把	质量/kg	刀高/mm
中心滚刀（单刃、常压可更换、双刀筒）	12	约 100	225
滚刀（单刃、常压可更换、双刀筒）	64	约 130	225
滚刀（单刃、常压可更换、单刀筒）	2	约 130	225
常压可更换刮刀	48	约 30	185
刮刀（带压可更换）	194	约 55	185
边刮刀（带压可更换）	36	约 60	185
超挖刀	1	约 130	超挖量 30

1）常压刀具

滚刀可以实现与撕裂刀的互换，以适应不同的地质条件，同时，滚刀、部分刮刀可实现常压下更换，提高工作人员换刀作业的安全性；轴承是滚刀最重要、最关键的零部件之一，其承载力、寿命、稳定性对滚刀的破岩能力起着至关重要作用。滚刀轴承通常采用圆锥滚子轴承。目前，美国蒂姆肯（TIMKEN）品牌的圆锥滚子轴承，在承载能力和耐久性上明显优于其他品牌。因此，目前滚刀轴承主要采用该公司的产品。

2）刮刀

合金采用银钎焊形式，硬质合金采用 KE13 材料，从刀盘边缘至中心安装部位为连续轨迹布置，同时刮刀的错刃布置有利于切削砂质黏性土和全、强风化岩。刮刀分为常压刮刀和带压刮刀，两种刮刀间隔布置，在安装范围内轨迹连续；可更换常压刮刀可在刀梁内实现常压更换，提高了换刀作业的安全性。

3）边刮刀

边刮刀结构分为刀体、硬质合金和耐磨层，整体呈弧形。硬质合金采用 KE13 材料。边刮刀可清理外围开挖的渣土，同时可有效防止刀盘大圆环的直接磨损。边刮刀采用分块形式，分块刀具重量轻，降低了换刀工作的难度。

4）超挖刀

超挖刀具有仿形功能，可直接通过主控室控制超挖刀伸出量。

5.1.3 刀间距与常压刀具

1）刀间距

刀盘共设计有 77 个滚刀刀具轨迹，中心滚刀刀间距为 120 mm，正滚刀大部分刀间距为 100 mm，同时间隔布置有 80 mm 等小刀间距。具体间距尺寸如图 5-2 所示。

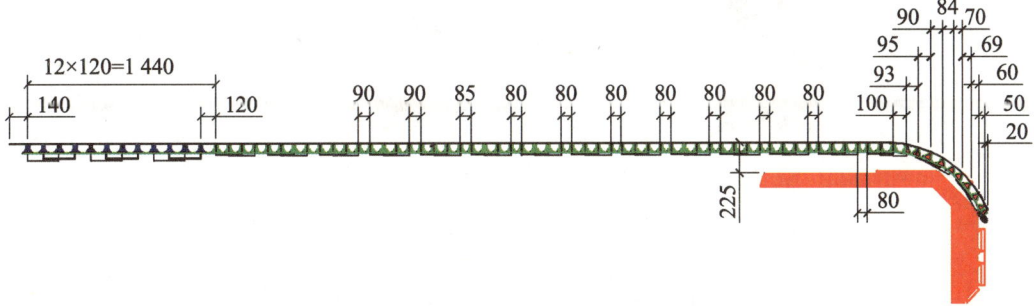

图 5-2 滚刀刀间距轨迹（单位：mm）

2）常压刀具

常压更换滚刀采用整体式圆形刀座设计，通过螺栓固定于滚刀刀筒上，并设有拉紧装置。常压更换刮刀采用螺栓销轴固定于刮刀刀筒上，拆卸安装过程方便，如图 5-3 所示。

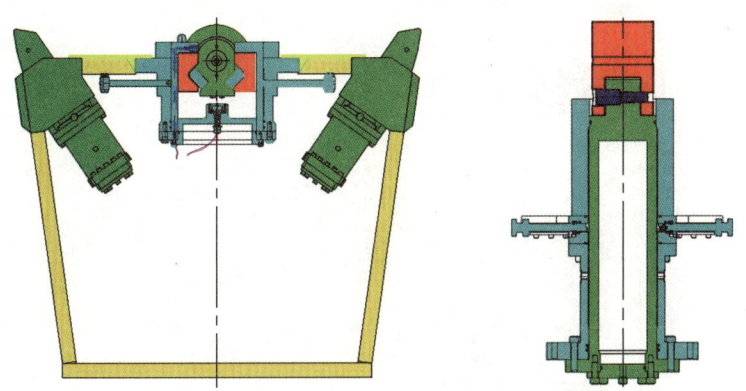

图 5-3 常压更换滚刀及常压更换刮刀安装

5.1.4 超挖刀

刀盘布置有 1 把液压超挖刀（图 5-4）。超挖刀可以通过液压控制（图 5-5）实现行程和角度控制，可实现一定量的超挖。

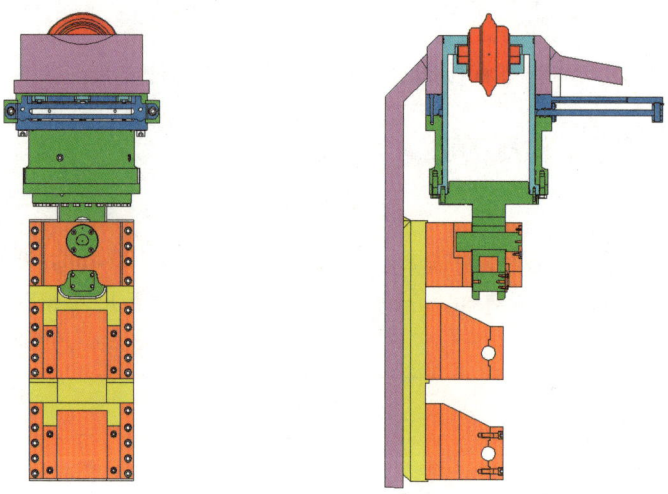

图 5-4　超挖刀示意图

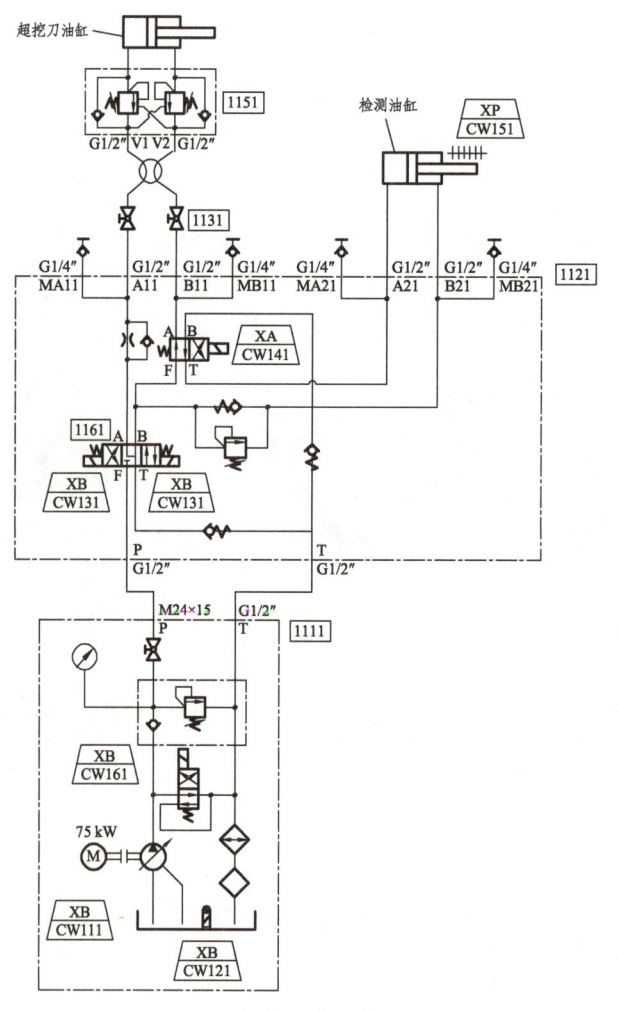

图 5-5　超挖刀液压控制原理

5.1.5 刀盘耐磨

刀盘进行了耐磨设计。刀盘面板采用耐磨复合钢板全覆盖（图5-6），刀盘外圈梁后部采用全环合金耐磨块（图5-7），以有效提高刀盘整体的耐磨性能。

图 5-6　面板耐磨措施

图 5-7　大圆环耐磨措施

5.1.6 刀盘磨损检测

1）全面板磨损检测

由于刀盘为常压可更换滚刀刀盘，刀梁为一个密闭腔体，刀盘的整体密闭性至关重要，因此，需要考虑可靠的面板磨损检测装置。在刀梁前面板和背面板设置有连续式磨损检测油道，如图5-8、图5-9所示，可对面板磨损进行有效的监测。

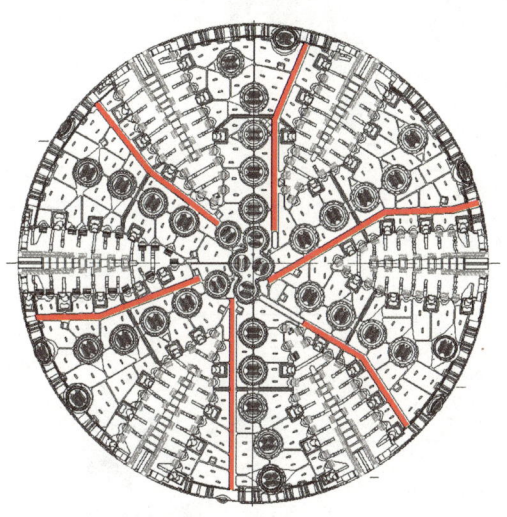

图 5-8　前面板磨损检测布置

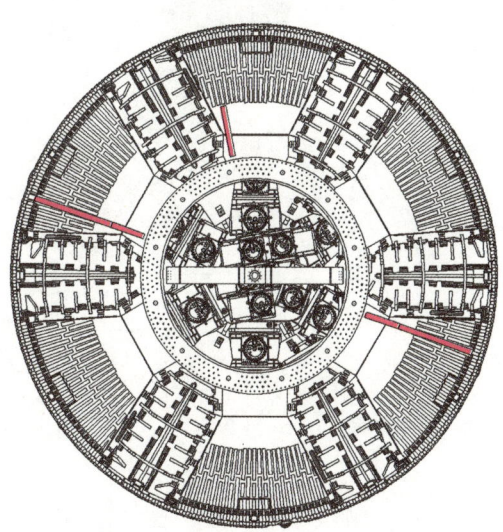

图 5-9　背面板磨损检测布置

刀盘前面板设置有6条连续磨损检测带，按照如图5-10所示的3个高度布置，每个检测带具备自己的供油源,以保证检测参数的可靠性。刀盘背面板上也设置有磨损检测带,可对刀盘的后部面板磨损情况进行有效的检测。

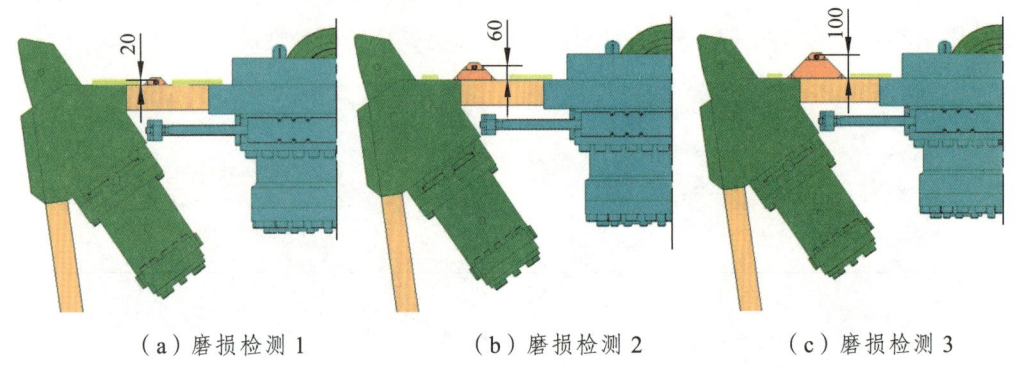

(a)磨损检测1　　　　　(b)磨损检测2　　　　　(c)磨损检测3

图 5-10　磨损检测带布置高度(单位:mm)

2)滚刀磨损及旋转自动监测

为了更好地对刀具状态进行监控,配置有刀具磨损自动监测系统。通过安装在刀箱上的电涡流传感器和磁性开关传感器分别测量滚刀实际磨损量和滚刀的转动,传感器布置如图 5-11 所示。在刀盘回转中心处放置有传感器集线器,负责向传感器供电,并将传感器信号转换为通信信号,集线器电源及通信总线通过电滑环和盾构控制系统相连,如图 5-12 所示。

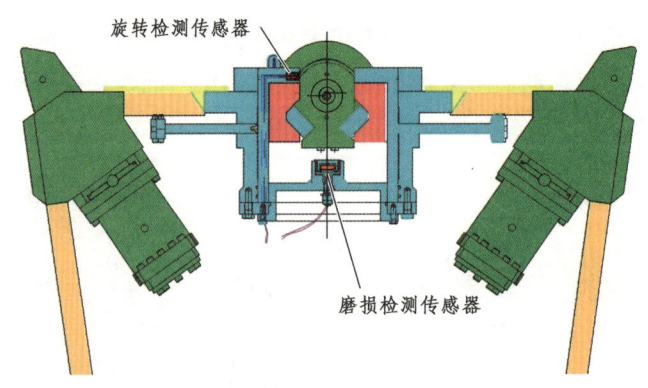

图 5-11　传感器布置

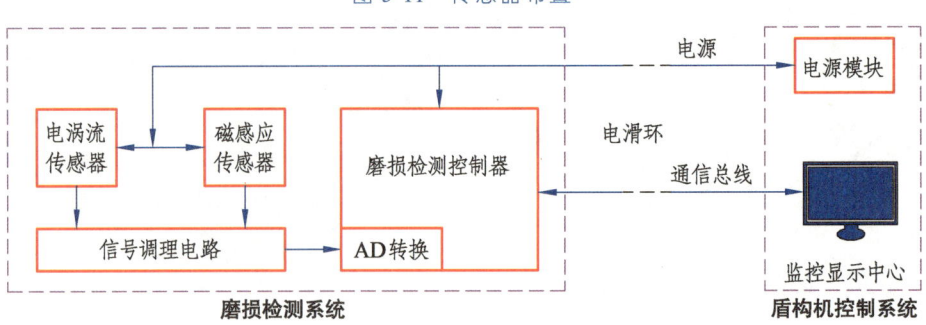

图 5-12　磨损检测系统流程

5.1.7 刀盘防泥饼

常压刀盘厚度较大,刀孔为封闭状,渣土流动性较差,特别是刀盘中心区域较大直径范围内无开口,进一步增加了泥饼形成的概率。因此,刀盘必须进行防泥饼设计。

1)刀盘中心面板横向冲刷及刀盘开口冲刷

为解决刀盘中心区域大面积无开口、渣土滞留问题,刀盘中心面板区域设置有多路冲刷喷口,喷口方向为刀盘径向,既不会对掌子面泥膜造成损坏,又能有效解决渣土滞留问题,减小了刀盘中心面板泥饼的形成概率。中心面板横向冲刷布置如图 5-13 所示。

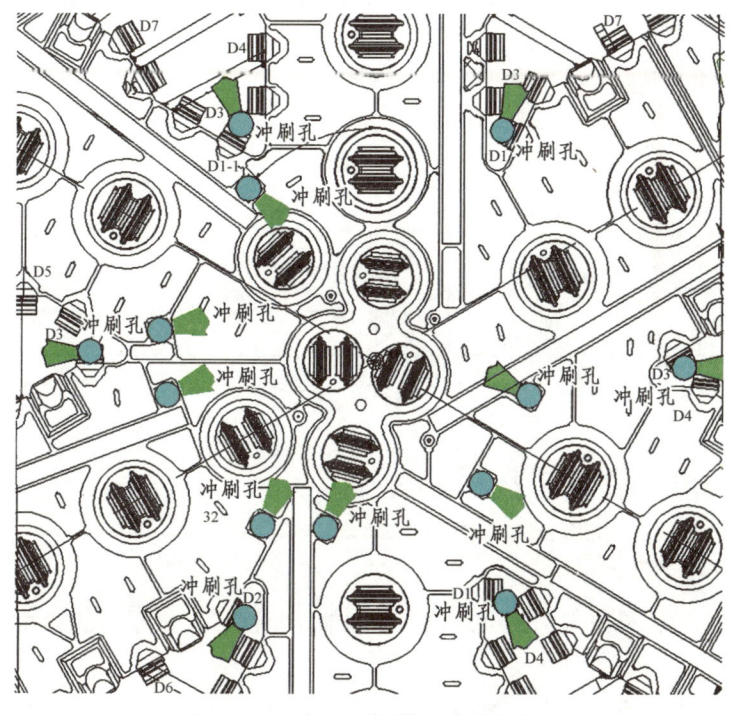

图 5-13 中心面板横向冲刷布置

同时,为防止由于刀盘开口不畅引起的刀盘泥饼,刀盘设置有相应的刀盘开口冲刷,可有效防止开口堵塞,降低了刀盘泥饼形成概率。

2)刀盘泥浆冲刷系统

刀盘泥浆冲刷系统(图 5-14)主要由 $P_{0.1}$ 泥浆泵、液动球阀、流量计、单向阀、手动球阀、分流块和管路等组成。刀盘区域的冲刷泥浆均由 $P_{0.1}$ 泥浆泵增压后供浆,$P_{0.1}$ 泵电机驱动功率为 355 kW,最大冲刷流量 1 500 m³/h。刀盘上设置的冲刷喷口分别有 7 路中心面板冲刷、6 路刀梁开口冲刷、6 路周边面板冲刷和 7 路刀梁冲刷(预留),通过冲刷管路上的液动球阀开关实现中心面板、左侧和右侧共 3 个区域的切换和组合冲刷,增强了冲刷针对性和地层适应性,降低了常压刀盘中心结泥饼的概率。

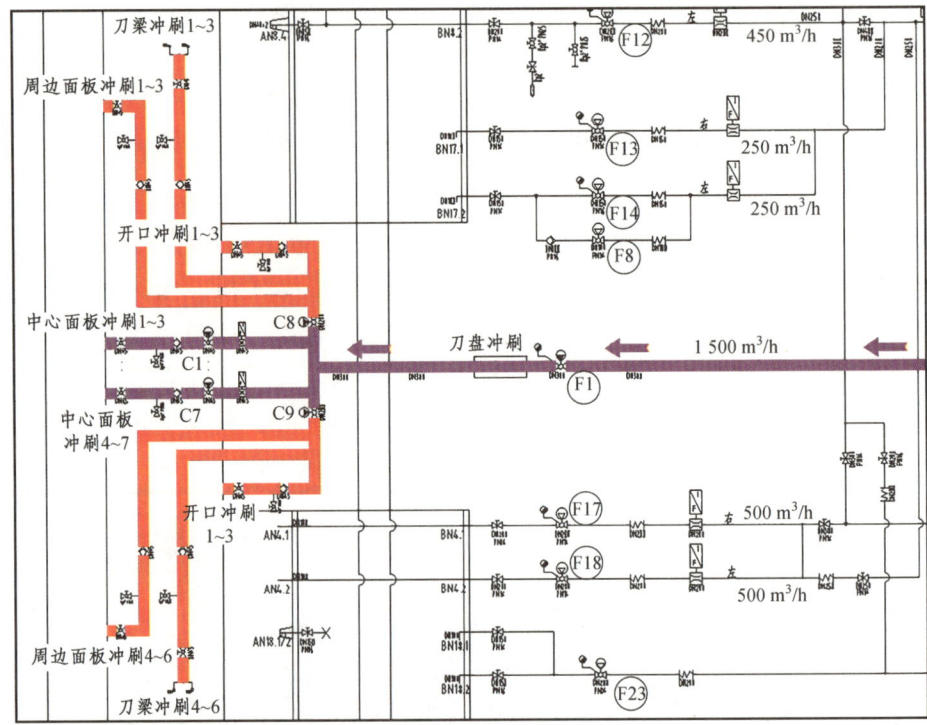

图 5-14 刀盘泥浆冲刷系统

5.2 刀盘刀具选型设计

5.2.1 刀盘选型设计

刀盘是整个盾构最前端的关键部件,是和地层情况联系最紧密的部件,刀盘的设计和地层的水文地质情况息息相关。

目前,超大直径盾构刀盘主要分为常规刀盘和常压刀盘。常压刀盘主梁内部为中空结构,换刀人员可以在刀梁内部常压环境下实现刀具的更换,如图 5-15 所示。

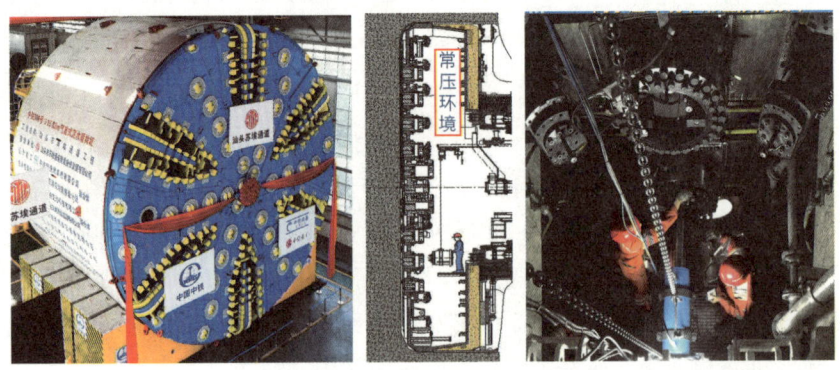

图 5-15 常压刀盘及常压换刀

常规刀盘（图 5-16）与常压刀盘（图 5-17）优缺点对比见表 5-2。

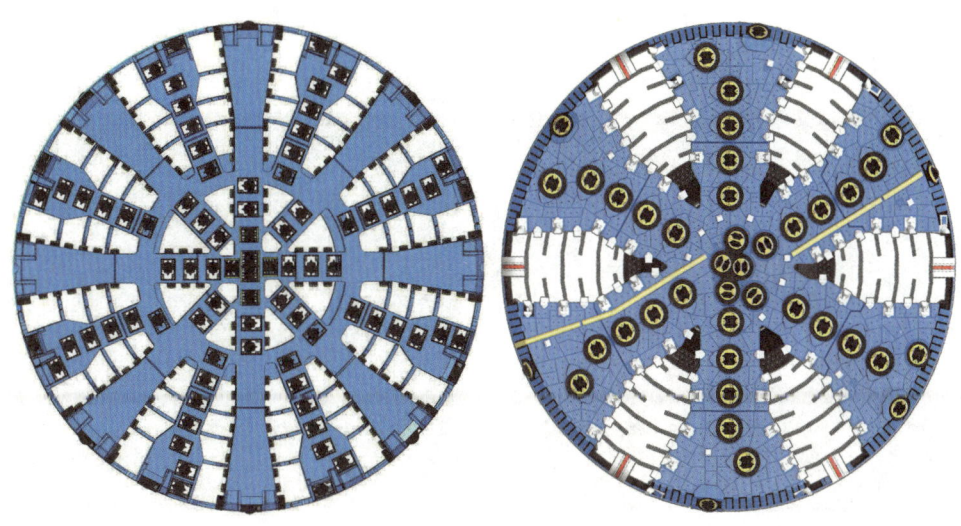

图 5-16　常规刀盘　　　　　　　图 5-17　常压刀盘

表 5-2　常规刀盘与常压刀盘优缺点对比

比较项目	常规刀盘	常压刀盘
破岩能力	刀具数量多，破岩能力强	刀具数量少，破岩能力一般
换刀频率	刀盘开口均匀，渣土流通性好，刀具二次磨损少	中心实心区域大，面板宽度大，渣土流动性较差，刀具二次磨损大
检查刀具	带压或饱和检查刀具，难度较大，时间较长	通过旋转检测和温度检测，可实时监测刀具情况
排渣功能	刀盘中心开口率大，渣土流动通畅	刀盘中心开口率小，面板宽度大，刀盘厚度大，渣土流动较差，易结泥饼
换刀环境	带压换刀，作业环境差，效率低，风险高	常压换刀，作业环境较好，效率高，安全性好

常规刀盘由于其刀间距小，更利于高强度岩石的破岩；其开口率更大、开口更均匀，更利于渣土流动，有利于减小刀盘结泥饼的概率和避免刀具二次磨损、提高盾构施工效率。但是，常规刀盘检查和更换刀具需要人员带压进入开挖舱，换刀作业环境差、风险高，同时带压作业效率低，采用饱和作业换刀成本高，在高水压和不稳定地层中进舱换刀具有较高的施工风险。

常压刀盘由于检查和更换刀具均在刀盘主梁内部的常压环境下进行，安全性好，主要应用于高水压、换刀作业较频繁及掌子面稳定性较差的地层施工。

5.2.2　刀盘结构设计

刀盘结构件是保证整个刀盘所能承受强度和刚度的基础，根据不同的地层强度情况和刀具选择要求,刀盘结构形式各不相同,针对硬岩、软硬不均、砂卵石等复合地层一般选用配置滚刀的复合刀盘(图 5-18),针对土层、砂层等软弱地层一般选用配置切刀的软土刀盘(图 5-19)。

图 5-18　复合刀盘

图 5-19　软土刀盘

超大直径盾构刀盘由于结构尺寸大,在设计时要重点考虑刀盘运输和吊装的便捷性。一般来说,对于直径大于 10 m 的刀盘都需要进行分块设计,如图 5-20、图 5-21 所示。

图 5-20　常压刀盘分块形式

图 5-21　常规刀盘分块形式

由于超大直径盾构刀盘结构尺寸大,掘进时承受的荷载大,因此要重点考虑刀盘结构的应力和变形,需要对刀盘进行刚度、强度分析。在进行刀盘刚度、强度分析时,主要考虑均匀荷载(图 5-22)和偏心荷载(图 5-23)2 种极限工况。

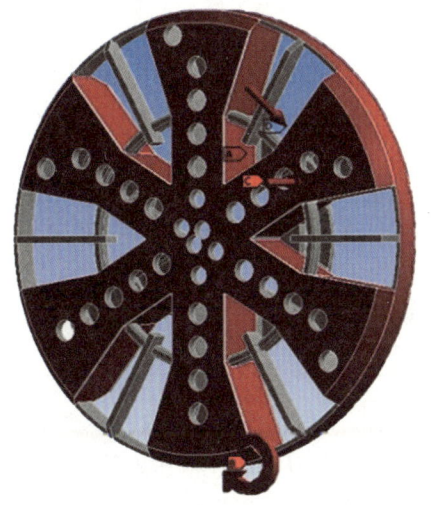 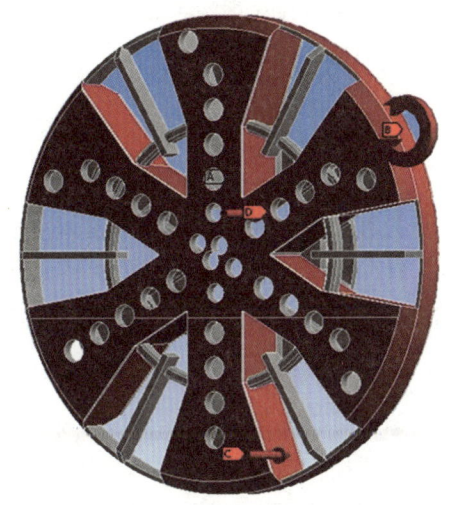

图 5-22　均匀荷载加载情况　　　　　图 5-23　偏心荷载加载情况

（1）均匀荷载

主要考虑刀盘在均一地层中掘进时所承受的工作荷载：

① 刀盘结构承受所有刀具最大掘进反推力；

② 刀盘承受的最大水土压力；

③ 主驱动额定扭矩；

④ 刀盘自重。

（2）偏心荷载

主要考虑刀盘在软硬不均地层中掘进时所承受的偏心荷载：

① 刀盘结构承受某区域 1/3（可以根据实际情况进行调整）刀具最大掘进反推力；

② 刀盘承受的最大水土压力；

③ 主驱动额定扭矩；

④ 刀盘自重。

5.2.3　刀具布置原则

超大直径盾构刀盘刀具的布置一般遵循对称布置原则。当同轨迹出现多把刀具情况时，要尽可能满足关于刀盘中心对称，其目的是减小刀盘所受的不平衡力，从而减小主驱动受到倾覆力矩的可能性。刀具布置具体原则如下：

（1）刀具布置遵循内少外多原则，以保证各个区域刀具的磨损基本一致。

（2）刀具伸出刀盘面板的高度应保证渣土的流动性，以有效防止刀盘面板与开挖面间产生泥饼。

（3）刀具的布置应充分考虑刀盘的受力性能，力求刀具径向荷载的合力通过刀盘的中心，从而使主轴承受力状况良好。

（4）刀盘直径一般应考虑刀具磨损后开挖直径仍大于盾构切口环的直径，以保证盾构姿态的调整。

5.3 刀具管理

超大直径盾构项目部应根据超大直径盾构项目的施工特点，建立盾构机况分析会制度、刀具配件管理制度，加强刀具使用维修管理，科学判断盾构刀盘刀具状态，做好机况和刀盘刀具的磨损分析，减少盾构设备故障时间及刀具消耗。

1）刀具使用

新购刀具进场后，必须由刀具工程师做好新刀入库验收工作，抽检数量不少于10%，以确保各项指标满足参数要求。根据施工需要，提前将新刀安装在常压刀筒内备用。刀具使用期间，要建立刀具使用更换台账，确保每把刀具全生命周期状态可控。

2）刀具抽检及更换

刀具更换必须超前考虑，遵循"有疑必检、有损必换"的原则。

（1）常压滚刀抽检标准

抽检标准依据刀具监测指标，对刀具状态进行评估。抽检标准参见表5-3。

表5-3 常压滚刀抽检参考标准

序号	抽检紧急程度	评估指标	备注
1	立即停止推进抽检	持续不旋转超过20 min，且更换刀盘转向仍持续20 min不旋转	出现任何一种情形，立即抽检
2		持续出现温度高于相应轨迹滚刀温度3 ℃超过10 min，经处理，温度仍然没有明显改善	
3	当环掘进完成后抽检	持续出现温度高于相应轨迹滚刀温度2 ℃超过10 min，经处理，温度仍然没有明显改善	出现任何一种情形，当环掘进完成后抽检
4		刀具磨损检测压力应不低于8 MPa，若出现液压检测泄压现象，经排查，确认是刀盘磨损压力装置损坏	
5	其他需要抽检刀具的情况	①掘进过程中发生一切不同于平常状态的异常情况（刀盘异响、扭矩波动大等）；②根据刀具系统检测超过磨损指标，根据工序3环内进行抽检；③更换新刀后，相邻轨迹刀具刀高差不得超过15 mm	刀具工程师报告机械总工，下达处理指令

更换原则：
①起弧区滚刀更换刀具须使用新刀，其他刀位更换刀具优先使用高（同）刀位更换下来的状况较好的旧刀，低刀位更换下来的刀具不能安装到高刀位使用；
②必须安装旋转/温度传感器和液压磨损装置，且状态均完好；
③若检查发现某一刀位刀具磨损情况严重，必须检查更换其相邻轨迹刀具

（2）常压切刀更换标准

常压切刀应根据掘进环数、掘进地层等进行针对性更换，其更换参考标准见表5-4。

表5-4　常压切刀更换参考标准

序号	常压切刀类型（均含左、右）	掘进环数	情况说明	备注
1	正面切刀	80～120	① 根据当前盾构掘进施工情况更换（适用于大断面全风化、强风化、中风化花岗岩地层）； ② 对应编号的刀具须在开始更换环数至结束更换环数内全部更换完成； ③ 地层发生变化时，根据刀具实际检查情况调整掘进环数指标	如有异常情况立即停机更换
2	起弧区切刀	60～80		达到强制性要求更换环数必须更换
3	边缘切刀	40～60		达到强制性要求更换环数必须更换
更换原则： ①当班必须完成同刀位一对刀具更换； ②起弧区切刀更换时须使用新刀，其他刀位更换刀具优先使用高（同）刀位更换下来的状况较好的旧刀，低刀位更换下来的刀具不能安装到高刀位使用				由刀具工程师报机械总工进行停机更换

3）刀具维修

项目部应建立刀具研修中心，研修中心应具备刀具拆解、检测分析、维修、组装调试存放、改进升级等功能。研修中心通过刀筒、刀具拆除后的状态、痕迹、受损情况分析研判围岩、参数以及刀具监测的可靠性等。刀具研修中心设备配置应满足现场刀具维修需要，配置清单参见表5-5。

表5-5　刀具研修中心设备配置清单

序号	设备名称	数量/台
1	2.8t电动行车	3
2	2t电动吊车	1
3	50t液压压床	1
4	空压机以及储气罐	1
5	80 kW中频加热器	1
6	跑床（扭矩检测工装）	1
7	切割机	1
8	液压扳手	1
9	高压清洗机	1
10	电焊机	1
11	保温箱	1

刀具研修中心的主要任务是完成刀具及刀筒的研究和修理。刀具维修由专人负责，以尽量少更换配件为原则，弦磨、偏磨或非正常损坏的刀具要解体取出有剩余价值的配件进行再次利用。及时进行刀具适应性选型、刀筒受力分析、刀具及刀筒磨损研究。

刀具研修中心主要任务如下：

（1）常压刀筒拆解

记录刀筒拆除原因、人工测试刀具旋转状态及对应传感器是否一致、刀筒安装前后对比磨损情况、刀筒轮廓积渣情况、刀筒内部积渣情况。

（2）常压刀具拆解

拆除刀具挡圈并放出滚刀内齿轮油，拆解常压滚刀。

（3）刀具损坏情况统计

刀具拆解完成后，更换刀具损坏配件及密封，对异常损坏部件进行详细说明，并统计记录刀具维修所更换配件数量。

（4）刀具刀筒易损坏部件研究及改进

根据刀具异常损坏情况及抽检结果，验证抽刀原因，并对刀具异常损坏进行分析。对刀具相关部件进行研究并提出改进意见，使刀具使用能够达到最优状态。

对刀筒磨损位置进行补焊，打磨并达到设计标准；对液压磨损头进行补焊修复或更换；对刀轴与 C 形块及拉紧块间隙进行测量，出现压溃情况的及时进行更换；对刀具传感器进行测量，并做防水耐压测试，对损坏的传感器进行分析优化，提高传感器的稳定性。记录各部件损坏情况。

根据刀筒磨损情况，对应轨迹其他刀具进行分析；对刀筒及刀具受力情况进行优化，尽可能减少刀具振动；对积渣情况进行研究，优化刀筒结构，减小刀筒积渣所造成的刀具二次磨损。

（5）刀具维修及组装

刀具部件维修完成经检查合格后进行组装。刀具主体组装完毕后加油、测压，并设置滚刀旋转扭矩。

（6）刀具刀筒组装

刀具维修并完成测试后，组装刀具和刀筒，组装过程中必须注意螺栓扭矩和刀筒端盖密封。组装完成后应进行传感器测试。

4）刀具存放

刀具的存放必须按规定分区域做好标识，并存放在刀具车间内。

5）刀具修理标准与要求

（1）从外观判断：若滚刀严重变形（如刀体、端盖磨穿，端盖脱落、整体散架、端盖缝隙严重不均，轴承、密封部分外露等情况），则无须再拆卸，直接作报废处理。

（2）滚刀外观基本完好，拆开油堵，若是干泥沙，则按报废处理，无须再拆。

（3）拆开油堵，若里面是糊状或润滑油发黑发臭，则须全拆。

（4）拆开油堵放油，若油色发亮，无明显发乌发黑，无明显臭味，并且转动无卡阻感，则此滚刀无须拆卸，但须把端盖环缝的泥沙清理干净，把轴头上和端盖螺纹孔清理干净并用丝锥攻一遍，把活塞孔里冲洗干净，重新加注黄油和重新调节扭矩。

（5）轴承。

① 检查滚珠大头棱角处有掉块损伤则不可再用。

② 检查滚珠或内外圈有无密集疲劳点蚀，点蚀严重则不可再用。

③ 检查保持架有无损坏，损坏则不可再用。

④ 内圈外圈要成对存放好。

（6）刀体（刀毂）。

① 检查浮动油封安装处，严重腐蚀或磨损则不可再用。

② 检查其他位置有无严重磕碰、磨损、变形或其他缺陷，有修复价值的及时修复，无法修复的报废。

③ 对滚刀旋转监测磁体进行磁性测试，对不合格的进行更换。

（7）锁紧环（锁紧螺母）。

① 检查锁紧面是否变形。用塞尺检查，变形在 0.2 mm 以上则不可再用。

② 变形量合格的，再用螺纹通规检查螺纹，有修复价值的则进行修复；对不能修复的作报废处理。

（8）端盖。

① 检查浮封安装处，严重变形或腐蚀则不可再用。

② 检查端盖是否变形。用卡尺贴住端盖大平面，然后对着光亮处观察，再用塞尺塞，变形在 0.2 mm 以上则不可再用。

③ 检查其他位置有无严重磕碰、磨损、变形或其他缺陷，有修复价值的及时修复，无法修复的则报废。

④ 对于安装式端盖，要仔细检查安装面，安装面变形、塌陷则不可再用。

⑤ 用螺纹通规检查螺纹，有修复价值的进行修复，不能修复的作报废处理。

⑥ 有利用价值端盖螺纹孔须清理干净并用丝锥攻一遍。

（9）刀轴。

① 检查刀轴是否弯曲变形或严重损伤，若有则不可再用。

② 用螺纹通规检查螺纹，有修复价值的进行修复，不能修复的作报废处理。

③ 刀轴活塞孔要用手电筒照一照，孔里有划伤则不可再用；若可用，则活塞孔内必须清洗干净。

④ 有利用价值的刀轴螺纹孔须清理干净并用丝锥攻一遍。

（10）所有可再用的配件均要清洗干净。

（11）每把滚刀维修均需使用新的 O 形圈、浮动油封、弹性隔套。

（12）刀具刀筒组装。

刀具维修测试完成后，刀具维修人员对刀具和刀筒进行组装，组装过程中必须注意螺栓扭矩和刀筒端盖密封。

（13）刀具存放。

刀具存放必须按要求分区域做好标识，并存放在刀具车间内。

（14）刀具、刀筒全寿命周期台账管理。

刀具（刀圈与刀体）、刀筒在验收入场之后，进行统一编号，刀具维修人员将刀具装至刀筒时对刀具编号以及刀筒编号进行记录，做到一一对应。当需要常压换刀时，由换刀指令员通报准备更换刀位号，刀具研修中心根据刀位号提前准备组装好的刀筒，组装完成的刀筒必须经过刀具工程师验收后方可出库，并且填写刀筒出库验收表进行记录。出库的刀筒运送至盾构上，为了确保刀具检测系统准确性，由电工对刀具旋转、温度进行检测，换刀指令员验收合格后方能安装，并且填写换刀指令表进行记录。常压刀筒从刀盘拆出运送至刀具研修中心后，刀具维修人员进行刀筒清洁、拆解，刀具工程师对刀具磨损以及维修情况进行记录，形成刀具、刀筒全寿命周期台账，确保刀具、刀筒全程使用跟踪，提高刀具以及刀筒使用率，降低成本。

第 6 章　刀盘刀具数字化设计技术

> **本章重点**
>
> 刀盘数字化设计理论模型、刀盘数字化设计实验平台研制、刀盘数字化设计实验及工程验证、刀盘数字化优化设计等。

6.1　刀盘数字化设计理论模型

盾构刀盘的推力、扭矩、刀间距和刀具形状是刀盘刀具破岩的主要参数，刀盘的推力和扭矩决定了盾构开挖系统的安全性和可靠性，而刀间距和刀具形状则直接影响刀盘刀具的破岩效率。

本节主要在参考经典计算模型的基础上，对刀盘推力和扭矩计算公式进行优化，并基于 PFC2D 系统进行了单刀、多刀侵压数值模拟与分析，得到了更加精确的刀间距取值范围，为刀盘数字化设计提供模型基础。

6.1.1　刀具高效破岩理论优化

在刀盘推力作用下，滚刀刀圈轴向受力挤压岩层，当达到岩石的强度极限时，便可挤压破岩；同时，在刀盘驱动扭矩的作用下，滚刀滚动径向受力，从而克服来自掌子面的摩擦力矩。由于滚刀的滚压破岩是既有冲击压碎又有剪切碾碎作用的复合运动，从而使滚压破岩理论研究处于极其复杂的困难局面。研究岩石破碎的学者提出了不同滚刀破岩理论计算，其中经典模型如下：

1）滚刀推力经典模型

《小松技报》认为滚刀破岩所需的推力与压入岩石的滚刀横截面积成正比，滚刀横截面几何关系如图 6-1 所示，推力与横截面积的比值为岩石单轴抗压强度，因此提出了滚刀推力模型，如式（6-1）所示。

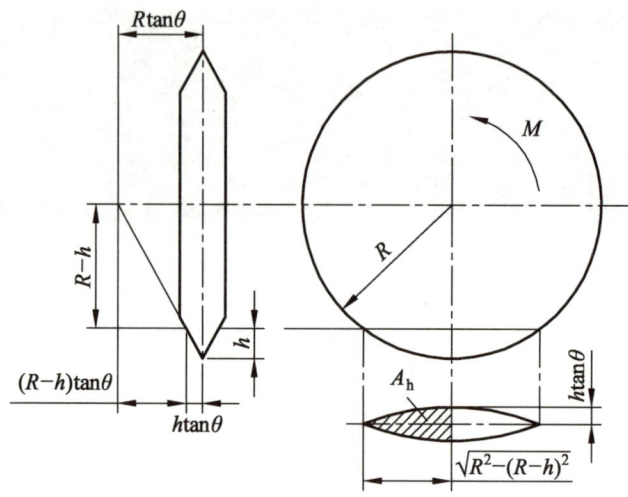

图 6-1　滚刀横截面几何关系

$$P = \frac{4}{3} R_c h \sqrt{R^2 - (R-h)^2} \tan\theta \qquad (6\text{-}1)$$

式中：P——滚刀推力（N）；

R_c——岩石单轴抗压强度（MPa）；

h——侵深（mm）；

R——滚刀半径（mm）；

θ——滚刀刃角之半（°）。

但是实验证明，按照上式计算的推力仅为实际破岩推力的三分之一。因此有些学者提出了修正意见，例如罗克斯巴鲁思把滚刀压入岩石横截面改为矩形，也有把上式乘上一个大于 1 的系数，以此达到实际接近滚压推力数值，但物理意义就不正确了。

美国科罗拉多矿业学院王逢旦教授等人认为岩石是由压应力和剪应力破坏的，滚刀横截面几何关系如图 6-2 所示。滚刀破岩所需的推力由两部分组成：一是压碎岩石所需的推力，二是剪坏刀间岩石所需的推力。

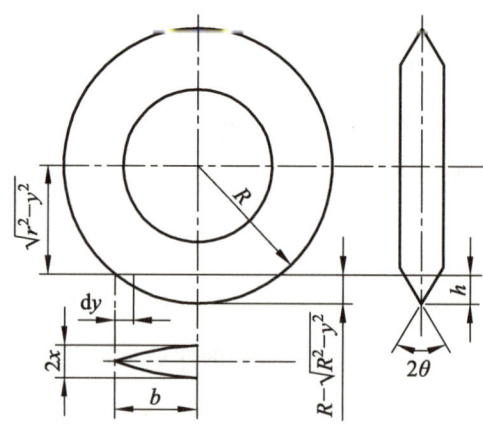

图 6-2　滚刀横截面几何关系

依此，提出推力公式如式（6-2）所示。

$$P = D^{0.5}h^{1.5}\left[\frac{4}{3}R_c + 2\tau_{剪}\left(\frac{B}{h} - 2\tan\theta\right)\right]\tan\theta \tag{6-2}$$

式中：P——滚刀推力（N）；

　　　D——滚刀直径（mm）；

　　　h——滚刀侵深（mm）；

　　　R_c——岩石单轴抗压强度（MPa）；

　　　$\tau_{剪}$——岩石抗剪强度（MPa）；

　　　θ——滚刀刃角之半（°）。

科罗拉多的计算方法是在实验的基础上建立起来的，计算的结果符合实际。但未知数较多，如 $\tau_{剪}$、R_c 等，特别是选取 $\tau_{剪}$ 比选其他值难得多，给计算增加了一定的困难。

我国东北工学院（现东北大学）结合《小松技报》观点，按照力平衡原理，提出滚刀承载力 P 和漏斗坑在自由面上形成的破碎面积 A 成正比，如式（6-3）所示。

$$P = R_0 A \tag{6-3}$$

式中：R_0——比例系数，与岩石抗压强度 R_c 有关，具体如式（6-4）所示。

$$K_d = \frac{R_0}{R_c} \tag{6-4}$$

式中：K_d——滚压系数，它与岩石性质有关。一般 K_d=0.47~0.7，大理石约为 0.53，花岗岩约为 0.67。岩石越软，K_d 越小；岩石越硬，K_d 值越大。

实际破碎面积 A 较为复杂，它与刀具几何形状、贯入度的关系如式（6-5）所示。

$$A = \frac{4}{3}h\sqrt{R^2 - (R-h)^2}\tan\frac{\varphi}{2} \tag{6-5}$$

式中：R——滚刀半径（mm）；

　　　h——刀具贯入度（mm）；

　　　φ——岩石破碎角（°）。

破碎角可以采用滚刀拉槽实验方法进行测量，与刀具参数及荷载大小无关，仅与岩石性质、岩石节理发育、自由面形状及数量等有关，大理石一般为 140°~156°，花岗岩一般为 142°~150°，石灰岩（有水平节理）一般为 154°~160°。

滚刀破岩承载力计算模型如图 6-3 所示，滚刀承载力计算公式如式（6-6）所示。

$$P = \frac{4}{3}K_d R_c h\sqrt{R^2 - (R-h)^2}\tan\frac{\varphi}{2} \tag{6-6}$$

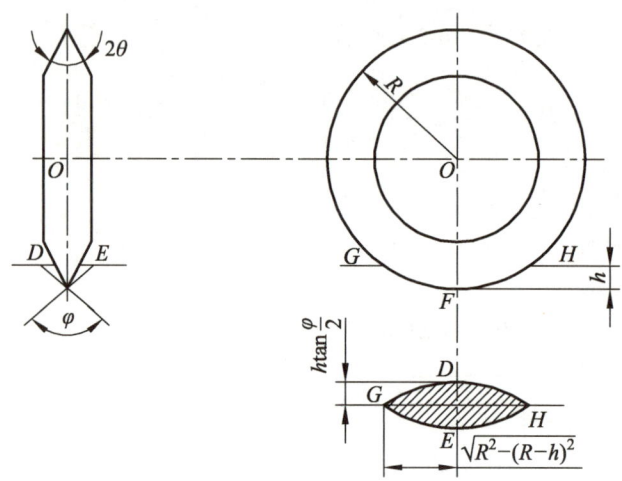

图 6-3　滚刀破岩承载力计算模型

2）滚刀滚动力经典模型

滚刀滚动力是决定盾构扭矩的基本数据，它的大小主要取决于推力。按力平衡原理，滚动力 F 等于岩石压入强度与漏斗坑在滚动方向投影面积之积，如式（6-7）所示。

$$F = \frac{3}{4}\xi\sqrt{\frac{h}{2R-h}}P \qquad (6-7)$$

式中：F——滚动力（N）；

ξ——换算系数，与岩石自由面条件和形状有关，磨光面岩石一般取 2.0~2.5，滚压过的麻面岩石取 0.8；

h——刀具贯入度（mm）；

R——滚刀半径（mm）；

P——滚刀压力（N）。

式（6-7）表明，滚动力主要取决于推力，但也受侵深和滚刀半径影响。在滚刀半径已选定的情况下，滚动力随滚刀半径增大而减小，即大直径滚刀滚动力比小直径的小。

3）滚刀破岩最优刀间距经典模型

滚刀刀间距布置有两个要求：一是保证刀间岩石完全破碎，二是得到最大破碎量。满足上述两项要求的刀间距，定义为最优刀间距。缩小刀间距可达到刀间岩石完全破碎目的，但破碎量不是最大；增大刀间距可增加破碎量，但是刀间距过大会使刀间岩石没有完全破碎，中间的岩石以脊背形式留在岩体上。刀具布置时必须避免上述两种现象。刀间距的确定主要取决于开挖岩层的情况及岩石特性。

如图 6-4，最优刀间距 S 与滚刀侵深 h 的关系如式（6-8）所示。

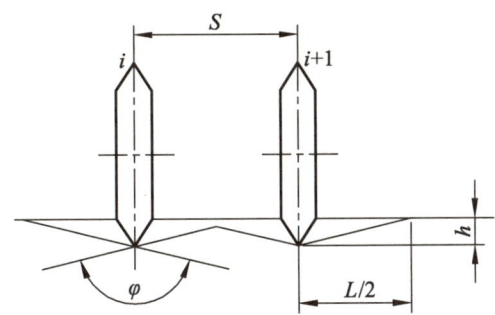

图 6-4　刀间距 S 与滚刀侵深 h 的示意图

$$\frac{S}{h}=2\cdot\tan\frac{\varphi}{2} \tag{6-8}$$

式中：φ——岩石破碎角（°）。

破碎角可以采用滚刀拉槽实验方法进行测量，与刀具参数及荷载大小无关，仅与岩石性质、岩石节理发育程度、自由面形状及数量等有关，φ 在 130°~160° 之间，S/h 取值范围一般为 5~10。吴起星、黄威然等给出了几种岩石的破碎角和最优刀间距，见表 6-1、表 6-2。

表 6-1　常见岩石的破碎角

岩石种类	脆性岩石	大理岩	花岗岩	石灰岩	页岩	砂岩	玄武岩	辉绿岩	硬石英岩
破碎角/（°）	135~260	140~256	142~250	154~260	116~228	130~244	146	126	150

表 6-2　不同岩石选用的刀间距

岩石种类	片麻岩	花岗岩	石灰岩	砂岩	页岩
刀间距/mm	60-70	65-75	70-85	70-85	85-200

根据表 6-1 中所给岩石的破碎角，计算可得花岗岩 $S/h=10$，石灰岩 $S/h=8$，红砂岩 $S/h=6$。

最优刀间距是刀盘设计的关键参数。在岩石中掘进时，刀间距的选择原则是：

（1）刀间距在 50~120 mm，软岩层取大值，硬岩层取小值。

（2）在确定了最优刀间距后，为了保证最优的刀间距 S 与滚刀侵深 h 之比，必须确定最优切深 h。最优切深 h 在 5~15 mm，一般情况可取：花岗岩 6 m 左右，石灰岩 9 mm 左右，红砂岩 13 mm 左右。

（3）隧道以软岩为主，也有少量硬岩时，刀间距按软岩选择，掘到硬岩地段时，可以慢速掘进。

（4）隧道以硬岩为主，也有中硬岩时，刀间距按二者兼顾原则选择。

6.1.2 盾构刀盘推力的优化模型

根据盾构施工状况，刀盘推力 F 包括：克服土的黏结力或滚刀破岩所需的推力 F_1、克服盾构外侧与岩土之间摩擦阻力的推力 F_2、克服刀盘承受的工作面上的主动土压力所需的推力 F_3。

$$F=F_1+F_2+F_3 \tag{6-9}$$

$$F_1=m \cdot P \tag{6-10}$$

式中：m——盘形滚刀数量；

P——我国东北工学院结合《小松技报》和美国科罗拉多矿业学院的滚刀破岩推力计算模型而提出的更为优化的滚刀破岩推力模型得出的滚刀承载力（N），见式（6-6）。

$$F_2 = \pi f D L \left(p_q + p'_q + p_1 + p_2 \right)/4 \tag{6-11}$$

式中：f——刀盘外侧与岩土体之间的摩擦系数；

D——盾构外径（mm）；

L——刀盘厚度（mm）；

p_q——盾构上部土压力（MPa）；

p'_q——盾构底部土压力（MPa）；

p_1——盾构上部侧压力（MPa）；

p_2——盾构下部侧压力（MPa）。

盾构上部土压力 p_q 按式（6-12）计算：

$$p_q = 2\gamma D \tag{6-12}$$

盾构底部土压力 p'_q 按式（6-13）计算：

$$p'_q = p_q + G/DL \tag{6-13}$$

式中：G——刀盘质量；

D——盾构外径（mm）。

盾构上部侧压力 p_1 按式（6-14）计算：

$$p_1 = Kp_q \tag{6-14}$$

盾构下部侧压力 p_2 按式（6-15）计算：

$$p_2 = Kp'_q \tag{6-15}$$

$$F_3 = \frac{\pi}{4} D^2 P_d k_0 \tag{6-16}$$

式中：P_d——刀盘轴线处的侧向土压力（MPa）；

k_0——土压力系数。

$$P_d = K\gamma(2D+D/2) \tag{6-17}$$

式中：K——侧向土压力系数；

γ ——土体的重力密度（N/mm³）。

综合克服土的黏结力或滚刀破岩所需的推力 F_1、克服盾构外侧与岩土之间摩擦阻力的推力 F_2 和克服刀盘承受的工作面上的主动土压力所需的推力 F_3 计算方式，得到盾构刀盘推力计算模型为：

$$F = F_1 + F_2 + F_3 = \frac{4}{3}K_d m R_c h \sqrt{R^2-(R-h)^2}\tan\frac{\varphi}{2} + \pi f D L \left(p_q + p_q' + p_1 + p_2\right)/4 + \frac{\pi}{4}D^2 P_d k_0 \quad (6\text{-}18)$$

式中：F——刀盘推力（N）；

K_d——滚压系数；

m——盘形滚刀数量；

R_c——岩石单轴抗压强度（MPa）；

h——刀具贯入度（mm）；

R——滚刀半径（mm）；

φ ——岩石破碎角（°）；

D——盾构外径（mm）；

L——刀盘厚度（mm）；

p_q——盾构上部土压力（MPa）；

p_q'——盾构底部土压力（MPa）；

p_1——盾构上部侧压力（MPa）；

p_2——盾构下部侧压力（MPa）；

P_d——刀盘轴线处的侧向土压力（MPa）；

k_0——土压力系数。

6.1.3　盾构刀盘扭矩的优化模型

对于土压平衡盾构刀盘，其切削扭矩主要由以下几部分组成：

$$T = T_1 + T_2 + T_3 + T_4 + T_5 + T_6 + T_7 + T_8 \quad (6\text{-}19)$$

式中：T——刀盘扭矩（N·mm）；

T_1——刀盘切削土体（或岩石）时的地层抗力扭矩（N·mm）；

T_2——刀盘正面与岩土体之间的摩擦阻力扭矩（N·mm）；

T_3——刀盘背面与岩土体之间的摩擦阻力扭矩（N·mm）；

T_4——刀盘侧面与岩土体之间的摩擦阻力扭矩（N·mm）；

T_5——压力舱内搅拌叶片的搅拌扭矩（N·mm）；

T_6——密封引起的摩擦阻力扭矩（N·mm）；

T_7——轴承引起的摩擦阻力扭矩（N·mm）；

T_8——减速装置摩擦损失的扭矩(N·mm)。

实际上,影响刀盘扭矩大小的最主要因素是 T_1、T_2、T_3 以及 T_4,这 4 类扭矩占刀盘扭矩的 70%~90%,其余扭矩对刀盘扭矩的影响程度很小,分析时可不予考虑。因此,式(6-19)可简化为:

$$T = (1.1 \sim 1.4)(T_1 + T_2 + T_3 + T_4) \tag{6-20}$$

$$T_1 = mFR_d \tag{6-21}$$

式中:m——盘形滚刀数量;

F——滚刀滚动力经典模型(N),见式(6-7);

R_d——盘形滚刀的平均回转半径(mm)。

$$T_2 = \frac{\pi D^3}{12} K f_1 \gamma H (1-\eta) \tag{6-22}$$

式中:D——盾构外径(mm);

K——侧向土压力系数;

f_1——刀盘正面和土体之间的摩擦系数;

γ——土体的重力密度(N/mm³);

H——土体顶部到盾构轴线的垂直距离(mm);

η——刀盘开口率。

$$T_3 = \frac{\pi D^3}{12} K f_2 \gamma H (1-\eta) \tag{6-23}$$

式中:D、K、γ、H 和 γ 意义与式(6-22)相同;

f_2——刀盘背面和土体之间的摩擦系数。

$$T_4 = \frac{\pi D^2}{4}(1+K) f \gamma H W \tag{6-24}$$

式中:D、K、γ 和 H 意义与式(6-22)相同;

f——刀盘外侧和岩土之间的摩擦系数;

W——刀盘外沿的宽度(mm)。

根据刀盘切削土体(或岩石)时的地层抗力扭矩 T_1、刀盘正面与岩土体之间的摩擦阻力扭矩 T_2、刀盘背面与岩土体之间的摩擦阻力扭矩 T_3 和刀盘侧面与岩土体之间的摩擦阻力扭矩 T_4 则有刀盘总扭矩:

$$\begin{aligned} T &= (1.1 \sim 1.4)(T_1 + T_2 + T_3 + T_4) \\ &= (1.1 \sim 1.4) \times \left[\frac{3}{4} m R_d \xi \sqrt{\frac{h}{2R-h}} P + \frac{\pi D^3}{12} K f_1 \gamma H (1-\eta) + \frac{\pi D^3}{12} K f_2 \gamma H (1-\eta) + \frac{\pi D^2}{4}(1+K) f \gamma H W \right] \end{aligned}$$

$$\tag{6-25}$$

式中:m——盘形滚刀数量;

R_d——盘形滚刀的平均回转半径（mm）；

ξ——换算系数，与岩石自由面条件和形状有关，磨光面岩石一般取 2.0~2.5，滚压过的麻面岩石取 0.8；

h——刀具贯入度（mm）；

R——滚刀半径（mm）；

P——滚刀压力（MPa）；

D——盾构外径（mm）；

K——侧向土压力系数；

f_1——刀盘正面和土体之间的摩擦系数；

γ——土体的重力密度（N/mm³）；

H——土体顶部到盾构轴线的垂直距离（mm）；

η——刀盘开口率；

f_2——刀盘背面和土体之间的摩擦系数；

W——刀盘外沿的宽度（mm）。

从式（6-25）可以看出，刀盘扭矩的理论数学模型综合考虑了盾构刀盘的直径、刀盘开口率、刀盘与土体的摩擦系数、盾构刀盘施工地层的岩性、盾构刀盘和地层之间的相互关系、刀具数量和位置、滚刀的切向力等参数的影响。

6.1.4 单刀侵压数值模拟

1）PFC2D 数值模拟软件简介

目前，研究岩石力学问题所涉及的数值模拟计算原理主要有限元法、离散元法、有限差分法、数值流形法等，其中，基于有限元计算原理的代表性数值模拟软件有 ANSYS、ABAQUS、ADINA、PLAXIS、ROCSCIENCE 等，基于离散元计算原理的代表性软件主要有 UDEC、3DEC、PFC2D/3D 等，基于有限差分计算原理的代表软件有 FLAC3D 等，这些数值计算软件各有特点，如何选取数值计算软件主要取决于所研究问题的需要。岩石的细观结构呈现颗粒体的特征并且常伴随有初始损伤，如微裂纹、微孔洞等缺陷，而当前将要讨论与研究在不同条件下岩石试件的破坏机理，即要从细观角度考察不同加载条件下岩石试件内部细观颗粒的接触、位移、速度等特征，以及由于颗粒运动所产生的微裂纹萌生、发展与贯通的情况，同时考察在裂纹发展过程中伴随的岩石试样的各种宏观力学性质的劣化。为了达到上述研究目的，选择 ITASCA 公司研发的擅长模拟颗粒物质物理力学特征的 PFC2D 离散元软件进行本次研究。

（1）PFC2D 计算的基本假定

颗粒流计算程序 PFC2D 最早由坎德尔（Cundall）和斯特拉克（Strack）于 1979 年提出，用于采用离散元方法计算圆形颗粒的移动与相互作用。后续经过不断发展，PFC2D 的应用领域已经大为扩展，例如颗粒物质在管道、容器和筒仓中流动时的力学分析，砸室开挖时的断裂、坍塌、破碎以及岩块在动荷载下的滚动与崩塌,物体的动态冲击破坏,基于颗粒集合的固体物质的累积损伤、断裂与声发射特性等。它既可用于非连续体的相互作用、大变形的计算,以及断裂破碎的过程的宏观分析;也可用于细观层次上的基于颗粒集合体物质的各种物理力学性态研究。

无论运用 PFC2D 软件进行宏观尺度的计算或是细观尺度的计算,其所提供的颗粒流动模型均遵循以下几条基本假设:颗粒本身为刚性体;接触发生在极小的范围内,即点接触;接触为软接触,即允许接触处有一定的重叠;重叠量的大小遵循力-位移定律;接触处有特殊的黏结强度;颗粒单元为圆盘形或球形,其中簇算法支持创建任意形状的超级颗粒。

(2)PFC2D 的基本计算流程

利用 PFC2D 进行数值模拟时,就像在实验室中进行室内实验一样,需要精心准备数值试件进行数值模拟。其基本模拟流程包括研究对象的几何模型建立,包括颗粒生成与集合体的建立,根据研究对象的不同设置颗粒间的接触模型,初始平衡的求解,赋予边界条件与初始条件,求解获取计算结果,通过改变实验条件分析不同的问题。其计算流程可通过图 6-5 更加清楚地说明。

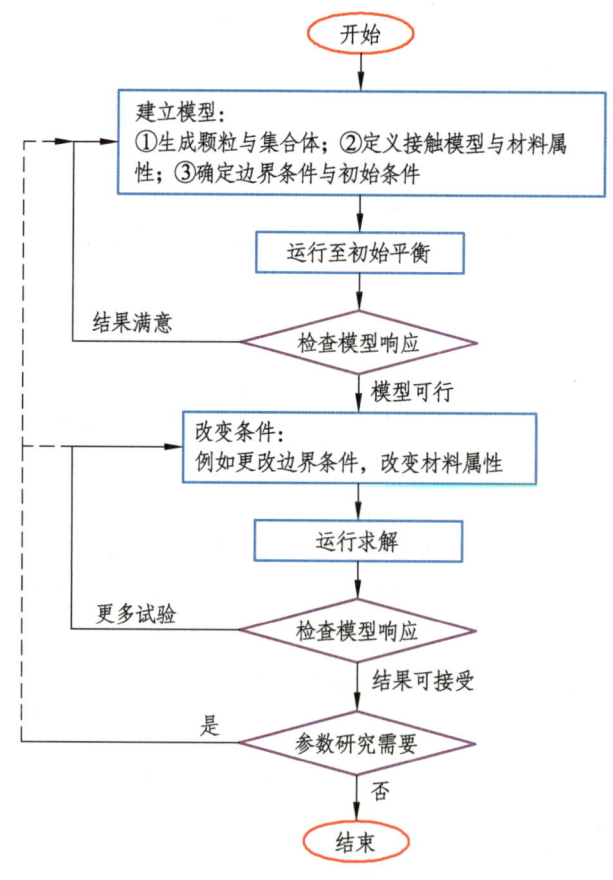

图 6-5　PFC2D 计算流程

（3）PFC2D 的基本计算原理

① 计算循环与迭代。

在 PFC2D 软件中，由于其基本单元为颗粒，所以它不像有限元软件那样通过满足平衡方程、变形协调方程和本构方程进行迭代计算，而是通过不断地对每一个颗粒应用运动定律，对每一个接触应用力-位移定律，并不断更新墙的位置进行循环迭代。

力-位移定律是由两个实体之间的相对位移来获取作用在两实体上的接触力的。对于球-球接触和球-墙接触，均认为其接触力来自接触点，这些接触点的坐标可以描述为 $x_i^{[c]}$，其单位法向向量为 n_i。对于球-球接触，其法向为两接触颗粒中心连线的方向；对于球-墙接触，其法向与颗粒中心到墙体最短距离的直线指向相同。定义了法向后则接触力即可分解为沿法向的法向分力与沿接触平面的切向分力，由此，力-位移定律可通过接触位置的法向刚度和切向刚度将法向和切向接触力与相对位移建立起联系。球-球接触与球-墙接触的示意见图 6-6，图中 A、B 分别代表球-球接触中两球，w、b 分别代表球-墙接触中的墙和球，在两种接触中，U^n 均代表重叠量。

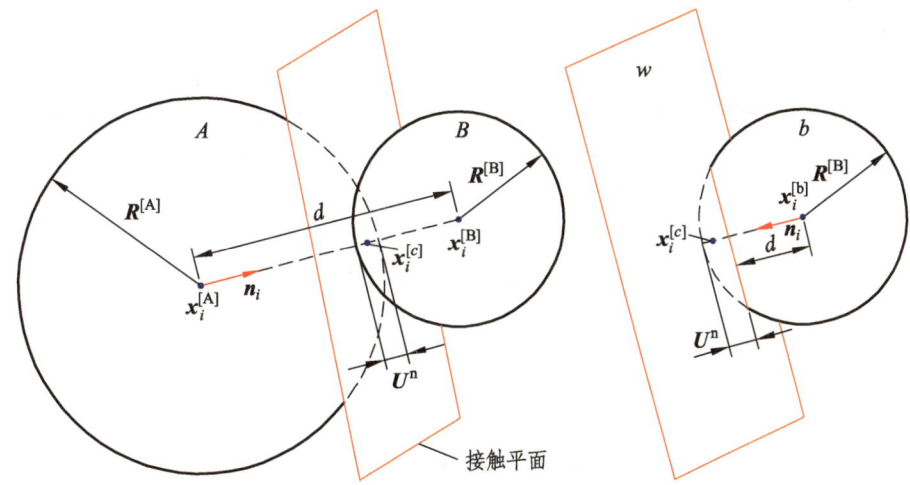

图 6-6 "球-球" 接触与 "球-墙" 接触示意图

对 "球-球" 接触，接触平面的单位法向量定义为：

$$n_i = \frac{x_i^{[B]} - x_i^{[A]}}{d}$$

式中：$x_i^{[B]}$、$x_i^{[A]}$ 分别为球心的位置向量；d 为两球心之间的距离，表达式为

$$d = \left| x_i^{[B]} - x_i^{[A]} \right| = \sqrt{\left(x_i^{[B]} - x_i^{[A]} \right)\left(x_i^{[B]} - x_i^{[A]} \right)}$$

法向相对接触 U^n 由下式定义：

$$U^{\mathrm{n}} = \begin{cases} R^{[A]} + R^{[B]} - d & 球-球接触 \\ R^{[b]} - d & 球-墙接触 \end{cases}$$

式中：$R^{[\phi]}$ 为球的半径。

接触点的位置由下式给出：

$$x_i^{[c]} = \begin{cases} x_i^{[A]} + \left(R^{[A]} - \frac{1}{2}U^{\mathrm{n}}\right)n_i & 球-球接触 \\ x_i^{[b]} + \left(R^{[b]} - \frac{1}{2}U^{\mathrm{n}}\right)n_i & 球-墙接触 \end{cases}$$

接触力矢量可分解为关于接触平面的法向和切向分量：

$$F_i = F_i^{\mathrm{n}} + F_i^{\mathrm{s}}$$

法向接触力大小可以通过下式计算：

$$F^{\mathrm{n}} = K^{\mathrm{n}} U^{\mathrm{n}}$$

式中：K^{n} 为接触处的法向刚度。

剪切接触力是以增量形式计算的，当接触形成时，总的切向力被初始化为零，以后的相对位移所引起的弹性切向接触力累加到现值上，而且随着每一时间步 $x_i^{[c]}$ 与 n_i 的不断更新，接触位置的移动也将被考虑进去。

接触处的切向接触速度由下式表示：

$$V^{\mathrm{s}} = \left(x_i^{[\Phi^2]} - x_i^{[\Phi^1]}\right)t_i - \omega_3^{[\Phi^2]}\left|x_k^{[c]} - x_i^{[\Phi^2]}\right| - \omega_3^{[\Phi^1]}\left|x_k^{[c]} - x_i^{[\Phi^1]}\right|$$

其中：实体 Φ^j 为

$$\{\Phi^1, \Phi^2\} = \begin{cases} \{A, B\} & 球-球 \\ b, w & 球-墙 \end{cases}$$

$x_i^{[\Phi^j]}$、$\omega_i^{[\Phi^j]}$ 分别为实体 Φ^j 的位移速度和角速度；$t_i = \{-n_2, n_1\}$。

在时步 Δt 内的位移即为 $\Delta U^{\mathrm{s}} = V^{\mathrm{s}} \Delta t$，而切向弹性力增量即可通过下式求得：

$$\Delta F^{\mathrm{s}} = -K^{\mathrm{s}} \Delta U^{\mathrm{s}}$$

② 微分密度缩放因子设置。

如果计算中想要得到稳态解，即对应每一个静态平衡方程颗粒集合体内所有颗粒的加速度均为零，则可以通过设置微分密度缩放因子以减少循环数达到稳态平衡。

在应用微分密度因子时，每一循环初始时刻的颗粒质量将被修改，此时运动定律的表达式即变为：

$$F_i = m^i \boldsymbol{x}_i - m^g \boldsymbol{g}_i$$

$$M_3 = I\omega_3 = \beta m^i R^2 \omega_3$$

其中：m^i 和 m^g 分别为惯性质量和重力质量；R 为颗粒半径；β 按照颗粒形状为球形和盘形颗粒分别取 0.4 和 0.5。m^g 通常等于真实质量，在没有设置微分密度缩放因子时，$m^i = m^g$。当设置了微分密度缩放因子后，颗粒速度表达式即变为：

$$x_i^{(t+\Delta t/2)} = x_i^{(t-\Delta t/2)} + \left(\frac{F_i^{(t)}}{m^i} + \frac{m^g}{m^i}g_i\right)\Delta t$$

$$\omega_3^{(t+\Delta t/2)} = \omega_3^{(t-\Delta t/2)} + \left(\frac{M_3^{(t)}}{\beta m^i R^2}\right)\Delta t$$

当微分密度因子被激活时，其只对最终稳态解有效，瞬态并不代表系统的动态力学行为，与路径相关的现象，将会导致不真实的稳态解。所以，通常来讲，微分密度因子对解决刚度或质量变化较大的问题最有效。

③ 接触本构模型。

在 PFC2D 软件的模拟计算中材料本构关系所表现的力学行为均是通过对每一处接触位置赋予接触本构模型来实现的。通常颗粒接触处的接触本构模型分为三种：刚度模型、滑动模型、黏结模型。刚度模型描述了颗粒接触处的接触力与相对位移的弹性关系；滑动模型描述了接触处的切向和法向力，两个接触的球可以产生相对滑动；黏结模型则描述了通过限定黏结强度极限值而限制所能承受的总法向力和剪切力的关系。由于刚度模型与滑动模型较少应用于岩石材料，在此仅介绍常用于模拟岩石材料的黏结接触本构模型。

在 PFC2D 中有两种黏结模型：一种为接触黏结模型，另一种为平行黏结模型。这两种黏结模型可以类似地看作通过"胶水"将两颗粒黏结到一块。接触黏结模型认为黏结仅仅是在两小球接触处的极微小的点上进行的，即点黏结；而平行黏结则认为黏结是在两小球之间一定接触区域内进行的，即不仅局限于点黏结，其黏结有一定范围。接触黏结模型仅仅能传递力的作用，而平行黏结模型不仅可以传递力的作用还可以传递力矩作用。

默认状态下颗粒之间是没有黏结的，必须要通过命令使其颗粒间实现黏结。对于接触黏结模型，可以通过 property n_bond、property s_bond 命令实现黏结；对于平行黏结模型，则可通过 property pb_nstrength、property pb_sstrength 实现黏结。当传递的荷载超过其黏结强度时，黏结将会被消除，或者也可通过命令设置 n_bond、s_bond、pb_nstrength、pb_sstrength 值为 0 来人为消除黏结。

接触黏结模型可以看作在接触点处存在的具有法向和切向刚度的一对弹簧，并且具备一定的剪切强度和法向抗拉强度，其在接触点处的法向和切向力与相对位移之间的本构关系示意可以参看图 6-7,其中:F^n 为法向接触力,$F^n>0$ 代表为拉力,U^n 为相对法向位移,$U^n>0$ 代表有重叠;F^s 为总剪切接触力;U^s 为相对于接触点的总剪切位移。

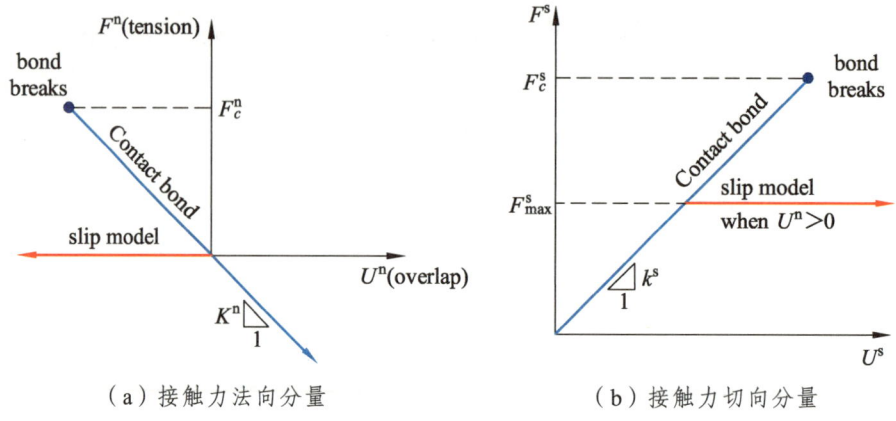

(a)接触力法向分量　　　　　　　　(b)接触力切向分量

图 6-7　接触点的本构关系

平行黏结模型可以看作一组在接触面或接触中心处平行的具有切向与法向刚度的弹簧。在接触位置的相对位移将在黏结位置产生力和力矩,这些力和力矩将作用在两个颗粒间的黏结物质上,使之产生切向和法向应力。一旦切向和法向应力超过了平行黏结的黏结强度,黏结位置将发生断裂。平行黏结模型可以由 5 个参数定义,即法向刚度 $\bar{k}^n$、切向刚度 $\bar{k}^s$、法向强度 $\bar{\sigma}_c$、切向强度 $\bar{\tau}_c$ 以及黏结半径 $\bar{R}$,并且通过 property 命令赋值实现。

如图 6-8 所示,若 $\bar{F}_i$ 与 $\bar{M}_3$ 分别代表作用于 B 球黏结处的总力与总力矩,则力矢量可以分解为关于接触平面的法向与切向分量,即

$$\bar{F}_i = \bar{F}_i^n + \bar{F}_i^s$$

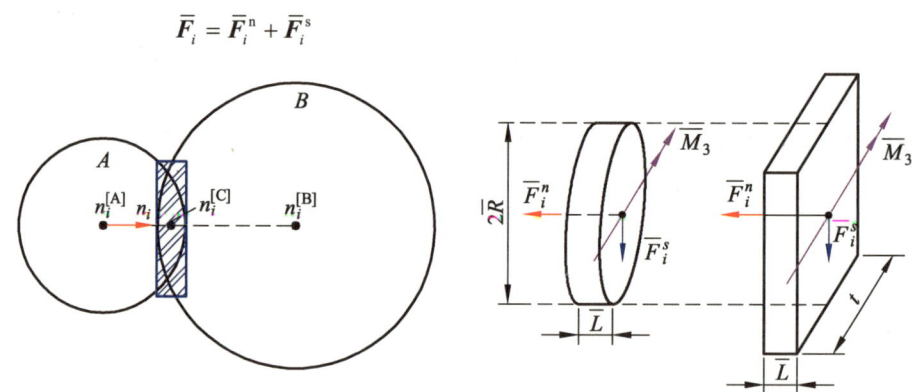

图 6-8　类似有限区域内胶结的平行黏结模型

若法向力矢分量采用如下形式表示:

$$\bar{F}_i^n = \left(\bar{F}_j n_j\right) n_i = \bar{F}^n n_i$$

则在接触处的每一个相对位移与转角的增大将导致新的增量出现,弹性力在 Δt 时间内的

增量为:

$$\begin{cases} \Delta \bar{F}_i^n = \left(-\bar{k}^n A \Delta U^n\right) n_i \\ \Delta \bar{F}_i^s = -\bar{k}^s A \Delta U^s \end{cases}$$

其中：$\Delta U_i = V_i \Delta t$

弹性力矩增量为：

$$\Delta \bar{M}_3 = -\bar{k}^n I \left(\omega_3^{[B]} - \omega_3^{[A]}\right) \Delta t$$

平行黏结中新的位移和力矩增量通过累加每一时步的位移和力矩增量而获得，即可由下式获得：

$$\begin{cases} \bar{F}^n n_i + \Delta \bar{F}^n n_i \to \bar{F}_i^n \\ \bar{F}^s + \Delta \bar{F}^s \to \bar{F}_i^s \\ \bar{M}_3 + \Delta \bar{M}_3 \to \bar{M}_3 \end{cases}$$

黏结位置的最大拉应力与剪应力则可通过下式计算：

$$\begin{cases} \sigma_{\max} = \dfrac{-\bar{F}^n}{A} + \dfrac{|\bar{M}_3|}{I}\bar{R} \\ \tau_{\max} = \dfrac{|\bar{F}_i^s|}{A} \end{cases}$$

如果拉应力超过了法向强度或者剪应力超过切向强度，则黏结位置发生断裂。

2）数值模拟参数的选取

根据前文实验结果，数值模拟选取的有关参数见表6-3和表6-4。

表6-3 模拟3种岩石材料的颗粒参数

岩石	摩擦系数	接触刚度/GPa	法向和切向接触刚度之比	法向连接强度/MPa	法向连接强度偏移/MPa	切向连接强度/MPa	切向连接强度偏移/MPa
红砂岩	0.1	28	1.8	73	22	73	22
石灰岩	0.1	86	1.8	129	40	129	40
花岗岩	0.1	58	1.1	158	60	158	60

表6-4 岩石材料数值实验力学参数

岩石	单轴抗压强度/MPa	弹性模量/GPa	泊松比	密度/(kg/m³)
红砂岩	73.66	16.17	0.28	2423
石灰岩	123.48	52.01	0.28	2740
花岗岩	132.66	40.43	0.21	2629

3）不同形状刀具侵压岩石模拟

（1）分别选用平刀、楔刀进行侵压实验，结果如图 6-9 所示。

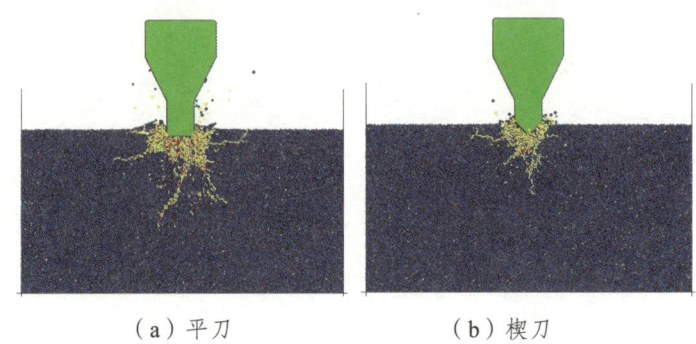

（a）平刀　　　　　　　（b）楔刀

图 6-9　平刀、楔刀侵压实验模拟结果

由模拟结果可知，在相同侵深下，平刀的裂纹分布呈辐射状，裂纹在横向与纵向均有较多发展，有利于多刀工况下的裂纹连接与贯通。

（2）选取平刀进行了不同刃宽刀具侵压岩石模拟，结果如图 6-10 所示。

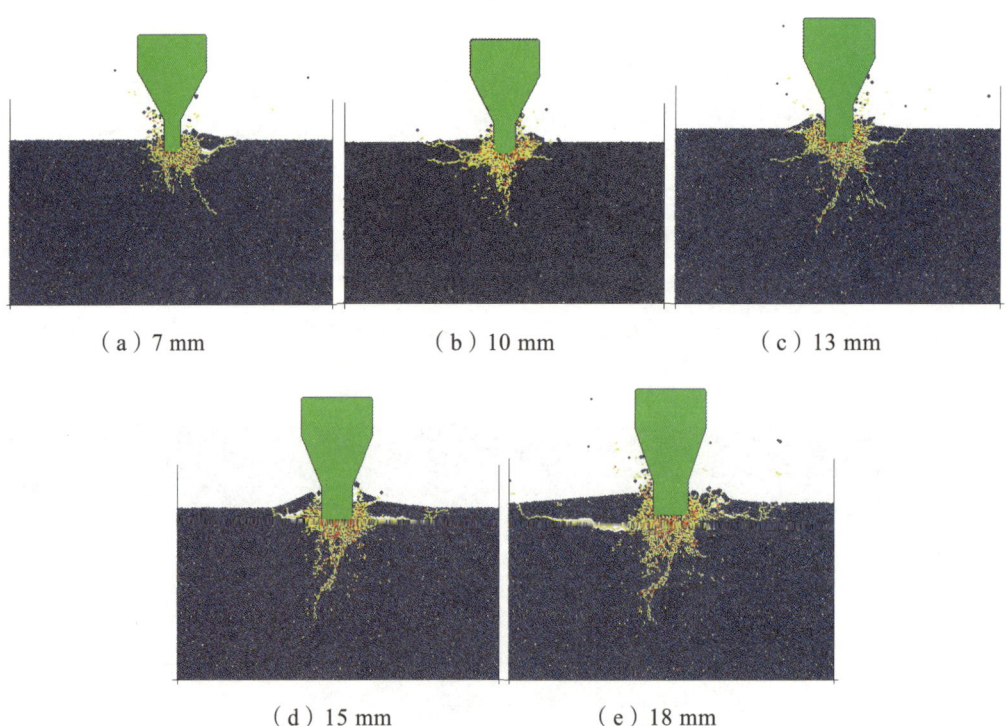

（a）7 mm　　　　　　（b）10 mm　　　　　　（c）13 mm

（d）15 mm　　　　　　（e）18 mm

图 6-10　不同刃宽刀具侵压岩石模拟结果

由模拟结果可知，随着刀刃宽度的增加，侵压岩体时裂纹沿水平方向的扩展明显增大，但裂纹沿纵深向的扩展变化不显著。

（3）对相同刃宽不同刃角的楔刀侵压岩石进行了模拟，结果如图 6-11 所示。

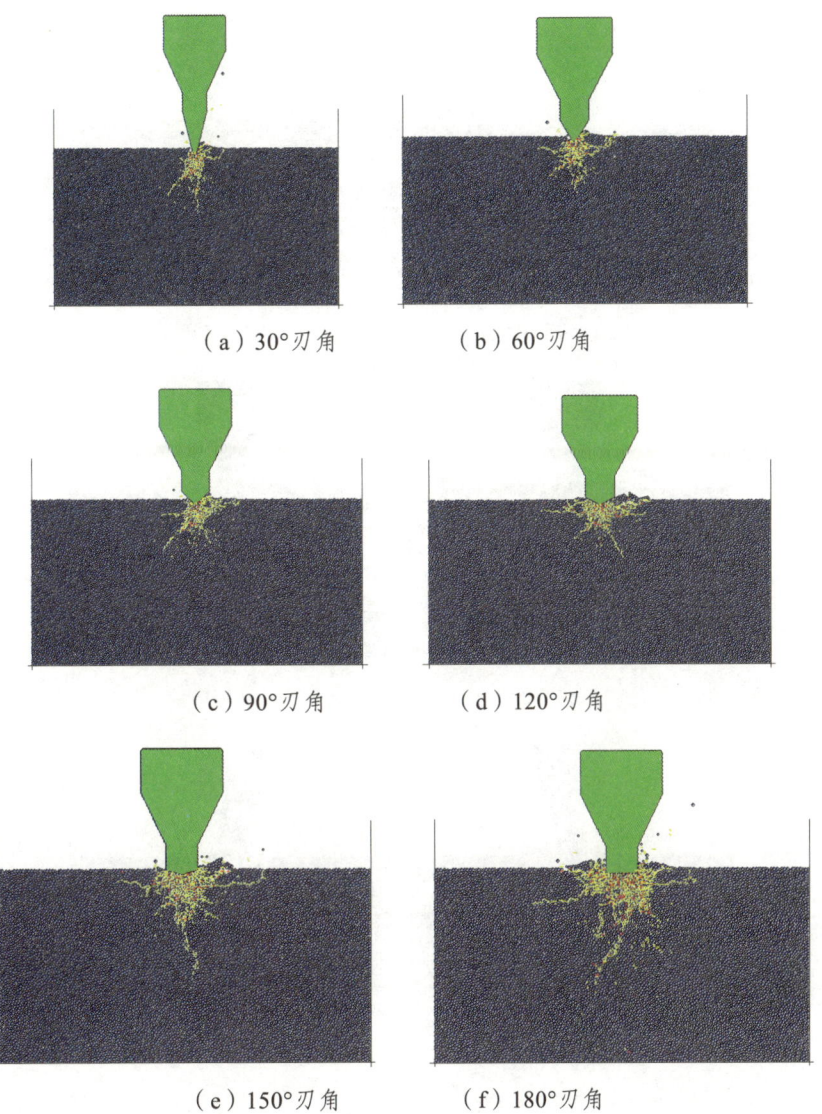

图 6-11　相同刃宽不同刃角的楔刀侵压岩石模拟结果

由模拟结果可知，在相同刃宽下，随着刃角的逐渐钝化，刀具侵压岩体时的裂纹分布趋于合理。

对不同断面形状、不同刃宽、不同刃角刀具侵压岩石进行的模拟表明：平刀作用易生成表裂纹和斜裂纹，楔刀作用易生成斜裂纹和纵裂纹，刃宽较大的平刀与刃角较大的楔刀破岩效果较好；平刀和楔刀对软岩的破坏情况类似，在硬岩中平刀作用生成的斜裂纹尖端距岩石自由面深度较大，能满足生成大块脱落岩石的要求，楔刀作用耗费很多能量在纵裂纹的扩展上，对滚刀破岩意义不大，硬岩施工应优选平刀。

4）刀具对不同节理倾角的侵压模拟

刀具对不同节理倾角的侵压模拟如图 6-12 所示。

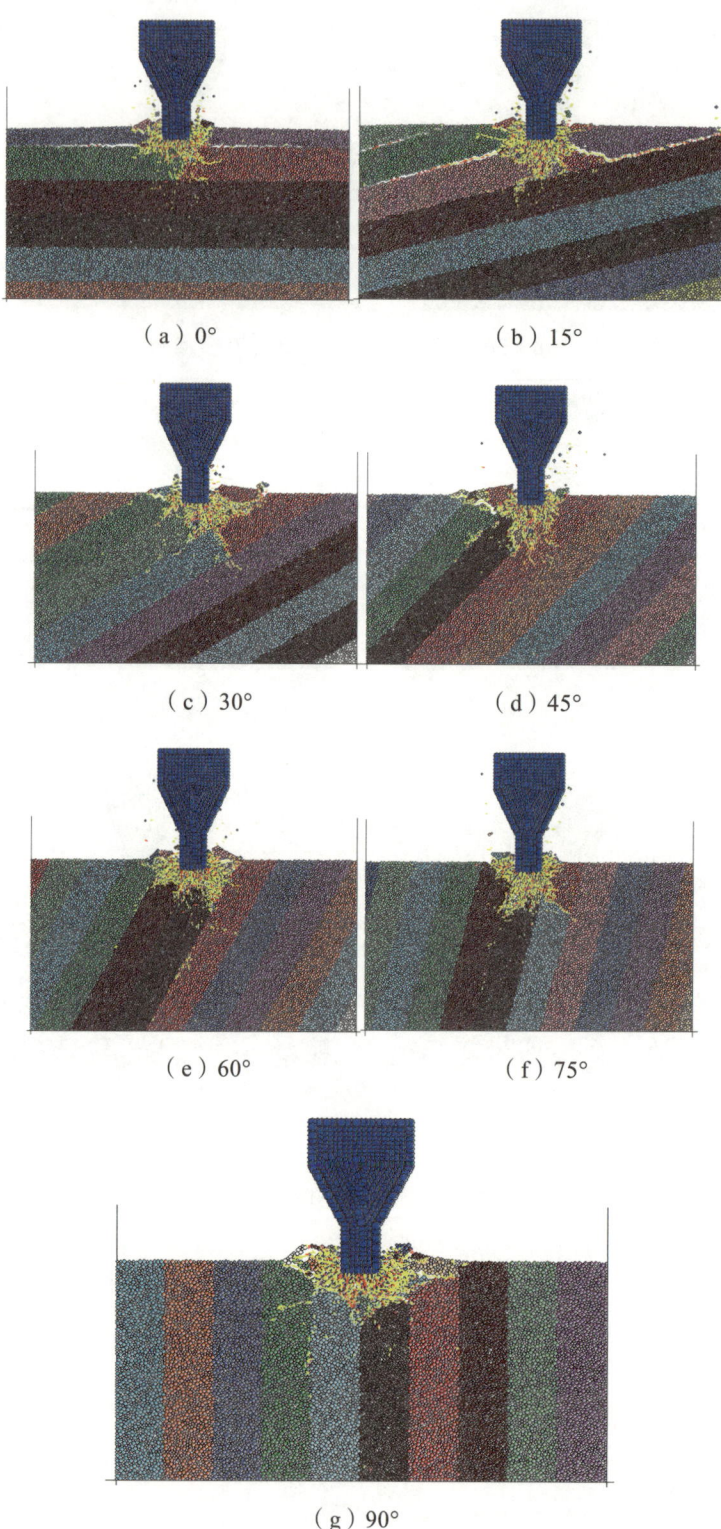

图6-12 不同节理倾角的岩石侵压模拟结果

通过进行刀具对不同节理倾角的侵压模拟，可得如下结论：平刀作用于含节理的岩石时生成大量斜裂纹与节理垂直相交，平刀作用下直接受力的岩层中顺着节理面方向发生了大面积的剪切破坏，平刀对节理角度为 30°~60°的岩石贯切效率较高，楔刀对节理角度在 60°左右的岩石有明显的"劈裂"作用。较平刀而言，楔刀更适合用于切割含有节理的岩石。

6.1.5 多刀侵压数值模拟

1）RFPA 真实破裂过程分析系统简介

尽管国内外有关岩石变形过程应力场分析的数值分析方法很多，但可直接模拟岩石从微破裂到宏观破坏全过程的仍然少见。以下多刀侵压数值仿真模拟采用由唐春安教授等研发的真实破裂过程分析系统 RFPA（Realistic Failure Process Analysis）。RFPA 从细观角度模拟岩石微缺陷或者微裂纹形成的各种不同尺度的缺陷或裂纹扩展、相互作用、聚合乃至贯通的宏观表现。基于弹性损伤理论，RFPA 是一个以弹性力学为应力分析工具，以弹性损伤理论及其修正后的库仑（Coulomb）破坏准则为介质变形和破坏分析模块的真实破裂过程分析系统。其计算方法基于有限元理论和统计损伤理论。该方法考虑了材料性质的非均质性、缺陷分布的随机性，并把这种材料性质的统计分布假设结合到数值计算方法（有限元法）中，对满足给定强度准则的单元进行破坏处理，从而使得非均匀性材料破坏过程的数值模拟得以实现。RFPA 软件采用了独特的计算分析方法，解决了岩土工程中多数模拟软件无法解决的问题。

其基本思路是：

（1）将岩石介质模型离散化成由细观基元组成的数值模型，将材料的非均质性参数引入计算单元，宏观破坏是单元破坏的积累过程。

（2）假定离散化后的细观基元的力学性质服从某种统计分布规律［本书采用韦布尔（Weibull）分布］，由此建立细观与宏观介质力学性能的联系，反映岩石的非均匀性。

（3）引入适当的基元线弹性应力应变求解方法，分析模型应力应变状态。

（4）引入适当的基元破坏准则（相变准则）和损伤规律，分析基元的力学性质演化即相变状态，认为当单元应力达到破坏的准则时发生破坏，并对破坏单元进行刚度退化处理，故可以连续介质力学方法处理物理非连续介质问题，能很好地分析岩样的破裂和裂纹扩展过程。

（5）相变基元的力学性质随演化的发展是不可逆的，认为岩石的损伤量、声发射同破坏单元数成正比。

综合岩石介质的基本特征，RFPA 数值模型中引入如下假设：

（1）岩石介质在细观上是各向同性的弹-脆性介质。

（2）岩石介质中裂纹扩展是一个准静态过程，忽略因快速扩展引起的惯性影响。

（3）破坏单元不具备抗拉能力，但具备一定的抗挤压能力。

2）数值模拟参数选取及网格划分

以红砂岩、石灰岩、花岗岩 3 种岩石为例进行岩石的破坏规律模拟研究。3 种岩石的物理力学性质见表 6-5。本次单刀头作用下的整体计算模型尺寸取 200 mm×500 mm，网格为 200 mm×500 mm，共 10 万单元的岩石试样，压头尺寸为 10 mm，围压为 20 MPa。

表 6-5 材料参数

岩石	自然密度/(kg/m³)	抗压强度/MPa	弹性模量/GPa	变形模量/GPa	泊松比	内聚力/MPa	内摩擦角/(°)
红砂岩	2423	73.66	16.17	10.31	0.28	21.82	36.9
石灰岩	2740	123.48	52.01	29.52	0.28	26.95	42.0
花岗岩	2629	132.66	40.43	24.78	0.21	17.48	60.1

3）双刀头作用下的数值模拟

（1）破碎过程分析

实际上，盾构施工过程中的滚刀破岩并不是一个刀头的单独作用，而是多把滚刀协同破岩的结果。当两个或者多个刀头作用在岩石上时，将会形成应力叠加；且刀头下面的裂纹会对相邻刀头下的裂纹产生影响，裂纹尖端会产生应力集中，裂纹扩展后有应力重新分布现象，从而相邻刀头间的裂纹会交错影响。这些都将加速或加强刀具破岩进程。图 6-13 所示为石灰岩在单刀头侵压下的破坏情况。图 6-14 所示为砂岩在刀间距 80 mm、双刀头同时作用工况下破岩过程的数值模拟。

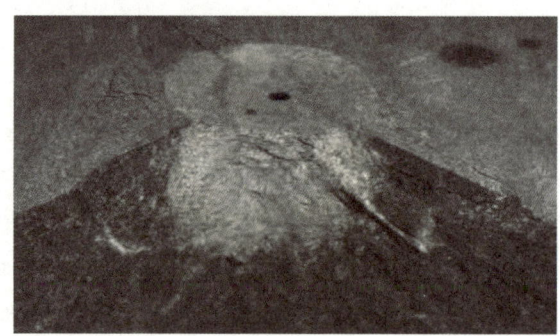

图 6-13 石灰岩在单刀头侵压下的破坏情况

（a）第 1 步　　　　　　　　（b）第 80 步

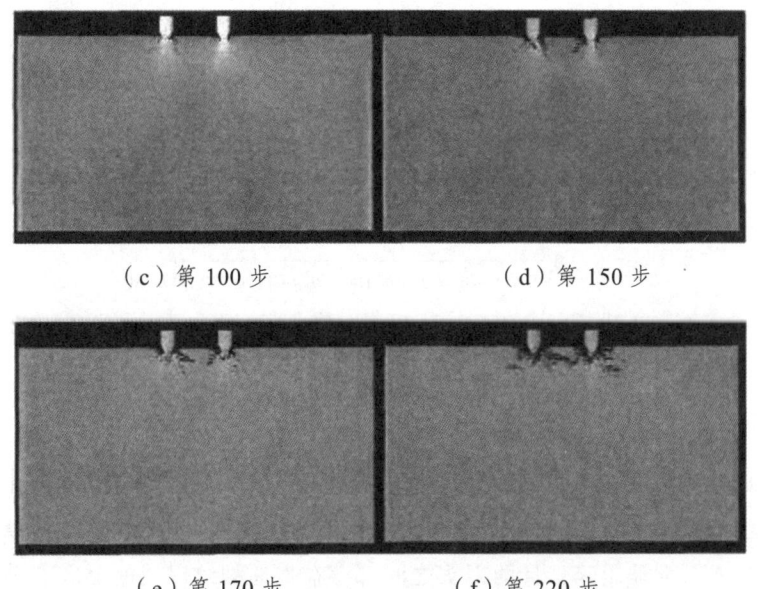

图 6-14 红砂岩双刀头作用下数值模拟应力分布图

当双刀作用在岩石上时,初始阶段每个刀头附近的情况和单刀头作用下基本一样。每个刀头下面会产生高应力区,岩石试样被压碎产生岩粉,形成粉核体、初始裂纹源,如图 6-13 和图 6-14(a)(b)(c)所示。

但是在双刀头作用下,会有附加应力相互影响,从第 1 步就可以明显地看到,高应力线向刀头的两侧扩散,相邻刀头就会产生应力的叠加,多刀头有协同破岩的效应,如图 6-14(d)(e)所示。随着荷载的增大,刀头两侧的裂纹会以锯齿的形式发展,其破坏的裂纹走向逐渐接近。最后如图 6-14(f)所示,裂纹贯通,破碎块体形成。当然,每个刀头附近存在由于裂纹扩展所形成的小块体。显然,刀头间的岩石贯通破坏并不只是剪切破坏所致,受拉破坏占主要成分。

(2)单刀头和双刀头垂直荷载与加载步曲线对比分析

图 6-15 所描述的是岩石分别在单刀头和双刀头作用下的垂直荷载与加载步曲线。在相同围压、相同岩石力学参数情况下,在初始阶段,前 5 步的曲线几乎是重合的,这个阶段主要由岩石性质决定。随着加载步数的增加,单刀头和双刀头的曲线持续直线上升,但是所需的垂直荷载不一样,双刀头对应相同加载步所需荷载明显大于单刀头情况。双刀头压入同样深度的岩石所做的功明显大于单刀头情况,但是双刀头作用下所产生的岩石破碎量也比单刀头情况下大得多。

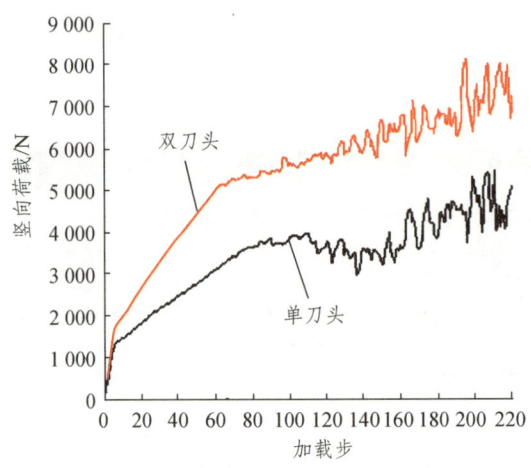

图 6-15　红砂岩单刀头和双刀头作用下荷载与加载步曲线对比

(3) 双刀头工况下数值模拟与物理实验结果对比分析

图 6-16 所描述的是在双刀头作用下物理实验结果与数值模拟结果的对比分析。图的上半部分是豪沃思（Howarth）和布里奇（Bridge）在 1988 年所得到的物理实验结果，下半部分是数值模拟结果。通过对比可以发现：无论是物理实验还是数值模拟实验，每把刀头下面的岩石都被压碎；且两刀头之间都存在贯通裂纹以及所形成的破碎块体。数值模拟所得侧向裂纹在物理实验结果中也有对应的相似裂纹。

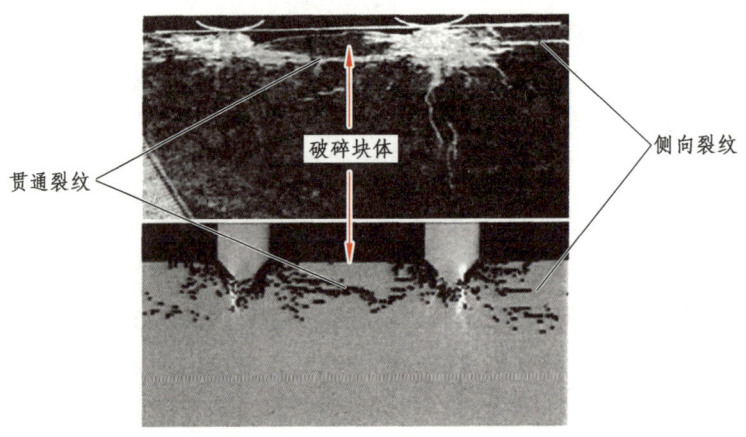

图 6-16　物理实验与数值模拟对比分析

4) 三刀头同时作用下的数值模拟

(1) 三刀头作用下应力分布图

图 6-17 所示为红砂岩在刀间距为 90 mm、三刀头同时作用下破岩过程的数值模拟。当三个刀头同时作用在岩石上时，初始阶段每个刀头附近的情况和单刀头作用下基本一样。每个刀头下面会产生高应力区，形成粉核体、初始裂纹源。由于岩石试样的非均匀性，并不是所有刀头下面同时被压碎产生岩粉，而是首先在薄弱的地方出现局部破坏，随着荷载的增大，每个刀头下面都将被压坏，产生岩粉，但明显发现在第 80 步时，各

个刀头下面岩石的破坏程度的确不一样，右侧的刀头相对严重些。随着荷载的进一步增加，当达到 160 步时，每个刀头下面的破坏情况又相似。所有刀头下面裂纹的发展方向都是往左侧偏。随着荷载的进一步增大，裂纹的发展方向又体现出不规律性。由于三刀头作用下附加应力的相互影响，随着荷载的增加刀头两侧的裂纹以锯齿的形式相对发展，其破坏的裂纹走向逐渐接近，最后裂纹贯通，破碎块体形成。由于三刀头的附加应力更加复杂，在裂纹扩展过程中，应力的重新分布更加复杂，从图 6-17 中明显观察到在三刀头情况下破碎岩块的体积更大，当然所需要的加载步数也更多。

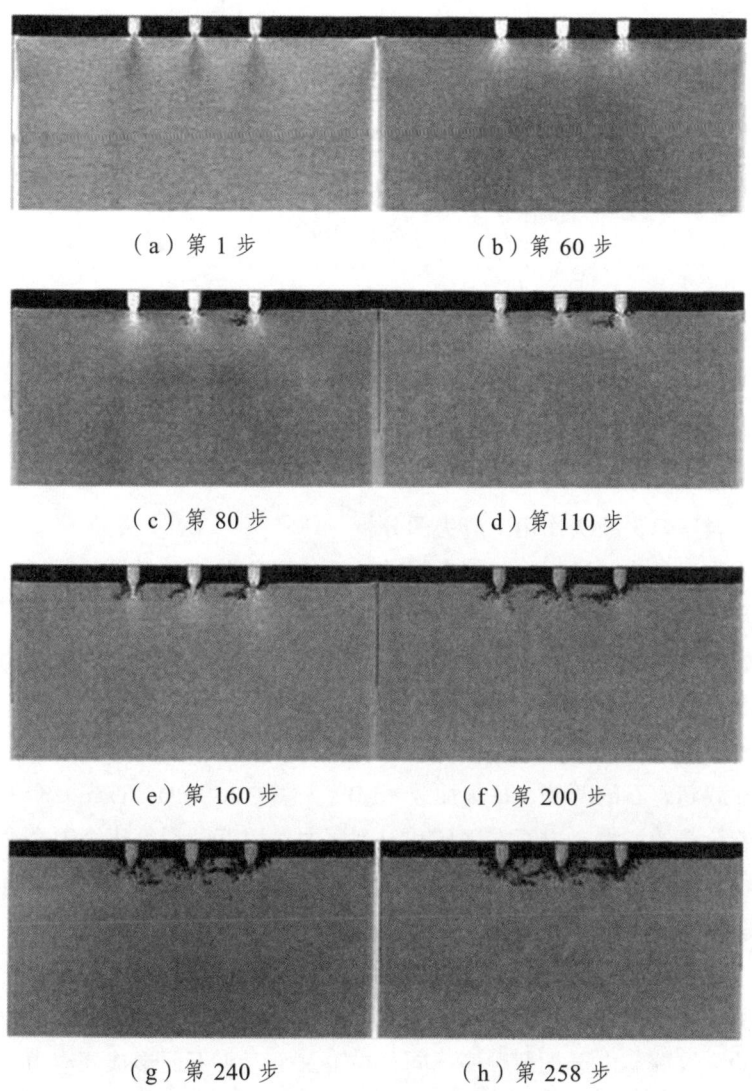

(a) 第 1 步　　　　　　(b) 第 60 步

(c) 第 80 步　　　　　　(d) 第 110 步

(e) 第 160 步　　　　　　(f) 第 200 步

(g) 第 240 步　　　　　　(h) 第 258 步

图 6-17　红砂岩三刀头作用下数值模拟应力分布图

（2）双刀头和三刀头垂直荷载与加载步曲线对比分析

图 6-18 所描述的是岩石分别在双刀头和三刀头作用下的垂直荷载与加载步曲线。在

相同围压、相同岩石力学参数情况下,随着加载步数的增加,三刀头对应相同加载步所需荷载明显大于双刀头情况。三刀头压入同样深度的岩石所做的功明显大于双刀头情况,但是三刀头作用下所产生的岩石破碎量也比双刀头情况下更大。由于在多刀头作用情况下,裂纹交织扩展错综复杂,从图6-18中可以看到两曲线也有交织的情况。但是三刀头的最大荷载大于双刀头的最大荷载是恒定的。

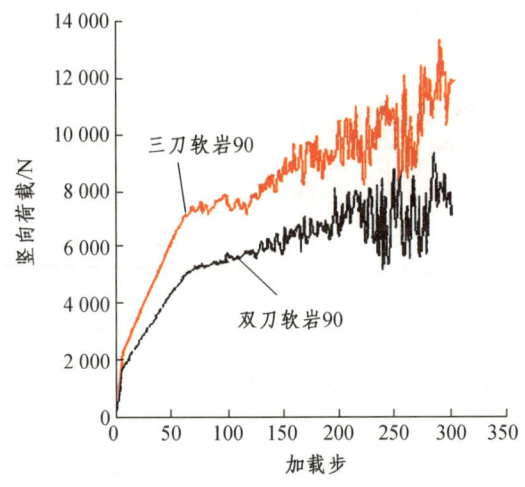

图6-18 红砂岩双刀头和三刀头作用下荷载与加载步曲线对比

5)三刀头顺次作用下的数值模拟

(1)红砂岩三刀头顺次作用下应力图分析

在实际盾构刀盘施工过程中,刀盘绕轴转动,刀盘上的滚刀是按照相对刀盘中心轴的多组同心圆分布的,随着盾构刀盘的推进,不同位置的滚刀按照相应同心圆的路线滚压岩石,在盾构刀盘的作业面上形成同心圆的轨迹。因此下面对顺次破岩的破坏情况进行数值模拟实验研究。

图6-19所描述的是三把刀从左到右顺次破岩过程的数值模拟应力分布,模拟中围压分5步逐渐加载到岩石的两侧,每步加载4 MPa,总共20 MPa。首先一个刀头从左侧压入岩石,随着荷载的增大,岩石在围压和刀头压力作用下微裂纹逐渐闭合,这是岩石的弹性变形阶段。随着荷载的继续增大,试样的部分单元开始破坏,刀头附近岩石整体弹性模量开始弱化,进入非弹性阶段。当加载到100步时,第二个刀头开始压入岩石,当荷载增大到一定程度时,两个刀头下面的岩石试样会产生高应力区,形成粉核体、初始裂纹源。当荷载加载到200步时,第三个刀头开始介入,其下也会产生高应力区,形成粉核体、初始裂纹源。由于加载顺序不同,在第三个刀头下面形成高应力区粉核体时,前两个刀头之间的裂纹已经得到相当大程度的发展,以锯齿形状的路线相对扩展,如图中的第200步所示。随着荷载的增大,第三个刀头下面的侧向裂纹也大规模发展,而前两个刀头之间的裂纹已经贯通,形成了破碎的块体。最后,所有刀头之间的侧向裂纹均贯通,大面积的块体形成。

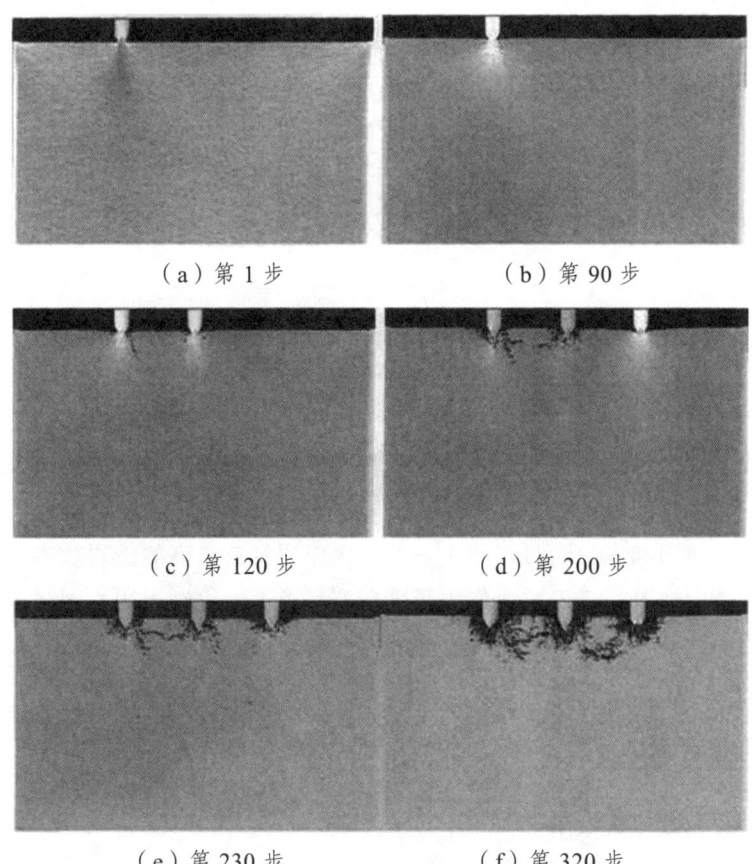

(a) 第1步   (b) 第90步
(c) 第120步   (d) 第200步
(e) 第230步   (f) 第320步

图 6-19 红砂岩三刀头顺次作用下数值模拟应力分布

（2）红砂岩三刀头顺次作用下垂直荷载与加载步曲线分析

图 6-20 所描述的是红砂岩在三刀头顺次作用下的垂直荷载与加载步曲线。三刀头顺次作用下的垂直荷载与加载步曲线明显有不同于单刀头压入或者多刀头同时压入的情况。起始阶段，围压分 5 步加载，岩石在围压和刀头压力的作用下，微裂纹闭合，曲线呈现直线状态。围压达到上限值后，持续稳定加载在试样的两侧，曲线出现了拐点，但仍然以直线的形式稳步上升。垂直荷载与加载步曲线的直线变形阶段是岩石的弹性变形阶段。当有破坏单元出现，单元刚度损伤时，曲线开始波动，如图中 100 步的前一阶段，曲线有轻微的波动。当第二个刀头压入时，垂直荷载与加载步曲线突然上升，随后曲线上下波动，刀头反复卸载加载。当到达 200 步时，第三个刀头开始介入，曲线再一次突然上升，随后曲线进入剧烈波动阶段。这是三个刀头均作用于岩石所造成的复杂现象。

通过分析上述单刀及多刀侵压数值模拟实验结果可得到如下结论：

（1）通过红砂岩、石灰岩和花岗岩的对比模拟实验研究发现：在其他条件相同的情况下，不同岩石其破坏形式不同，相对软的岩石破坏规模更大，侧向裂纹大幅度向自由表面发展；相对硬的岩石更难于破碎。花岗岩的最优刀间距比其他两种岩石小；破碎同样面积的岩石，花岗岩需要消耗的能量最多。

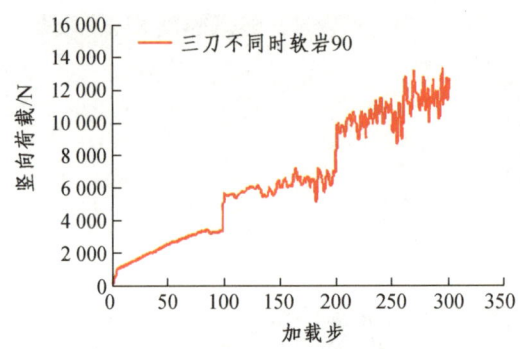

图 6-20　红砂岩三刀头顺次作用下荷载与加载步曲线

（2）多刀头之间存在协同效应，邻近刀头间应力叠加，裂纹扩展相互交错影响。在复杂应力环境下，刀头间的裂纹以锯齿形状相对发展，贯通形成破碎块体，其破岩效果优于单刀作用。

（3）相对于单刀和多刀同时作用，三刀顺次作用具有最高的破岩效率，但考虑到刀具实际工况和受力情况，三刀顺次作用很难在实际施工中得到运用，同时也具有刀具受力不均的缺陷。因此，实际工程中需采用多刀同时作用进行破岩。

6.1.6　最优刀间距数值模拟

1）双刀头破岩刀间距数值模拟

（1）红砂岩在双刀头作用下刀间距数值模拟

红砂岩双刀头破碎岩石的仿真数据见表 6-6。表 6-6 提取了红砂岩在双刀头同时作用下刀间距为 50 mm、60 mm、70 mm、80 mm 和 90 mm 五种工况下的数值模拟仿真数据。随着刀间距的增大，两刀头间裂纹贯通形成破碎块体所需的加载步数大体逐渐增大，刀头压入岩石的破碎深度 H、刀头作用区的岩石破碎面积 A 以及刀头做功 W 均增加。但是，用"比能（W/A）"的概念来描述不同刀间距工况的耗能情况时，发现 W/A 随着刀间距的增大会逐渐减小，当达到一定程度后，反而随着刀间距的增大而增大，证实了最优刀间距的存在。这与理论推导和物理实验所得出的存在最优刀间距现象所吻合。

表 6-6　红砂岩双刀头破岩数据

刀间距 /mm	破碎深度 /mm	破坏面积 /cm²	压头做功 /J	比能（W/A）
50	12	7.2	5.628	0.7817
60	13	8.3	5.925	0.7139
70	15	10.8	6.547	0.6062
80	18	12.6	6.846	0.5433
90	23	18.5	10.862	0.5871

图 6-21 所描述的是红砂岩在双刀头作用下的比能-刀间距关系曲线,从中可以明显看出,随着刀间距的增大,W/A 先减小到一个最低点然后又逐渐增大。此工况下最优刀间距为 80 mm。

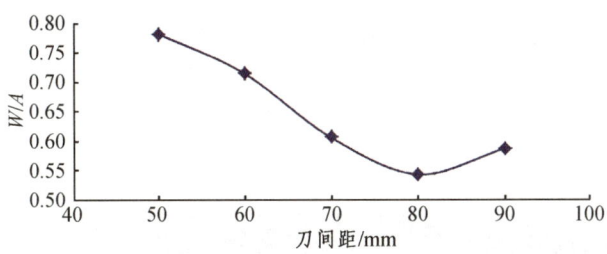

图 6-21 双刀头作用下红砂岩比能-刀间距曲线

(2)石灰岩在双刀头作用下刀间距数值模拟

石灰岩双刀头破碎岩石仿真数据见表 6-7。和红砂岩有所不同,石灰岩刀间距为 60 mm 工况下所需的加载步数比 70 mm 的还要大。这是因为对于石灰岩来说,由于刀间距太小,张拉裂纹扩展破坏效应不明显,岩石破碎主要靠挤压和剪切作用。随着刀间距的再度增大,破坏步数的发展规律和红砂岩的情况相同。同样,石灰岩刀头的压入深度、刀头作用区的破坏面积和刀头做功的变化规律也不同于红砂岩。石灰岩在双刀头作用下破碎岩石的情况相对复杂,但 W/A 的变化趋势仍然具有随着刀间距的增大先减小再增大的趋势。

表 6-7 石灰岩双刀头破岩数据

刀间距/mm	破碎深度/mm	破坏面积/cm²	压头做功/J	比能(W/A)
50	13	7.8	12.028	1.5421
60	14	9.1	11.825	1.2995
70	19	11.4	12.517	1.0980
80	18	13.7	16.046	1.1712
90	15	13.2	17.013	1.2889

图 6-22 所描述的是石灰岩在双刀头作用下的比能-刀间距关系曲线,从中可以明显看出,随着刀间距的增大,W/A 先减小后增大。此工况下最优刀间距为 70 mm。

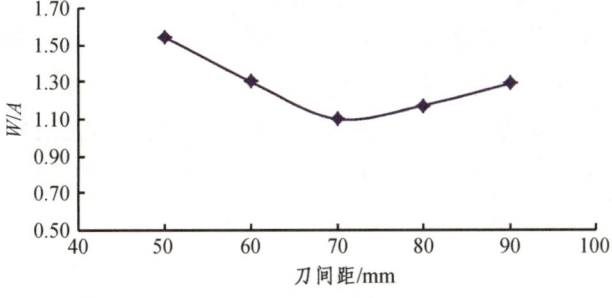

图 6-22 双刀头作用下石灰岩比能-刀间距曲线

（3）花岗岩在双刀头作用下刀间距数值模拟

花岗岩双刀头破碎岩石的仿真数据见表 6-8。表 6-8 提取了花岗岩在双刀头作用下刀间距为 40 mm、50 mm、60 mm、70 mm 和 80 mm 五种工况下的数值模拟仿真数据。同样，花岗岩刀头的压入深度、刀头作用区的破坏面积和刀头做功的变化规律也不同于红砂岩。花岗岩在双刀头作用下破碎岩石的情况相对复杂，但是 W/A 的变化仍然具有随着刀间距的增大先减小再增大的趋势。

表 6-8 花岗岩双刀头破岩数据

刀间距 /mm	破碎深度 /mm	破坏面积 /cm²	压头做功 /J	比能 (W/A)
40	13	8.1	14.745	1.8204
50	14	8.9	13.025	1.4635
60	16	10.4	12.417	1.1939
70	18	12.9	16.06	1.2450
80	15	14.1	18.467	1.3097

图 6-23 所描述的是花岗岩在双刀头作用下的比能-刀间距关系曲线，从中亦可以明显看出，随着刀间距的增大，W/A 先减小后增大。此工况下最优刀间距为 60 mm。

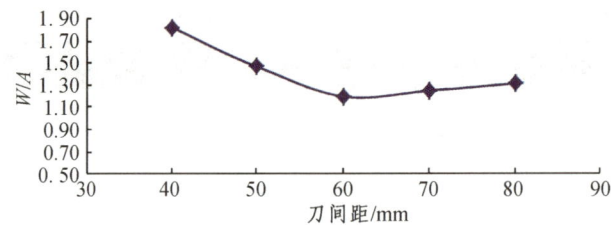

图 6-23 双刀头作用下花岗岩比能-刀间距曲线

（4）双刀头作用下刀间距优化对比

图 6-24 所描述的是红砂岩、石灰岩和花岗岩在双刀作用下的刀间距优化对比曲线，从中可以明显看出，对每一种岩石而言，W/A 都有随着刀间距的增大先减小再增大的趋势。但是在同一刀间距情况下，红砂岩破碎单位面积所需要的能量要比石灰岩、花岗岩小很多。以红砂岩与花岗岩相比较，刀间距为 70 mm 工况下 W/A 系数相对低了 0.662，刀间距为 80 mm 工况下 W/A 系数相对也低了 0.722 4，花岗岩的曲线始终在红砂岩上部，即无论取何种情况的刀间距，花岗岩破碎单位面积所需能量都比红砂岩高出很多。石灰岩的情况与花岗岩类似，但是就花岗岩与石灰岩两者相比较，两者的曲线存在交叉的情况。

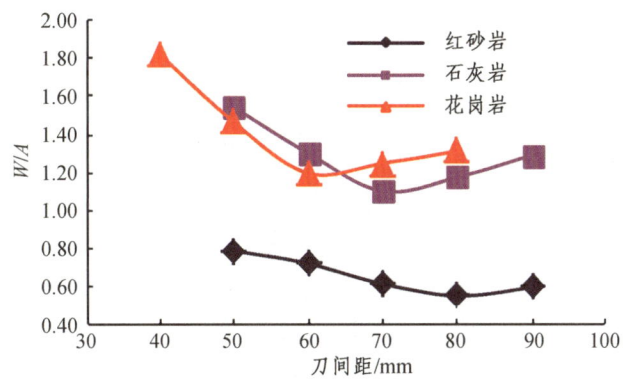

图 6-24 双刀头作用下三种岩石的刀间距优化曲线

由图 6-24 可以看出三种岩石的最优刀间距，花岗岩刀间距取值比石灰岩低 5~10 mm，石灰岩刀间距取值比红砂岩低 10 mm。

2) 三刀头同时作用破岩刀间距数值模拟

(1) 红砂岩在三刀头同时作用下刀间距数值模拟

红砂岩在三刀头同时作用下破碎岩石的数值仿真数据见表 6-9。表 6-9 提取了红砂岩在三刀头同时作用下刀间距为 60 mm、70 mm、80 mm、90 mm 和 100 mm 五种工况下的数值模拟仿真数据。因为是三个刀头同时作用，所以会在中间刀头的两侧有两个大的破碎区域，其每种刀间距工况比双刀头的破碎面积要大很多。左侧破碎区域和右侧破碎区域的破碎深度也不完全一样。随着刀间距的增大，其破碎面积相应增大。但是 W/A 随着刀间距的增大会逐渐减小，当达到一定程度后又随着刀间距的增大而增大，因此三刀头工况下最优刀间距仍然是存在的，符合理论推导和物理实验所得出存在最优刀间距现象。图 6-25 所描述的是红砂岩在三刀头作用下的比能-刀间距关系曲线，从中可以明显地看出此工况下最优刀间距为 83 mm 左右。

表 6-9 红砂岩三刀头破岩数据

刀间距/mm	左侧破碎深度/mm	右侧破碎深度/mm	破坏面积/cm²	压头做功/J	比能（W/A）
60	12	11	12.9	8.825	0.6841
70	14	11	16.3	9.024	0.5536
80	16	16	26.1	10.796	0.4136
90	19	14	30.7	12.274	0.3998
100	20	19	34.2	14.689	0.4295

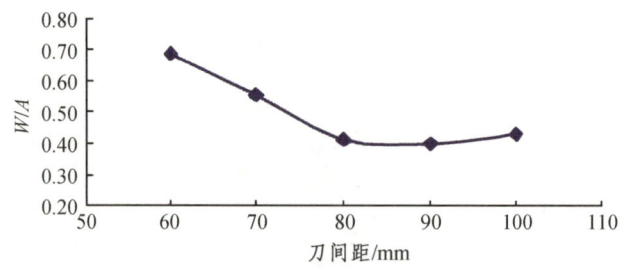

图 6-25　三刀头同时作用下红砂岩比能-刀间距曲线

(2) 石灰岩在三刀头同时作用下刀间距数值模拟

石灰岩在三刀头同时作用下破岩的仿真数据见表 6-10。表 6-10 提取了石灰岩在三刀头同时作用下刀间距为 60 mm、70 mm、80 mm、90 mm 和 100 mm 五种工况下的数值模拟仿真数据。和双刀头的石灰岩相比有所不同,三刀头同时作用下刀间距增大达到贯通破岩效果的步数增加,而双刀头作用下的石灰岩刀间距为 60 mm 工况下所需的加载步数比 70 mm 的还要大。这是因为三刀头共同作用时协调效应增强,应力叠加效应增大,裂纹扩展相互影响作用增强,破岩主要为张拉形式,刀头的压入深度、刀头作用区的破坏面积和刀头做功均随着刀间距的增大而增大。尽管石灰岩在三刀头同时作用下破碎岩石的情况相对复杂,但是从 W/A 的变化趋势来看,最优刀间距还是存在的。图 6-26 所描述的是石灰岩在三刀头同时作用下的比能-刀间距关系曲线,从中可以明显地看出,W/A 随着刀间距的增大有先减小后增大的趋势。此工况下最优刀间距在 73 mm 左右。

表 6-10　石灰岩三刀头破岩数据

刀间距/mm	左侧破碎深度/mm	右侧破碎深度/mm	破坏面积/cm²	压头做功/J	比能(W/A)
60	12	11	14.9	15.327	1.0287
70	13	13	22.3	17.902	0.8028
80	15	17	26.2	20.959	0.8000
90	18	20	32.5	27.276	0.8393
100	23	22	37.4	32.985	0.8820

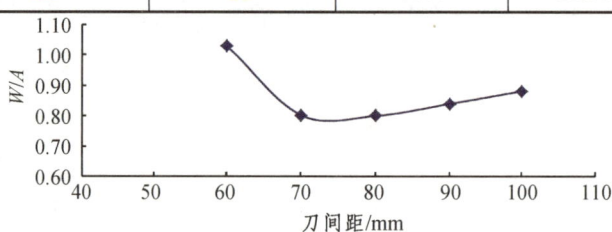

图 6-26　三刀头同时作用下石灰岩比能-刀间距曲线

(3) 花岗岩在三刀头同时作用下刀间距数值模拟

花岗岩在三刀头同时作用下破岩的仿真数据见表 6-11。表 6-11 提取了花岗岩在三刀头同时作用下刀间距为 40 mm、50 mm、60 mm、70 mm 和 80 mm 五种工况下的数值模拟仿真数据。和双刀头的花岗岩相比有所不同，三刀头刀间距增大达到贯通破岩效果的步数增加，而双刀头作用下花岗岩刀间距为 60 mm 工况下所需的加载步数比 70 mm 的还要大。这是因为三刀头共同作用时协调效应增强，应力叠加效应增大，裂纹扩展相互影响作用增强，破岩主要为张拉形式，刀头的压入深度、刀头作用区的破坏面积和刀头做功均随着刀间距的增大而增大。图 6-27 所描述的是花岗岩在三刀头同时作用下的比能-刀间距关系曲线，从中可以明显地看出，W/A 随着刀间距的增大有先减小后增大的趋势。此工况下最优刀间距在 63 mm 左右。

表 6-11 花岗岩三刀头破岩数据

刀间距 /mm	左侧破碎深度 /mm	右侧破碎深度 /mm	破坏面积 /cm²	压头做功 /J	比能 (W/A)
40	15	11	16.9	19.621	1.1610
50	16	16	23.3	23.824	1.0225
60	20	17	30.8	28.537	0.9265
70	22	21	35.2	32.803	0.9319
80	23	22	40.4	41.641	1.0307

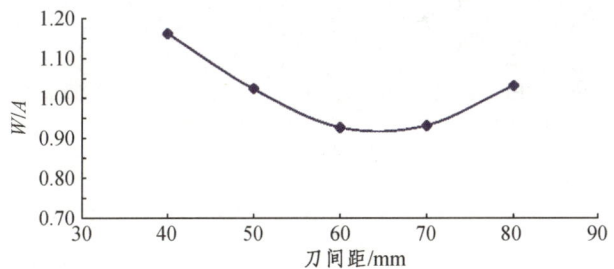

图 6-27 三刀头同时作用下花岗岩比能-刀间距曲线

（4）三种岩石在三刀头同时作用下刀间距优化对比

图 6-28 所描述的是三种岩石在三刀头同时压入作用下的刀间距优化对比曲线，和双刀头的情况一样，对每一种岩石而言，W/A 随刀间距的变化趋势表明最优刀间距存在。在同一刀间距情况下，红砂岩破碎单位面积所需要的能量要比石灰岩、花岗岩破碎单位面积所需能量少，但是它们之间的差值变小了。在双刀情况下，刀间距为 70 mm 工况下 W/A 相对低了 0.662，刀间距为 80 mm 工况下 W/A 相对也低了 0.7224；而在三刀头情况下，刀间距为 70 mm 工况下 W/A 相对低了 0.3783，刀间距为 80 mm 工况下 W/A 相对低了 0.6373。可见刀头的数量对破岩效果具有较大的影响。从图 6-28 可以看出，花岗岩的曲线始终在红砂岩的上部，花岗岩破碎单位面积所需能量都比红砂岩要多。石灰岩的情况与花岗岩类似。

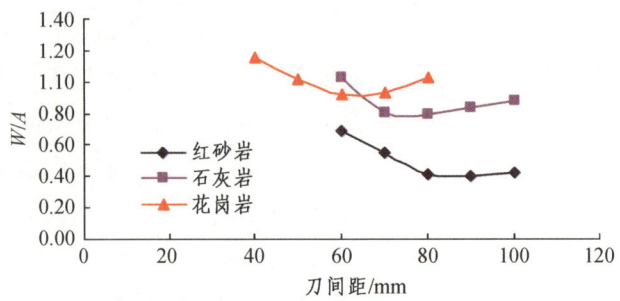

图 6-28 三种岩石刀间距优化曲线

3)三刀头顺次作用破岩刀间距数值模拟

(1)红砂岩在三刀头顺次作用下刀间距数值模拟

表 6-12 描述了三刀头顺次压入红砂岩情况下刀间距为 60 mm、70 mm、80 mm、90 mm 和 100 mm 五种工况下的数值模拟仿真数据。因为是三个刀头顺次压入,每隔 100 加载步增加一个刀头压入岩石,所以工况比较复杂,但是 W/A 随着刀间距的增大还是先逐渐减小,达到一定程度后随着刀间距的增大而增大,三刀头顺次压入工况下最优刀间距仍然存在。图 6-29 所描述的是红砂岩在三刀头顺次压入情况下的比能-刀间距关系曲线,此工况下最优刀间距在 85 mm 左右。

表 6-12 红砂岩三刀头顺次破岩数据

刀间距/mm	左侧破碎深度/mm	右侧破碎深度/mm	破坏面积/cm²	压头做功/J	比能(W/A)
60	11	10	7.54	3.249	0.4309
70	14	11	10.41	3.662	0.3518
80	16	14	12.47	3.311	0.2655
90	18	16	15.12	3.684	0.2437
100	20	19	18.38	4.902	0.2667

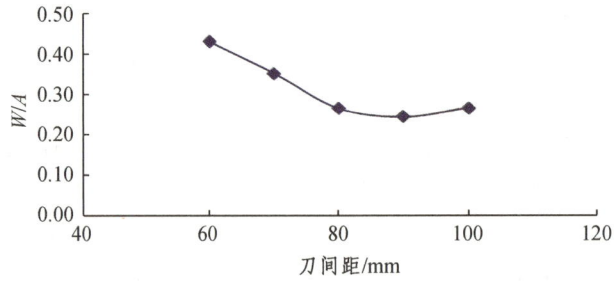

图 6-29 三刀头顺次作用下红砂岩比能-刀间距曲线

(2)石灰岩在三刀头顺次作用下刀间距数值模拟

表 6-13 描述了石灰岩在三刀头顺次压入岩石情况下刀间距为 60 mm、70 mm、80 mm、90 mm 和 100 mm 五种工况下的数值模拟仿真数据。三个刀头顺次压入,每隔 100 加载步增加一个刀头压入岩石。W/A 随着刀间距的增大还是先逐渐减小,达到一定程度后随着刀间距的增大而增大。图 6-30 所描述的是石灰岩在三刀头顺次压入情况下的比能-刀间距关系曲线,此工况下最优刀间距在 76 mm 左右。

表 6-13 石灰岩三刀头顺次破岩数据

刀间距 /mm	左侧破碎深度 /mm	右侧破碎深度 /mm	破坏面积 /cm²	压头做功 /J	比能 (W/A)
60	13	14	9.52	5.427	0.5701
70	15	17	13.55	5.82	0.4295
80	18	20	16.52	6.654	0.4028
90	21	22	20.34	9.065	0.4457
100	23	25	23.17	11.194	0.4831

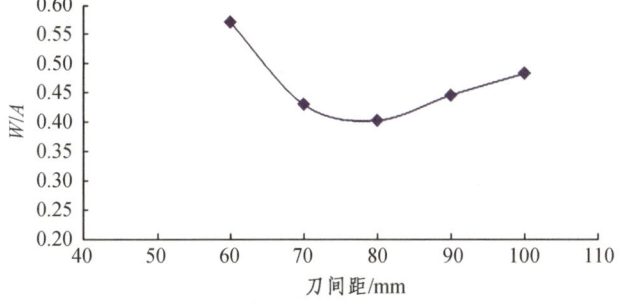

图 6-30 三刀头顺次作用下石灰岩比能-刀间距曲线

(3)花岗岩在三刀头顺次作用下刀间距数值模拟

表 6-14 为花岗岩在三刀头顺次作用下刀间距为 40 mm、50 mm、60 mm、70 mm 和 80 mm 五种工况下的数值模拟仿真数据。图 6-31 所描述的是花岗岩在三刀头顺次作用下的比能-刀间距关系曲线。此工况下最优刀间距在 65 mm 左右。

表 6-14 花岗岩三刀头顺次破岩数据

刀间距 /mm	左侧破碎深度 /mm	右侧破碎深度 /mm	破坏面积 /cm²	压头做功 /J	比能 (W/A)
40	14	14	8.14	5.845	0.7181
50	16	18	12.45	7.44	0.5976
60	19	20	15.72	8.737	0.5558
70	23	23	18.2	10.135	0.5569
80	25	26	22.9	14.842	0.6481

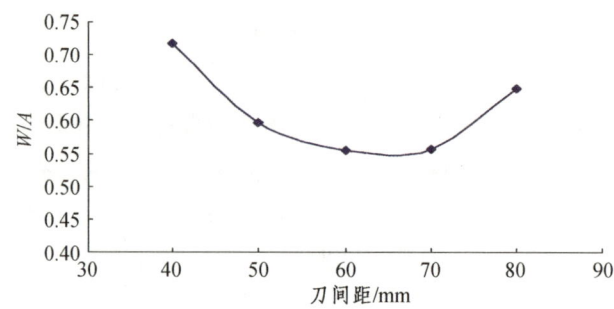

图 6-31　三刀头顺次作用下花岗岩比能-刀间距曲线

（4）三种岩石在三刀头顺次作用下刀间距优化对比

图 6-32 所描述的是三种岩石在三刀头顺次压入下的刀间距优化对比曲线。在同一刀间距情况下，红砂岩破碎单位面积所需要的能量要比石灰岩、花岗岩小，但是它们之间的差值相对于前面两种情况又变小了。可见不仅滚刀的数量对破岩效果有一定的影响，刀头的加载方式对破岩效果也是有一定影响的。

由图 6-32 可以看出，花岗岩最优刀间距最小，石灰岩次之，红砂岩最大。

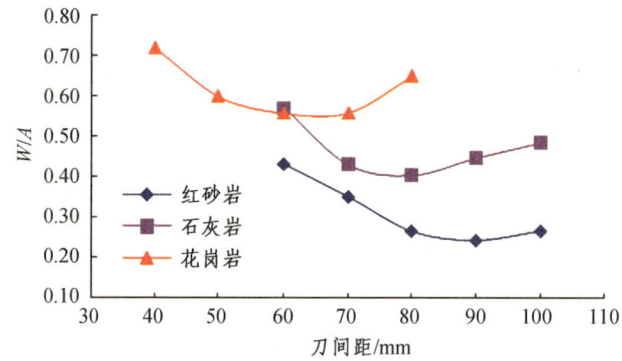

图 6-32　三刀头顺次作用下三种岩石刀间距优化曲线

4）最优刀间距取值范围优化

通过对双刀头破岩、三刀头同时破岩及三刀头顺次破岩数据和刀间距优化曲线对比（图 6-33、图 6-34）发现，对于每一种工况，其比能 W/A 随着刀间距的增大先减小再增大，存在最优刀间距。在双刀头和三刀头同时压入加载条件下，红砂岩的最优刀间距分别为 80 mm、83 mm，而在三刀头顺次压入加载条件下，红砂岩的最优刀间距在 85 mm 左右；在双刀头和三刀头同时压入加载条件下，石灰岩的最优刀间距分别为 70 mm、73 mm，而在三刀头顺次压入加载条件下，石灰岩的最优刀间距为 76 mm；在双刀头和三刀头同时压入加载条件下，花岗岩的最优刀间距分别在 60 mm、63 mm 左右，而在三刀头顺次压入加载条件下，花岗岩的最优刀间距在 65 mm 左右。

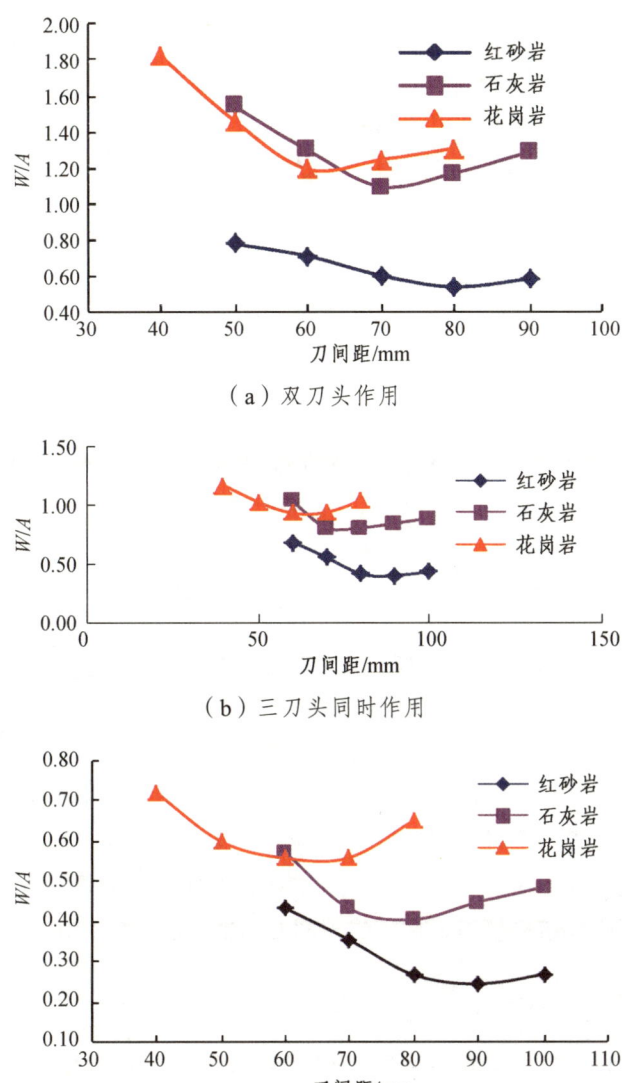

（a）双刀头作用

（b）三刀头同时作用

（c）三刀头顺次作用

图 6-33 相同破岩工况下不同岩石刀间距对比曲线

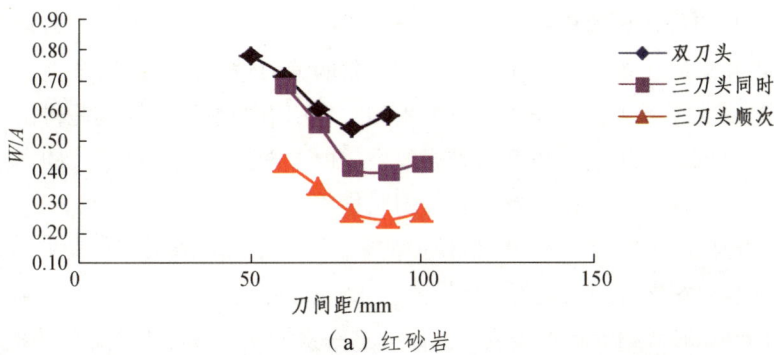

（a）红砂岩

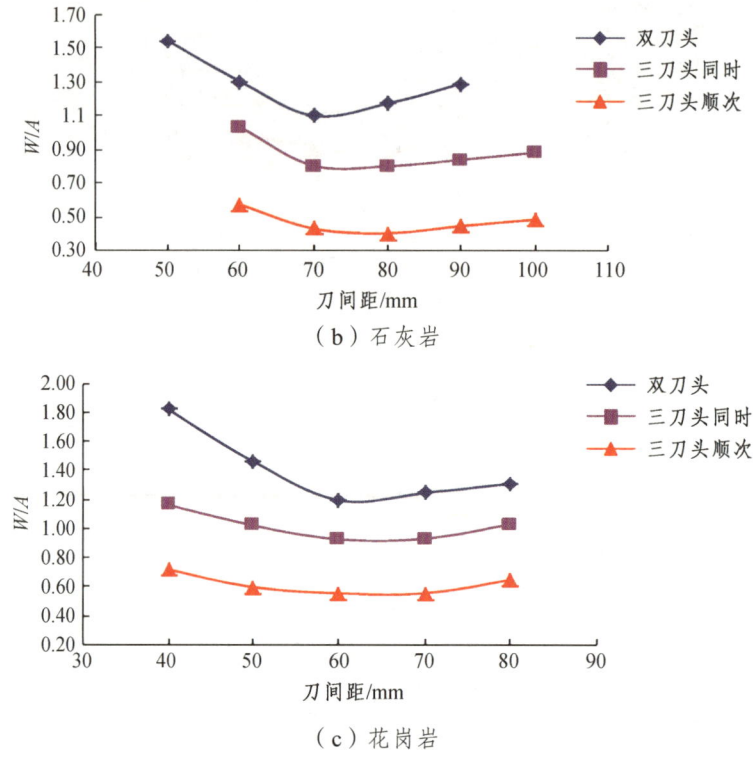

图 6-34 不同破岩工况下相同岩石刀间距对比曲线

综合以上研究结果可以确定出红砂岩、石灰岩及花岗岩等三种典型岩石的最优刀间距分别为 80 mm 左右、70 mm 左右、60 mm 左右。相对于利用破碎角计算得出的大范围刀间距取值，本节研究结果使得最优破岩刀间距取值范围更加精确。

6.1.7 小结

在借鉴前人经典计算模型的基础上，本节基于 PFC2D 及 RFPA 软件平台，进一步完善了刀盘刀具破岩理论，为刀盘刀具的数字化设计提供了理论基础：

（1）完善了盾构刀盘总推力、刀盘掘进扭矩计算模型。通过分析盾构刀盘推力、刀盘掘进扭矩的影响因素，完善了已有的盾构刀盘推力和扭矩计算模型。

（2）通过单刀侵压数值模拟实验和理论分析得出，不同断面形状、刃宽及刃角均会对破岩效果产生影响，验证了盾构采用一定楔角的滚刀进行破岩的科学性。

（3）通过对比三刀头同时作用和三刀头顺次作用下的数值模拟实验得出，三刀头顺次作用比三刀头同时作用具有更高的破岩效率，但考虑到盾构刀盘刀具的实际工况和刀具受力情况，刀具应采取对称布置，且为同时作用。

（4）通过分析对比单刀、多刀数值模拟结果，证明了最优破岩刀间距的存在；且得到红砂岩、石灰岩、花岗岩的最优刀间距分别为 80 mm 左右、70 mm 左右、60 mm 左右。相对于传统的利用破碎角计算的破岩刀间距，进一步缩小了最优破岩刀间距的取值范围。

6.2 刀盘数字化设计实验平台研制

本节主要进行盾构刀盘数字化设计实验平台（包含滚刀岩机作用综合实验台和岩石磨蚀性伺服实验仪）的研制，为研究盾构刀盘刀具高效破岩理论研究奠定了硬件基础。

6.2.1 实验平台的功能

滚刀岩机作用综合实验台和岩石磨蚀性伺服实验仪，其主要实验功能为：

（1）使用滚刀岩机作用综合实验台模拟滚刀破岩过程与机理，能够实现滚刀破岩全过程观测、岩石微破裂监测、研究滚刀磨蚀性，能够开展刀盘刀具的推力、扭矩、刀间距、岩体破坏等模拟实验。

（2）使用岩石磨蚀性伺服实验仪实验时，分析岩石塞查尔（Cerchar）磨蚀值和分析磨蚀全过程"岩-机"作用，实时获得水平力值、水平位移值、垂向位移值、岩石刻痕深度；实时获得监测曲线，包含水平力值、水平位移、垂向位移、刻痕深度、钢针磨蚀面宽度、时间、水平位移速率。

（3）实验软件能够将数据导出并存为文本格式或 Excel 格式。

6.2.2 滚刀岩机作用综合实验台方案设计

为了进行滚刀岩机作用综合实验，考虑了两种方案：立式滚刀岩机作用实验和卧式滚刀岩机作用实验。以下分别进行说明。

1）立式滚刀岩机作用实验平台设计

如图 6-35 所示，立式滚刀岩机作用实验平台主要由液压缸、电机、联轴器、减速器、推力轴承、刀盘、岩箱等组成。刀盘轴向推进力由作用在推板部件上的液压缸提供，刀盘的圆周运动由电机提供动力。

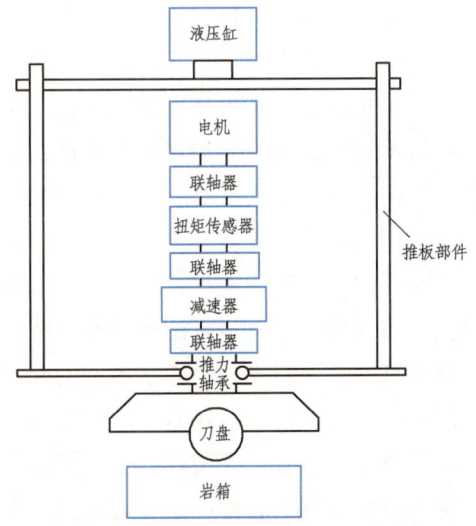

图 6-35 立式滚刀岩机作用实验平台工作原理

2）卧式滚刀岩机作用实验平台设计

在现有的盾构刀盘刀具破岩实验研究方面，最具代表性的是科罗拉多矿业大学厄兹代米尔（Ozdemir）等设计的单刀线性切割实验装置（LCM）。此实验装置设计为双刀具支座，其中刀具支座沿双向可滑动，便于在不同位置固定。这样既可进行单刀具的线性切割实验，也可完成不同时序及不同间距双刀具破岩的研究。该立式实验装置可测量滚刀三向力、贯入度、刀间距等多项参数；但其采用刀具的直线位移模拟刀具的破岩过程，无法真实模拟刀具的旋转运动过程，且无法通过实验得出刀盘的驱动扭矩与刀具安装位置的关系，无法对刀具进行全方位研究。

图 6-36 为卧式破岩实验装置。该装置能更加真实地模拟刀具的实际工作过程，容易测量出刀具切削力、轴向推力、贯入度、刀间距等多项关键参数，还可对刀具的破岩效率、磨损机理展开研究。

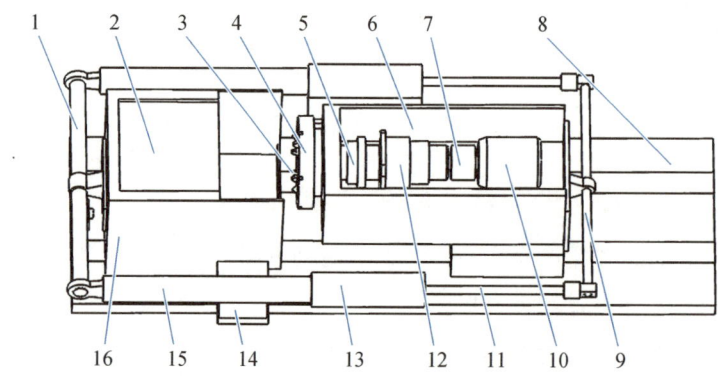

1—后推力杆；2—岩样；3—刀具；4—刀盘；5—联轴器；6—传动箱体；7—扭矩转速传感器；8—工作台；9—前推力杆；10—电机；11—液压杆；12—减速器；13—导引支架；14—出渣口；15—液压缸体；16—岩箱。

图 6-36 卧式实验平台结构示意

这种卧式破岩实验装置包括岩箱后推力杆、刀具、刀盘、联轴器、传动箱体、扭矩转速传感器、工作台、前推力杆、电机、液压杆、减速器、导引支架、推力机构和岩箱等。岩箱、传动箱体均设置在工作台上，与工作台滑动连接。为提高运行的稳定性，岩箱、传动箱体与工作台为燕尾槽连接，即在岩箱和传动箱体的底部开燕尾导引槽，在工作台上设有燕尾导轨。在岩箱的外侧固定连接有岩箱后推力杆，在传动箱体的外侧固定连接有前推力杆。推力机构如液压缸体结构对称设置在工作台上，位于岩箱、传动箱体的两侧，后端均与岩箱后推力杆的两边铰接连接，前端均与前推力杆的两边铰接连接。由于液压杆的工作行程较长，为保证液压杆运行的平稳性，在工作台上还设置有导引支架用于支撑导向液压杆，液压杆穿过导引支架与前推力杆的两边铰接连接。在传动箱体内设置有电机、扭矩转速传感器、联轴器和减速器，减速器通过联轴器与设置在传动箱体上的刀盘连接，刀具装在刀盘上。刀具的安装可根据使用需要在不同位置布置不同的刀具数。刀盘的扭矩和转速由电机提供。岩样固定在岩箱内，岩箱分两个部分：岩样区和排渣区。岩样区盛纳岩样；排渣区靠近刀盘的外侧，其底面为向侧方倾斜的倾斜面并设有出渣口，破碎后的岩渣可沿斜面滑落到岩箱一侧，从侧面的出渣口排出。

3）设计方案对比及选定

由于卧式滚刀岩机作用实验平台占地面积大，再加上岩箱安装布置比较困难，因此选择立式滚刀岩机作用实验平台设计方案。

6.2.3 滚刀岩机作用综合实验台研制

1）实验平台研制内容

滚刀岩机作用综合实验台由岩机相互作用平台和控制量测记录部分组成。岩机相互作用平台装置部分由主机框架、轴向位移传感器、轴向作动器、轴向力传感器、滚刀、压电陶瓷声发射传感器、岩样旋转轴、旋转底盘固定销、岩样旋转固定底盘、扭矩转速传感器等组成（图6-37）。

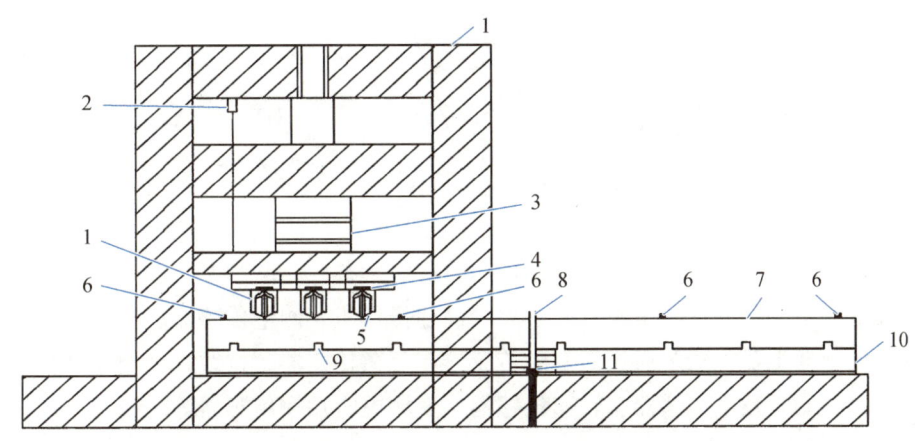

1—主机框架；2—轴向位移传感器；3—轴向作动器；4—轴向力传感器；5—滚刀；
6—压电陶瓷声发射传感器；7—岩样；8—岩样旋转轴；9—旋转底盘固定销；
10—岩样固定底盘；11—扭矩转速传感器。

图6-37 岩机相互作用平台组成

轴向加压采用电液伺服油源，动力采用齿轮泵，伺服油源采用电液伺服阀，闭环伺服控制器采用EDC全数字伺服控制器比例-积分-微分（PID）闭环伺服控制轴向位移、轴向力。轴向位移采用拉线式光栅光纤传感器，轴向力测量采用负荷传感器。作动器采用低摩阻刚性作动器，以达到精确控制和减小滚刀侧向力矩的目的。

底部岩盘采用交流伺服电机驱动器、减速器和闭环伺服控制器来控制岩样精确旋转。交流伺服电机采用高频响变频电机；闭环伺服控制采用EDC伺服控制器进行闭环伺服控制。旋转中心安装扭矩传感器，闭环伺服控制采用旋转速率控制，速率范围为1～6 r/min。

岩盘采用分幅式设计，开放式吊装机构，岩盘直径为2 000 mm，厚度为300 mm。岩盘滚压线外侧和内侧表面设置压电陶瓷传感器，进行声发射测量；岩盘外侧设置5通道声发射传感器，内侧设置3通道声发射传感器，进行岩样破裂声学全频谱监测。

滚刀平面布置与岩样旋转位置如图6-38所示，3个滚刀可沿3个轴向心移动，来控制刀痕间距。3个轴夹角为70°，刀间距可在60~280 mm调节。滚刀可在垂直方向微调，使3个滚刀同时作用在岩面上。

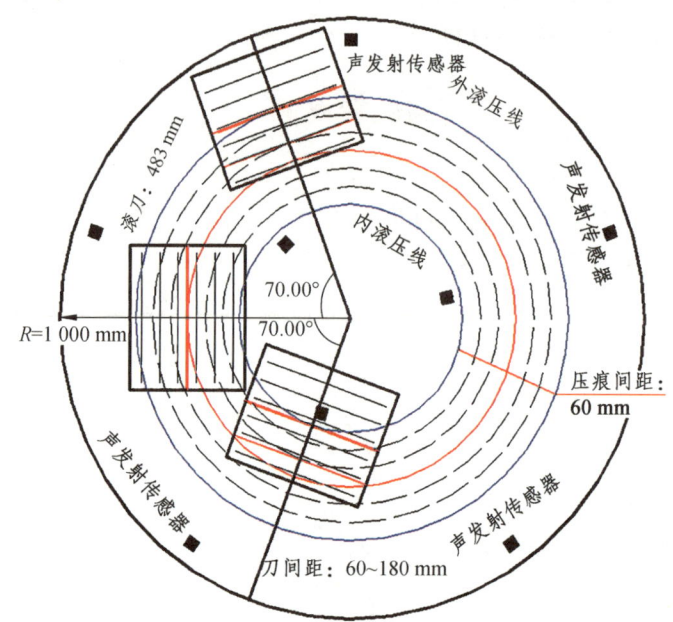

图6-38 滚刀平面布置与岩样旋转位置

控制量测记录部分主要由声发射装置、高速摄像机、测量传感器、数据采集器及软件组成。传感器主要包括多通道声发射传感器、负荷传感器、拉线式光栅光纤位移传感器、扭矩传感器、频率传感器、转速传感器、变频电机功率传感器等。

2）实验平台研制方法

根据研制内容中的岩机相互作用平台组成（图6-37），将研制方法归纳如下：

（1）装上滚刀5，调整滚刀间距，将岩样7（或人工材料）装入岩样旋转固定底盘10，在岩样7上安装压电陶瓷声发射传感器6，将观测装置对准滚刀或滚刀之间的位置。

（2）打开电液伺服油源和交流伺服电机，将轴向闭环伺服控制器和伺服旋转控制器连接到计算机控制软件上，下移轴向作动器3，使用位移和荷载联合伺服控制方式，使滚刀5作用在岩样7上，达到预定荷载。

（3）使岩样旋转固定底盘10以6r/min的固定速度旋转5 min，监测轴向力、轴向位移、声发射、旋转扭矩、旋转速度，并进行数据采集。

3）实验平台主要技术参数和配置

滚刀岩机作用综合实验平台主要技术参数见表6-15，主要部件配置见表6-16。

表 6-15 实验台主要技术参数

序号	项目	主要参数 1	主要参数 2
概述	主机结构	四立柱钢柱反力结构	刚度>0.7GN/m
	轴向控制方式	闭环伺服控制	
	轴向动力类型	电液伺服油源	
	传动方式	减速机+链条	
	岩石内部微破裂测量	全谱声发射	
	岩石外部微破裂测量	高速摄像机	
轴向加载装置主要参数	加载方式	作动器	
	最大荷载	1 000 kN	
	滚刀最大数量	3	滚刀直径 483 mm
	加载速度	0.05~50 mm/min	空载速度
	轴向控制方式	闭环伺服	力控、位移控
	轴向力控制精度	分辨率 20 N	精度±1%
	作动器行程	300 mm	
	滚刀间距	60~220 mm	间距可调
	齿轮泵流量	5.0 L/min	
	刀盘驱动最大扭矩	71.6 kN·m	
旋转装置主要参数	岩样直径	2 000 mm	圆盘状
	岩样厚度	300 mm	
	单轴旋转控制方式	交流伺服	
	单轴旋转控制参数	速率	
	单轴旋转速率范围	1~6r/min	
声发射装置主要参数	声发射最大通道	8	
	声发射采样精度	16bit	
	声发射采样速度	2.5 MHz	
高速摄像机主要参数	动作分析系统主机	含处理系统、存储硬盘	
	彩色相机模组	视频图形阵列（VGA）（640×480）为 4 000 帧/s	最高的拍摄帧率可达到 230 000 帧/s
	高速相机镜头	观测距离范围 350~5 000 mm	
	动态编辑分析软件	用于编辑拍摄的动态视频	
	显示器	液晶	
	记录媒体	半导体存储器	硬盘驱动器（HDD）

续表

序号	项目	主要参数1	主要参数2
高速摄像机主要参数	输入	鼠标	键盘
	影像输出	模拟三原色（RGB）	数字视频交互（DVI）
	图像格式	动画	静止画面
刀具磨蚀测量主要参数	测量装置	直线旋转	圆盘状
	测量传感器	LVDT	
	测量精度	1 μm	

表6-16 实验平台主要部件配置

序号	项目	数量	备注
1	主机	1台	
2	轴向控制子系统	1套	
3	轴向电液伺服油源	1套	
4	伺服控制器	1套	
5	旋转控制子系统	1套	
6	变频电机	1台	
7	齿轮泵	1台	
8	液压器件	1批	
9	位移传感器	1个	
10	力传感器	1个	
11	扭矩转速传感器	1个	
12	变形传感器	2个	
13	声发射系统	1套	DS2系列
14	压电陶瓷声发射传感器	8个	
15	软件控制子系统	1套	
16	通信控制计算机	1台	
17	高速摄像机	1套	VW-9000C高速照相数码显微系统
18	刀具磨蚀实验标准试样	1块	

4)实验平台系统设计

以下针对立式滚刀岩机作用综合实验平台系统结构原理图(图6-39)及控制原理框图(图6-40),主要从电控系统、液压系统、刀座调整装置结构设计等进行详细说明。

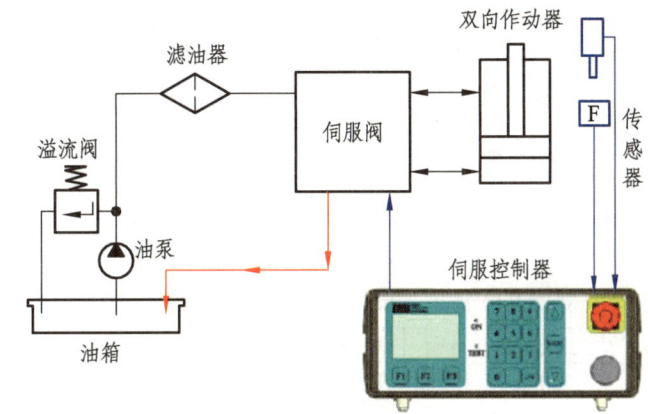

图6-39 系统结构原理图

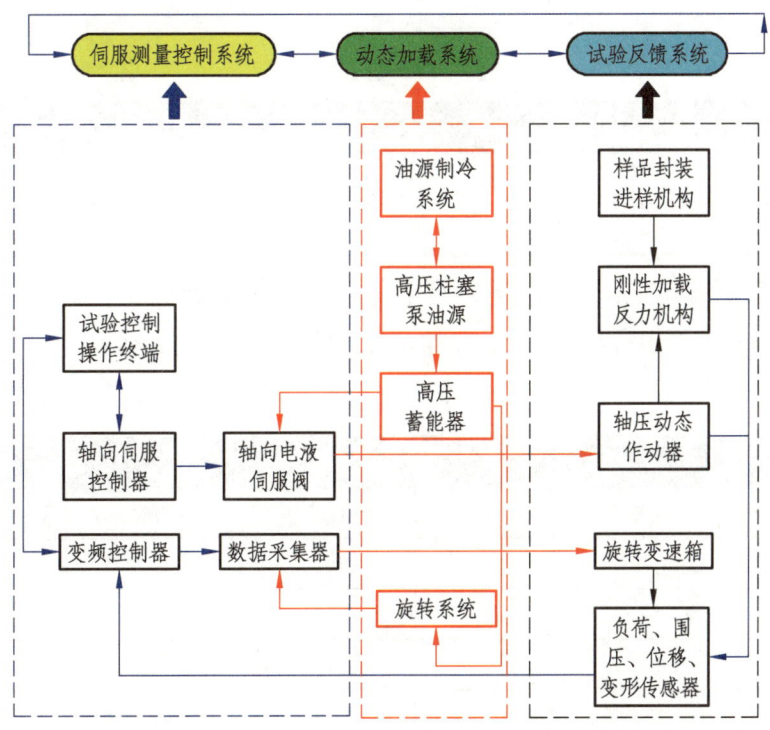

图6-40 系统控制原理框图

(1)电控系统设计

① 设计任务与要求。

控制一台380 V、45 kW交流异步电动机,要求可以调速;控制推进液压缸推进力为810 kN,最大推进速度为120 mm/min,最大行程为400 mm,系统压力上界为30 MPa;

推进速度可调;要求有动态扭矩反馈和活塞杆伸出位移反馈;液压系统溢流压力可调;关键参数要有显示。

② 控制方案。

45 kW 电机采用变频调速;采用比例泵对液压缸推进速度进行控制;分别采用扭矩传感器、压力传感器、电阻式位移传感器来实现刀盘扭矩、系统油压和液压缸位移的反馈控制;使用可编程逻辑控制器(PLC)来协调控制。电控原理如图 6-41 所示。

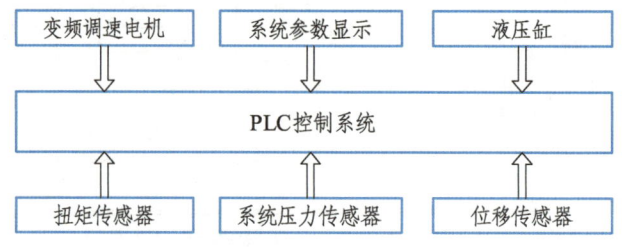

图 6-41 控制原理

③ 控制资源规划。

输入输出见表 6-17。

表 6-17 输入输出统计列表

类型	输入	输出	合计
开关量	10	6	16
模拟量	3	3	6

变频器转速控制为 0～10 V,模拟量 1 路;变频器启停开关量 1 路;TD200 文本参数显示模块 485 规范串行数字通信口 1 路。PLC 输入输出见表 6-18。

表 6-18 PLC 输入输出分配表

输入			输出		
PLC 点	功能	备注	PLC 点	功能	备注
I0.1	油缸点动升		Q0.1	变频器启动	
I0.2	油缸点动降		Q0.2	电磁换向 1	
I0.3	油缸上限		Q0.3	电磁换向 2	
I0.4	油缸下限		Q0.4	停电截止阀	
I0.5	液压泵启		Q0.5	泵电机启停	
I0.6	液压泵停		Q0.6	报警	过滤器堵塞
I0.7	手动/自动	SA 控			
I1.0	变频器停				

续表

输入			输出		
PLC 点	功能	备注	PLC 点	功能	备注
I1.1	变频器启				
I1.2	过滤器报警	常开点			
EM235-A	扭矩传感器		EM235-V0	变频器	调转速速
EM235-B	位移传感器		EM232-V0	比例调速阀	调流量
EM235-C	压力传感器		EM232-V1	比例溢流阀	调压力

变频器启停开关量 2 路；液压泵启停开关量 2 路；手动/自动切换开关量 1 路；手动状态时点动上升开关量 1 路；手动状态时点动下降开关量 1 路；压力传感器模拟量 1 路；位移传感器模拟量 1 路；扭矩传感器模拟量 1 路；液压缸上下极限开关量 2 路；过滤器报警输入开关量 1 路。

④ 关键器件选型。

PLC 系统：系统输入输出开关量 10 点，模拟量 6 点，结合输入输出的比例构成并考虑可扩展性，选用西门子 PLC 224XP、扩展模块 EM235 和 EM232 作为控制中枢。

电动机：380 V 45 kW。

变频器：45 kW 380 V 电机查手册选用西门子变频器：6SE6440-2UD33-7EA1 额定输出功率为 37 kW，额定输入电流为 72 A。

液压缸控制部件：给出 2 路 0～10 V 信号分别给比例调速阀驱动器和比例溢流阀驱动器。

扭矩传感器：赛亚思科技 NJXXS 型-700，0～10 V 反馈，24 V 供电。

压力传感器：要求 0～10 V 反馈，24 V 供电。

位移传感器：深圳米诺电子有限公司，型号：KTC-600。

⑤ 控制面板如图 6-42 所示。

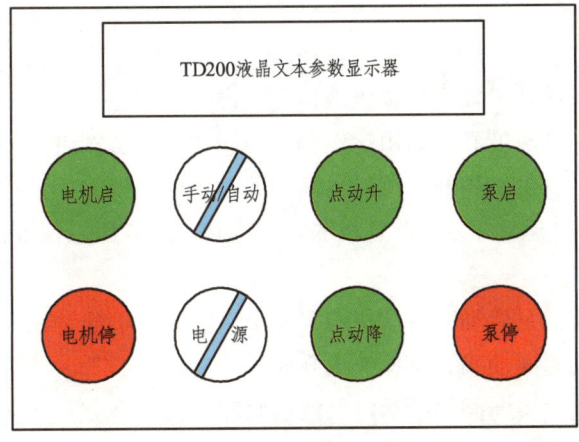

图 6-42 控制面板

（2）液压系统设计

该系统为立式滚刀岩机作用实验平台的推进系统，为工作装置提供所需推力。由于所需推力不大，推进速度慢，因此系统流量及压力都很小，故采用比例变量调速阀进行推进速度调整，采用比例变量溢流阀进行系统压力调整。液压阀全部由德国哈威液压生产，性能可靠，能够满足实验的需要。

同时，当遇到不可预见的因素时，为保证实验的正常进行，设计系统的压力和流量都留有较大的余量。液压系统如图 6-43 所示。

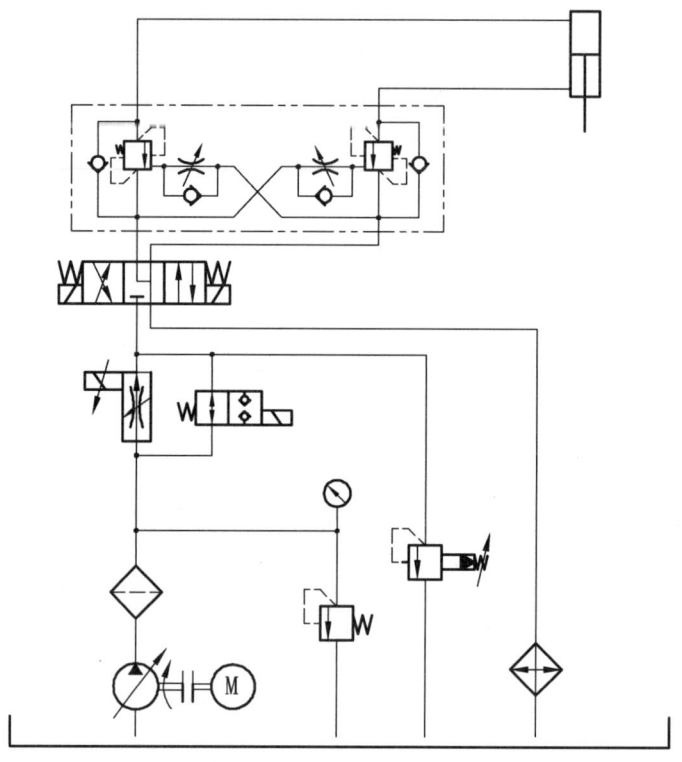

图 6-43　液压系统

① 系统说明。

该系统由一台手动变量柱塞泵提供液压源，由一个调整压力为 25 MPa 的溢流阀保护系统安全。油缸推进速度和推力由比例调速阀和比例溢流阀进行调整，截止换向阀可将比例调速阀短路，以供快进和快退时油液的通过。电磁换向阀通过换向使油缸推进或快退，平衡阀确保油缸运动平稳，并且在油缸静止时产生背压以保证油缸不会自动滑落。

② 系统原理。

液压泵启动：液压泵启动时各阀块均不加电，液压泵输出油液通过常开式截止换向阀和常开式比例溢流阀回油箱，确保液压泵无负荷启动。

液压缸快进：电磁换向阀一端通电，液压泵输出油液经截止换向阀、电磁换向阀、平衡阀流入液压缸的推进端，此时系统压力由比例溢流阀调整。

液压缸推进：电磁换向阀一端和截止换向阀通电，液压泵输出油液经比例调速阀、电磁换向阀、平衡阀流入液压缸的推进端。此时系统压力由比例溢流阀调整，油缸推进速度由比例调速阀调整。

液压缸快退：电磁换向阀另一端通电，液压泵输出油液经截止换向阀、电磁换向阀、平衡阀流入液压缸的活塞杆端油腔。此时系统压力由比例溢流阀调整。

③ 设计计算。

设计工况：液压油缸立装，活塞杆向下推出。最大推力为 810 kN，速度为 0~120 mm/min，行程为 400 mm。选定液压油缸缸径：

设定系统压力为 15 MPa，由

$$F = PA = P\pi r^2 = \frac{1}{4}\pi D^2 P$$

得：$D = \sqrt{\frac{4F}{\pi P}} = \sqrt{\frac{4 \times 810 \times 10^3}{\pi \times 15 \times 10^6}} = 262 \text{ mm}$

根据标准系列取整：$D=280$ mm。

根据冶金油缸标准系列选定活塞杆直径：$d=200$ mm。

计算液压泵输出流量：根据 $q=vA$，液压缸推进时所需最大流量为

$$q_{max} = vA = 120 \times \left(\frac{\pi}{4}D^2\right) = 120 \times \left(\frac{\pi}{4} \times 280^2\right) = 7.39 \text{ L/min}$$

考虑容积效率 $\mu_v=0.9$，则泵的输出流量为：

$$q_p = \frac{q_{max}}{\mu_v} = \frac{7.39}{0.9} = 8.21 \text{ L/min}$$

（3）刀座调整装置结构设计

在破岩实验机上，不同的岩样需要使用不同的滚刀，这就需要不同的刀间距。实验时为了得到最高破岩效率的刀间距，需要不断调整滚刀刀座的安装位置。目前，实验时调整滚刀刀座的方法主要有：一是通过更换不同的刀盘，实现刀间距的调整，由此带来的弊端是更换费时费力，且成本高；二是在刀盘上不同的位置加工不同的安装孔实现刀间距的调整，虽然能够降低成本，但不能实现任意位置的调整。目前在国内还没有破岩滚刀刀座安装位置调整相关结构的报道。

设计一种破岩实验机滚刀刀座调整结构，用于解决现有破岩实验机滚刀刀座在刀盘上不能实现安装位置调整的问题。通过将滚刀刀座设计为可调整结构，可以在同一刀盘上实现一个岩样不同刀间距时破岩效果的实验，具有调整快速方便、安装牢固可靠的特点，达到了滚刀刀座在刀盘上安装位置的任意调整，实现了刀间距调整的目的。

该破岩实验机滚刀刀座安装位置调整结构如图 6-44～图 6-46 所示，在圆形刀盘 1 上设置多个具有盲端的刀座固定槽，可安装一至三个刀座，均匀布置在刀盘圆周的不同半径位置上。在每个刀座固定槽上端的刀盘上均设置有与刀座固定槽连通的刀座调整导槽和楔形块调整导槽。为了保证滚刀的平稳工作，刀座调整导槽可设计为两条。在刀座固定槽上安装有楔形块和刀座，刀座与楔形块的结合部位为倾斜面，使楔形块和刀座倾斜面配合研磨，以提高连接接触刚度。楔形块通过楔形块调整导槽上的楔形块紧固螺钉与刀盘固定连接，刀座通过调整导槽上的刀座紧固螺钉与刀盘固定连接。滚刀固定连接在刀座上。在实验过程中，当需要调整刀座安装位置时，松开楔形块紧固螺钉及刀座紧固螺钉，在半径方向上沿刀座调整导槽水平调整刀座、沿楔形块调整导槽水平调整楔形块至需要调整的安装位置后，首先紧固楔形块紧固螺钉，然后紧固刀座紧固螺钉，完成刀座安装任意位置的调整。

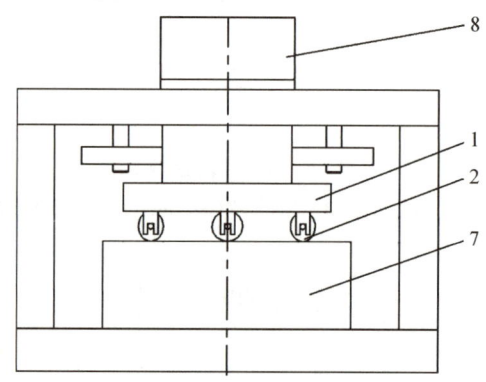

1—刀盘；2—滚刀；7—岩样；8—刀盘主轴。

图 6-44　破岩实验机部分简图

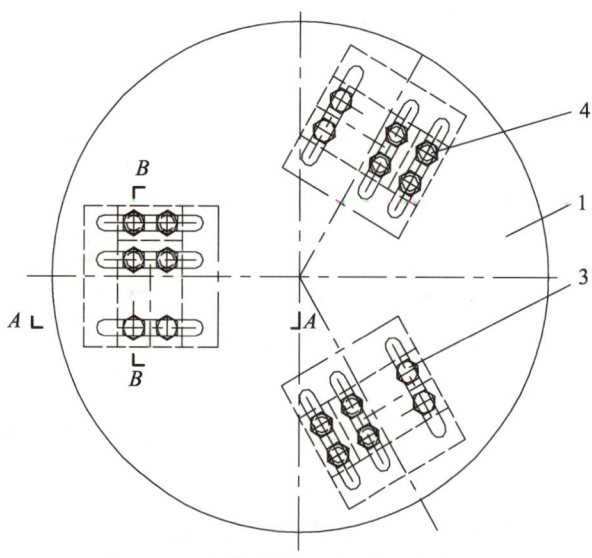

1—刀盘；3—刀座紧固螺钉；4—楔形块紧固螺钉。

图 6-45　滚刀刀座安装结构

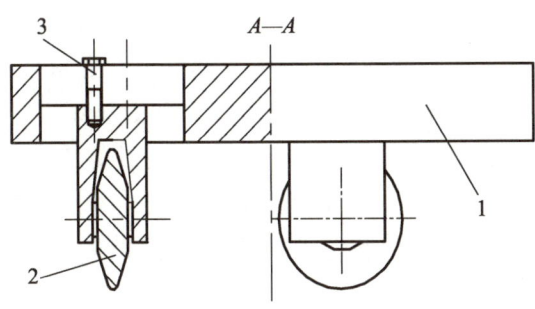
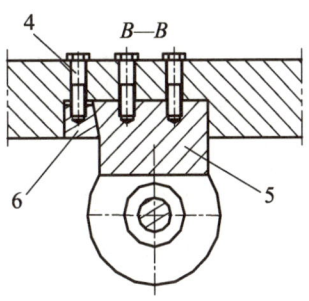

(a) A—A 剖视图　　　　　　　　　　(b) B—B 剖视图

1—刀盘；2—滚刀；3—刀座紧固螺钉；4—楔形块紧固螺钉；
5—刀座；6—楔形块。

图 6-46　滚刀刀座局部视图

6.2.4　岩石磨蚀性伺服实验仪研制

1）功能介绍

岩石磨蚀性伺服实验仪（图 6-47）是分析岩石塞查尔磨蚀值和分析磨蚀全过程"岩-机"相互作用的一种实验仪，由磨蚀实验仪部分和量测记录部分组成。磨蚀实验仪部分由框架、虎钳、下夹具、钢针、变速箱、伺服电机及传动系统组成；量测记录部分由垂向光栅位移传感器、水平光栅位移传感器、力传感器、EDC 控制器、计算机、钢针磨蚀宽度测量装置（60×带刻度的显微镜）组成。

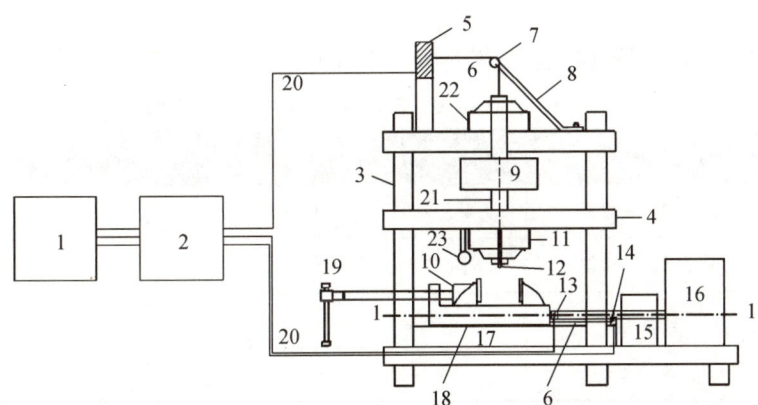

1—计算机；2—EDC 控制器；3—钢柱；4—钢板；5—垂向光栅位移传感器；6—钢线；7—滑轮；
8—滑轮支架；9—钢块；10—虎钳；11—下夹具；12—钢针；13—应力传感器；
14—水平光栅位移传感器；15—变速箱；16—伺服电机；17—钢垫；
18—滑轨；19—虎钳手柄；20—传感器引线；21—连杆；
22—上夹具；23—数字千分表。

图 6-47　岩石磨蚀性伺服实验仪组成

2）实验仪设计原理

岩石磨蚀性伺服实验仪数据采集最小间隔为 1 ms，可实时获得钢针水平位移值、力值、钢针磨蚀值、岩石凹痕深度。依据岩石磨蚀性伺服实验仪组成（图 6-47），将上夹具 22 夹住连杆 21，使连杆 21、钢块 9 和下夹具 11 固定；将边长为 30 mm 的立方柱岩样水平放在虎钳 10 中，转动虎钳手柄 19，使岩样固定；打开计算机 1、EDC 控制器 2 和伺服电机 16 的电源，调好伺服电机 16 的速度和时间，开动伺服电机 16，同时计算机 1 开始记录力传感器 13 数据，直至伺服电机 16 停止；松开虎钳手柄 19，取下岩样。

将钢针 12 放入下夹具 11 中，钢针 12 锥尖向下，拧紧下夹具 11，固定钢针；将边长为 30 mm 的立方柱岩样放在虎钳 10 中，转动虎钳手柄 19，使岩样固定；松开下夹具 11，使钢针锥尖与岩样表面接触，再拧紧下夹具 11；松开上夹具 22。

打开计算机 1、EDC 控制器 2 和伺服电机 16 的电源，调好步进电机 16 的速度和时间，开动步进电机 16，耐磨实验开始，同时计算机 1 开始记录各传感器数据，直至伺服电机 16 停止。

伺服电机 16 停止工作后，保存计算机 1 记录的数据，此次记录的力值减去上述记录的力值即为钢针 12 水平运动实际所受的摩擦力；垂向光栅位移传感器 5 的值，减去数字千分表测出的对应凹槽的深度，即为实验过程中钢针 12 的磨蚀长度值。

拧紧上夹具 22，松开下夹具 11，转动虎钳手柄 19，使虎钳 10 松开，取出岩样，之后取出钢针 12。

将实验后钢针 27 放入 60× 带刻度的显微镜，读数。

3）实验仪技术参数

岩石磨蚀性伺服实验仪关键技术参数见表 6-19。

表 6-19 岩石磨蚀性伺服实验仪关键技术参数

序号	技术参数	检验标准	备注
1	水平力有效测量范围	0.4 ~ 200 N	
2	水平力测力精度	±1%	
3	钢针垂直荷重	70 N	
4	位移精度	±1%	
5	位移分辨率	1/100 000	
6	显微放大倍数	×60，×180，×540	
7	显微测量精度	0.001 mm	
	钢针	ϕ10 mm，长 70 mm，锥角 90°	材料：40 Cr，HRC45 ~ 50

岩石磨蚀性伺服实验仪关键性能指标：

（1）钢针：90°倒角，直径为 10 mm，长为 100 mm，材料为 40CrNiMo，硬度为 HRC40～45。

（2）重物：钢针上作用重量为 70 N。

（3）水平位移：速度为 1～20 mm/min，最佳速度为 10 mm/min；水平行程：>150 mm。

（4）岩样：立方体或圆柱体，圆柱体最大直径为 100 mm。

（5）虎钳：容样最小空间为 200 mm×200 mm×200 mm，可夹持圆柱样和立方样。

（6）测量设备：60×带目镜的反射显微镜，误差为 0.001 mm；轴向光栅位移精度为 0.01 mm，量程为 0～300 mm；水平光栅位移精度为 0.01 mm，量程为 0～300 mm；位移传感器精度为 ±1%；分辨率为 1/100 000；水平力传感器量程为 0.4～200 N，精度为 ±1%。

（7）伺服（闭环控制）：德国 PID 伺服控制器，水平位移控制。

（8）所有过程由计算机控制，使用软件完成所有数据采集和处理。

（9）计算机：双核，主频>2.0 GHz，内存 2 GB，显存 512 MB，硬盘 160 GB，19 in 液晶显示器。

6.2.5 小结

（1）研制的滚刀岩机作用综合实验台可以获得推力、刀盘扭矩、贯入度、刀间距等多项参数；利用高速摄像仪、声发射装置等控制测量仪器可观察破岩全过程。

（2）研制的滚刀刀座调整结构，实现了刀间距无级可调，满足了在同一刀盘上进行不同刀间距破岩实验的需求。

（3）研制的岩石磨蚀性伺服实验仪可分析具有国际标准的塞查尔岩石磨蚀值，进而评价岩石对刀具的磨蚀性，从而可预测刀具的使用寿命。

6.3 刀盘数字化设计实验及工程验证

本节主要采用 MTS 岩石力学性能伺服试验机、岩石静压实验设备和滚刀岩机作用综合实验台等进行岩石力学性能试验、岩石静压破坏实验、三刀滚压实验。通过实验测量红砂岩、石灰岩及花岗岩的物理力学参数，研究不同刀头形状、侵深和岩石类型之间的关系，验证刀间距理论模型的可靠性；结合工程案例，验证刀盘推力和扭矩计算模型的正确性。

6.3.1 岩石力学性能试验

1）试件制作

取 200 mm×200 mm×150 mm 花岗岩试样 30 块，200 mm×200 mm×150 mm 石灰岩试块 35 块，200 mm×200 mm×100 mm 红砂岩试块 30 块。制作成 ϕ50 mm×100 mm 石灰岩、红砂岩、花岗岩标准试件，如图 6-48 所示。

（a）花岗岩、石灰岩、红砂岩三种岩石试块

（b）花岗岩、石灰岩、红砂岩三种岩石标准试件

图 6-48　岩石试件

2）岩石密度测试

对 3 种岩样测定其尺寸、质量，计算相应的密度，见表 6-20。

表 6-20 岩石密度测定结果

岩石名称	试样编号	岩样尺寸/mm		质量/g	自然密度/(kg/m³)	
		直径	高度		单值	均值
红砂岩	1	49.22	99.88	457.41	2 407	2 423
	2	49.22	104.4	460.98	2 321	
	3	49.02	100.22	462.8	2 447	
	4	49.24	99.86	460.73	2 423	
	5	49.12	100.42	456.27	2 398	
	6	49.14	100.6	473.49	2 482	
	7	49.22	100.52	458	2 395	
	8	49.12	100.44	462.46	2 430	
	9	49.24	99.88	457.77	2 407	
	10	49.1	100.42	475.23	2 499	
	11	48.94	97.16	452.19	2 474	
	12	48.82	96.38	432.38	2 397	
	13	48.98	98.66	452.82	2 436	
	14	48.94	97.74	445.63	2 424	
	15	49.02	98.16	447.63	2 416	
石灰岩	1	48.94	100.2	515.1	2 733	2 740
	2	49.1	99.48	515.58	2 737	
	3	49.22	99.66	516.64	2 725	
	4	49.02	99.82	515.92	2 739	
	5	49.1	99.92	518.59	2 741	
	6	49.12	100.42	518.05	2 722	
	7	49.22	99.66	520.04	2 743	
	8	49.2	99.94	521.51	2 745	
	9	49.22	99.88	523.13	2 753	
	10	49.1	100.12	527.85	2 785	
	11	49.22	99.58	514.43	2 715	
	12	49.12	99.92	517.19	2 732	
	13	49.1	99.28	512.13	2 724	
	14	49.02	100.32	520.55	2 749	
	15	49.18	100.24	524.66	2 755	

续表

岩石名称	试样编号	岩样尺寸/mm		质量/g	自然密度/(kg/m³)	
		直径	高度		单值	均值
花岗岩	1	48.8	99.72	495.02	2 654	2 629
	2	48.88	101.04	502.11	2 648	
	3	49.01	99.92	498.17	2 643	
	4	48.24	100.66	490.14	2 664	
	5	48.64	99.44	488.76	2 645	
	6	48.44	99.90	492.96	2 678	
	B1	49.62	101.1	509.92	2 608	
	B2	49.32	98.78	498.03	2 639	
	B3	49.82	99.32	495.82	2 561	
	B4	49.22	100.62	505.78	2 642	
	B5	49.42	99.82	502.06	2 622	
	B6	49.22	98.34	481.26	2 573	
	B7	49.12	99.22	492.17	2 618	
	B8	49.62	101.2	508.37	2 598	
	B9	49.62	98.42	500.87	2 632	
	A1	49.64	98.64	503.27	2 636	

从表 6-20 中可以看出：几种岩石自然密度相差较大。红砂岩自然密度在 2321～2 499 kg/m³ 之间，平均值为 2 423 kg/m³；石灰岩自然密度在 2715～2 785 kg/m³ 之间，平均值为 2 740 kg/m³；花岗岩自然密度在 2 561～2 664 kg/m³ 之间，平均值为 2 629 kg/m³。

3）岩石声波波速测试

岩石声波波速测试结果见表 6-21。

表 6-21 岩石声波波速测试结果

岩石名称	试样编号	岩样尺寸/mm		波速/(m/s)	
		直径	高度	单值	均值
红砂岩	1	49.22	99.88	2 275	2 304
	2	49.22	104.4	2 325	
	3	49.02	100.22	2 278	
	4	49.24	99.86	2 275	

续表

岩石名称	试样编号	岩样尺寸/mm		波速/(m/s)	
		直径	高度	单值	均值
红砂岩	5	49.12	100.42	2 222	
	6	49.14	100.6	2 323	
	7	49.22	100.52	2 130	
	8	49.12	100.44	2 272	
	9	49.24	99.88	2 220	
	10	49.1	100.42	2 437	
	11	48.94	97.16	2 491	
	12	48.82	96.38	2 273	
	13	48.98	98.66	2 327	
	14	48.94	97.74	2 327	
	15	49.02	98.16	2 383	
石灰岩	1	48.94	100.2	5 010	4 567
	2	49.1	99.48	4 344	
	3	49.22	99.66	4 551	
	4	49.02	99.82	4 753	
	5	49.1	99.92	4 344	
	6	49.12	100.42	3 848	
	7	49.22	99.66	4 551	
	8	49.2	99.94	4 997	
	9	49.22	99.88	4 994	
	10	49.1	100.12	5 006	
	11	49.22	99.58	4 167	
	12	49.12	99.92	3 997	
	13	49.1	99.28	4 171	
	14	49.02	100.32	4 755	
	15	49.18	100.24	5 012	

续表

岩石名称	试样编号	岩样尺寸/mm		波速/(m/s)	
		直径	高度	单值	均值
花岗岩	1	48.8	99.72	3 707	3 889
	2	48.88	101.04	3 570	
	3	49.01	99.92	3 446	
	4	48.24	100.66	3 570	
	5	48.64	99.44	3 710	
	6	48.44	99.90	3 570	
	B1	49.62	101.1	4 044	
	B2	49.32	98.78	4 032	
	B3	49.82	99.32	4 070	
	B4	49.22	100.62	4 158	
	B5	49.42	99.82	4 041	
	B6	49.22	98.34	4 115	
	B7	49.12	99.22	4 100	
	B8	49.62	101.2	4 064	
	B9	49.62	98.42	4 034	
	A1	49.64	98.64	3 994	

从表 6-21 中可以看出：三种岩石波速存在差异。红砂岩的波速在 2 130~2 491 m/s 之间，平均值为 2 304 m/s；石灰岩的波速在 3 848~5 012 m/s 之间，平均值为 4 567 m/s；花岗岩的波速在 3 446~4 158 m/s 之间，平均值为 3 899 m/s。

4）单轴压缩试验

单轴和三轴压缩试验在中国科学院武汉岩土力学研究所研制的 RMT-150B 型岩石力学伺服试验机上完成。该试验系统主要由主控计算机、数字控制器、手动控制器、液压控制器、液压作动器、三轴压力源、液压源以及具有各种功能的试验附件等组成。表 6-22 为三种岩石单轴压缩试验结果。

表 6-22 单轴压缩试验结果

岩石名称	试样编号	试样尺寸/mm		抗压强度/MPa		弹性模量/GPa		变形模量/GPa		泊松比	
		直径	高度	单值	均值	单值	均值	单值	均值	单值	均值
红砂岩	13	48.98	98.66	68.02	73.66	14.57	16.17	9.96	10.31	0.32	0.28
	14	48.94	97.74	77.18		16.67		10.48		0.26	
	15	49.02	98.16	75.78		17.26		10.49		0.27	
石灰岩	11	49.22	99.58	128.33	123.48	57.54	52.01	23.81	29.52	0.35	0.28
	12	49.12	99.92	111.49		44.29		24.96		0.22	
	13	49.1	99.28	130.62		54.21		39.79		0.28	
花岗岩	B6	49.22	98.34	131.57	132.66	41.35	40.43	26.06	24.78	0.18	0.21
	B7	49.12	99.22	131.09		41.51		23.84		0.20	
	B8	49.62	101.2	135.32		38.43		24.44		0.25	

从表 6-22 中可以看出:三种岩石单轴抗压强度和变形参数存在较大差异;花岗岩和石灰岩强度高、弹性模量大,红砂岩抗压强度和弹性模量明显偏低。红砂岩抗压强度在 68.02~77.18 MPa 之间,平均值为 73.66 MPa;弹性模量在 14.57~17.26GPa 之间,平均值为 16.17GPa;变形模量在 9.96~10.49GPa 之间,平均值为 10.31GPa;泊松比在 0.26~0.32 之间,平均值为 0.28。石灰岩抗压强度在 111.49~130.62 MPa 之间,平均值为 123.48 MPa;弹性模量在 44.29~57.54GPa 之间,平均值为 52.01GPa;变形模量在 23.81~39.79GPa 之间,平均值为 29.52GPa;泊松比在 0.22~0.35 之间,平均值为 0.28。花岗岩抗压强度在 131.09~135.32 MPa 之间,平均值为 132.66 MPa;弹性模量在 38.43~41.51GPa 之间,平均值为 40.43GPa;变形模量在 23.84~26.06GPa 之间,平均值为 24.78GPa;泊松比在 0.18~0.25 之间,平均值为 0.21。

5)三轴压缩试验

图 6-49 所示为三种岩石单轴和三轴压缩试验结果,图 6-50 所示为试件破坏后的图像。

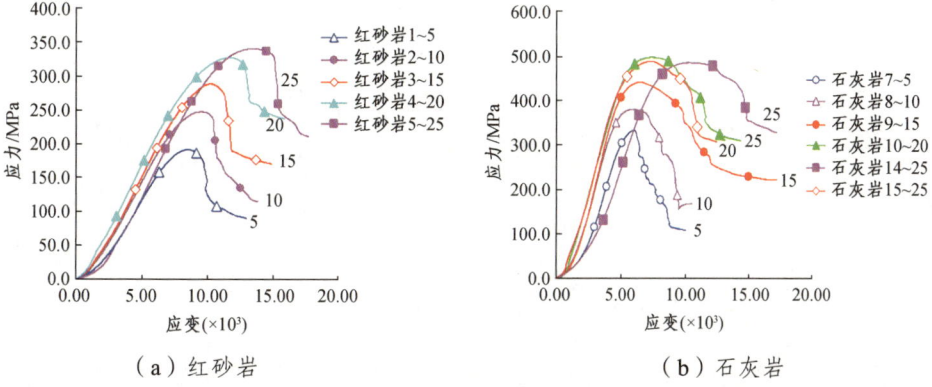

(a)红砂岩　　　　　　　　　　(b)石灰岩

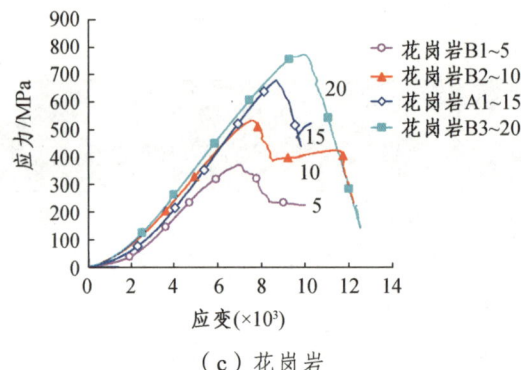

（c）花岗岩

图 6-49　三种岩石单轴和三轴压缩试验曲线

图 6-50　试件破坏后的图像

对三轴压缩试验结果进行分析，得到岩石峰值强度和围压的关系曲线、残余强度和围压的关系曲线、峰值强度对应应变和围压的关系曲线、残余强度对应应变和围压的关系曲线等，如图 6-51 所示。

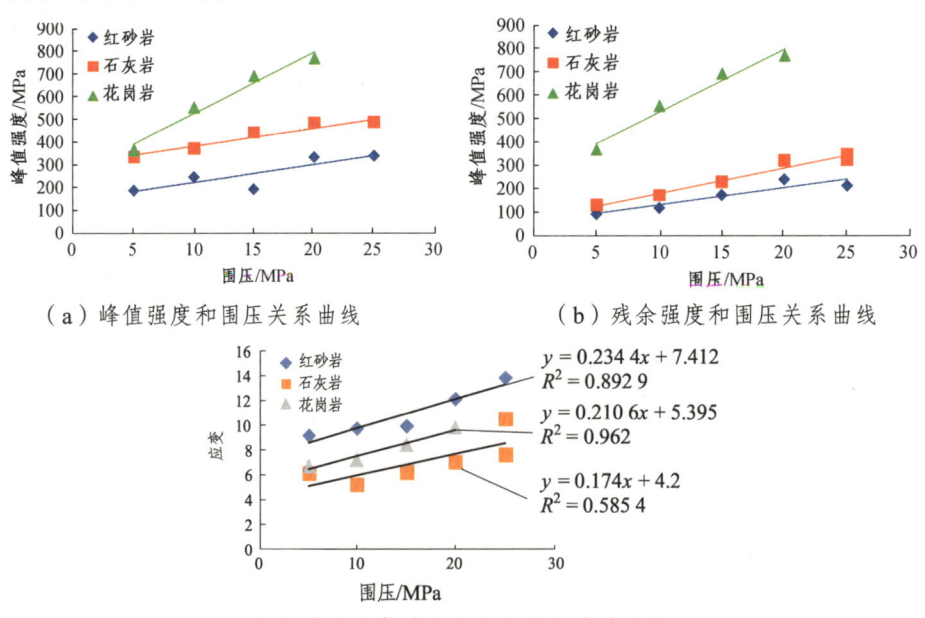

（a）峰值强度和围压关系曲线　　　　（b）残余强度和围压关系曲线

（c）峰值强度对应应变和围压关系曲线

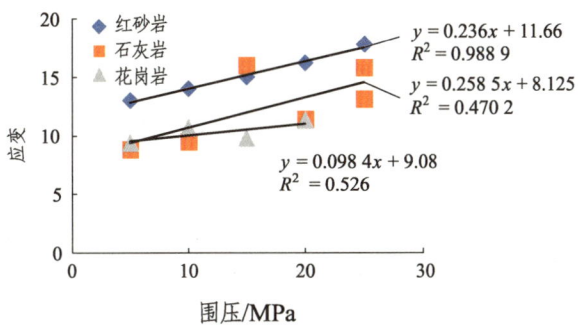

(d) 残余强度对应应变和围压关系曲线

图 6-51 三种岩石相关参数与围压的关系曲线

6) 岩石物理力学参数试验结果汇总

对上述试验结果进行汇总分析,得到三种岩石基本物理力学参数见表 6-23。

表 6-23 三种岩石基本物理力学参数

岩石名称	自然密度 /(kg/m³)	抗压强度 /MPa	弹性模量 /GPa	泊松比	内聚力 /MPa	内摩擦角 /(°)
红砂岩	2423	73.66	16.17	0.28	21.82	36.9
石灰岩	2740	123.48	52.01	0.28	26.95	42.0
花岗岩	2629	132.66	40.43	0.21	17.48	60.1

从图 6-49、图 6-51 和表 6-23 可以看出岩石承载能力与围压的关系。就两者的变化趋势而言,试样承载能力与围压大致为线性关系,承载能力随着围压提高而增大。由于组成试样矿物成分、胶结物、结构存在差异,不同试样受围压的影响程度也有所差异。

7) 岩石三轴压缩本构模型及参数的确定

在前人研究的基础上,利用弹性模量 E、泊松比 μ 和岩石峰值强度和围压的关系曲线、残余强度和围压的关系曲线、峰值强度对应应变和围压的关系曲线、残余强度对应应变和围压的关系曲线 4 条关系曲线,把应力-应变全过程曲线分成三部分,对考虑应变软化的三线性弹脆塑性本构模型分段建立的本构方程给出了相应的模型参数。

(1) 岩石本构模型概述

① 岩石三轴压缩应力-应变全过程曲线。

岩石材料在受力过程中一般会经过弹性、应变硬化、破坏、应变软化或应力跌落、残余塑性流动几个阶段。图 6-52 所示是关于岩石试样三轴压缩破坏的典型应力-应变全过程曲线。

OA 段:应力-应变曲线向上弯曲,变形随着应力的增大而增大,岩石中原有的孔隙和裂缝被逐步压密。对于致密的岩石 OA 段没有或很小,一般在几十兆帕的围压下进行压缩试验,就没有这段曲线。

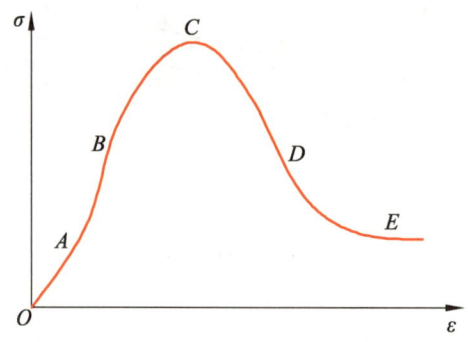

图 6-52 应力-应变全过程曲线

AB 段：曲线斜率为常数或接近常数，应力与应变接近于直线关系，其斜率是岩石的弹性模量，如果在 OA、AB 段卸载，变形可以完全恢复，岩石处于弹性阶段，B 点为屈服极限或弹性极限。

BC 段：岩石的非弹性变形开始明显出现，非弹性体积应变增大，出现岩石的膨胀现象。此阶段是裂隙产生、张开和扩展阶段，曲线逐渐向下弯曲，在 C 点处达到应力的峰值，从 B 点开始出现所谓剪胀现象，并产生永久变形，属于塑性强化阶段。

CD 段：岩石已经发生显著的塑性变形，但仍能保持整体，可承受一定的荷载及继续变形。在此阶段内，岩石强度逐渐降低，称为"应变软化"。

DE 段：岩石的宏观破裂已经完成，断裂面已经形成。

以上 5 个阶段可以基本描述岩石类工程材料的弹塑性力学性质。

② 不同的岩石本构模型。

根据岩石试样三轴压缩应力-应变全过程曲线，很多学者提出了不同的本构模型。如图 6-53 所示，张帆等对于高强度低围压的花岗岩等脆性破坏岩石，提出了弹脆性本构模型。

卢允德、葛修润等提出了图 6-54 所示的双线性弹性-线性软化-残余理想塑性四线性模型。

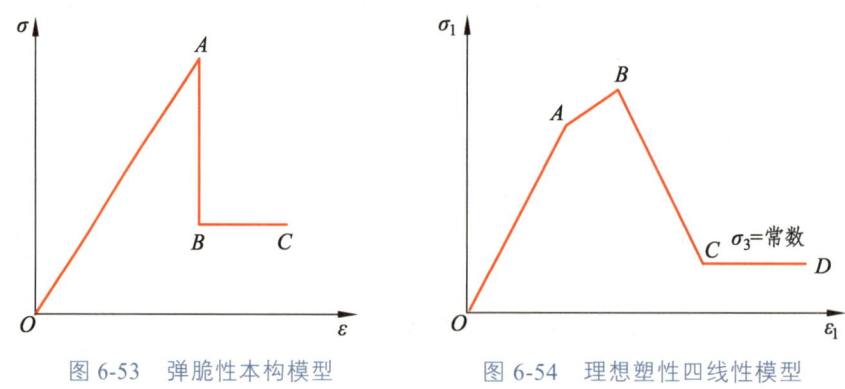

图 6-53 弹脆性本构模型　　图 6-54 理想塑性四线性模型

张卫中、陈从新等提出了抛物曲线-线弹性-邓肯（Duncan）双曲线-塑性软化-残余理想塑性 5 段式模型：峰值之前，用抛物线、线性模型和邓肯双曲线代替以往所采用的单一直线阶段，或双线性弹性段；峰后塑性软化、残余理想塑性采用直线。

③ 考虑应变软化的弹脆塑性本构模型。

以上模型都是对岩石三轴压缩应力-应变全过程曲线的更接近的模拟。在图 6-52 中，对于致密的岩石，OA 压密段没有或很小，它也不是岩石强度性质的主要特征，所以在本构模型中可以不考虑。BC 段和 AB 段的斜率有所差别，但由于很多三轴压缩试验中这种差别不大，很难找出 B 点，所以很少给出屈服强度和围压的关系曲线。因此，可近似将 BC 段和 AB 段看作同一斜率的直线，从而采用考虑应变软化的弹脆塑性三线性本构模型。它做了以下理想化假设：软化现象开始时，岩石的峰值强度满足莫尔-库仑（Mohr-Coulomb）强度准则；岩石的残余强度准则也满足莫尔-库仑强度准则；应力-应变关系可以简化成 3 条直线来表示，如图 6-55 所示。

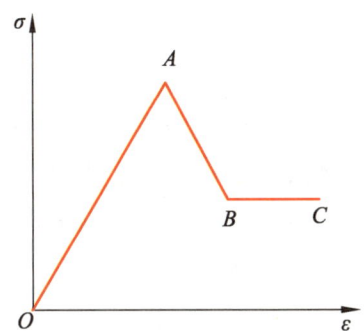

图 6-55　考虑应变软化的弹脆塑性三线性本构模型

在图 6-55 中，只要给出弹性模量 E、泊松比 μ，峰值强度和围压的关系曲线，残余强度和围压的关系曲线，峰值强度对应应变和围压的关系曲线，残余强度对应应变和围压的关系曲线，就能给出应力应变全过程曲线的本构关系式。

（2）岩石强度准则

人们对强度理论的研究，最早始于 18 世纪兰金（Rankine）提出的最大正应力理论。在 100 多年的发展过程中，该理论一度成为众多专家、学者研究的重点，并已提出许多有应用价值的强度准则。目前可将岩石类工程材料强度理论划分为"理论强度准则"和"经验强度准则"两大类。"理论强度准则"是基于材料力学、弹塑性力学的知识体系，以严谨的数学方法建立的，除包括 4 个经典强度理论即最大正应力理论、最大正应变理论、最大剪应力理论、八面体剪应力理论外，还包括莫尔-库仑强度理论、格里菲斯（Griffith）强度理论、修正的格里菲斯强度理论、伦德堡（Lundborg）强度理论、双剪应力理论以及结构面强度理论。而"经验强度准则"则是以试验为主要研究手段、近似描述岩石类工程介质破坏机理的破坏准则，比较著名的有穆雷尔（Murrel）于 1965 年提出的经验强度准则，霍布斯（Hobbs）于 1964 年提出的经验强度准则，博多妮（Bodonyi）于 1970 年提出的经验强度准则，比尼亚夫斯基（Bieniawski）于 1974 年提出的经验强度准则，拉马穆尔蒂（Ramamurthy）于1985年提出的经验强度准则和霍克（E.Hoek）、布朗（E.T.Brwon）于1980年提出的经验强度准则。"经验强度准则"虽在理论上不如"理论强度准则"严谨，但也能较好地应用于工程实际。

莫尔-库仑强度准则是岩石力学中重要的强度理论之一，是以莫尔强度理论的基本思想为指导、在库仑公式的基础上导出的，不仅能反映岩石的脆性破坏，而且能反映其塑性破坏特征。由于它简单实用，强度参数 c、φ 也容易测定，因而在岩土力学和塑性理论中得到了最为广泛的应用。

① 莫尔-库仑强度准则简介。

莫尔-库仑强度包络线是一条直线，其数学表达式为：

$$\tau = c + \sigma \cdot \tan\varphi$$

式中：σ——岩石破坏面上的正应力（kPa）；

　　　τ——抗剪强度（kPa）；

　　　c、φ——岩石的黏聚力（kPa）和内摩擦角（°）。

在 σ-τ 组成的二维平面内，库仑强度直线与莫尔圆的关系如图 6-56 所示。黏聚力 c 为库仑强度直线在纵坐标 τ 上的截距，内摩擦角 φ 为库仑直线上的倾角。库仑直线将 σ-τ 坐标平面分为上下两部分，直线上部为不稳定区，直线下部为稳定区。根据应力莫尔圆与库仑强度直线之间的关系，即可判断破坏情况。

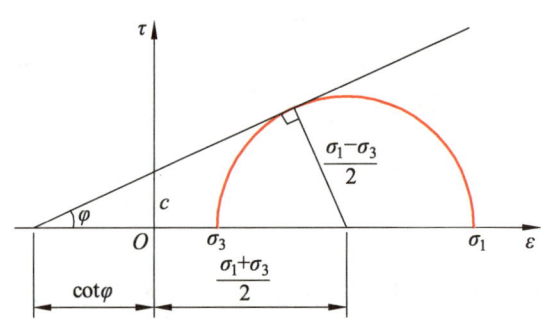

图 6-56　莫尔-库仑强度包络线

② 用 σ_1-σ_3 表示的莫尔-库仑强度准则。

由图 6-56 可以推导得到：

$$\sigma_1 = \frac{1+\sin\varphi}{1-\sin\varphi}\sigma_3 + \frac{2c \cdot \cos\varphi}{1-\sin\varphi}$$

令

$$\kappa = \frac{1+\sin\varphi}{1-\sin\varphi}, \quad b = \frac{2c \cdot \cos\varphi}{1-\sin\varphi}$$

则有

$$\sigma_1 = \kappa\sigma_3 + b$$

式中：b——岩石单轴抗压强度的理论值（kPa）；

　　　κ——系数。

显然，据实测得到的三轴试验数据，在以 σ_3 为横坐标、σ_1 为纵坐标的平面直角坐标系中，绘出的莫尔-库仑强度包络线即为一条直线，表明岩石破坏时的最大、最小主应力是线性相关的。以最小二乘法对一组三轴试验数据进行处理，即可求出该直线的斜率 κ 和截距 b。进而由定义的关系求得岩石的黏聚力 c 和内摩擦角 φ。

$$c = \frac{b(1-\sin\varphi)}{2\cos\varphi}, \quad \varphi = \arcsin\frac{\kappa-1}{\kappa+1}$$

③ 岩石强度准则应用分析。

张帆对三峡大坝花岗岩和国外的大量花岗岩的三轴试验数据，按不同强度准则进行了曲线拟合。三峡花岗岩数据按不同风化程度分开拟合的曲线，基本都是直线，符合莫尔-库仑强度准则；而把不同风化程度花岗岩数据放在一起拟合的曲线则更符合霍克-布朗经验强度准则、吉田（Yoshida）经验强度准则及巴尔默（Balmer）经验强度准。国外的大量花岗岩试验数据，按围压 200 MPa 分段拟合，200 MPa 以下和 200 MPa 以上都是直线，符合莫尔-库仑强度准则；按围压 0~750 MPa 一起拟合，则更符合霍克-布朗经验强度准则、吉田经验强度准则及巴尔默经验强度准。

根据实测得到的岩石三轴试验数据，在以 σ_3 为横坐标、σ_1 为纵坐标的平面直角坐标系中，绘出的拟合曲线都是一条直线，说明大量岩石是满足莫尔-库仑强度准则的。因此，在本构模型中采用莫尔-库仑强度准则。

（3）考虑应变软化的弹脆塑性三线性本构模型表达式

① 弹性段。

$$\{d\varepsilon\} = [C]_e \cdot \{d\sigma\} \text{ 或 } \{d\sigma\} = [D]_e \cdot \{d\varepsilon\}$$

式中：$[C]_e = \dfrac{1}{E}[K]$，$[D]_e = [C]_e^{-1}$。

$$[K] = \begin{bmatrix} 1 & -\mu & -\mu & 0 & 0 & 0 \\ -\mu & 1 & -\mu & 0 & 0 & 0 \\ -\mu & -\mu & 1 & 0 & 0 & 0 \\ 0 & 0 & 0 & 2(1+\mu) & 0 & 0 \\ 0 & 0 & 0 & 0 & 2(1+\mu) & 0 \\ 0 & 0 & 0 & 0 & 0 & 2(1+\mu) \end{bmatrix}$$

其中，E 为弹性模量，μ 为泊松比，可以从试验中得到。

② 线性软化段。

根据塑性理论，如果在某一时刻，岩石达到了峰值强度，则采用莫尔-库仑屈服准则，其初始屈服函数为：

$$f_1(\sigma_1, \sigma_3) = \sigma_1 - k_1\sigma_3 - b_1 = 0$$

达到残余强度后,屈服准则可表示成为:

$$f_2(\sigma_1,\sigma_3) = \sigma_1 - k_2\sigma_3 - b_2 = 0$$

对于软化阶段形式,假定屈服函数随大主应变 ε_1 在 $f_1(\sigma_1,\sigma_3)$ 和 $f_2(\sigma_1,\sigma_3)$ 之间呈线性变化,即

$$F(\sigma_1,\sigma_3) = \sigma_1 - k(\varepsilon_1)\sigma_3 - b(\varepsilon_1) = 0$$

其中:

$$k(\varepsilon_1) = k_1 + \frac{\varepsilon_1 - \varepsilon_1^f}{\varepsilon_1^f - \varepsilon_1^r}(k_1 - k_2)$$

$$b(\varepsilon_1) = b_1 + \frac{\varepsilon_1 - \varepsilon_1^f}{\varepsilon_1^f - \varepsilon_1^r}(b_1 - b_2)$$

式中:ε_1^f 为峰值强度所对应的 ε_1;ε_1^r 为残余强度对应的 ε_1。它们随围压的变化规律可以从试验得出,即

$$\varepsilon_1^f = k_3\sigma_3 + b_3$$
$$\varepsilon_1^r = k_4\sigma_3 + b_4$$

软化系数 E_R 和围压 σ_3 的关系可以通过函数 $f_1(\sigma_1,\sigma_3)$ 和 $f_2(\sigma_1,\sigma_3)$ 计算得到。

$$E_R = \frac{(k_1\sigma_3 + b_1) - (k_2\sigma_3 + b_2)}{(k_3\sigma_3 + b_3) - (k_4\sigma_3 + b_4)}$$

于是软化段的本构方程可写为:

$$\mathrm{d}\sigma_{ij} = ([D]_e - [D]_p)\{\mathrm{d}\varepsilon_{ij}\}$$

$$[D]_p = \frac{[D]_e\left(\dfrac{\partial F}{\partial \sigma_{ij}}\right)\left(\dfrac{\partial F}{\partial \sigma_{ij}}\right)^T [D]_e}{A + \left(\dfrac{\partial F}{\partial \sigma_{ij}}\right)^T [D]_e \left(\dfrac{\partial F}{\partial \sigma_{ij}}\right)}$$

$$A = \frac{E_R}{1 - \dfrac{E_R}{E}}$$

式中:$[D]_p$——岩石的塑性矩阵;

A——硬化模量。

③ 残余(理想塑性)段。

残余段可看作理想塑性段。在该阶段,屈服面始终保持不变,因而屈服面方程为 $F(\sigma_1,\sigma_3) = f_2(\sigma_1,\sigma_3) = 0$,硬化模量 $A=0$,由此可直接写出如下公式:

$$\mathrm{d}\sigma_{ij} = ([D]_e - [D]_p)\{\mathrm{d}\varepsilon_{ij}\}$$

$$[D]_p = \frac{[D]_e \left(\frac{\partial F}{\partial \sigma_{ij}}\right)\left(\frac{\partial F}{\partial \sigma_{ij}}\right)^T [D]_e}{\left(\frac{\partial F}{\partial \sigma_{ij}}\right)^T [D]_e \left(\frac{\partial F}{\partial \sigma_{ij}}\right)}$$

（4）三轴压缩试验得出的三种典型岩石本构模型的参数

对考虑应变软化的三线性弹脆塑性本构模型分段建立的本构方程给出了相应的模型参数，见表6-24。

表6-24 三种岩石的本构模型参数

岩石本构模型参数		花岗岩	石灰岩	红砂岩
弹性模量 E/GPa		40.3	52.01	16.17
泊松比 μ		0.21	0.28	0.28
峰值强度黏聚力 c/MPa		17.48	26.95	21.82
峰值强度内摩擦角 φ/（°）		60.1	42.0	36.9
峰值强度和围压的关系曲线参数	k_1	14.0	5.0	4.0
	b_1	130.9	121.0	87.3
残余强度和围压的关系曲线参数	k_2	10.0	6.0	3.5
	b_2	100.0	30.0	35.0
峰值强度对应应变和围压的关系曲线参数	k_3	0.20	0.10	0.20
	b_3	6.0	5.5	8
残余强度对应应变和围压的关系曲线参数	k_4	0.28	0.30	0.30
	b_4	6.50	7.5	11.0

6.3.2 岩石静压破坏实验

1）岩石静压实验设备和刀头的设计加工

图6-57为改造完成的岩石静压实验设备，图6-58为设计并加工的静压实验设备的刀头。

图6-57 单刀静压实验设备

（a）盘形滚刀　　　　　　　　　（b）各种压头

图 6-58　单刀静压实验设备刀头

2）各种形状压头对岩石的静压实验

开展了各种形状压头对三类岩石的静压实验，如图 6-59 所示；获得了不同形状压头对同一种岩石静压实验结果的对比曲线，如图 6-60 所示；同一种压头对不同岩石静压实验结果的对比曲线，如图 6-61 所示。给出了静压实验破坏后的岩石试块图像，如图 6-62 所示；并进行了不同尺寸岩石试块的静压对比实验。

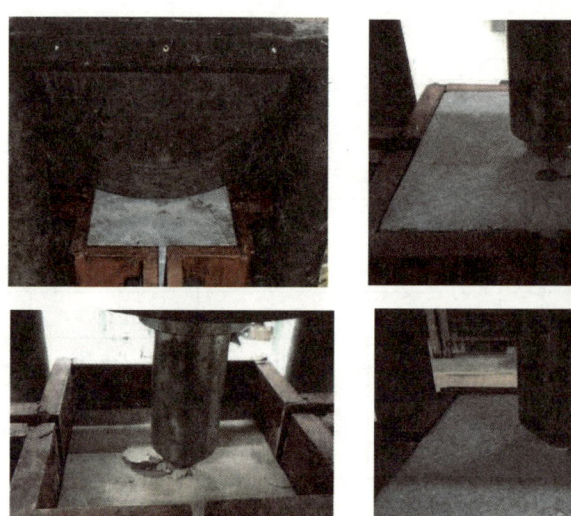

图 6-59　岩石静压实验

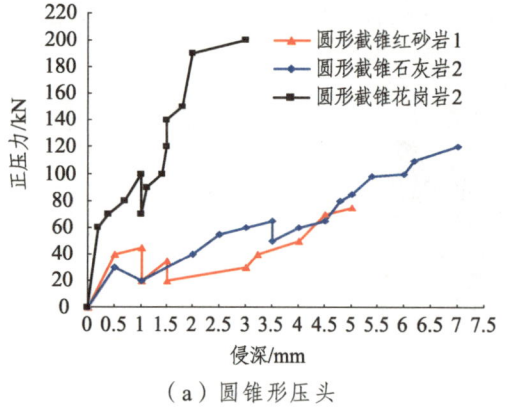
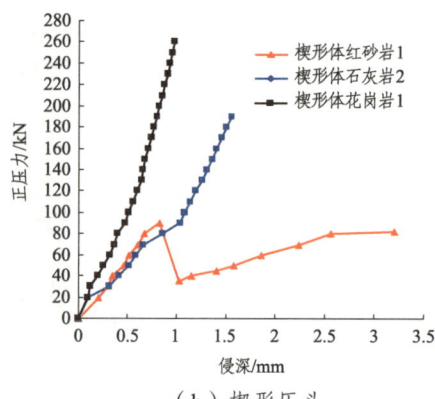

（a）圆锥形压头　　　　　　　　　（b）楔形压头

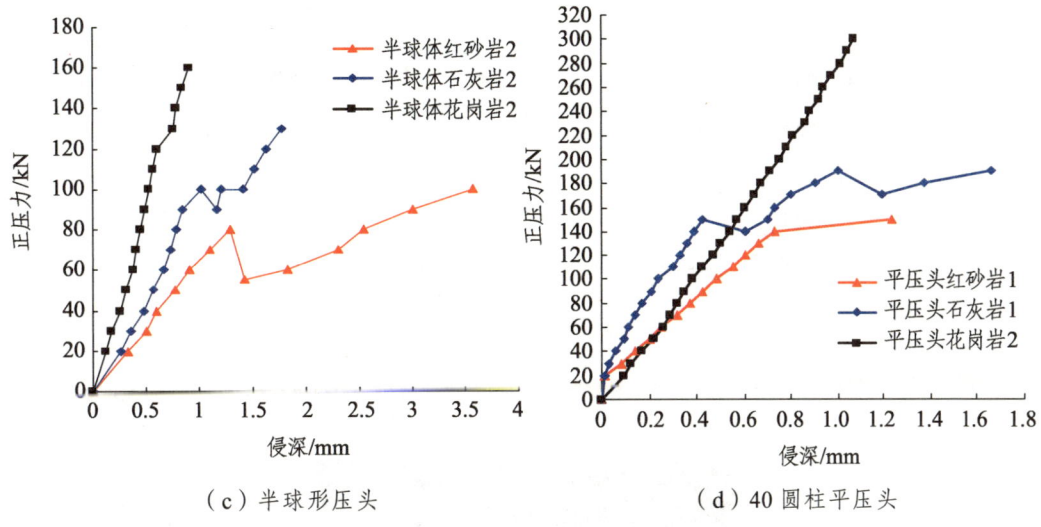

(c)半球形压头 (d)40圆柱平压头

图 6-60 不同形状压头对同一种岩石静压实验结果对比曲线

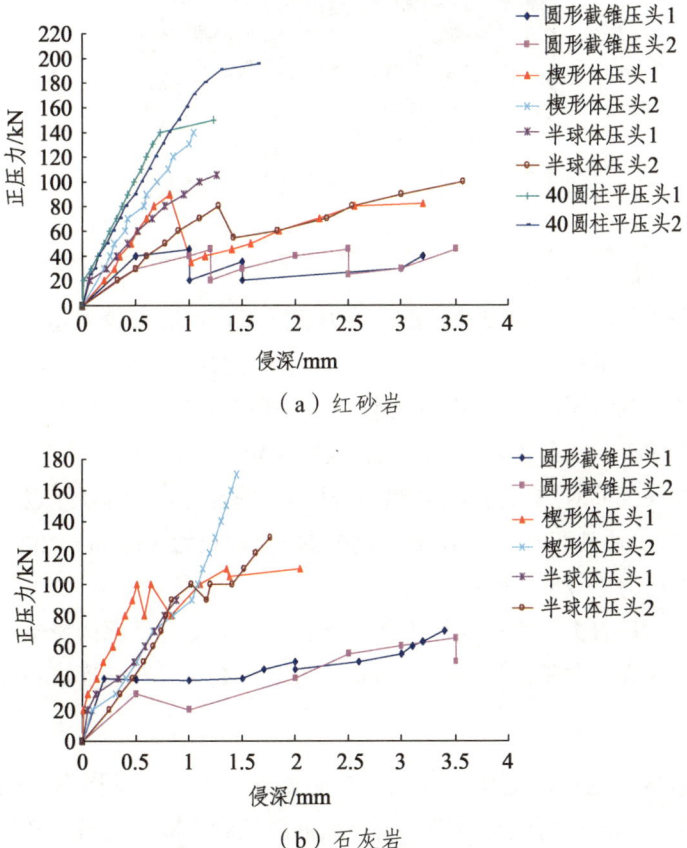

(a)红砂岩

(b)石灰岩

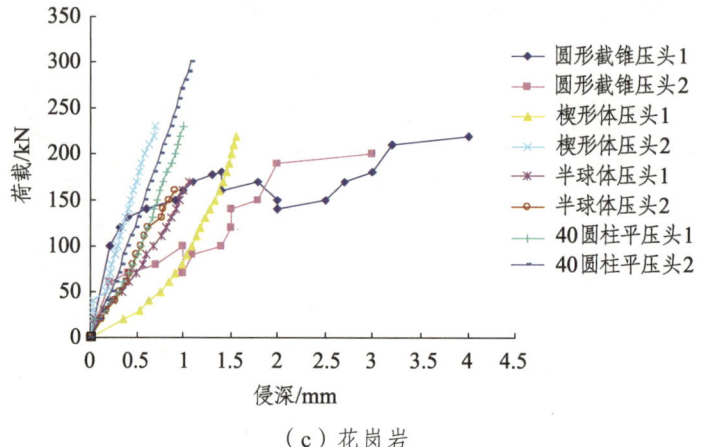

（c）花岗岩

图 6-61　同一种压头对不同岩石静压实验结果对比曲线

图 6-62　静压实验破坏后的岩石试块

通过实验得到以下结论：

（1）单刀静压实验结果和掘进机盘形滚刀实际工作情况有较大差别。单刀静压实验岩石试块破坏时侵深很小，一般小于 2 mm，而所需的推力很大，一般为 100～250 kN；掘进机盘形滚刀实际工作时，所需推力较小，一般为 20～80 kN，而一次进刀深可达 10 mm。相比较而言，单刀静压实验的破岩效率比较低，耗能大。

（2）岩石试块尺寸对单刀静压实验岩石破坏时的推力影响很大，边长为 200 mm × 200 mm 的花岗岩试块破坏时的推力约为 260 kN，而边长为 50 mm × 200 mm 的花岗岩试块破坏时的推力约为 25 kN，相差 10 倍。

（3）对于同一种刀头，在相同压力作用下，岩石强度对侵深的影响较大，强度高侵深小，强度低侵深大；在相同侵深下，刀具压力基本上与岩石强度成正比。

3）预切槽静压实验

为了研究盾构与地层的适应性理论，有必要开展岩石与盾构系统相适应的基础试验，目前对静压破岩机理的试验研究多为经典静压试验，对刀具破岩产生的压痕切槽对后续周边刀具破岩的影响问题研究较少。为了研究不同切槽间距对楔形压头破碎参数的影响、不同切槽深度对压头跃进破碎影响,开展预切槽静压实验研究。

(1)实验方法

本实验所采用楔形压头刀头尺寸为长 50 mm,宽 10 mm,楔形角 90°。红砂岩岩块尺寸为 200 mm × 200 mm × 100 mm,各项物理力学性能参数见表 6-25。

表 6-25 红砂岩岩样的各项物理力学性能参数

抗压强度/MPa	内聚力/MPa	内摩擦角/(°)	弹性模量/GPa	变形模量/GPa	泊松比	波速/(m/s)	自然密度/(kg/m³)
73.66	21.82	36.9	16.17	10.31	0.28	2304	2423

图 6-63 为预留切槽岩石静压实验示意图。在试块表面用切割机预先切出设计尺寸的切槽,利用普通压力机进行加载,压头顶部与压力机的卡槽相嵌接,通过固定的千分表记录试验过程中的侵入深度的变化。试验前对试块预加 100 N 的压力,使压头与压力机的上承压板紧密接触,试块和压力机下承压板紧密接触。然后调节千分表,归零准备试验。每增加 10 kN 的压力记录一次侵深值。

 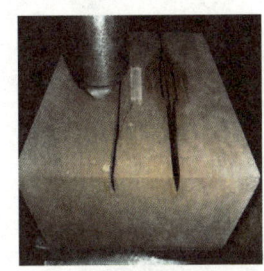

图 6-63 预留切槽岩石静压实验示意图

(2)实验结果

共进行了 6 组岩样的静压实验,实验中岩样 1、2 号为未预留切槽试块,在试件中心进行静压实验。岩样 3、4、5、6 号预留了相同的切槽深度,通过改变压头与预留切槽间的距离来研究不同切槽间距对压头跃进参数的影响。岩样 7 号预留了不同的切槽深度,实验中压头与切槽间距与 4 号岩样相同。实验结果见表 6-26,部分破坏岩样如图 6-64 所示。

表 6-26 预留切槽静压实验结果

岩石编号	预留槽距/mm	切槽深度/mm	最大压力/kN	侵入深度/mm	破碎体积/mm³	侵入功/(kN·mm)
1号	无	—	130	1.20	—	76.3
2号	无	—	140	0.96	—	70.7
3号	5	30	40	0.42	4 539.83	7.25
	8	30	42	0.39	8 666.94	6.97
	10	30	58	0.52	16 508.46	15.31
	12	30	60	0.50	18 984.73	16.2

续表

岩石编号	预留槽距/mm	切槽深度/mm	最大压力/kN	侵入深度/mm	破碎体积/mm³	侵入功/(kN·mm)
4号	15	30	62	0.48	20635.57	16.92
	15	30	65	0.47	26000.82	16.525
	18	30	68	0.58	34255.06	26.65
	20	30	70	0.43	34667.77	16.25
5号	20	30	62	0.42	47366.90	13.08
	25	30	70	0.36	44795.71	10.35
6号	25	30	78	0.40	49525.38	11.2
	30	30	78	0.44	—	21.25
7号	15	25	68	0.51	18002.35	15.45
	15	15	74	0.75	—	24.78
	20	25	92	0.96	—	39.6

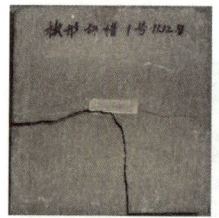

（a）1号岩石破坏正面图

（b）1号岩石破坏断面图

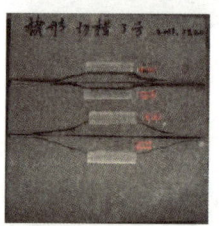

（c）3号岩石破坏正面图

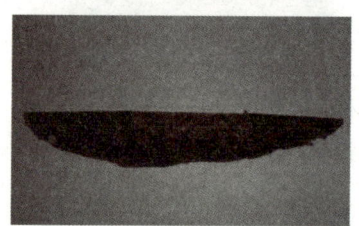

（d）3号岩石形成的破碎体

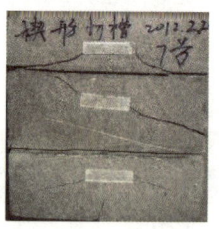

（e）7号岩石静压实验结果

（f）7号岩石不同切深

图 6-64　静压作用下岩石的破坏情况示意图

在对 6 号、7 号岩石进行实验时，均出现了未能按照预留切槽方向开裂的现象，如图 6-64（e）所示。表 6-26 中的 6 号预留切槽间距为 30 mm、切槽深度为 30 mm，7 号预留切槽间距为 15 mm、切槽深度为 15 mm。预留切槽间距 20 mm、切槽深度 25 mm 均为这种情况，岩石的破碎体积无法计算，故在进行实验结果分析时没有考虑以上 3 组实验数据。

（3）预切槽岩样的静压破坏机理

1、2 号无预留切槽岩样的静压实验过程及结果与以往的经典静压试验结果相同，如图 6-64（a）（b）所示，岩石破碎围绕密实核产生放射状裂纹，裂纹沿任意方向扩展，岩石的破碎分为粉碎、压密、开裂破坏三个过程；而岩样 3、4、5、6、7 号，如图 6-64（c）（d）所示，在压力作用下被挤压向自由面，裂纹扩展到自由面，岩石局部的抗剪能力减小，压力继续增大，小岩块被剪断，从岩块上分离。由此可见岩石的破坏是剪切形成的。

（4）压力、破碎体积和侵入功与预留槽距的关系

① 预留槽距与岩石破坏时压力的关系。

随着压头与预留切槽距离的增大，试块破坏所需要的压力值呈增长趋势。当压头与切槽间距增大到一定距离后，压头侵入破坏与预留切槽无关，呈典型的压入破坏。在最佳切槽间距以内，进行线性回归，压头推力 F（kN）与切槽间距 S（mm）呈对数关系：

$$F=21.581\ln S+4.0518$$

式中：切槽间距 S 的取值范围为 5～25 mm。

由图 6-65（a）可以看出，随着预留槽距的增大，压力值的增长趋于平缓，向某一定值靠近。这与伯吕克（J.Brych）在煤壁上所做试验的结果一致，压力随着预留槽距的增大而趋于定值。

② 预留槽距与岩石破碎体积的关系。

在一定范围内，随着压头与预留切槽距离的增大，破碎块体积增大。当压头与预留切槽距离增大至 30 mm 时，不再形成明显的破碎体。在最佳切槽间距内，对数据进行线性回归，楔形压头岩石破碎体积 V（mm^3）与切槽间距 S（mm）呈线性关系，如图 6-65（b）所示：

$$V=2265.3S-7813.5$$

式中：切槽间距 S 的取值范围为 5～25 mm。

岩石的非均质性以及断裂裂纹失稳扩展的随机性对岩石破碎块的大小尺寸及其断裂面形状的影响较小，预留切槽实验由于距离自由面距离较小，结果具有一定的规律性。

③ 预留槽距与侵入功的关系。

由图 6-65（c）可知，当压头距预留切槽的距离较小时（5～10 mm），压头侵入岩石的侵入功较小，但是实际工程中此距离范围内的破碎体积过小；距离为 10～20 mm 时侵入功明显增大；而距离为 25 mm 时侵入功较小，此时侵入功为无切槽时的 1/8～1/7。由于岩石的不均质性及各向异性，最佳间距的选取只能给出一定的范围，而不能用函数形

式精确表示。

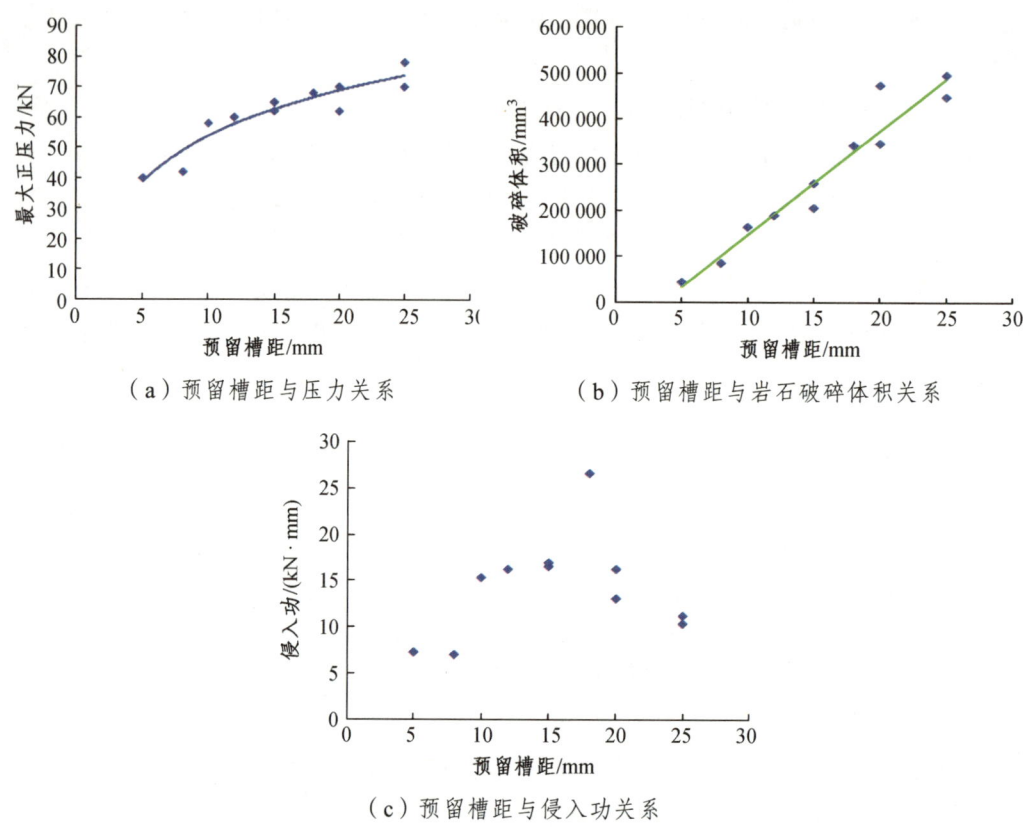

图 6-65　预留槽距与各项参数的关系（切槽深度为 30 mm）

通过实验得到以下主要结论：

① 压头距离预留切槽较远或没有切槽时，试块的破坏过程为粉碎、压密、开裂破坏；距离较近时试块主要表现为剪切破坏。

② 当切槽深度相同时，楔形压头推力与切槽间距呈对数相关；超过一定的距离后，切槽对推力没有影响。在最佳切槽间距以内，楔形压头破岩量与切槽间距高度线性相关，距离增加，破碎量也随之增加。存在最佳切槽间距使得侵入功最小。

③ 压头与预留切槽间距相同时，在一定切深范围内，随着切槽深度的增加，压头推力减小，岩石破碎体积增加，侵入功也会有所增加。

4）实验结果及分析

（1）岩石静压破坏实验相比盾构实际工作情况而言存在破岩效率低、耗能大的缺点，需要进行滚压实验以模拟真实的工况。

（2）预切槽静压实验模拟了岩石地层节理、裂纹对破岩过程的影响，但从盾构设计角度考虑，应该模拟更加恶劣的地质条件，如岩石发育情况好、完整性好的地层。

6.3.3 三刀滚压实验

本节利用滚刀岩机作用综合实验台,进行岩石的滚压破坏实验:通过单滚刀滚压实验,研究单把刀刃压入作用下的破岩机理,得出刀头压力-侵深关系曲线;通过三滚刀滚压实验,研究多刀头压入作用下的破岩机理。

1)实验准备

受滚刀岩机作用综合实验台(图6-66)岩箱的限制,岩样选用完整、无明显裂隙的石灰岩,岩块呈梯形,上下底宽为55 cm和17 cm,高59 cm,厚度为15 cm,共10块,具体形状如图6-67所示。

图6-66 滚刀岩机作用综合实验台

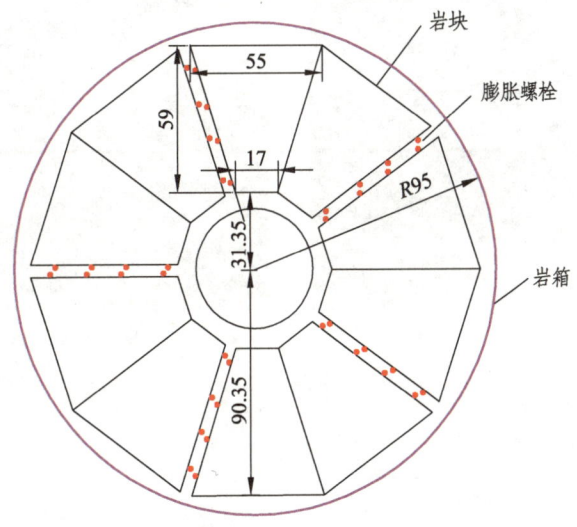

图6-67 岩箱及岩样示意图(单位:cm)

岩样下部用混凝土(高10 cm)垫平,混凝土配合比(质量比)为水:水泥:砂:石子=0.38:1:1.11:2.7。养护一周后在混凝土上钻孔,用膨胀螺栓来固定角钢,用角钢将岩块牢固地固定在岩箱上。每两块岩样为一组,通过在角钢(尺寸40 mm×3 mm)上打孔,用膨胀螺栓(M16,长10 cm)将其固定在下部的混凝土上。通过角钢将岩样固定好后,在两组岩样间隙处填充一层碎石(粒径4~6 cm),然后再浇灌混凝土,捣实,使其充分填实。养护4周后,开始实验。

2）滚刀静压破岩实验

（1）滚刀静压破岩实验步骤

① 将岩箱放置在实验平台上，并将三块岩样置于三把滚刀下方。滚刀位置为：最内侧滚刀与岩块内端面水平距离 100 mm，中间滚刀在岩块中间位置。

② 滚刀向下移动与岩石接触，预加 1 000 N 垂直力；然后标记此时位移，作为侵入实验位移零点。

③ 均匀缓慢地加压（500 N/s），进行压入实验，记录压力值（F）和侵深位移（h）。

④ 加压的同时，通过高速摄像仪，观察刀具压入岩样时刃侧岩石的瞬时破坏过程，同时记录随时间变化的加载值。

⑤ 将声发射探头分别布置在试块内外侧，位置在同一水平面上，每块布置 4 个。记录加载开始至加载结束的不良事件和能量计数，观察微破裂的发生，伴随着不良事件累计数量的阶跃。

⑥ 当位移为 3 mm 时停止加压，记录此时的压力值。

⑦ 重复以上步骤，旋转岩箱，使三把滚刀对准另外三块岩样，进行实验。

（2）实验结果及分析

图 6-68 所示为滚刀静压破岩实验过程。图 6-69 所示为滚刀垂直侵压作用下压力与侵深的关系。

（a）连接传感器

（b）数据采集

图 6-68 滚刀侵压破岩实验

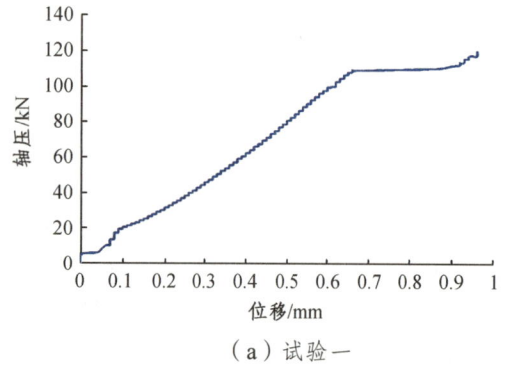
（a）试验一

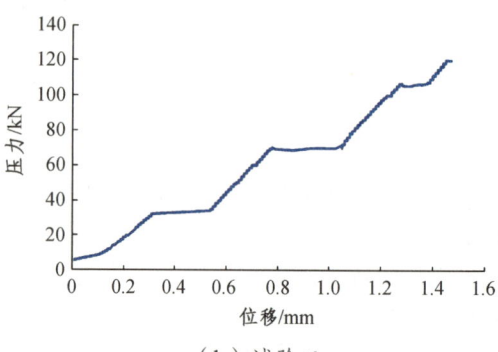
（b）试验二

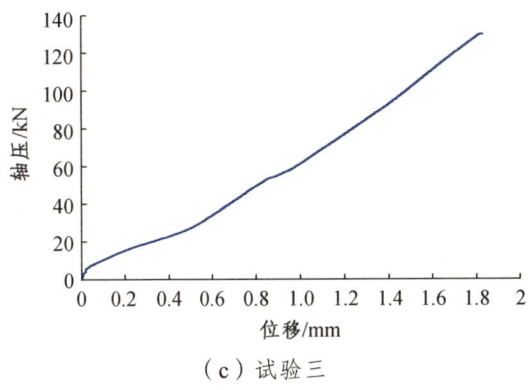

(c)试验三

图 6-69 滚刀垂直侵压作用下压力与位移的关系

从静压实验结果可知:本次实验只在压头下方形成了一个密实核,并未产生径向裂纹。岩石形成密实核时侵深很小,一般小于 2 mm,而所需的推力很大,在 130 kN 左右。

3)三刀滚压实验

(1)刀间距实验方法。

① 采用石灰岩分别按照"第 6.3.3 节 1)"所述的实验准备,进行制样。

② 调整三把滚刀的位置,最外侧滚刀与岩块自由面水平距离为 150 mm,滚刀之间距离为 60 mm。

③ 滚刀向下移动与岩石接触,预加 1 000 N 垂直力,标记此时位移,作为侵入实验位移零点。

④ 使岩箱以 1 r/min 的速度转动,当转速稳定后再逐步加载垂直力。

⑤ 均匀缓慢地加压(5 mm/s),进行压入实验,观察记录压力值 F 和侵深 h 的关系、扭矩 T 与侵深 h 的关系。

⑥ 加压的同时,通过高速摄像仪,观察滚刀在滚动过程中的岩石破坏情况,记录滚刀间岩石的破碎过程。

⑦ 将声发射探头布置在每个岩块离内端面 50 mm 处的岩块表面上,记录加载开始至加载结束的不良事件和能量计数,观察刀间岩石微破裂至起皮脱落的发生,伴随着不良事件累计数量的变化。

⑧ 当刀间岩石出现明显脱落时,停止实验。

⑨ 调整刀间距为 70 mm、80 mm、90 mm、100 mm,重复以上过程。

(2)推力扭矩验证实验方法。

① 采用红砂岩、石灰岩、花岗岩分别按照"第 6.3.3 节 1)"所述的实验准备,进行制样。

② 调整三把滚刀的位置,最外侧滚刀与岩块自由面水平距离为 150 mm,滚刀之间距离为 70 mm。

③ 滚刀向下移动与岩石接触,预加 1 000 N 垂直力,标记此时位移,作为侵入实验

位移零点。

④ 使岩箱以 1 r/min 的速度转动，当转速稳定后再逐步加载垂直力；均匀缓慢地加压（5 mm/s），进行压入实验，观察记录压力值 F 和侵深 h 的关系、扭矩 T 与侵深 h 的关系。

⑤ 在加压的同时，通过高速摄像仪，观察滚刀在滚动过程中的岩石破坏情况，记录滚刀间岩石的破碎过程。

⑥ 将声发射探头布置在每个岩块离内端面 50 mm 处的岩块表面上，记录加载开始至加载结束的不良事件和能量计数，观察刀间岩石微破裂至起皮脱落的发生，伴随着不良事件累计数量的变化。

⑦ 当刀间岩石出现明显脱落时，停止实验。

（3）实验破坏宏观现象

图 6-70 为三刀滚压破岩实验过程。在盘形滚刀滚压过程中，大量岩粉从刀刃两侧楔面挤射出去，间接性地发出岩石破裂的响声，随即有大量岩石碎块崩落。在滚压槽底形成一条由岩粉挤压成的密度很大的粉核体。破碎岩渣的成分大致可分为粉末体、粉核体及破碎块体三种。

粉末体的岩渣来自三方面：滚刀与岩体接触部分产生挤压，使岩石在压应力作用下破坏，产生岩粉；在滚刀作用下，刀尖下部和岩石内部产生压力区，剪应力达到最大值，这部分岩石受剪应力破坏，形成粉末状岩渣；滚刀作回转运动时，刀刃两侧楔面与岩石产生摩擦，也产生岩粉。

上述粉末体一部分随刀具滚动，从刀刃两侧挤出岩面，一部分在刀具压力作用下挤进岩石裂隙面，另一部分在刀具挤压作用下处于三向受压状态，压缩成密度很大的岩粉体，称为粉核体。粉核体是存储能量、释放能量的媒介物。

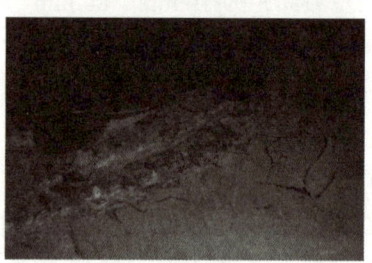

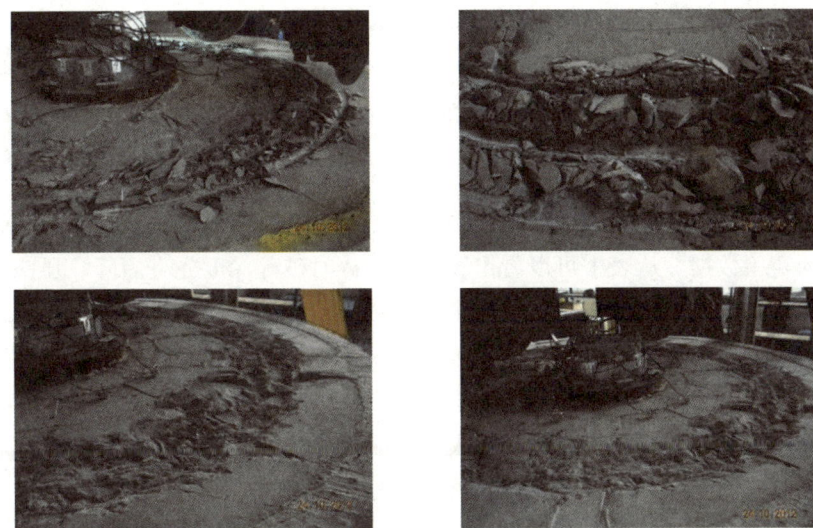

图 6-70　三刀滚压破岩实验

在滚压过程中，随着间断性破碎响声，大量岩石碎块崩落。这些岩石碎块可分成斜块体片和块状体两种（图 6-71）。

（a）斜块体片

（b）块状体

图 6-71　岩石碎块形状

斜块体岩渣一头厚、一头薄。断口表面凹凸不平，晶体棱角鲜明。滚压过后，有的斜块体岩渣还附着在岩体上未剥落，但可明显地看到裂隙已经扩展到岩石表面。刀间距 S 较大时，滚压时相邻两槽处于独立破碎状态、互不干涉，大多数产生这种斜块体岩渣。减小刀间距，滚压时相邻两槽发生相互干涉，两刀之间的岩石产生整体崩落，形成两头厚薄差不多的片状岩块，称为片状破碎块体。

由观察和分析可见，岩石在滚刀作用下存在着挤压、拉伸及剪切破坏。

6.3.4　滚刀刀间距实验验证

滚刀刀间距布置有两个要求：一是保证刀间岩石完全破碎，二是得到最大破碎量。满足上述两项要求的刀间距，定义为最优刀间距。缩小刀间距可达到刀间岩石完全破碎目的，但破碎量不是最大，增大刀间距可增加破碎量，但是刀间距过大会使刀间岩石没有完全破碎，中间的岩石以脊背形式留在岩体上。布刀必须避免上述两种现象。刀间距的确定主要取决于开挖岩层的情况及岩石特性。

按照公式（6-8），结合刀间距理论研究内容，计算得出石灰岩的理论最优破岩刀间距为 72.2 mm。本节根据"第 6.3.3 节 3）"的实验步骤研究石灰岩的最优刀间距，验证石灰岩最优破岩刀间距计算公式（6-8）的合理性。

1）双刀破岩刀间距分析

表 6-27 为石灰岩双刀作用下刀间距为 50 mm、60 mm、70 mm、80 mm 和 90 mm 五种工况下的实验数据。从表中可以看出石灰岩破碎时破碎深度先升后降，压头做功和比能数值先降后升。这是因为对于石灰岩来说，由于刀间距太小，张拉裂纹扩展破坏效应不明显，裂纹贯通区域存在较大的交叉区，大量的能量迅速释放造成破岩效率不高。随着刀间距的增大，贯通区域的交叉区减小，岩石的破碎深度和破碎量逐渐增大，能量的使用效率提高；随着刀间距的进一步增大，岩石破碎的裂纹区域无法贯通，不利于大量破岩，造成破岩深度下降，消耗的破岩能量增加。

表 6-27　石灰岩双刀破岩数据

刀间距 /mm	破碎深度 /mm	破坏面积 /cm²	压头做功 /J	比能 （W/A）
50	13	7.8	12.028	1.5421
60	14	9.1	11.825	1.2995
70	19	11.4	12.517	1.0980
80	18	13.7	16.046	1.1712
90	15	13.2	17.013	1.2889

图 6-72 所描述的是石灰岩在双刀头作用下的刀间距优化曲线。从中可以明显看出，随着刀间距的增大，W/A 先减小后增大。此工况下最优刀间距为 70 mm。

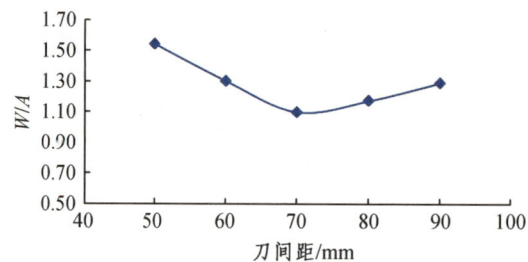

图 6-72　双刀头作用下石灰岩比能-刀间距关系曲线

2）三刀破岩刀间距分析

表 6-28 提取了石灰岩三刀同时作用下刀间距为 60 mm、70 mm、80 mm、90 mm 和 100 mm 五种工况下的实验数据。三刀共同作用时协调效应增强，应力叠加效应增大，裂纹扩展相互影响作用增强，破岩主要为张拉形式。刀头的压入深度、刀头作用区的破坏面积和刀头做功均随着刀间距的增大而增大。尽管石灰岩在三刀头同时作用下破碎岩

石的情况相对复杂，但是从 W/A 的变化趋势来看，最优刀间距的特性还是存在的。图 6-73 所描述的是石灰岩在三刀头同时作用下的刀间距优化曲线，从中可以明显地看出，W/A 随着刀间距的增大有先减小后增大的趋势。此工况下最优刀间距在 73 mm 左右。

表 6-28　石灰岩三刀破岩数据

刀间距 /mm	左侧破碎深度 /mm	右侧破碎深度 /mm	破坏面积 /cm²	压头做功 /J	比能 （W/A）
60	12	11	14.9	15.327	1.0287
70	13	13	22.3	17.902	0.8028
80	15	17	26.2	20.959	0.8000
90	18	20	32.5	27.276	0.8393
100	23	22	37.4	32.985	0.8820

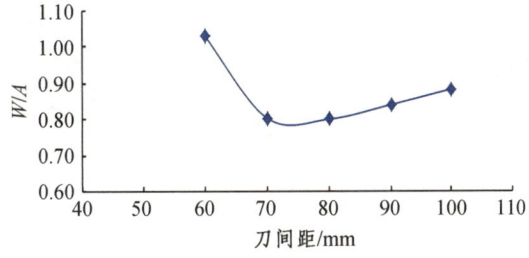

图 6-73　三刀头同时作用下石灰岩刀间距优化曲线

3）实验结果及分析

每次实验需要测试的参数有：盘形滚刀垂直力 F 与侵深 h、扭矩 T 与侵深 h、岩渣重量、不良事件和能量计数等。并计算破岩比能 S_E：

$$S_E = \left(\int_0^h F \mathrm{d}h \right) / V$$

式中：V——岩石的破碎体积（mm³），$V = m/\rho$；

　　　m——破碎岩渣质量（kg）；

　　　ρ——岩样密度（kg/mm³）。

图 6-74 为通过实验获得的滚刀垂直力 F 与侵深位移 h 的关系，图 6-75 为扭矩 T 与侵深位移 h 的关系，图 6-76 为滚刀滚动力 P 与侵深 h 的关系。其中，滚刀滚动力可通过将总扭矩除以三把刀的半径之和计算获得。表 6-29 为石灰岩三刀滚压作用下刀间距为 60 mm、70 mm、80 mm、90 mm 四种工况下的破岩参数实验及计算结果，由于 110 mm 刀间距太大，未能产生刀间岩石破碎情况。图 6-77 为不同刀间距 S 与破岩比能 S_E 的关系曲线。

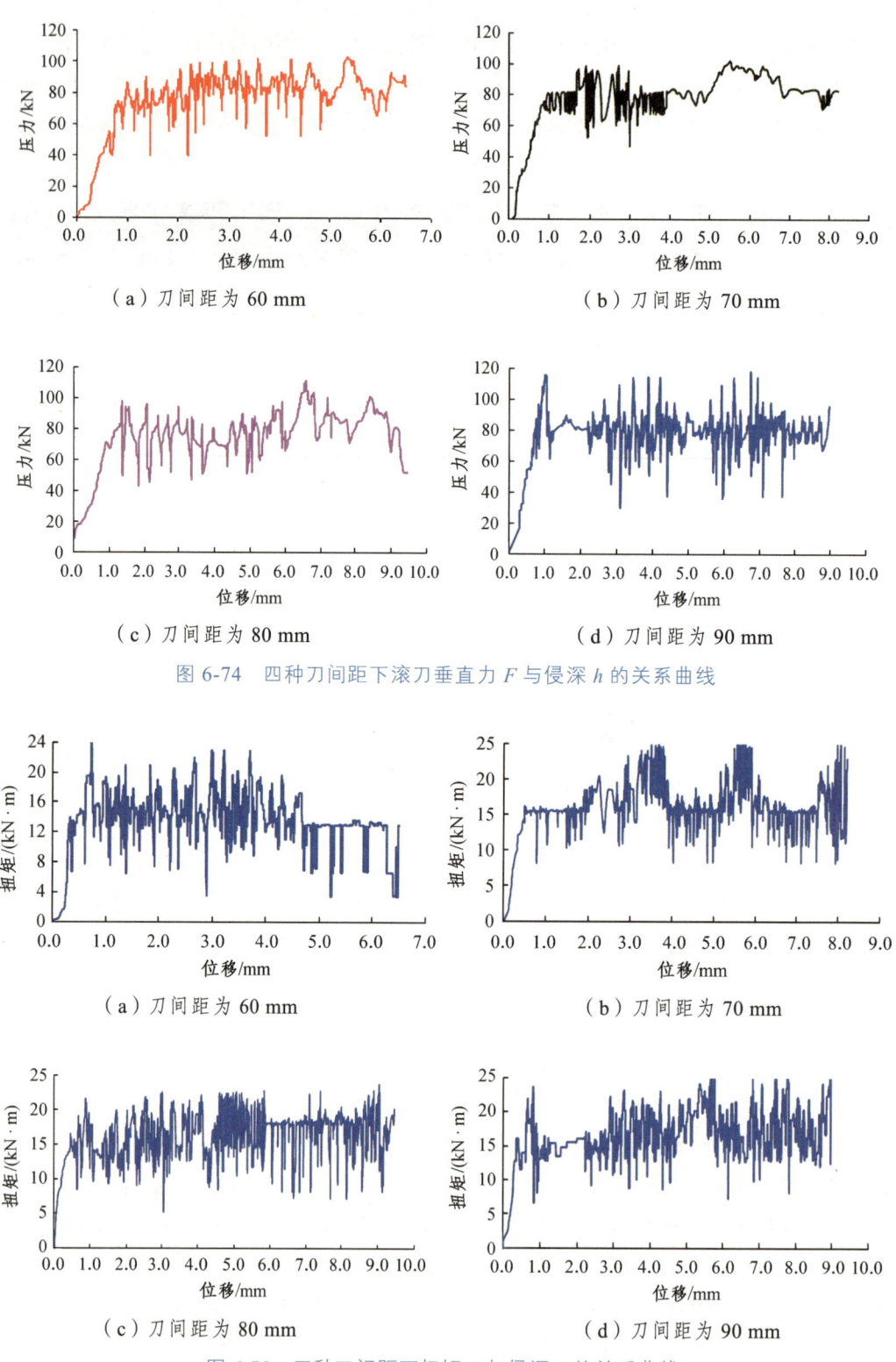

图 6-74 四种刀间距下滚刀垂直力 F 与侵深 h 的关系曲线

图 6-75 四种刀间距下扭矩 T 与侵深 h 的关系曲线

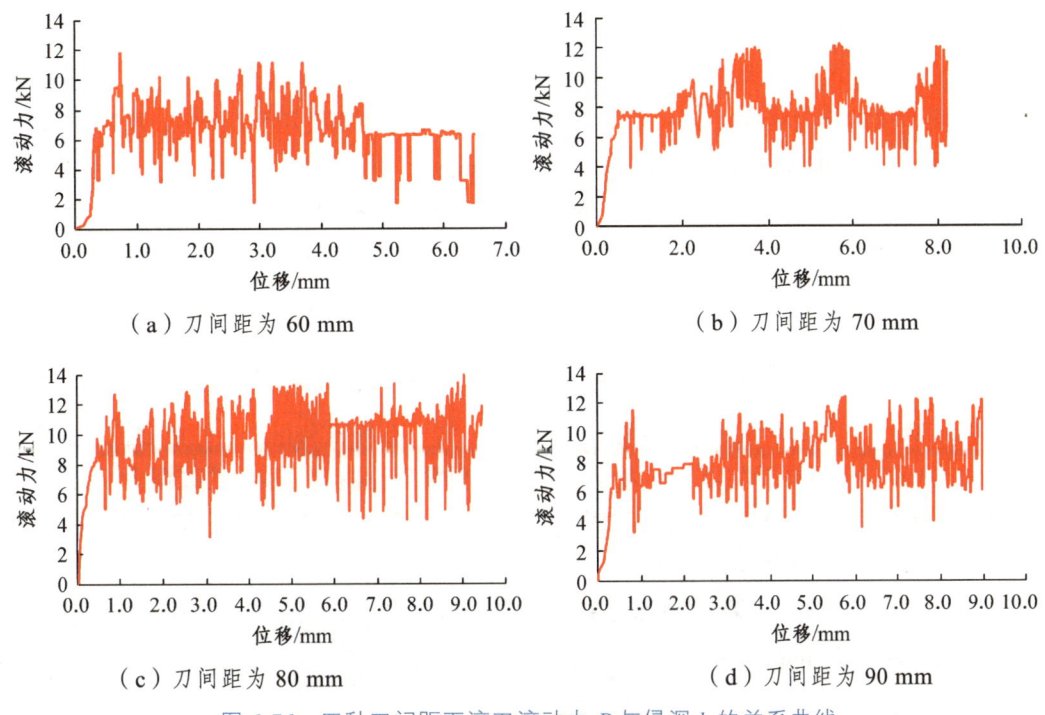

图 6-76 四种刀间距下滚刀滚动力 P 与侵深 h 的关系曲线

表 6-29 破岩参数实验结果

刀间距 S /mm	矿渣质量 /kg	破碎功 /J	侵入深度 h /mm	密度 ρ /(kg/m³)	破碎体积 /mm³	破岩比能 /(J/mm³)
60	8.75	1489	6.5	2740	3 193.431	0.466 361
70	14.33	1932	8.22	2740	5 229.927	0.369 412
80	12.75	2142	9.45	2740	4 653.285	0.460 32
90	11.825	2074	8.97	2740	4 315.693	0.480 572

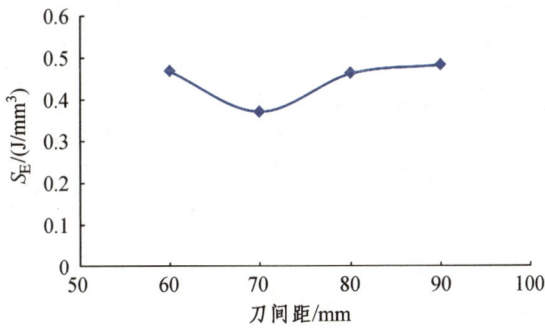

图 6-77 刀间距与比能的关系

从前面进行的多种压头侵压岩石实验结果可知：单刀头侵压实验结果和掘进机盘形滚刀实际工作情况有较大差别。单刀头侵压实验岩石试块破坏时侵深很小，一般小于 2 mm，而所需的推力很大，达 100～250 kN；掘进机盘形滚刀实际工作时，所需推力较小，一般为 20～100 kN，而一次进刀深可达 10 mm。

从表 6-24、表 6-25、表 6-26 和图 6-67、图 6-68、图 6-72 中可以得出，双刀和三刀滚压时石灰岩最优刀间距在 70 mm 左右，根据理论计算公式（6-8）得出的值为 72.2 mm，说明采用的石灰岩最优刀间距计算公式（6-8）是可靠的、合理的。

6.3.5 刀盘破岩推力、扭矩模型实验验证

利用 MTS 岩石力学性能伺服试验机检测红砂岩、石灰岩和花岗岩的单轴抗压强度，利用公式（6-18）计算刀盘破岩推力，获得推力-侵深理论曲线。实验的数据由滚刀岩机作用实验台实际测得。将实验曲线与理论曲线进行数据对比，用以验证理论研究采用的刀盘推力、扭矩计算模型的合理性。

滚刀岩机作用按照"第 6.3.3 节 3）"三刀滚压实验"推力扭矩验证实验方法"进行，刀间距统一设为 70 mm。

1）红砂岩滚压时推力、扭矩计算公式验证

（1）刀盘推力计算公式验证

根据图 6-78、图 6-79 和图 6-80 的实验数据，分析整理得出红砂岩破碎时的推力-侵深曲线，如图 6-81 所示。图 6-81 中实验值代表的曲线由利用滚刀岩机作用综合实验台进行红砂岩三刀滚压实验得出的实验数据整理而来，计算值代表的曲线由刀盘推力优化模型的公式（6-18）计算整理而来。从图中可以看出两者的变化趋势近似，实验结果说明了刀盘推力优化模型是正确、合理的。

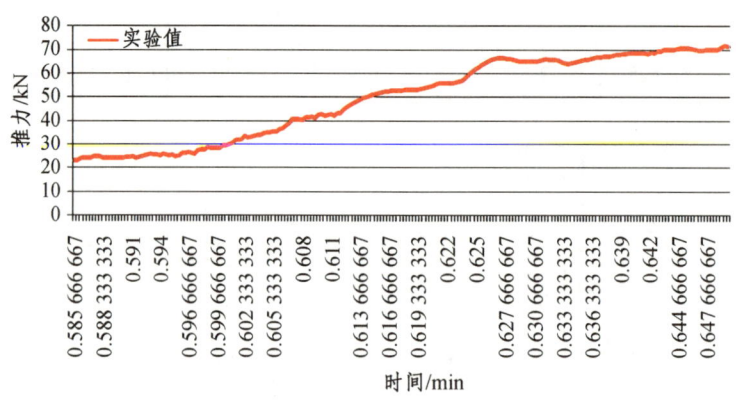

图 6-78 红砂岩实验所得推力-时间曲线

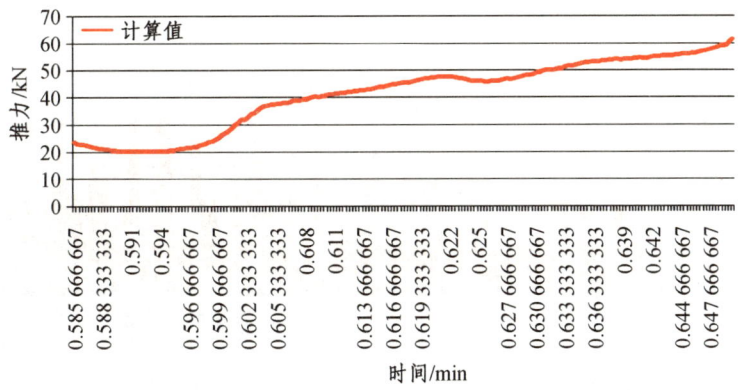

图 6-79 红砂岩计算所得理论推力-时间曲线

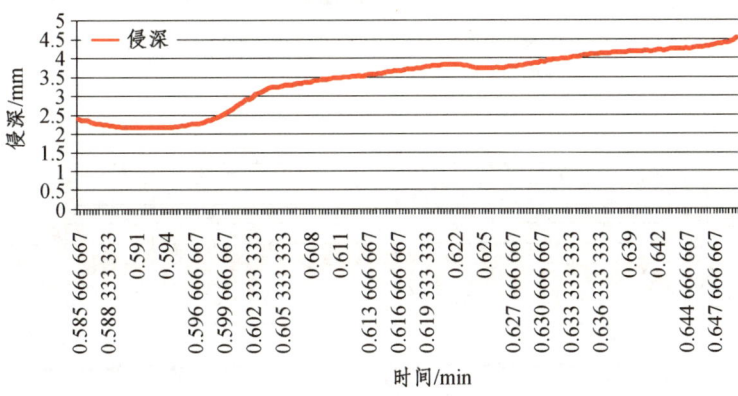

图 6-80 红砂岩侵深-时间曲线

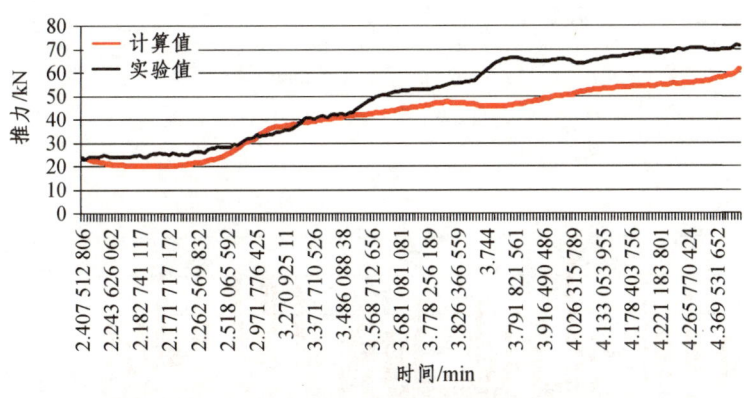

图 6-81 红砂岩的推力-侵深曲线

(2) 刀盘扭矩计算公式的验证

利用红砂岩在滚刀岩机作用综合实验台上进行三刀滚压实验，所得扭矩-时间曲线和推力-时间曲线如图 6-82、图 6-83 所示。结合此两种数据，整理分析得到推力-扭矩曲线，如图 6-84 所示。

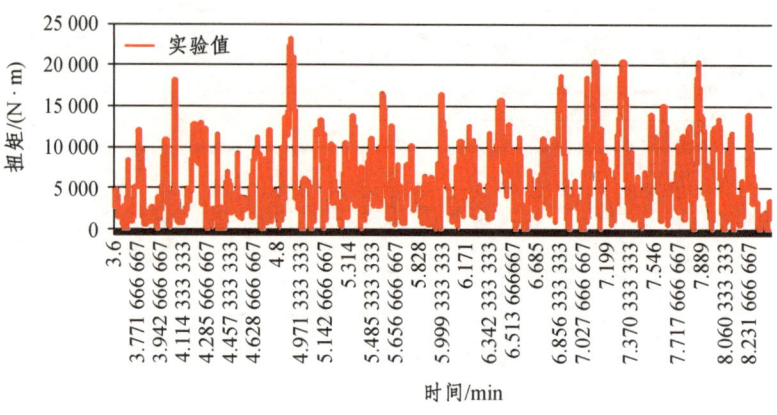

图 6-82　红砂岩实验所得扭矩-时间曲线

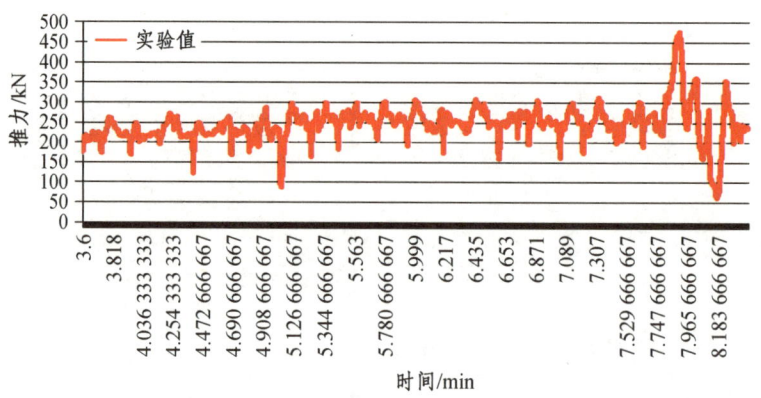

图 6-83　红砂岩实验所得推力-时间曲线

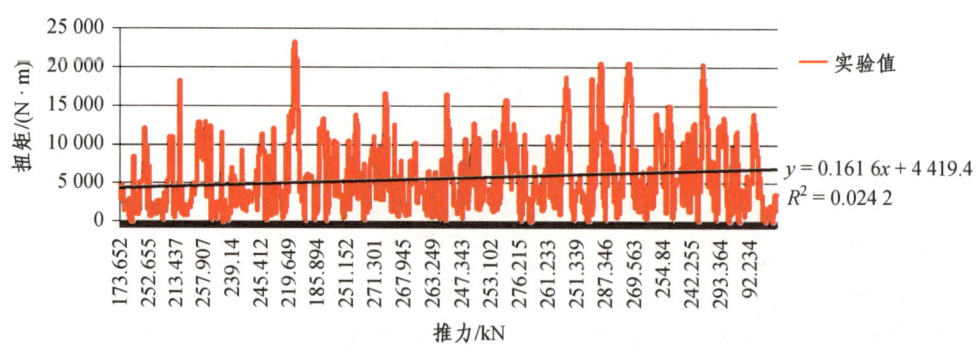

图 6-84　红砂岩实验所得推力-扭矩曲线

结合图 6-83 的实验数据，根据公式（6-25）计算所得扭矩时间曲线如图 6-85 所示。

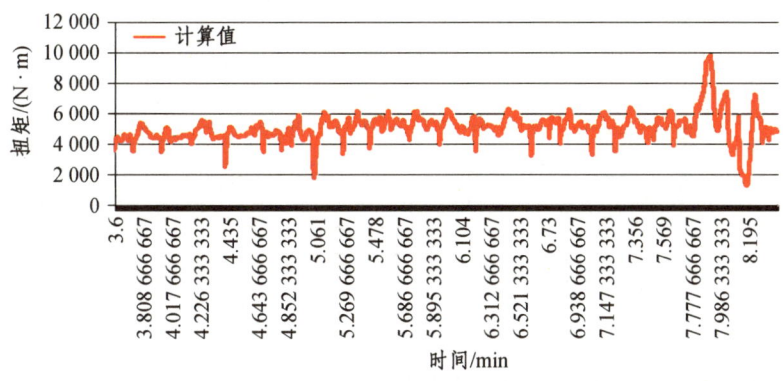

图 6-85　红砂岩计算所得扭矩-时间曲线

结合图 6-83 和图 6-85 中的数据，计算得到推力-扭矩曲线，如图 6-86 所示。

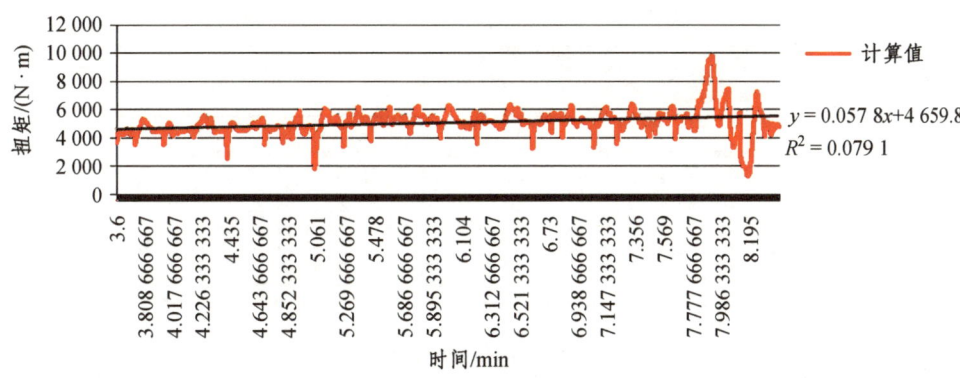

图 6-86　红砂岩计算所得推力-扭矩曲线

从图 6-84 和图 6-86 中可以看出，当推力维持在 250 kN 左右时，计算得到因刀盘切削土体（或岩石）时的地层抗力产生的扭矩在 4 659.8 N·m 左右；从图 6-79 中可以看出，在当前推力范围下，实验所得的地层抗力扭矩值在 4 419.4 N·m 左右。即实验采集的扭矩值与理论优化模型计算的扭矩值相当。

2）石灰岩滚压时推力、扭矩计算公式验证

（1）刀盘推力计算公式验证

根据图 6-87、图 6-88 和图 6-89 的实验数据，得出石灰岩破碎时的推力-侵深曲线，如图 6-90 所示。图中实验值代表的曲线由利用滚刀岩机作用综合实验台进行红砂岩三刀滚压实验得出的实验数据整理而来，计算值代表的曲线由刀盘推力优化模型的公式（6-18）计算整理而来。从图中可以看出两者的变化趋势近似，实验结果说明了刀盘推力优化模型是合理的。

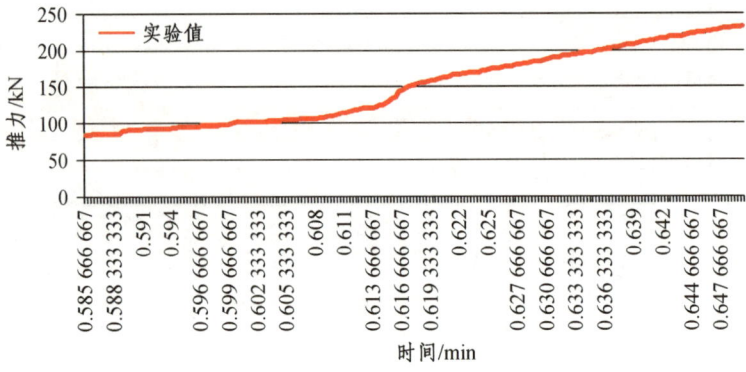

图 6-87　石灰岩实验所得推力-时间曲线

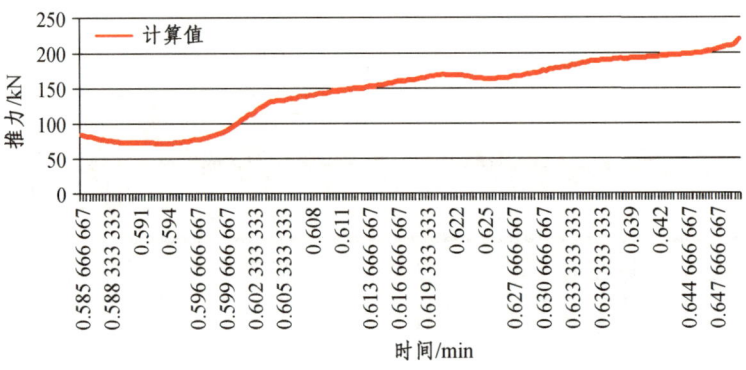

图 6-88　石灰岩计算所得推力-时间曲线

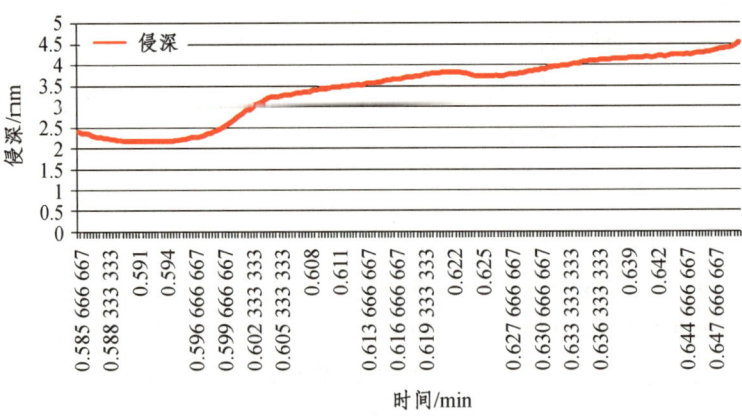

图 6-89　石灰岩侵深-时间曲线

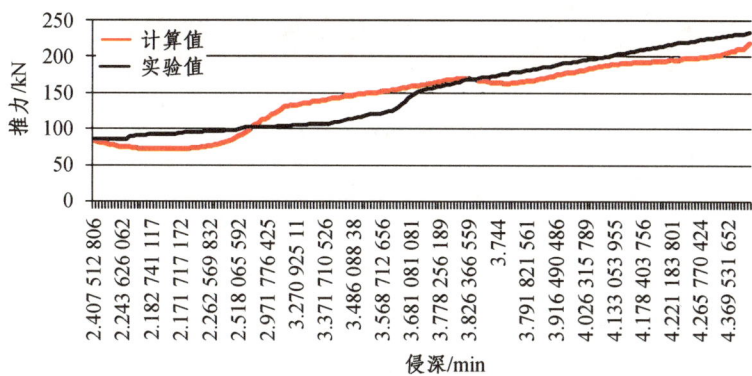

图 6-90　石灰岩推力-侵深曲线

（2）刀盘扭矩计算公式的验证

利用石灰岩在滚刀岩机作用综合实验台上进行三刀滚压实验，所得扭矩-时间曲线和推力-时间曲线如图 6-91、图 6-92 所示。结合此两种数据，整理分析得到扭矩-推力曲线，如图 6-93 所示。

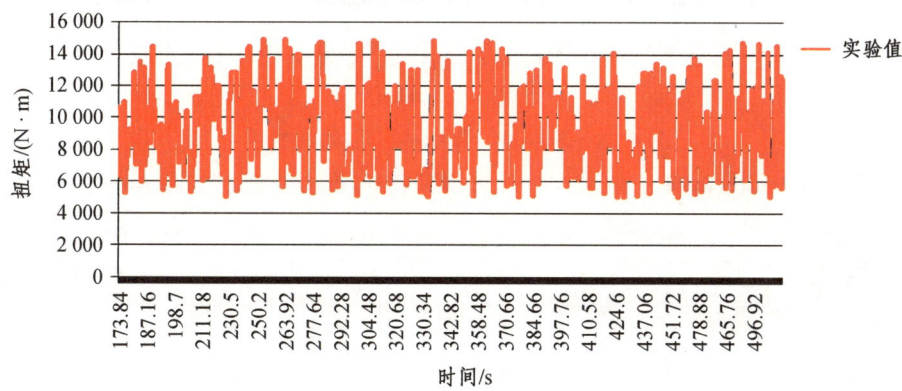

图 6-91　石灰岩实验所得扭矩-时间曲线

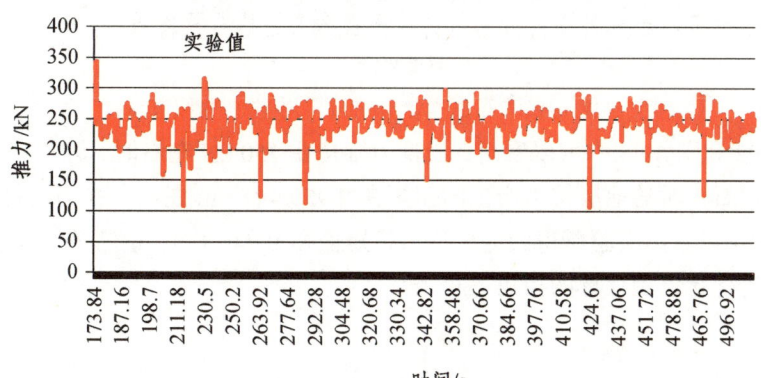

图 6-92　石灰岩实验所得推力-时间曲线

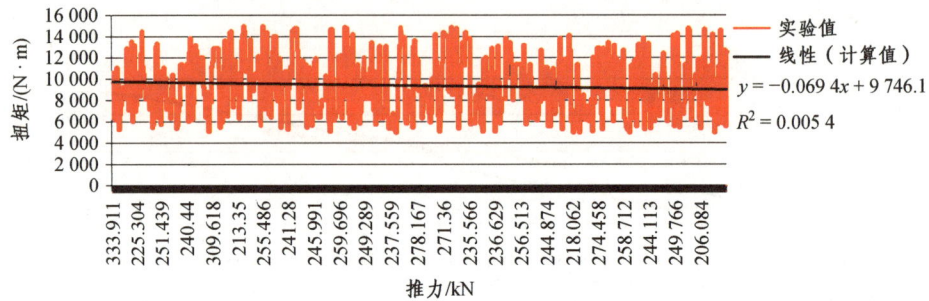

图 6-93 石灰岩实验所得扭矩-推力曲线

结合图 6-92 的实验数据,根据公式(6-25)计算所得扭矩-时间曲线如图 6-94 所示。

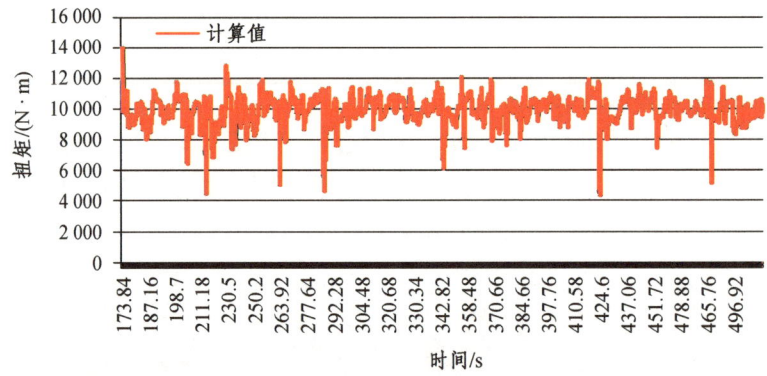

图 6-94 石灰岩计算所得扭矩-时间曲线

结合图 6-92 和图 6-94 中的数据,计算得到扭矩-推力曲线,如图 6-95 所示。

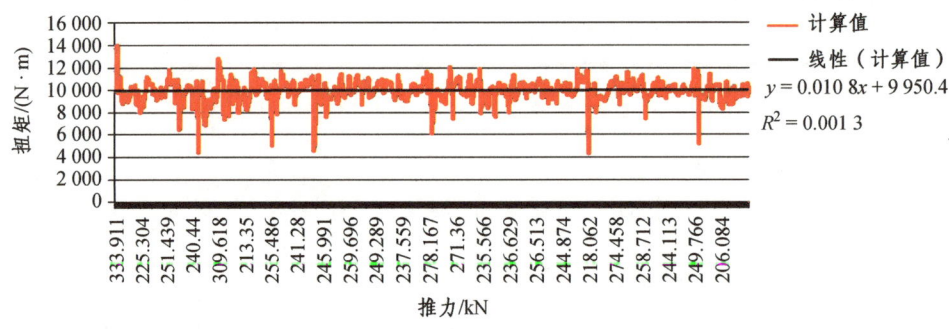

图 6-95 石灰岩计算所得扭矩-推力曲线

从图 6-92 和图 6-95 中可以看出,当推力维持在 250 kN 左右时,计算得到因刀盘切削土体(或岩石)时的地层抗力产生的扭矩在 9 950.4 N·m 左右;在当前推力范围下,从图 6-93 中可以看出实验所得的地层抗力扭矩值在 9 746.1 N·m 左右。即实验采集的扭矩值与理论优化模型计算的扭矩值相当。

3) 花岗岩滚压时推力、扭矩计算公式验证

(1) 刀盘推力计算公式验证

根据图 6-96、图 6-97、图 6-98 的实验结果,得出花岗岩破碎时的推力-侵深曲线,

如图 6-99 所示。图中实验值代表的曲线由利用滚刀岩机作用综合实验台进行红砂岩三刀滚压实验得出的实验数据整理而来，计算值代表的曲线由刀盘推力优化模型的公式（6-18）计算整理而来。从图中可以看出两者的变化趋势近似，实验结果说明了刀盘推力优化模型是合理的。

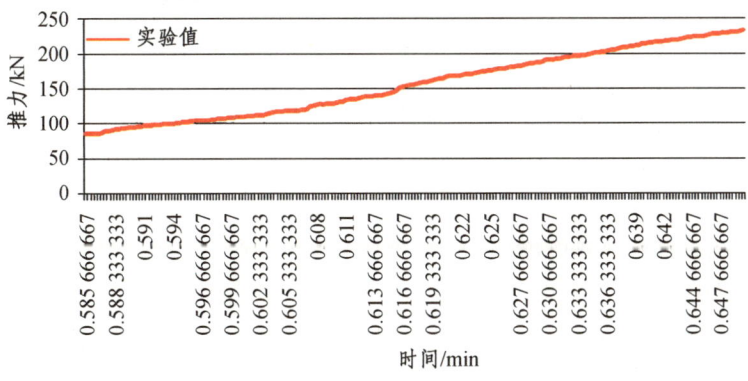

图 6-96　花岗岩实验所得推力-时间曲线

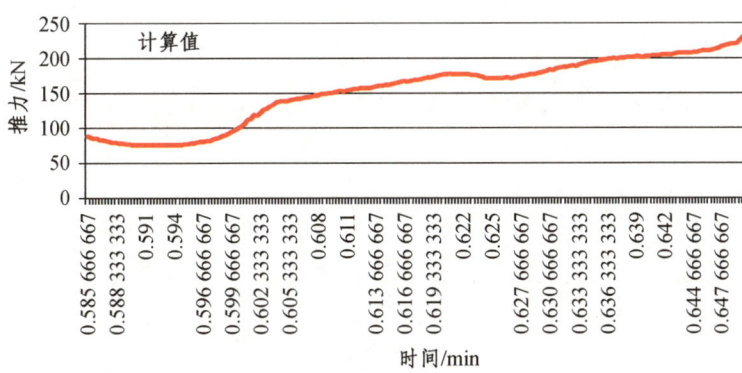

图 6-97　花岗岩计算所得推力-时间曲线

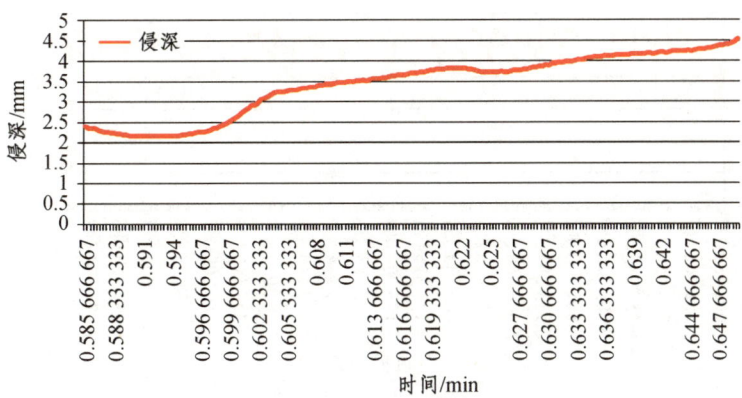

图 6-98　花岗岩侵深-时间曲线

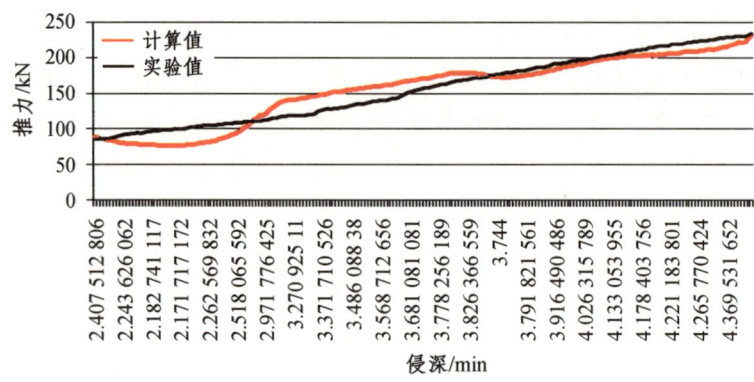

图 6-99　花岗岩推力-侵深曲线

（2）刀盘扭矩计算公式的验证

利用花岗岩在滚刀岩机作用综合实验台上进行三刀滚压实验，所得扭矩-时间曲线和推力-时间曲线如图 6-100、图 6-101 所示。结合此两种数据，整理分析得到扭矩-推力曲线，如图 6-102 所示。

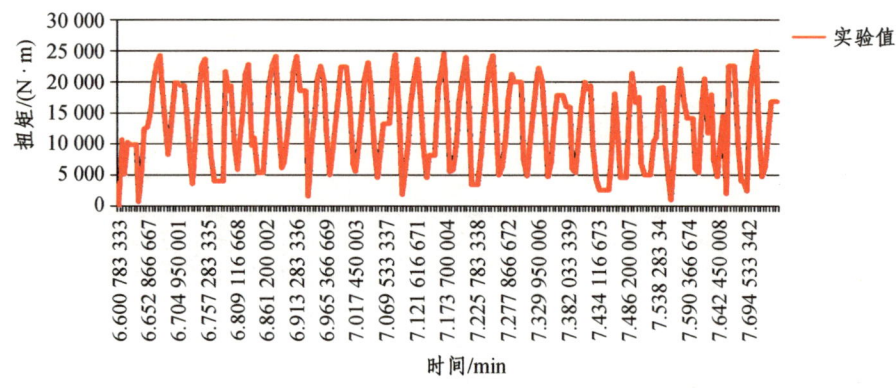

图 6-100　花岗岩实验所得扭矩-时间曲线

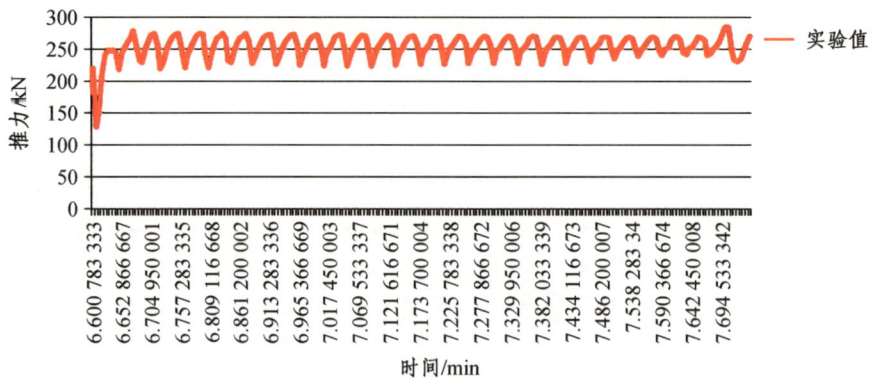

图 6-101　花岗岩实验所得推力-时间曲线

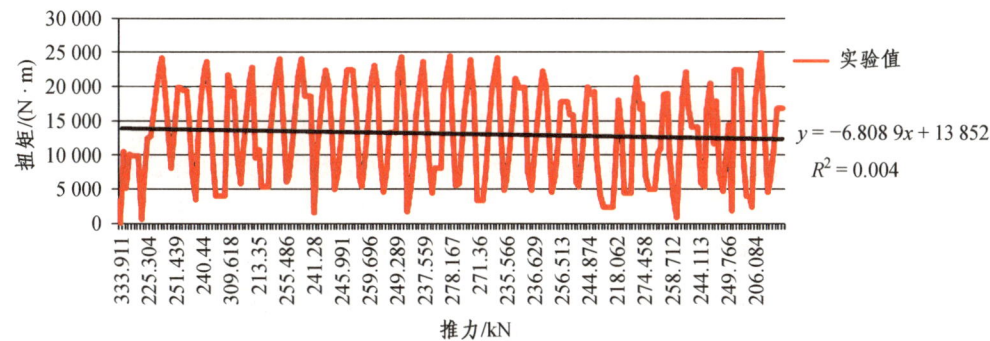

图 6-102　花岗岩实验所得扭矩-推力曲线

结合图 6-101 的实验数据，根据公式（6-25）计算所得扭矩-时间曲线如图 6-103 所示。

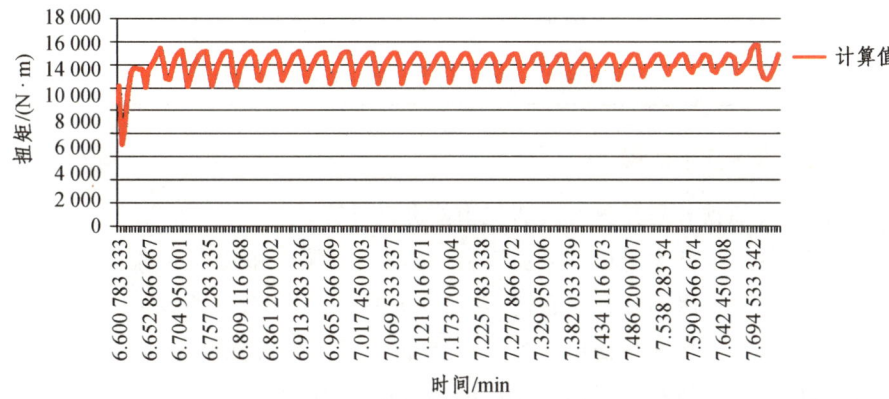

图 6-103　花岗岩计算所得扭矩-时间曲线

结合图 6-101 和图 6-103 中的数据，计算得到扭矩-推力曲线，如图 6-104 所示。

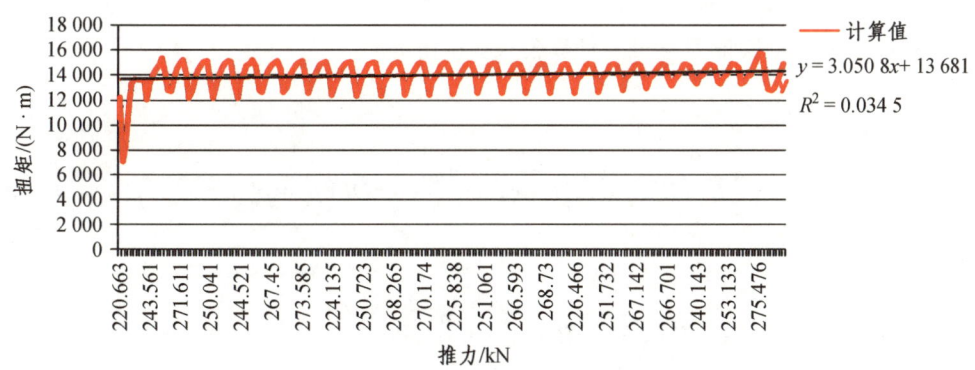

图 6-104　花岗岩计算所得扭矩-推力曲线

从图 6-101 和图 6-104 中可以看出，当推力维持在 250 kN 左右时，计算得到因刀盘切削土体（或岩石）时的地层抗力产生的扭矩在 13 681 N·m 左右；在当前推力范围下，从图 6-102 中可以看出实验所得的地层抗力扭矩值在 13 852 N·m 左右。即实验采集的扭矩值与理论优化模型计算的扭矩值相当。

4）实验结果分析

从图 6-81、图 6-90 和图 6-99 对比看出，红砂岩、石灰岩和花岗岩三种岩石进行滚压实验时，通过实验台测得的推力-侵深变化曲线与利用刀盘破岩推力计算公式得到的推力-侵深变化曲线变化趋势一致，且基本吻合，说明了刀盘破岩推力计算公式是可靠的、合理的。

表 6-30 是滚压三种岩石时测得的扭矩值和依据刀盘破岩扭矩计算公式计算得出的扭矩值。从表中可以看出三种岩石破岩时的扭矩值与计算得到的扭矩值非常接近，误差较小，说明了刀盘破岩扭矩计算公式是可靠的、合理的。

表 6-30　三种岩石滚压时的扭矩实验值和计算值

类型	红砂岩	石灰岩	花岗岩
扭矩实验值/（N·m）	4 419.4	9 746.1	13 852
扭矩计算值/（N·m）	4 659.8	9 950.4	13 681

6.3.6　工程实例反算

本小节以重庆地铁 6 号线复合式盾构为例进行反算。

该工程穿越的地层基本上以砂质泥岩和砂岩为主，泥岩和砂岩单轴抗压强度在 10～60 MPa 之间。该工程使用的复合式盾构，直径为 6.28 m，盾壳长度为 9 m，开口率为 31%，刀盘宽度为 0.35 m；工作面平衡压力为 100 kN/m^2；盘形滚刀数量 m=44，盘形滚刀直径 d=432 mm，盘形滚刀每转切入岩石深度 h=12 mm，刀间距 S=80 mm；盘形滚刀刃角 θ=30°；砂岩单轴抗压强度 R_c=40 MPa，抗剪强度 τ=7 MPa。

1）推力计算

利用此工程实例验证刀盘推力计算公式（6-18）：

$$F = F_1 + F_2 + F_3$$

$$= \frac{4}{3} K_d m R_c h \sqrt{R^2 - (R-h)^2} \tan\frac{\varphi}{2} + f\pi DL \left(p_q + p'_q + p_1 + p_2\right)/4 + \frac{\pi}{4} D^2 P_d k_0$$

其中

$$F_v = \frac{4}{3} K_d R_c h \sqrt{R^2 - (R-h)^2} \tan\frac{\varphi}{2}$$

$$= \frac{4}{3} \times 0.5 \times 40 \times 12 \times \sqrt{5040} \times \tan 71° = 65\,977 \text{ N} = 65.977 \text{ kN}$$

$F_1 = m \cdot F_v = 44 \times 65.977 \text{ kN} = 2\,902.988 \text{ kN} = 2\,903 \text{ kN}$

$$F_2 = f\pi DL(p_q + p_q' + p_1 + p_2)/4$$
$$= f\pi DL(K+1)(4\gamma D + G/DL)/4$$
$$= 151.4 \text{kN}$$

$$F_3 = \frac{\pi}{4}D^2 P_d k_0 = 3.14/4 \times 6.28^2 \times 101.31 = 3136.5 \text{ kN}$$

根据机械设计手册，取安全系数 A 为 2，则总推力

$$F_{总} = A \cdot F$$
$$= 2(F_1+F_2+F_3) = 2 \times (2\,903+151.4+3\,136.5) = 12\,381.8 \text{ kN}$$

实际工作时，复合式盾构使用的总推力为 10000～12000 kN，对比可以看出现场实际值与理论计算值一致。

2）扭矩计算

利用此工程实例验证刀盘扭矩计算公式（6-25）：

$$T = (1.1 \sim 1.4)(T_1 + T_2 + T_3 + T_4)$$
$$= (1.1 \sim 1.4) \times \left[\frac{3}{4}mR_d\xi\sqrt{\frac{h}{2R-h}}P + \frac{\pi D^3}{12}Kf_1\gamma H(1-\eta) + \frac{\pi D^3}{12}Kf_2\gamma H(1-\eta) + \frac{\pi D^2}{4}(1+K)f\gamma HW\right]$$

$$T_1 = \frac{3}{4}mR_d\xi\sqrt{\frac{h}{2R-h}}P$$
$$= \frac{3}{4}mR_d\xi\sqrt{\frac{h}{2R-h}} \times \frac{4}{3}K_d R_c h\sqrt{R^2-(R-h)^2}\tan\frac{\varphi}{2}$$
$$= 1479 \text{ kN} \cdot \text{m}$$

$$T_2 + T_3 = \frac{\pi D^3}{12}Kf_1\gamma H(1-\eta) + \frac{\pi D^3}{12}Kf_2\gamma H(1-\eta)$$
$$= 3.14 \times 6.28^3/12 \times 4.165\,875 \times 1\,000 = 271.4 \text{ kN} \cdot \text{m}$$

$$T_4 = \frac{\pi D^2}{4}(1+K)f\gamma HW$$
$$= 3.14 \times 6.28^2 \times 0.35 \times 7.33125 \times 1000 = 79.9 \text{ kN} \cdot \text{m}$$

$T = 1.4 \times (1\,479+271.4+79.9) = 2\,562 \text{ kN} \cdot \text{m}$

实际工作时，复合式盾构使用的总扭矩为 2 000～2 400 kN·m，对比可以看出现场实际值与理论计算值一致。

从计算结果可以看出，分别由公式（6-18）和公式（6-25）计算得出的复合式盾构推力和扭矩值与工作时使用的总推力值和总扭矩值比较接近，说明了计算公式的正确性。

6.3.7 小结

（1）开展了岩石力学性能试验，测试红砂岩、石灰岩和花岗岩的单轴抗压强度。

（2）开展了岩石静压破坏实验，研究刀头形状、侵深、岩石类型三者之间的关系，为滚刀设计提供指导。

（3）以石灰岩为研究对象，在滚刀岩机作用综合实验台上开展双刀和三刀破岩实验，研究了不同刀间距下的破岩效率，验证了最优刀间距模型的正确性，为刀盘数字化系统设计提供了实验数据支撑。

（4）以红砂岩、石灰岩和花岗岩为研究对象，开展了刀盘破岩推力、扭矩实验研究，对比分析理论与实验结果，验证了刀盘推力、扭矩计算模型的正确性。

（5）通过重庆地铁工程盾构主驱动的选型设计数据与理论模型计算结果的对比，验证了刀盘推力、扭矩计算模型的正确性。

6.4 刀盘数字化优化设计

本节主要根据刀盘刀具破岩机理的研究成果，提取刀盘特征参数，进行刀盘参数化建模；采用 ANSYS 分析软件对刀盘模型进行有限元结构应力应变及模态分析，并基于刀盘结构及其应力-应变特性进行盾构刀盘优化设计。

6.4.1 开发方案

1）刀盘刀具参数化建模方案

研究刀盘的典型结构形式，提取各结构零部件的关键参数，创建样板零件模型，编制相关的参数化设计程序，实现刀盘的参数化设计。

首先，优化刀盘结构参数，建立实体模型。根据不同的地层模型，建立岩土类型、岩土压力理论模型及盾构主要掘进参数（推力、扭矩等）计算理论模型，得出推力、刀盘扭矩、推进速度、刀盘开口率等主要盾构掘进参数与岩土特性之间的适应性联系，以及各掘进参数之间的匹配关系，分析刀盘与不同岩土地层耦合作用规律，为刀盘结构参数优化设计提供理论依据。

其次，建立刀具参数化结构设计平台，研究刀具典型结构形式，提取各种刀具结构关键参数，创建样板模型，编制相关参数化设计程序，实现刀具参数化设计。

通过对盾构刀盘刀具进行运动学仿真，模拟实际工作状态，验证其运动的正确性，检查运动机构间的协调关系，保证设备零件的干涉自由和运动协调，并根据零部件的干涉和运动情况完善设计。

2）刀盘刀具优化分析方案

根据岩土在实验中表现出的脆性和屈服强度特性，从岩土破坏机制及刀盘刀具与围岩耦合作用规律出发，以 CWFS 脆性模型为基础，考虑岩土屈服损伤的本构模型，编译动态链接库，将其植入 FLAC^{3D} 程序中。应用神经网络和遗传算法等优化算法对本构模型中的参数进行反演分析，并以三轴压缩试验数据为依据，采用刀盘推力模型公式（6-18）、刀盘扭矩模型公式（6-25）和刀间距数值模拟实验结果，建立不同地质条件和工况条件下围岩与刀盘刀具的力学状态映射关系，对盾构刀盘进行有限元分析和优化。

对刀盘、刀具三维实体模型进行装配，研究刀盘刀具结构的简化方法和焊接数值模拟方法，研究确定有限元单元尺寸、选择单元类型以及控制单元质量，建立刀盘刀具数字化设计分析的高精度有限元模型。

研究刀盘刀具的约束情况和边界简化条件，以刀盘刀具受力模型为基础，利用有限元方法，研究掘进状态下刀盘刀具的应力-应变分布规律、振动和刚度情况，在此基础上以刀具磨损小、布置合理、刀盘开口率合理为目标，建立刀盘刀具结构参数优化模型。

6.4.2 刀盘参数化建模

1）参数化建模软件简介

数字化设计系统采用美国参数技术公司（Parametric Technology Corporation，PTC）的 Pro/Engineer 作为建模平台。Pro/Engineer 为 PTC 公司全方位的 3D 产品开发软件，它集成了零件设计、曲面设计、工程图制作、产品装配、模具开发、数控加工、管路设计、电路设计、钣金设计、铸造件设计、造型设计、逆向工程、同步工程、自动测量、机构仿真、应力分析、有限元分析和产品数据管理等功能，是 PTC 公司推出的业界广泛应用的三维计算机辅助设计和制造的产品开发解决方案。Pro/Engineer 提供了强大的数字设计能力，具有创建高级、优质产品模型和设计方案并造就一流产品的能力。该系统易学易用、功能强大、互联互通，并提供了一个专门针对目前产品开发过程的实际情况而设计的多用户环境，具备数百项新的可用性和协作增强功能，可以把整个供应链上产品开发人员的效率、数据管理和实时设计交流提升到新的高度。

Pro/Engineer 是一套由设计至生产的机械自动化软件，是一个参数化、基于特征的实体造型系统，并且具有单一数据库功能。Pro/Engineer 的主要特性有：

（1）全相关性：Pro/Engineer 的所有模块都是全相关的。这就意味着在产品开发过程中某一处进行的修改，能够扩展到整个设计中，同时自动更新所有的工程文档，包括装配体、设计图纸以及制造数据。全相关性鼓励在开发周期的任一点进行修改，却没有任何损失，并使并行工程成为可能，所以能够使开发后期的一些功能提前发挥作用。

（2）基于特征的参数化造型：Pro/Engineer 使用户熟悉的特征作为产品几何模型的构造要素。这些特征是一些普通的机械对象，并且很容易按预先设置进行修改。例如：设计特征有弧、圆角、倒角等等，它们对工程人员来说是很熟悉的，因而易于使用。装配、加工、制造以及其他学科都使用这些领域的特征。通过给这些特征设置参数（不但包括几何尺寸，还包括非几何属性），然后可很容易地修改参数，进行多次设计迭代，实现产品开发。

（3）单一的数据库：Pro/Engineer 是建立在统一基层上的数据库。所谓单一数据库，就是工程中的资料全部来自一个库，在整个设计过程中，任何一处发生改动，亦可以前后反映在整个设计过程的相关环节上。例如：一旦工程图有改变，数控工具路径也会自动更新；组装工程图如有任何变动，也完全同样反映在整个三维模型上。这种独特的数据结构与工程设计的完整结合，使得一件产品各环节均能结合起来。这一优点，使得设计更优化，成品质量更高，产品能更好地推向市场，价格也更便宜。

（4）装配管理：Pro/Engineer 的基本结构能够使用户利用一些直观的命令，例如啮合、插入、对齐等方式，很容易地把零件装配起来，同时保持设计意图。高级装配功能支持大型复杂装配体的构造和管理，这些装配体中零件的数量不受限制。

（5）易于使用：菜单以直观的方式联级出现，提供了逻辑选项和预先选取的最普通选项，同时还提供了简短的菜单描述和完整的在线帮助。这种形式使得软件容易学习和使用。

目前，随着软件版本的升级，Pro/Engineer 在设计、制造、分析等功能上都得到了很大的提高，并且设计界面友好、方便操作。盾构刀盘的参数化建模主要是在 Pro/Engineer 的设计模块功能中完成的，其设计界面如图 6-105 所示。

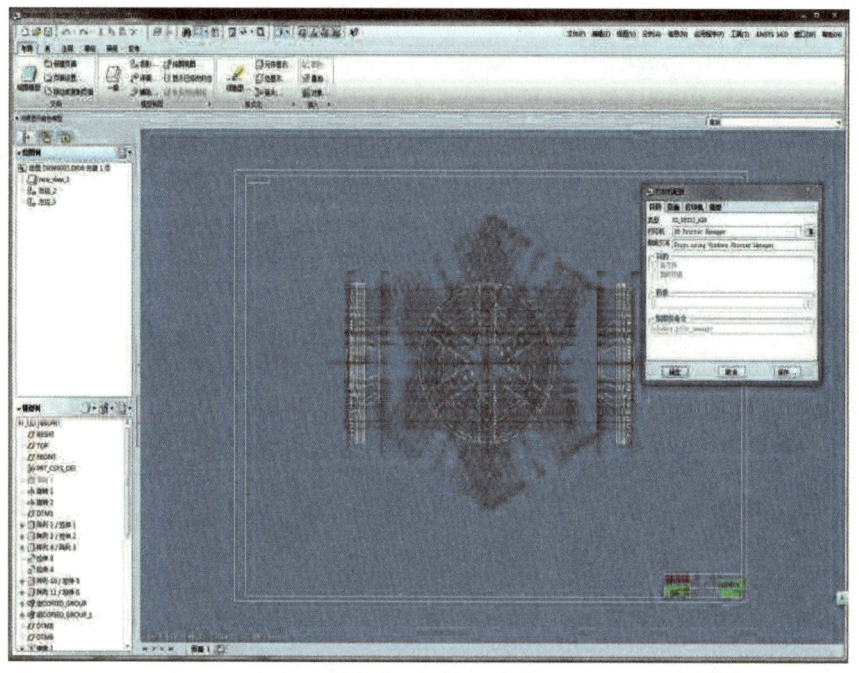

图 6-105　Pro/Engineer 设计界面

建模平台采用 PTC 公司的软件 Pro/Engineer5.0 版本。本节建立 3 种刀盘模型，如图 6-106 所示。

  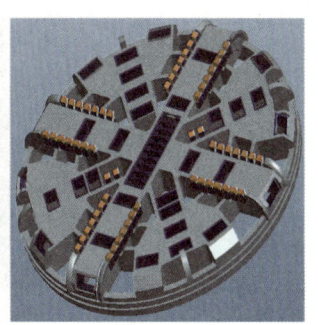

（a）面板式刀盘模型　　　　（b）辐条式刀盘模型　　　　（c）辐板式刀盘模型

图 6-106　三种刀盘模型

2）典型刀盘种类及选取

盾构刀盘是盾构的关键部件，其设计的好坏直接关系到盾构掘进的安全性和掘进的效率。盾构刀盘位于盾构的最前端，是盾构掘进的旋转部件，主要具有开挖土体、稳定掌子面、搅拌渣土三大功能。

盾构的开挖是依靠在盾构刀盘上布置刀具，通过刀盘的旋转推进，刀具贯入地层，切除掘削面的岩石或土层来实现的。开挖后的渣土通过刀盘的开口，进入土舱。另外，盾构在不稳定地层中掘进时，刀盘的面板可以起到稳定掌子面、防止过分坍塌的作用。对于土压平衡盾构，刀盘对土舱内的渣土进行搅拌，使渣土具有一定的塑性，然后通过螺旋输送机将渣土排出；对于泥水平衡盾构，刀盘的旋转搅拌作用，将切削下来的渣土与膨润土泥浆充分混合，优化了泥水压力的控制和改善了泥浆的均匀性，然后通过排泥管道将开挖渣土以流体的形式泵送到设在地面上的泥水分离站。

常见的刀盘结构形式分为辐条式、面板式和介于两者之间的辐板式等三类，具体应用时根据施工条件和土质条件等因素决定。辐条式刀盘开口率大，一般大于 60%，仅由几根辐条构成，结构相对简单。面板式刀盘开口率小，一般开口率为 25%～40%。相对于辐条式刀盘，面板式刀盘的结构较为复杂。辐板式刀盘是介于面板式和辐条式之间的刀盘，其开口率一般为 35%～50%。三类刀盘的结构如图 6-107 所示。

（a）辐条式

（b）辐板式

（c）面板式

图 6-107　典型刀盘结构

具体应用时，应根据施工条件和土质条件等因素决定刀盘结构形式。泥水盾构一般采用面板式刀盘或辐板式刀盘，土压平衡盾构根据土质条件可采用面板式、辐条式或辐板式刀盘。

对于土压平衡盾构，采用面板式刀盘时，由于泥土流经刀盘面板的开口进入土舱，盾构掘进时，土舱内的土压力与开挖面的土压力之间产生压力降，且压力降的大小受刀盘开口的影响不易确定，从而使得开挖面的土压力不易控制。辐条式刀盘仅有几根辐条，切削下来的土体直接进入土舱，没有压力损失，同时在辐条后设有搅拌叶片，土、砂流动顺畅，土压平衡容易控制。因此，辐条式刀盘对砂、土等单一软土地层的适应性比面板式刀盘强；但由于辐条式刀盘的结构强度较低，一般不能安装滚刀，在风化岩及软硬不均地层或硬岩地层中掘进时，应采用辐板式或面板式刀盘。

辐条式、辐板式和面板式刀盘的主要性能参数对照见表 6-31，辐条式、辐板式和面板式刀盘主要适应地质条件对照见表 6-32。

表 6-31　刀盘主要性能参数

项目	辐条式	辐板式	面板式
开口率	≥60%	35%～50%	25%～40%
支撑作用	弱	较强	强
刀盘重量	轻	较重	重
刀具类型	切削刀、刮刀	切削刀、刮刀	切削刀、刮刀、滚刀
辐条结构	厢式	厢式	厢式

表 6-32　刀盘主要适应地质条件

刀盘类型	土沙			岩石	
	单一土质	复合土质	砾石	软岩	硬岩
辐条式	√	√	√		
辐板式	√	√	√	√	
面板式	√	√	√	√	√

根据各种地质条件下盾构刀盘的设计和应用现状，经过充分论证分析和研究，选取面板式结构、辐条式结构、辐板式结构等 3 种典型刀盘结构作为盾构刀盘研究对象。

3）关键参数提取

（1）刀盘面板厚度和筋板厚度：对刀盘进行参数化建模时，可选取刀盘的面板厚度、筋板厚度作为参数化模型自动更新的参数，同时这两个参数可作为优化参数，通过优化分析得到满足使用工况的刀盘最优状态。

（2）开挖外径：刀盘的开挖直径是随隧道设计直径而变化的。在施工中，由于掘进线路的坡度或转弯半径等影响，需在刀盘边缘布置超挖刀（或仿行刀），用于盾构在转弯处内侧的超挖。而在复合地层条件下施工，考虑到刀盘和刀具在较为坚硬的围岩中切削会有一定的磨损。因此，在选型时需考虑因刀盘刀具磨损而使盾构刀盘直径减小、盾构被卡在岩层中的风险，在选型和制造时可对其提出设计要求。复合地层中盾体外径从前盾至盾尾依次减小 10 mm，以预防盾构卡在岩层中的风险。根据实际工况的需要，建立开挖外径与刀盘直径之间的关系，选择开挖外径作为可变参数，控制实际刀盘外径大小。

（3）刀间距：在给定地质条件下，刀间距和刀具的推力有关，刀具推力越大，相对刀具的切深就越大。最优刀间距参照单刀、多刀侵压数值模拟得到的实验结果。试验研究结果表明，当减小刀间距时，获得一定掘进速度所需的推力将下降。说明在岩石非常硬的情况下，维持每把刀推力不变，通过减小刀间距，可加快掘进速度；但相应要求增加机器总推力，并产生更小的碎石屑，石屑愈小，切削岩石要求的比能消耗愈大，开挖过程的经济性就愈差。因此，刀间距是影响盾构开挖效率的关键参数。

盘形滚刀在刀盘推力和扭矩作用下，在掌子面上切出一系列的同心圆沟槽，当推力超过岩石的强度时，盘形滚刀刀尖下的岩石直接破碎，刀尖贯入岩石，形成压碎区和放射状裂纹，进一步加压，当滚刀间距 S 满足一定条件时，相邻滚刀间岩石内裂纹延伸并相互贯通，形成岩石碎片而崩落，盘形滚刀完成一次破岩过程。盘形滚刀间距的确定与开挖岩层的情况及岩石的种类、强度等有关，且刀间距的大小也影响破岩效率。因此，选盘形滚刀间距作为参数化建模的参数，同时也可作为优化参数，通过优化计算分析得到最优刀间距值，以满足正常工况使用。切刀的刀间距确定与开挖岩层的情况及岩石的种类与强度等有关，因此，也可选切刀刀间距作为参数化模型的可变参数和优化参数。

（4）云腿角度：云腿角度的大小影响整个盾构刀盘的受力分布状态，因此在建立刀盘参数化模型时，也可将云腿角度作为可变参数，同时也可将其作为优化参数。

刀盘常用的结构形式有辐条式、面板式、辐板式。本节主要针对岩石地质条件下掘进用盾构刀盘进行参数化建模。

4）面板式刀盘参数化建模

面板式刀盘图中主要参数为：开挖外径 6 280 mm；中心滚刀 8 把，正滚刀 31 把，正滚刀刀间距 100 mm；切刀 4×16 把；刮刀刀间距 100 mm，边刮刀 8 把。分析图纸中刀盘结构特点，建模步骤如下：

（1）刀盘外形：开挖直径为参数化建模的可控参数，通过建立刀盘外径与开挖直径之间的几何关系，确定刀盘外形几何尺寸，如图 6-108 所示。

（2）刀盘开口：根据实际工况，某些地层结构复杂，为了保证刀盘的开口槽有足够的开口余量，考虑到刀盘结构和渣土的流动性，并且根据以往使用盾构刀盘的经验，开口槽设计为 8 条狭长槽，均匀布置在刀盘面板上。具体布局如图 6-109 所示。

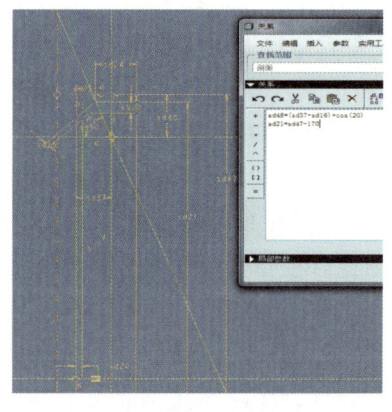 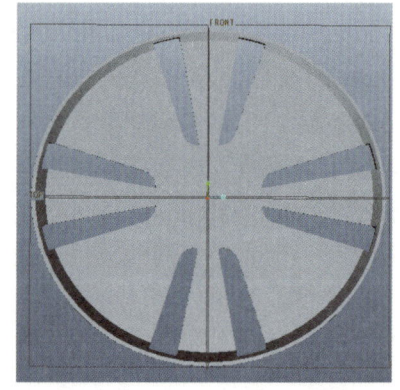

图 6-108　刀盘外形几何尺寸　　　图 6-109　刀盘开口布局

（3）刀具的选择与配置：对盾构而言，最关键的问题就是选用何种刀盘结构和刀具配置，才能使盾构在整个隧道掘进过程中达到最小的刀具磨损、最少的换刀次数和最快的掘进速度。一般情况是先依据地质勘查的结果来配置刀盘的开口率、滚刀的分布以及刮刀的位置。在以软土为主体的土质中，一般是以刮刀为主辅以适当的滚刀；而在以硬岩为主的地质中，则以大量的滚刀辅以适量刮刀相配合。然后再根据不同的地质情况确定盾构刀具的种类及刀具在刀盘上的布置形式和安装方式。

盾构施工中为了保证盾构刀盘整个前端断面刀具都能掘削到土体，刀具圆周运动轨迹应能覆盖刀盘的整个截面。一般情况下，刀盘旋转是正转、反转交替进行的，为了保证刀盘在工作时受力平衡，滚刀刀具采用对称的方式布刀。由于半径不同，刀盘上刀具切削的线速度大小不同，因此为减小磨损或达到所有刀具均匀磨损的效果，随着半径的逐渐增大，刀具的数量逐渐增多。切刀采用正、反方向布置。同时，为了提高切刀的可靠性，在每个轨迹上布置了 2 把切刀。由于周边工作量相对较大，磨损后对盾构切口环尺寸影响较大，因此在刀盘周边布置了刮刀。

在复合地层中，常用刀具有滚刀、切刀、刮刀。根据盾构刀盘工作原理可知刀盘在工作时，首先通过盘形滚刀进行破岩，因此对于盘形滚刀刀间距的布置要求是：

① 每把盘形滚刀在破岩时所受的负荷相等，即每把刀的破岩量相等，刀刃两侧的侧向反力能相互抵消。

② 作用在刀盘体上的各点外力相互平衡，其合力通过刀盘中心，不产生倾覆力矩。因此，对于刀盘面板正面的盘形滚刀其刀间距在 50～120 mm 之间，软岩取最大值，硬岩取最小值。

当盾构刀盘开挖外径为 6 280 mm 时，盘形滚刀、切刀在刀盘上的布置如图 6-110 所示。根据图 6-110 所示盘形滚刀布局图，创建模型时，将其分为三种类型分别创建。

第一类为边滚刀，即图 6-110 中 29 号～39 号刀，一般为单刃滚刀。刀盘边缘 11 把盘形滚刀，可用阵列方式中的表阵列完成。

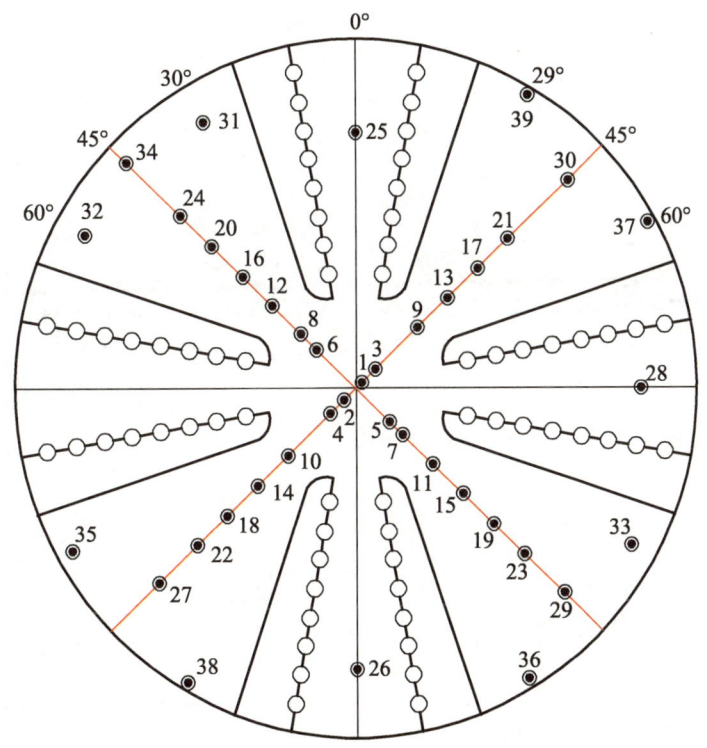

图 6-110　盘形滚刀布局

通过建立 11 把边滚刀之间的位置关系，分别定义边滚刀的位置。对于每个边滚刀的刀座，采用参考阵列方式完成，如图 6-111 所示。11 把边滚刀的位置如图 6-112～图 6-114 所示。

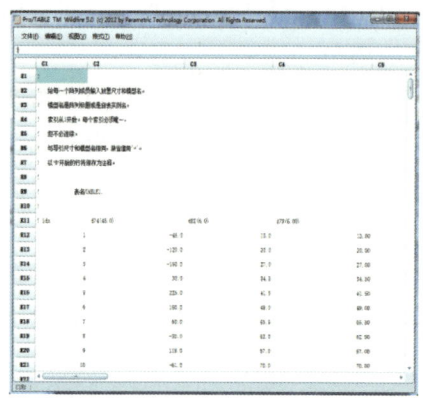

图 6-111　表阵列参数

图 6-112　阵列分布图

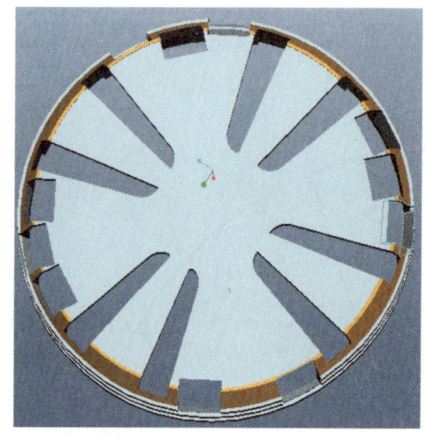

图 6-113　边滚刀分布图

图 6-114　带刀箱的边滚刀图

第二类为正滚刀，即图 6-110 中的 9 号～24 号刀。每把刀的位置可采用图形特征关系式控制（图 6-115），并通过阵列方式实现（图 6-116），正滚刀分布图如图 6-117 所示。

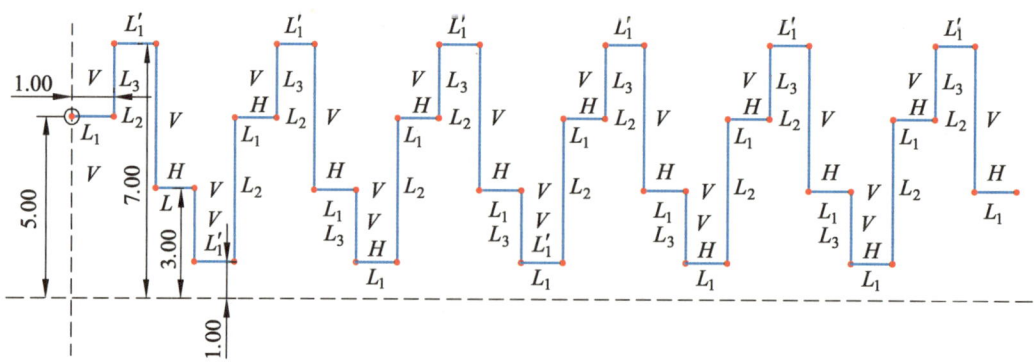

图 6-115　正面滚刀图形特征

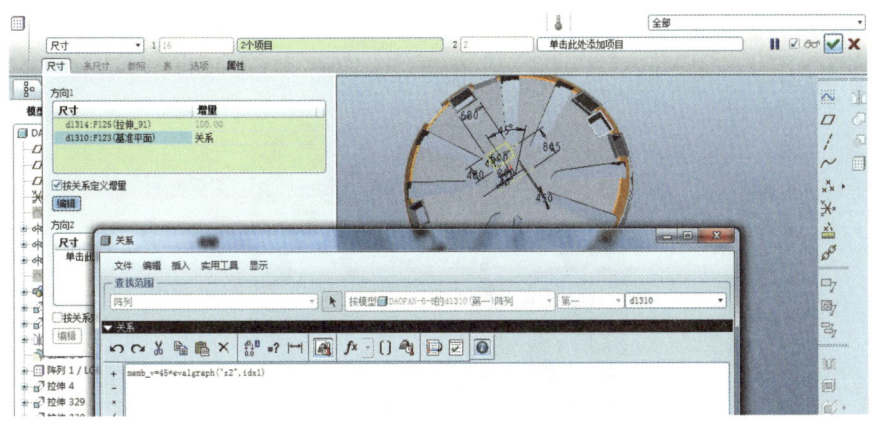

图 6-116　阵列方式、建立图形关系式

第三部分为中心滚刀，共 8 把，即图 6-110 中的 1 号～8 号刀。其分布如图 6-118 所示。另外其他 4 把面滚刀，建模方式采用阵列中的表阵列方式实现，如图 6-119 所示。

（4）刀盘加强筋板。

在面板后面增加了筋板，改善了面板的受力状态，提高了承载强度，如图 6-120 所示。

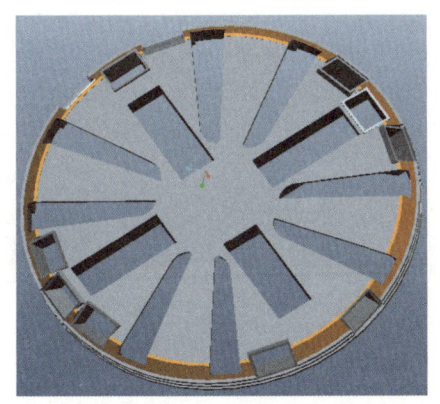

图 6-117　正面滚刀分布

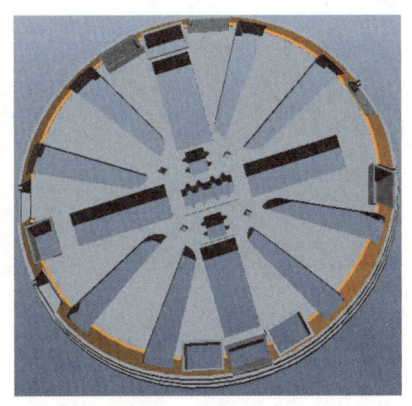

图 6-118　中心滚刀分布

图 6-119　面滚刀布局

图 6-120　带加强筋板的刀盘

（5）云腿及安装法兰。

如图 6-121 所示为云腿的可变截面扫描及阵列方式。

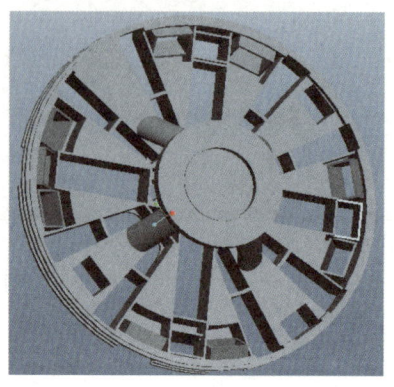

图 6-121　云腿及安装法兰

（6）切刀的创建：四组切刀的创建采用图形特征（图 6-122），每组切刀的位置关系采用图形特征控制，并建立特征与图形函数关系式（图 6-123），进而完成切刀的创建，如图 6-124 所示。

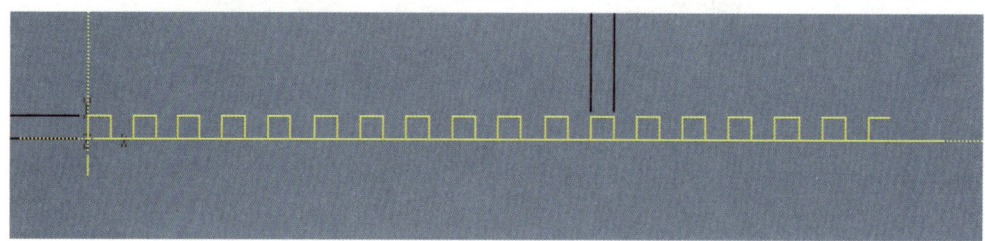

图 6-122　创建切刀的图形特征

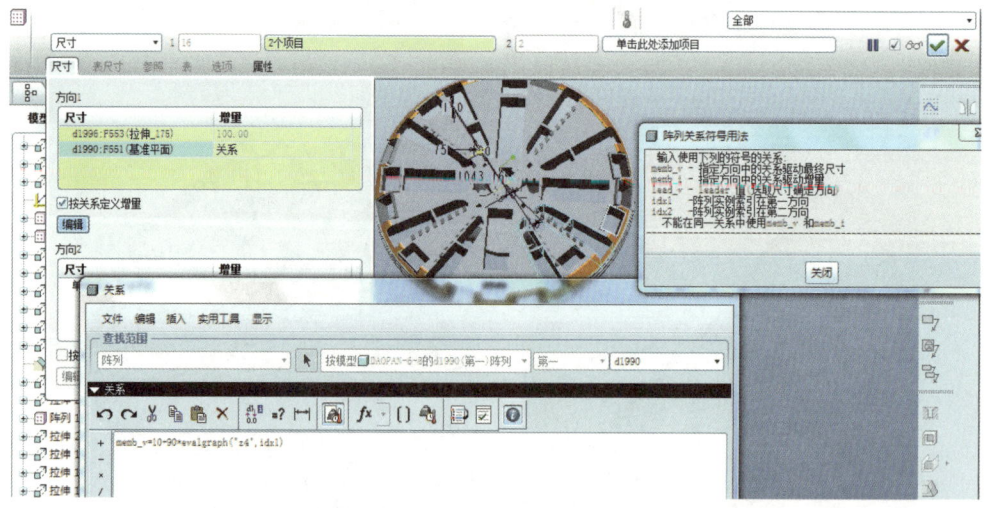

图 6-123　建立特征与图形函数的关系式

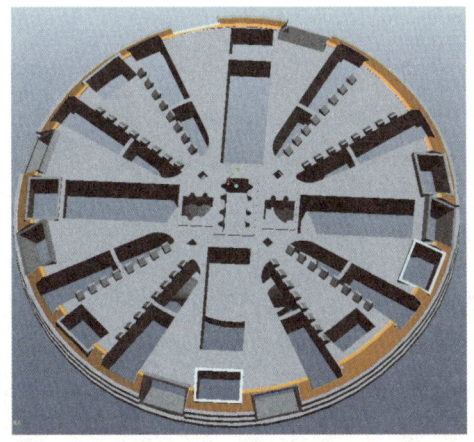

图 6-124　切刀特征创建完成

（7）双刃滚刀的创建：按如图 6-125 所示创建双刃滚刀。

（8）单刃滚刀组件的创建：按如图 6-126 所示创建单刃滚刀。

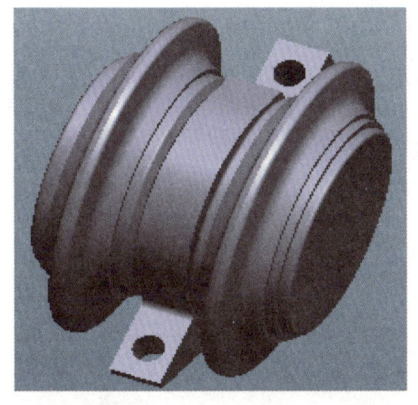　

图 6-125　17 号双刃滚刀　　　图 6-126　17 号单刃滚刀组件

（9）边刮刀的创建：如图 6-127 所示。

（10）切刀模型：如图 6-128 所示。

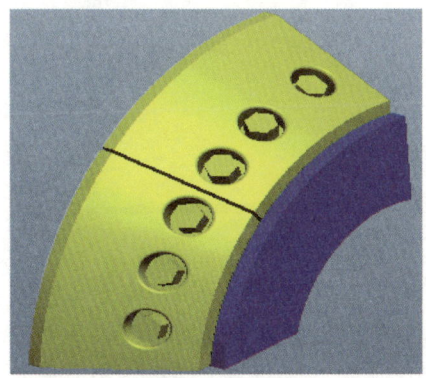　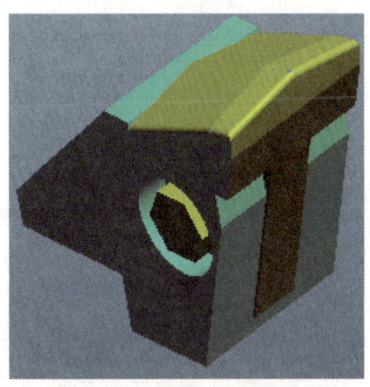

图 6-127　边刮刀　　　图 6-128　切刀模型

(11)装配模型的创建。

刀盘磨损是刀盘失效的最主要形式,主要是刀具的磨损和刀盘正面远离刀盘中心处的磨损。为了减小刀盘磨损,刀盘的正面需焊接耐磨条以增强刀盘的耐磨性。如图 6-129 所示为开挖外径 6 280 mm 的复合式盾构加耐磨环刀盘。

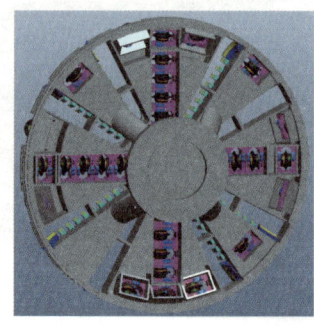

图 6-129　刀盘装配模型

(12)创建工程图文件。

通过对基本模型的分析,确定了其关键的参数。通过编程的方式将确定的参数与建模过程中的内部参数建立起关系。编写如图 6-130 所示的关键参数,并赋初始值。

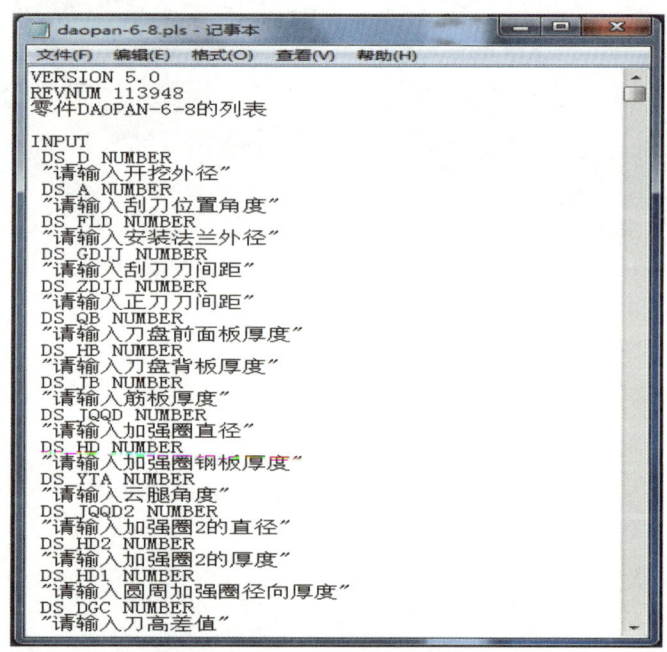

图 6-130　刀盘模型内部参数的编程

创建如图 6-131 所示的关系,将选择的参数和建立的模型结构参数之间建立关系,实现通过输入开挖外径、面板厚度、筋板厚度、云腿角度、正刀刀间距等关键参数实现模型的自动更新。完成参数化建模后可自动生成同一系列的不同尺寸的刀盘模型。这些关键参数的确定是与后续有限元分析有关的。如图 6-132 所示为参数化模型。

图 6-131 创建关系

图 6-132 面板式刀盘参数化模型

点选"再生"按钮,弹出如图 6-133 所示"菜单管理器",点选"输入",弹出如图 6-134 所示的可选取参数,根据需要选择相应参数更改模型。

 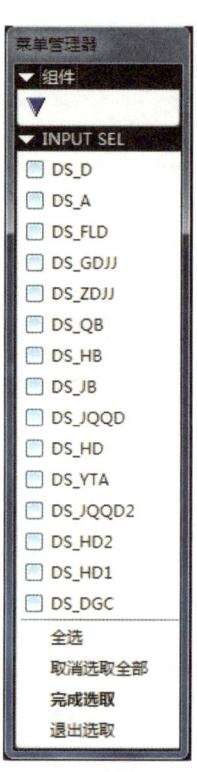

图 6-133　菜单管理　　　　图 6-134　可控参数

选择刀盘开挖外径进行模型更新，如图 6-135、图 6-136 所示。

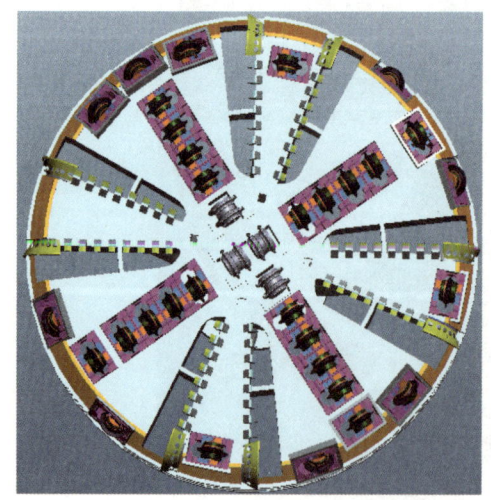 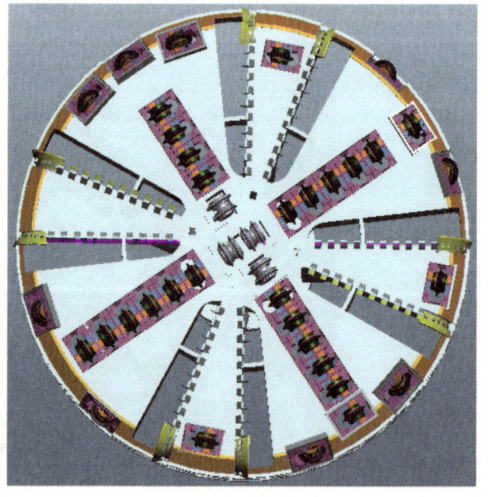

图 6-135　6 280 mm 刀盘结构　　　　图 6-136　7 000 mm 刀盘结构

将面板式刀盘中安装滚刀处更换为切刀时，刀盘的结构如图 6-137 所示。

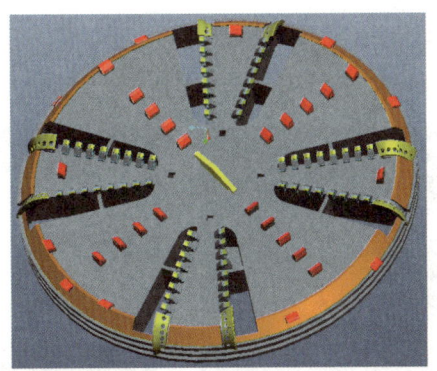

图 6-137　6 280 mm 的切刀布局

根据开挖地层的状况，在其他参数相同的情况下，通过调整开口槽角度值的大小，改变刀盘的开口率。开口率的变化范围大概在 30%~50% 范围内（图 6-138、图 6-139）。

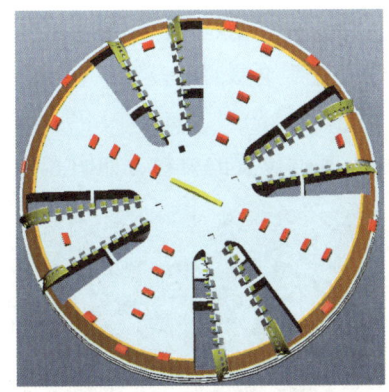 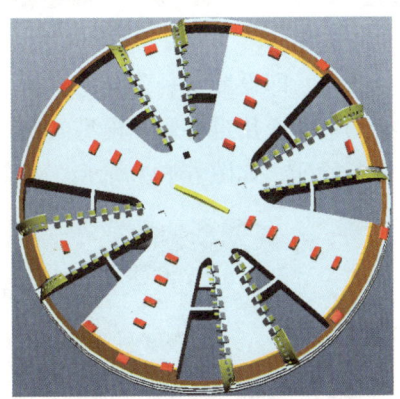

图 6-138　较小的开口槽角度　　　　图 6-139　增大开口槽角度

5）辐条式刀盘的参数化建模

取刀盘的开挖直径 D、筋板厚度 JB 及面板厚度 MB 作为参数化的变量关键参数，参数的定义方式如图 6-140 所示。

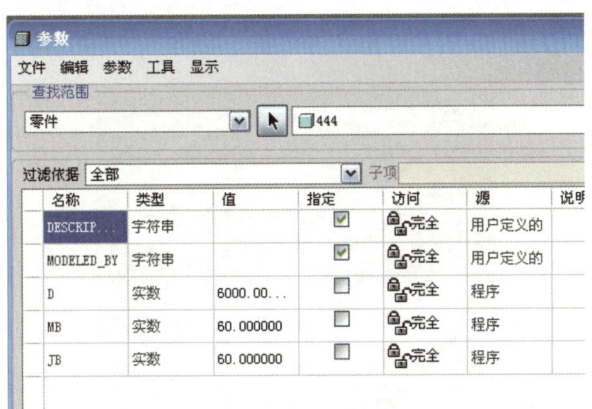

D—开挖直径（6 000~8 000 mm），MB—面板厚度（60~80 mm），JB—筋板厚度（0~80 mm）。

图 6-140　设置盾构刀盘驱动参数

在 Pro/Engineer 草绘模块下，绘制如图 6-141 所示的几何图形，确定刀盘外形尺寸，并建立草绘状态下如图 6-142 所示的关系。

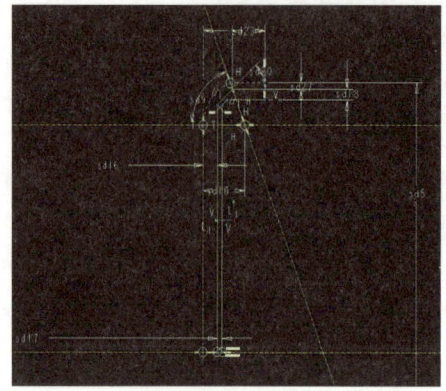 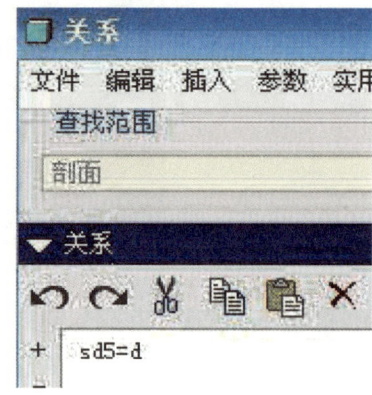

图 6-141　草绘几何图形　　　　　　　　图 6-142　草绘关系

设置 $sd5=d$，即设置直径为开挖直径。另外注意草绘参照的设置，它也会影响建模质量。草绘约束的应用也将影响模型的创建。

创建筋板特征，如图 6-143 所示。去除面板上其他位置的材料，如图 6-144 所示。

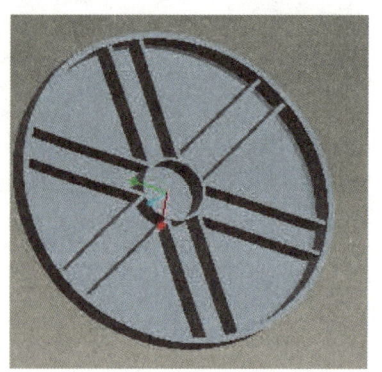 

图 6-143　添加筋板　　　　　　　　图 6-144　去除面板多余材料

设置加强筋，如图 6-145 所示，添加加强筋。

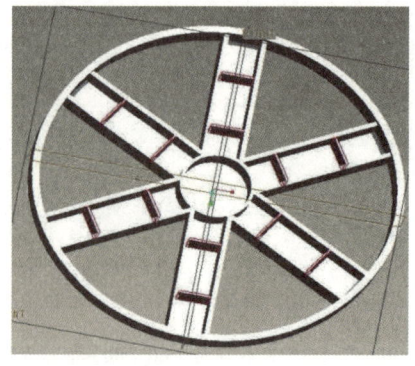

图 6-145　添加加强筋

编写如图 6-146 所示的筋板程序段，完成参数关系定义。如在程序段中建立加强筋板的关系：P44=floor((d/2-1080)/1000)+1。

再生模型，输入 D=8000（即 8 m 刀盘），再生后如图 6-147 所示，可以看到加强筋板已自动增加。

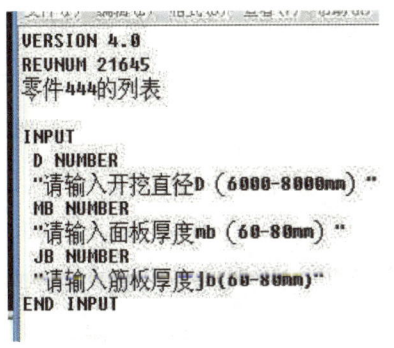 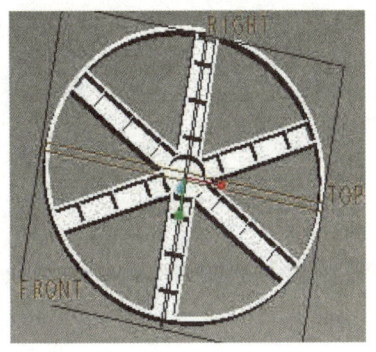

图 6-146　筋板程序段　　　　图 6-147　参数驱动的模型再生

如图 6-148 所示，生成覆盖板和钻头。

根据盾构刀盘的布刀特点，阵列刀具时相邻辐条刀具位置必须错开一定的刀间距。为了保证刀间距和布刀形式，刀具的位置由相应关系和程序控制，如图 6-149 所示。

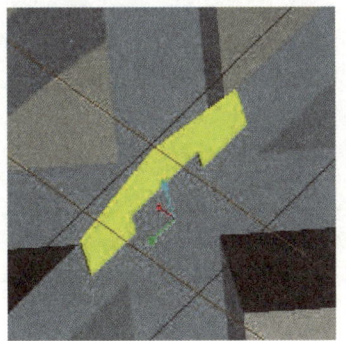 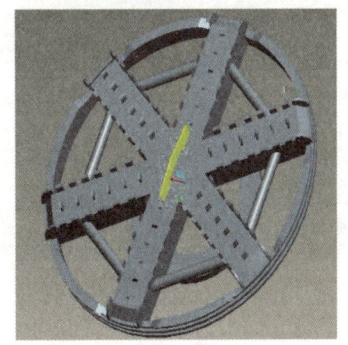

图 6-148　生成覆盖板和钻头　　图 6-149　按程序布刀后的刀盘模型

如图 6-150 所示，云腿的创建采用可变截面扫描的方式创建完成。最终得到图 6-151 所示的辐条式刀盘基本模型。

图 6-150　创建云腿特征　　　　图 6-151　刀盘基本模型

6）辐板式刀盘的参数化建模

首先确定刀盘外径，建立几何关系式，如图 6-152 所示。

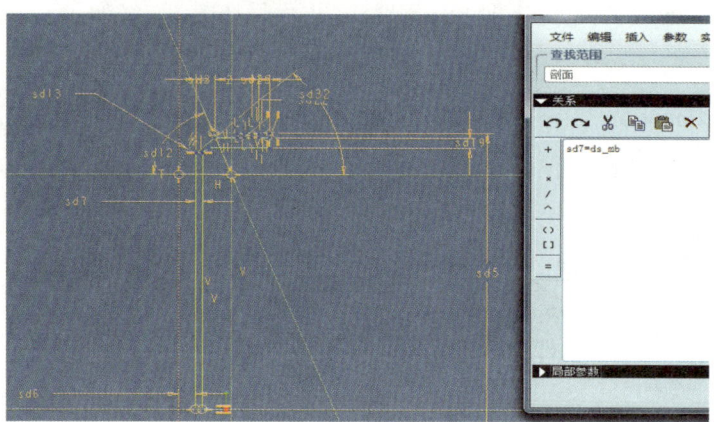

图 6-152　确定刀盘外径及几何关系式

其次，建立正刀布局图形特征，如图 6-153 所示。同时建立图形与特征之间的关系（图 6-154），得到正刀布局特征图（图 6-155）。

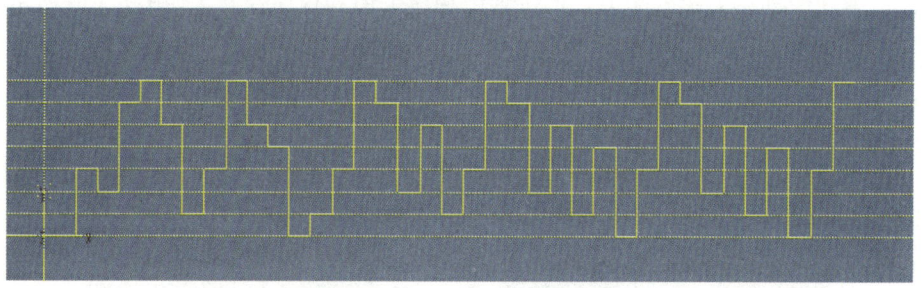

图 6-153　正刀布局图形特征

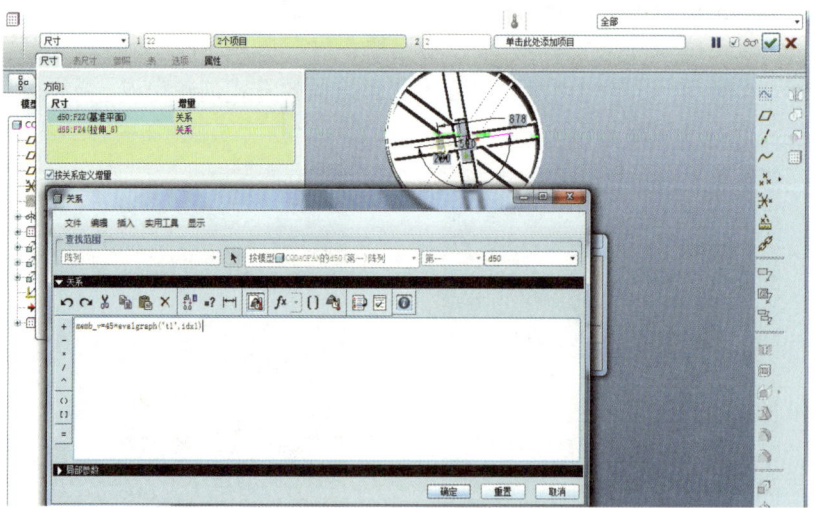

图 6-154　采用阵列方式建立图形与特征之间的关系

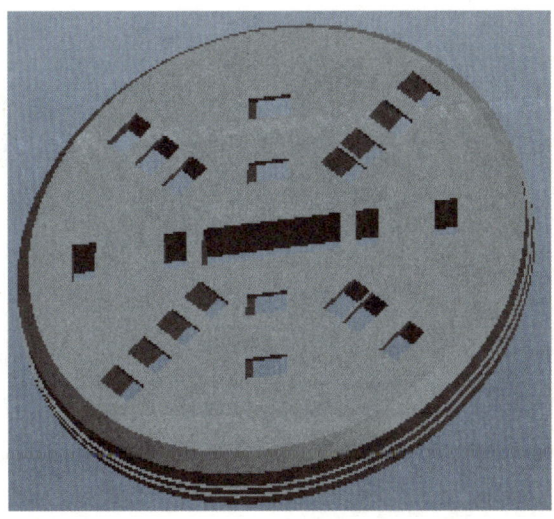

图 6-155　正刀布局特征图

最后，确定关键参数（图 6-156），建立参数与特征几何参数之间的关系（图 6-157），得到辐板式刀盘基本模型（图 6-158、图 6-159）。

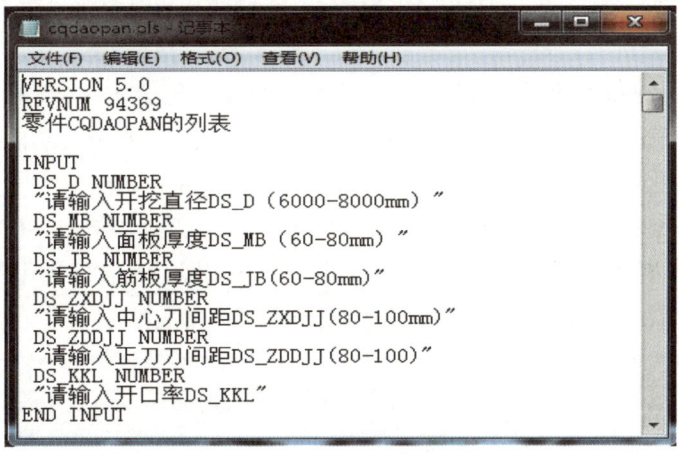

图 6-156　关键参数确定

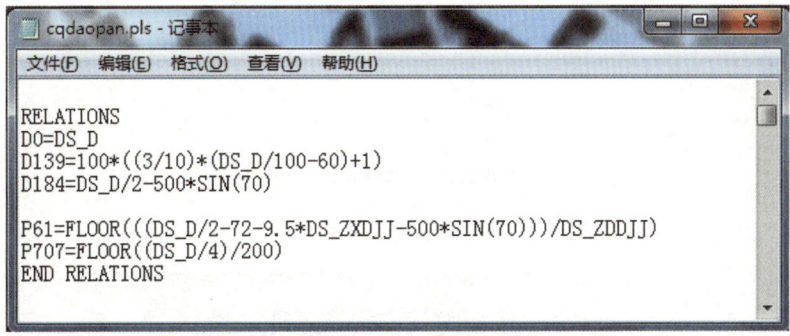

图 6-157　参数与特征几何参数之间关系

 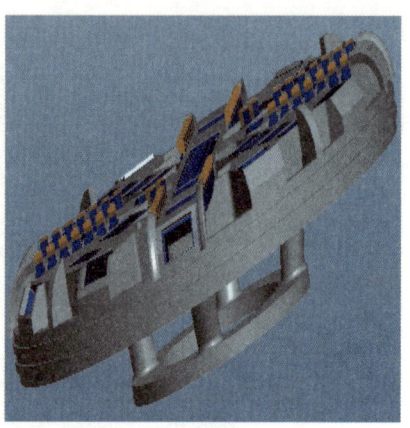

图 6-158 辐板式刀盘基本模型正面　　图 6-159 辐板式刀盘基本模型侧面

6.4.3 刀盘优化分析

1）优化分析软件简介

ANSYS/Workbench 协同仿真环境是一个开放式的计算机辅助工程（CAE）平台，集成了不同的前后处理器，是一个直观的便于交互式操作的仿真系统，能方便快捷地对各种工程问题进行分析。

ANSYS/Workbench 协同仿真环境作为安世亚太公司开发的一个新的工程分析平台，集成了 ANSYS 的多个求解器，继承了 ANSYS 软件强大的模拟分析功能。

目前，AWE 集成了 DesignModeler（DM）、DesignSimulation（DS）、DesignXplorer（DX）、ANSYSAUTODYN、FE Modeler 等多个模块。盾构刀盘的结构分析主要是在 AWE 中的 DS 模块即有限元分析模拟模块中完成的。盾构刀盘参数化的优化设计主要在 DX 模块中完成。如图 6-160 所示为盾构刀盘集成分析、优化平台。

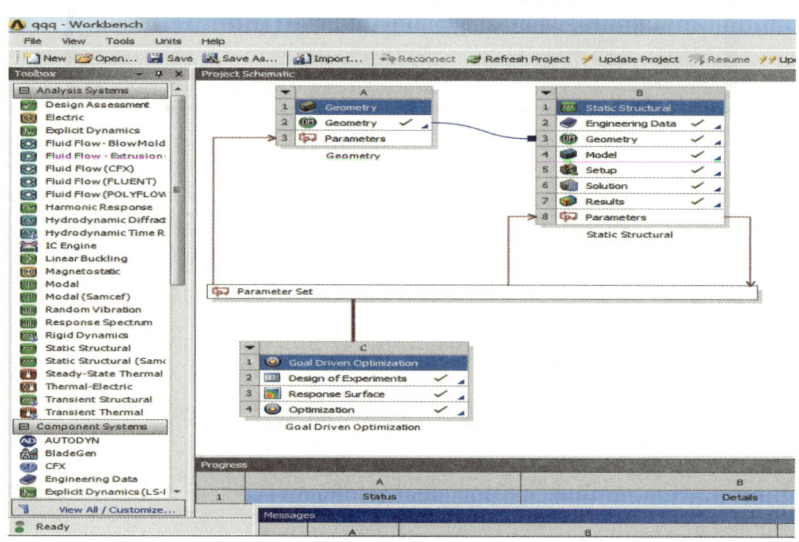

图 6-160 盾构刀盘集成分析、优化平台

有限元分析的目的是确定刀盘在给定工况对应荷载作用下的变形趋势和变形量、应力分布趋势和应力值，并对刀盘的强度、刚度进行校核。刀盘是盾构的核心结构部件，在掘进过程中直接与周围岩土介质接触，完成破岩和切削功能，承受着主轴承传来的巨大推力和扭矩，刀盘性能的优劣直接影响整套系统的掘进效率，因此有必要详细了解刀盘的工作性能。另外，通过有限元计算，可以直观地观察刀盘在给定荷载工况下的变形趋势和应力分布趋势，进而对刀盘结构进行优化设计。

2）刀盘有限元模型建立

（1）DS 结构分析流程

①模型导入：由于 ANSYS/Workbench 与 Pro/Engineer 软件的无缝连接和相关性，在软件安装时先安装 Pro/Engineer 软件，再安装 ANSYS/Workbench，则会在 Pro/Engineer 软件菜单栏的插件中出现 ANSYS/Workbench 的接口。在 Pro/Engineer 软件里完成三维建模后，可以直接通过软件中的 AWE 接口将当前的零件或装配体模型直接导入 ANSYS/Workbench 中。图 6-161 为 Pro/Engineer 中 ANSYS/Workbench 的接口。

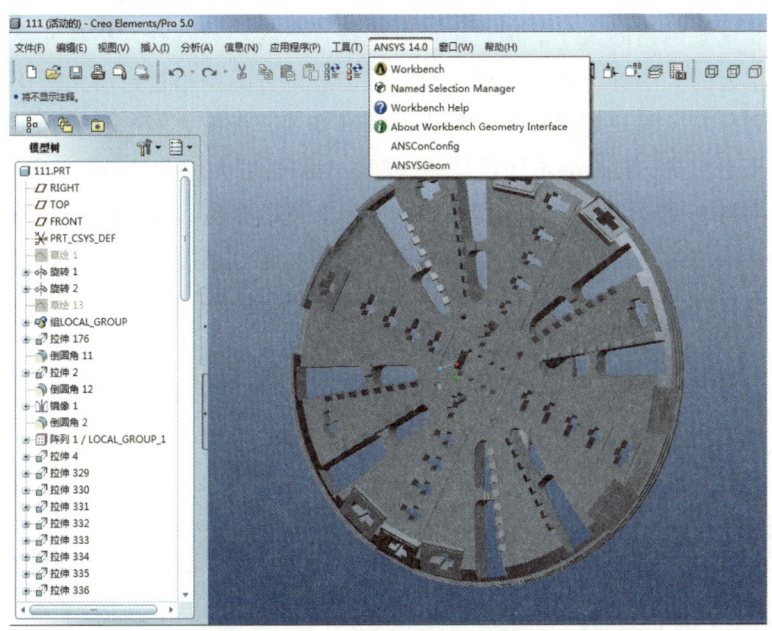

图 6-161　Creo Elements/Pro5.0 中 ANSYS/Workbench 的接口

②材料属性设置：组件模型导入后，需要定义模型的材料。ANSYS/Workbench 有丰富的材料库，对零件材料属性的设置可以直接选择其材料库里已有的材料，也可以在工程数据应用模块（Engineering Data）中编辑材料属性，定义数据库中没有的新材料。在线性静力结构分析中，由于不考虑热的影响，材料属性中只需要定义杨氏模量以及泊松比即可。图 6-162 为数据应用模块中的材料数据管理界面。

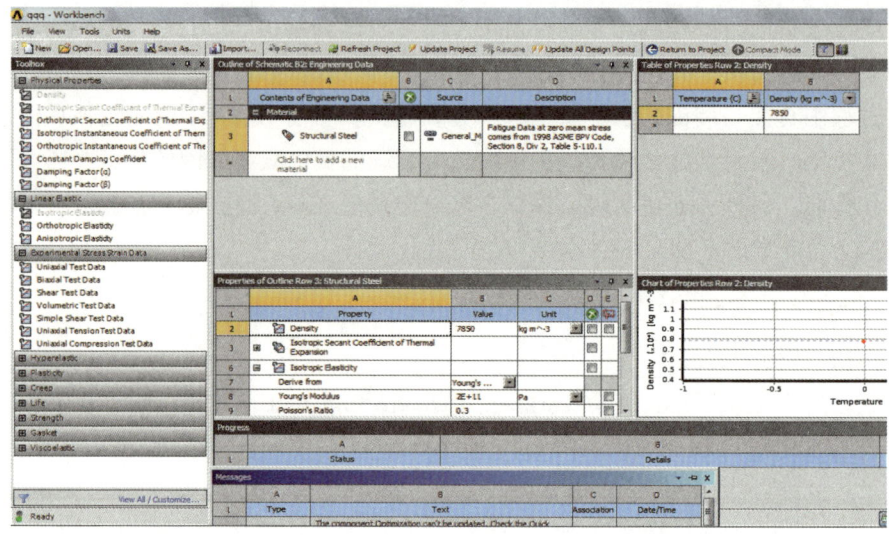

图 6-162　数据应用模块中的材料数据管理界面

③ 网格划分：ANSYS/Workbench 有很强大的网格自动划分功能，能够自动根据实际模型的形状调整网格的大小。用户也可以根据自己的经验选择网格单元类型、划分的方式、网格单元的大小等，还可以对关键区域已经划分的网格进行单元细化。

在网格划分时，用户需要权衡计算成本和网格划分份数之间的矛盾。细密的网格可以使计算结果更精确，但是会增加运算的时间，也需要更大的存储空间。在理想状况下，用户需要的网格密度是结果不再随网格的加密而改变的密度。用户需要在精度和计算时间之间找到一个好的平衡点。图 6-163 为网格密度与计算精度的关系。如果在前处理时不划分网格，软件会在求解时使用一个默认的网格划分方案。

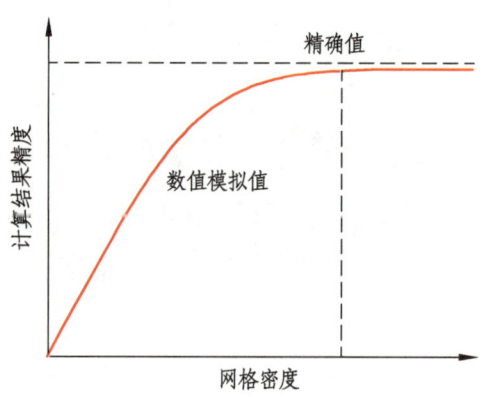

图 6-163　网格密度与计算精度的关系

④ 力的加载和边界条件设置：在 ANSYS/Workbench 里可以方便地对有限元模型施加各种荷载和约束，模拟刀盘模型的实际加载情况和外部环境。一般有四类结构荷载可以选择：惯性荷载、结构荷载、结构支撑以及热荷载。惯性荷载如加速度与重力加速度等，作用于整个系统中；结构荷载是作用在系统部分结构上的力或者力矩，利用约束来

防止部分范围内的移动；热荷载的加载在结构分析中会导致温度区域生成并且在整个模型上引起热扩散。

⑤ 结果计算与后处理：完成前处理设置后，用户可以用系统默认的求解器进行求解，也可以自己选择不同的求解器。在后处理中可以得到多种不同的结果，包括应力应变分量、主应力应变、等效应力应变等。

（2）DX 优化设计流程

DX 是基于仿真分析数据库文件的参数优化工具，结合计算机辅助设计（CAD）系统/图形加速端口（AGP）和 DesignSpace/AWE 进行优化；在 CAD 系统/AGP 中进行参数化建模，在 DesignSpace/AWE 中进行初步的分析，并确定感兴趣的参数，在 DesignXplorer 中进行参数优化。

优化参数可以是 CAD 建模的几何参数、结构形式、施加的边界条件、求解得到的分析结果等，也可以是由这些参数进行数学运算后派生出来的参数，既可以进行连续性参数和离散化参数的优化，又可以进行单目标或多目标的优化，得到设计空间的三维设计响应面/二维设计曲线，并自动根据优化结果更新几何模型文件。

3）刀盘模型预处理

用于有限元计算的模型与计算目的密切相关，对同一结构进行不同目的的有限元计算，通常要建立不同的有限元模型。本次计算的目的是计算刀盘在给定工况对应荷载作用下的变形趋势和变形量、应力分布趋势和应力值，并对刀盘的强度、刚度进行校核。因此，在建立刀盘的有限元模型后，需要对其进行预处理，即模型简化、网格划分、确定边界条件等。

（1）模型简化

去掉对刀盘强度和刚度影响不大的刀具以及泡沫孔、螺栓孔等细节结构。简化后的面板式、辐条式和辐板式刀盘三维实体模型如图 6-164 ~ 图 6-166 所示。

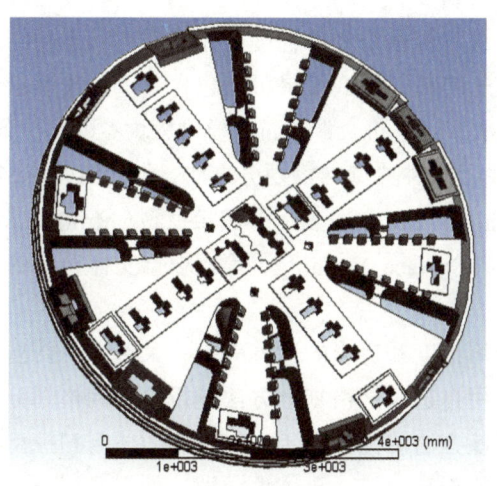

图 6-164　简化的面板式刀盘三维实体模型

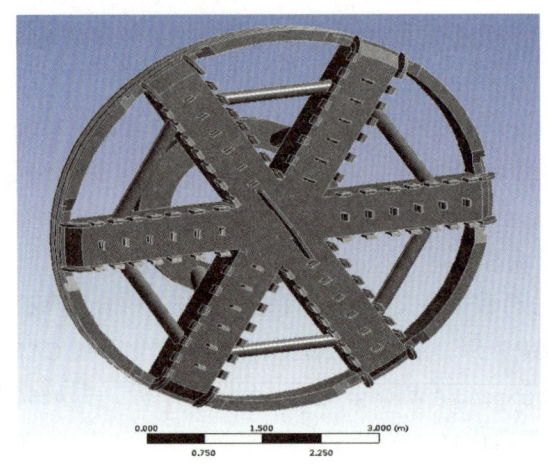

图 6-165　简化的辐条式刀盘三维实体模型

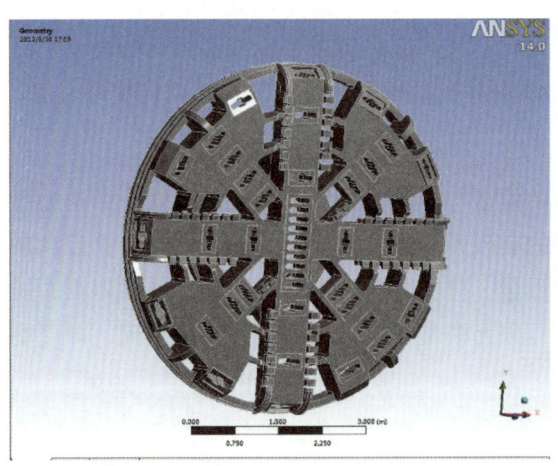

图 6-166　简化的辐板式刀盘三维实体模型

（2）单元选择和网格划分

在有限元分析中，只有网格划分得合理，才能得到满意的结果。因此，网格划分密度很重要。如果网格过于粗糙，那么结果可能包含严重的错误；如果网格过于细致，将花费过多的计算时间，浪费计算机资源，而且模型太大，可能导致计算机系统无法运行。ANSYS/Workbench 提供了 7 种典型网格划分方法，包括四面体网格、扫掠型网格、自动划分法（Automatic Method）、Inflation 法、多域扫掠型（Multizone Sweep）、Hex Dominant 网格划分、面网格划分（Surface Meshing）等。根据实体模型的结构可以选择相适应的网格划分方法。

为了保证足够的计算精度和适当的运算效率，采用 ANSYS/Workbench 中自定义的实体模型单元类型，采用自适应网格划分方法进行单元网格划分，对于精度要求高的地方自动调整网格密度。该方法的优势在于可以在四面体与扫掠型划分之间自动切换，这取决于被划分的几何体能否被扫掠。具体地说即：如果几何不规则（即不能被扫掠时），程序就自动产生四面体；反之，如果几何体规则（即能被扫掠时）就产生六面体网格。

面板式刀盘的网格剖分选择单元最小边长为 1.5 mm，整个刀盘共剖分了 42 253 个实体单元、80 176 个节点。剖分后的刀盘模型如图 6-167 所示。

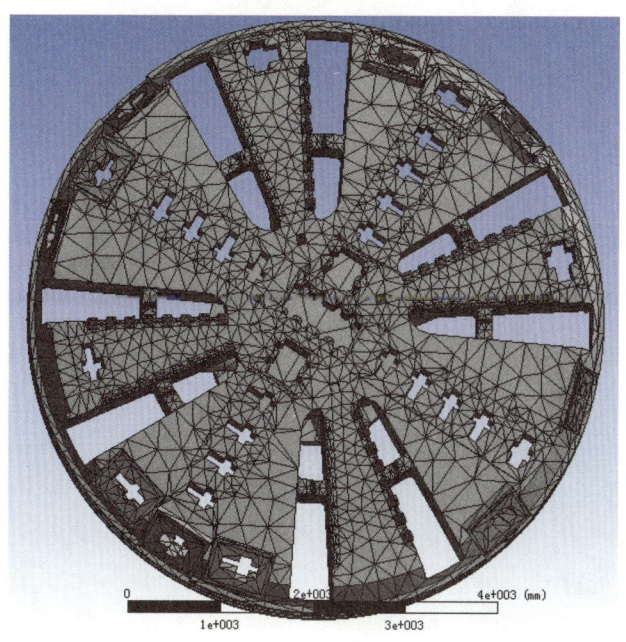

图 6-167　面板式刀盘的有限元模型

辐条式刀盘共划分了 26 734 个实体单元、54 761 个节点，网格划分后的刀盘模型如图 6-168 所示。

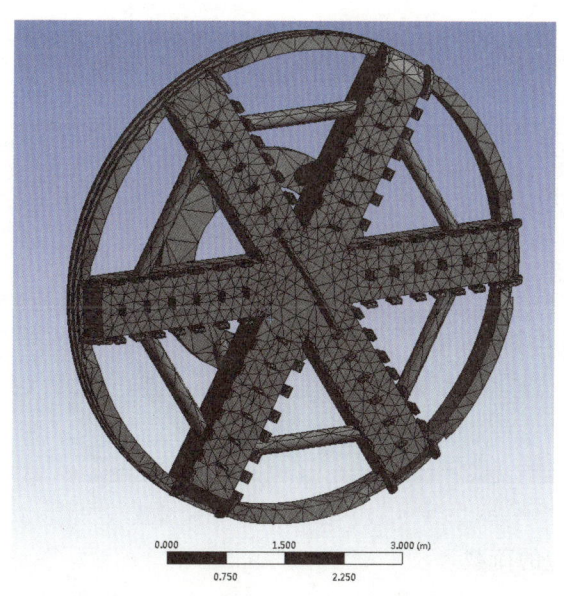

图 6-168　辐条式刀盘的有限元模型

辐板式刀盘共划分了 48071 个实体单元、93374 个节点，网格划分后的刀盘模型如图 6-169 所示。

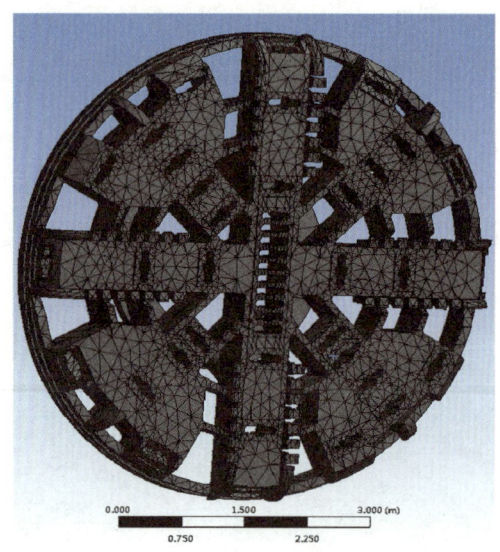

图 6-169　辐板式刀盘的有限元模型

（3）边界条件处理

① 位移边界条件的确定。

所施加的位移约束要与给定工况的实际情况相符合。在实际工作中，刀盘是通过 56 个 M42 的高强螺栓与主驱动连接的，考虑到高强螺栓的预紧力作用，因此约束法兰后端面上节点的全部自由度为位移边界条件，选择 Fixed Support，如图 6-170 所示。

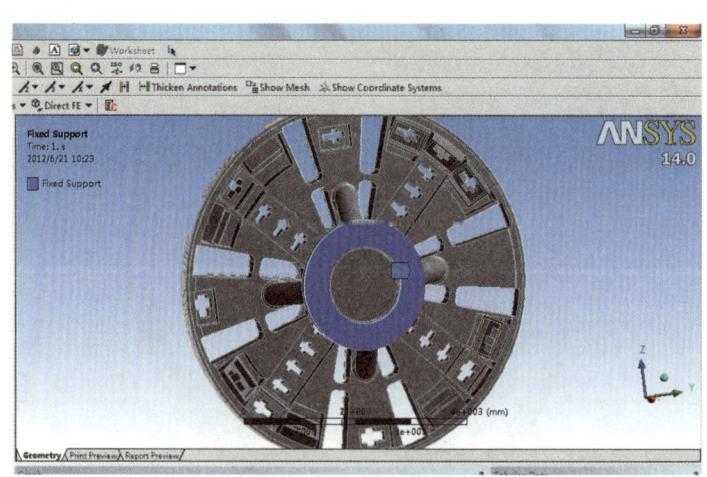

图 6-170　位移边界条件设置

② 给定工况对应的荷载。

刀盘强度计算考虑刀盘正常掘进，在这种工况下刀盘主要承载轴向推力和扭矩。轴向推力主要由滚刀压力、周围土压对刀盘的摩擦力和掌子面的土压力组成，根据地质边界条件，利用公式（6-18）计算得到。刀盘扭矩主要是刀具破岩滚动力和周围土压对刀盘摩擦而形成的扭矩，根据公式（6-25）计算得到。

③ 各种荷载在刀盘模型上的施加方案。

切向力的大小根据对刀盘中心矩等效原则由扭矩转化得到，转化方案如下：首先假定每个单元上作用单位切向力时对刀盘中心的合力矩，用刀盘受到的扭矩除以此合力矩得到单位面积上的切向力大小，然后计算出每个单元上的切向力，最后将此切向力分配到与该单元相关的节点上。轴向推力的施加相对比较简单，直接将推力按面积离散到各个单元上，再分配到与单元相关的节点上。重力的施加通过给定材料密度和重力加速度实现。如图 6-171 所示为面板式刀盘推力施加图，图 6-172 所示为面板式刀盘扭矩施加图。

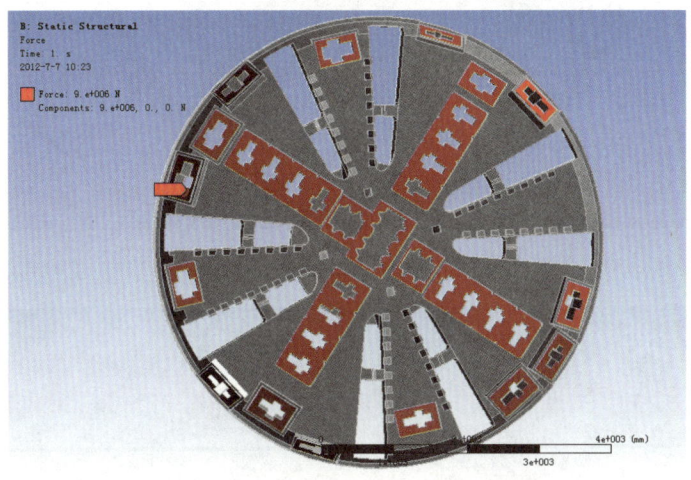

图 6-171　面板式刀盘推力施加图

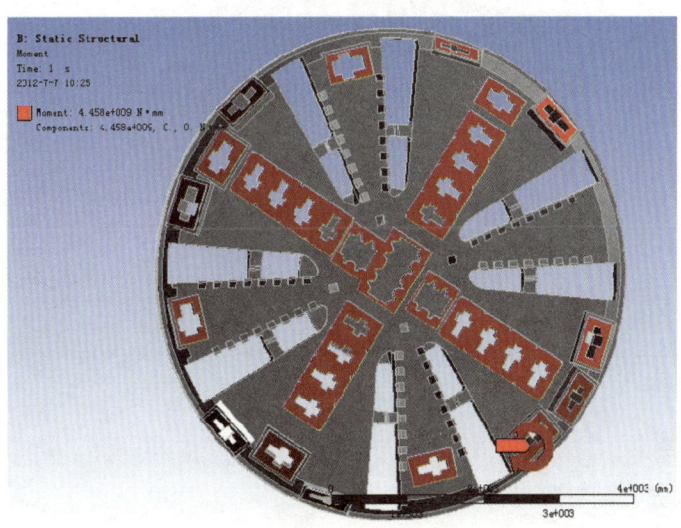

图 6-172　面板式刀盘扭矩施加图

图 6-173、图 6-174 所示分别为辐条式刀盘和辐板式刀盘推力、扭矩和重力荷载施加图。

图 6-173　辐条式刀盘荷载施加图

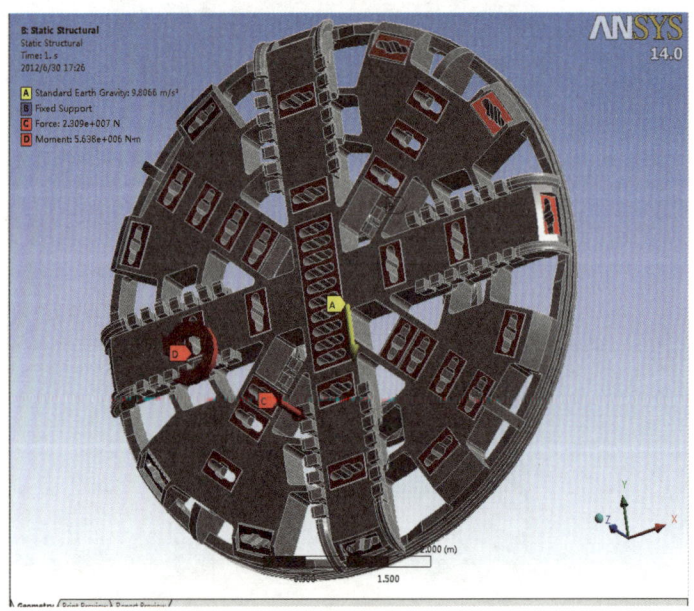

图 6-174　辐板式刀盘荷载施加图

4）有限元分析

（1）面板式刀盘的有限元计算

面板式刀盘的有限元计算结果如图 6-175、图 6-176 所示，分别为面板式刀盘正面、背面正常掘进工况下的等效应力云图，最大应力如图 6-177 所示，为 184.73 MPa。

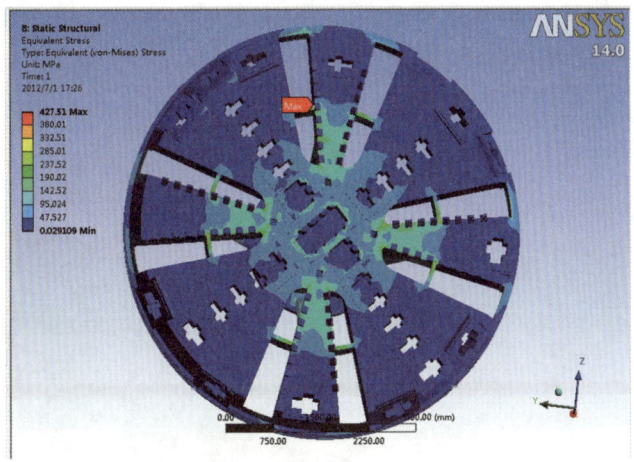

图 6-175　刀盘正面正常掘进工况下的等效应力云图

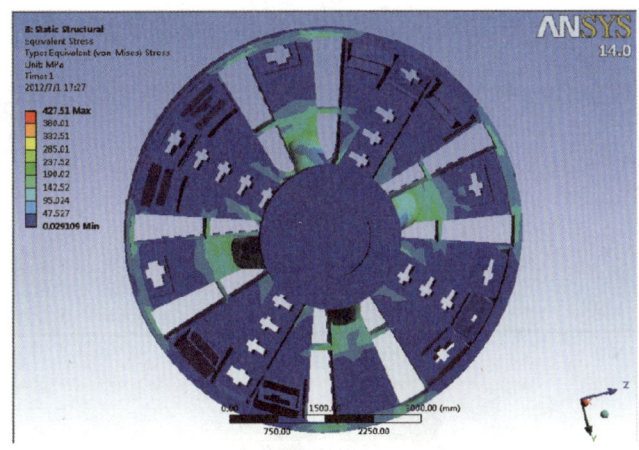

图 6-176　刀盘背面正常掘进工况下的等效应力云图

图 6-177　刀盘正常掘进工况下的最大等效应力云图

刀盘在正常掘进工况下的综合位移云图如图 6-178 所示，最大综合位移为 3.507 2 mm，最大位移出现在大圆环处。如图 6-179 所示，最大的 X 方向位移为 2.781 9 mm。图 6-180 为图 6-181 的 80 倍放大图。

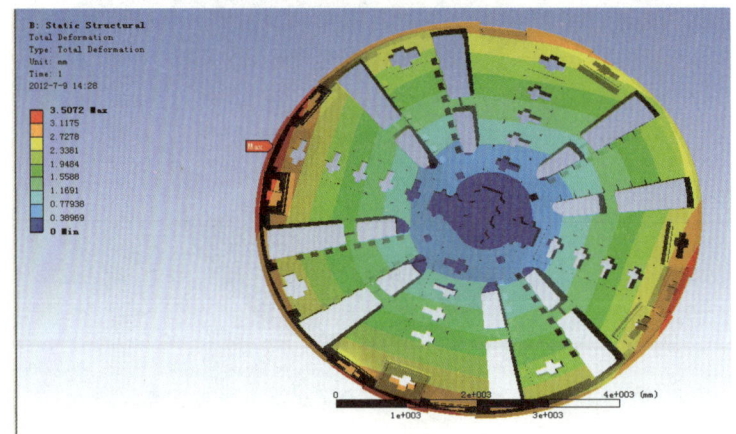

图 6-178　正常掘进工况下的刚度计算结果

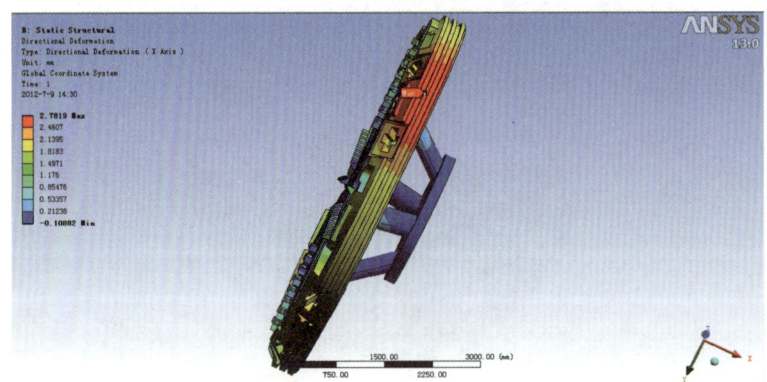

图 6-179　正常掘进工况下 1∶1 比例下 X 方向最大位移

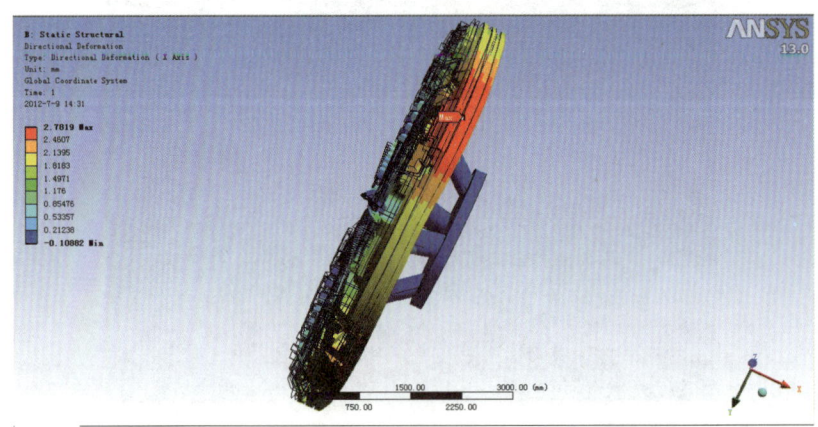

图 6-180　正常掘进工况下变形放大 80 倍显示比例的 X 方向最大位移

（2）辐条式刀盘的有限元计算

辐条式刀盘的有限元应力计算结果如图 6-181～图 6-185 所示。图 6-181、图 6-182 分别为辐条式刀盘正面、背面正常掘进工况下的等效应力云图，最大等效应力云图如图 6-183 所示，最大等效应力为 96.84 MPa。

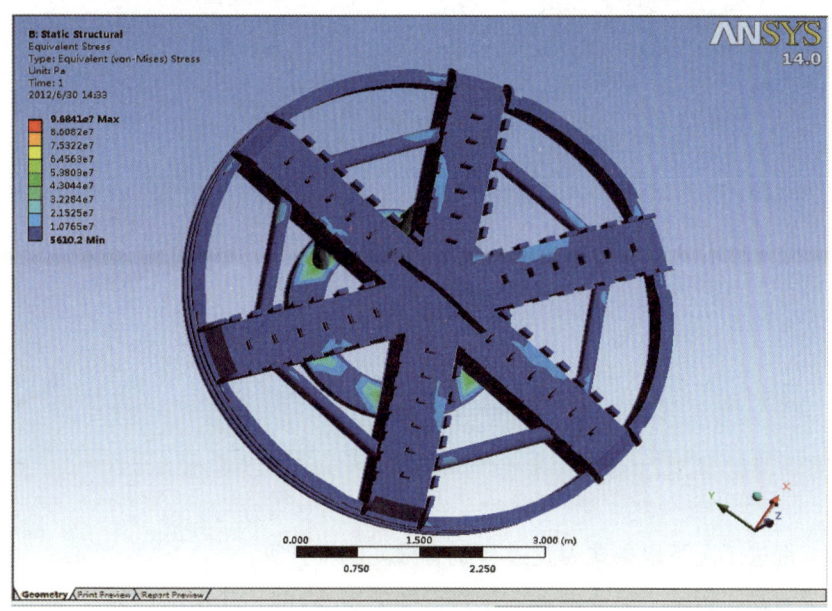

图 6-181　辐条式刀盘正面的等效应力云图

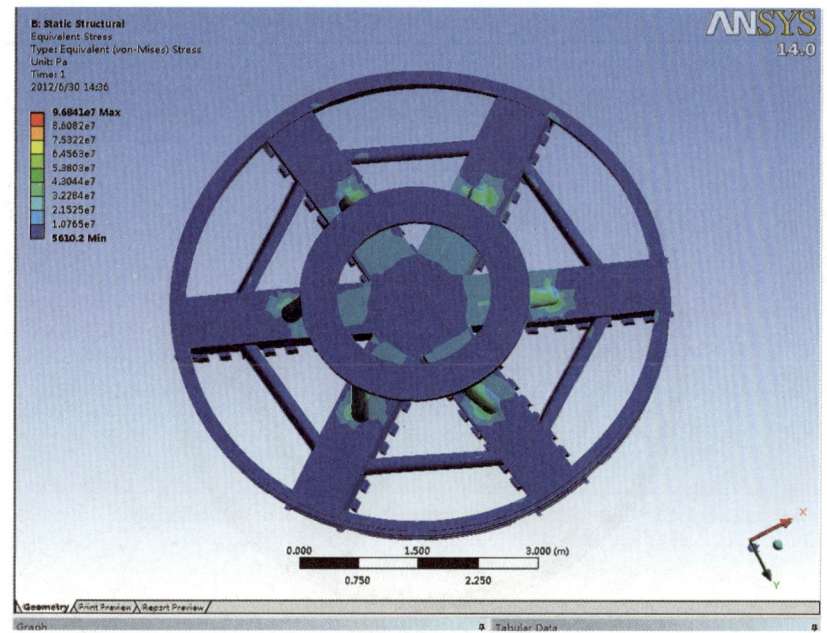

图 6-182　辐条式刀盘背面的等效应力云图

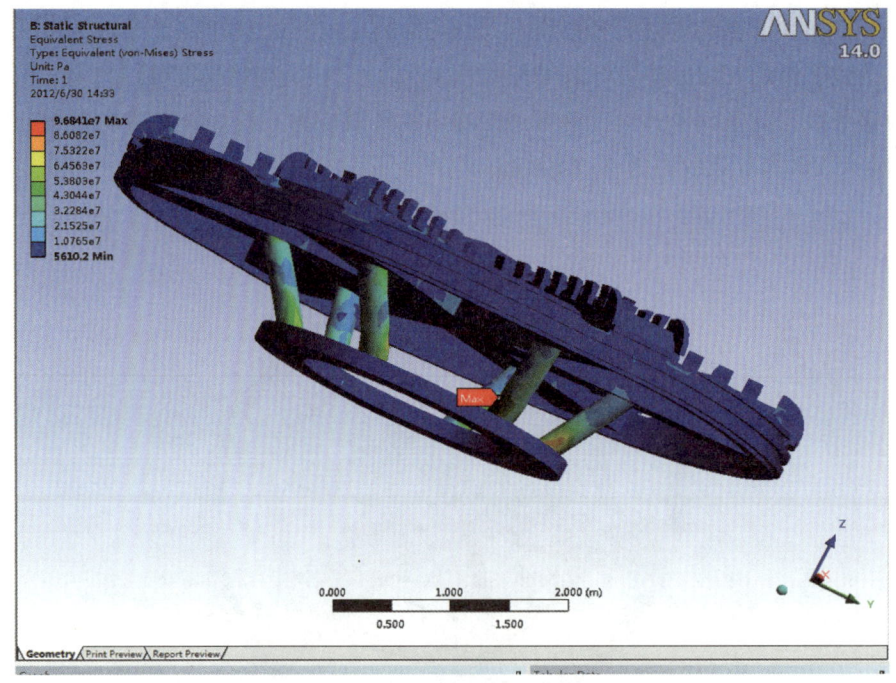

图 6-183　辐条式刀盘的最大等效应力云图

对正常掘进工况下辐条式刀盘进行了有限元刚度计算。

辐条式刀盘在正常工况下的综合位移云图如图 6-184、图 6-185 所示，最大综合位移为 2.519 3 mm。

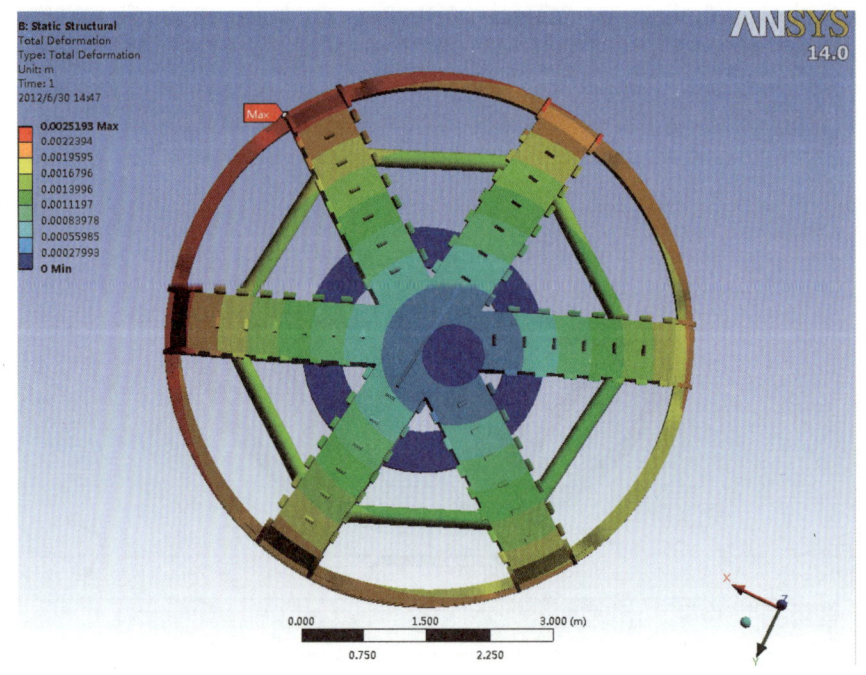

图 6-184　辐条式刀盘正面综合位移云图

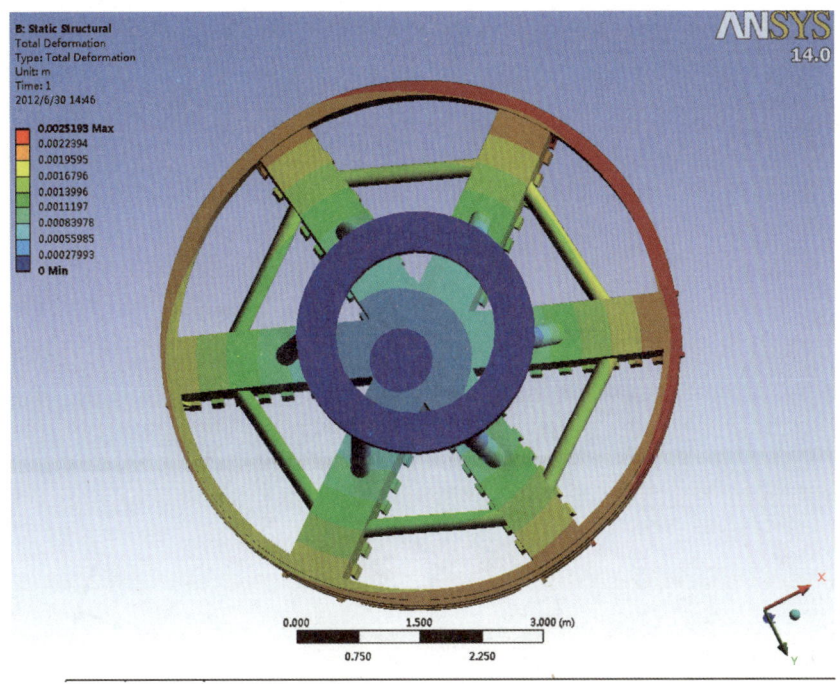

图 6-185　辐条式刀盘背面综合位移云图

(3) 辐板式刀盘的有限元计算结果

在正常掘进工况下,辐板式刀盘的应力云图如图 6-186～图 6-188 所示,最大等效应力为 185.72 MPa。

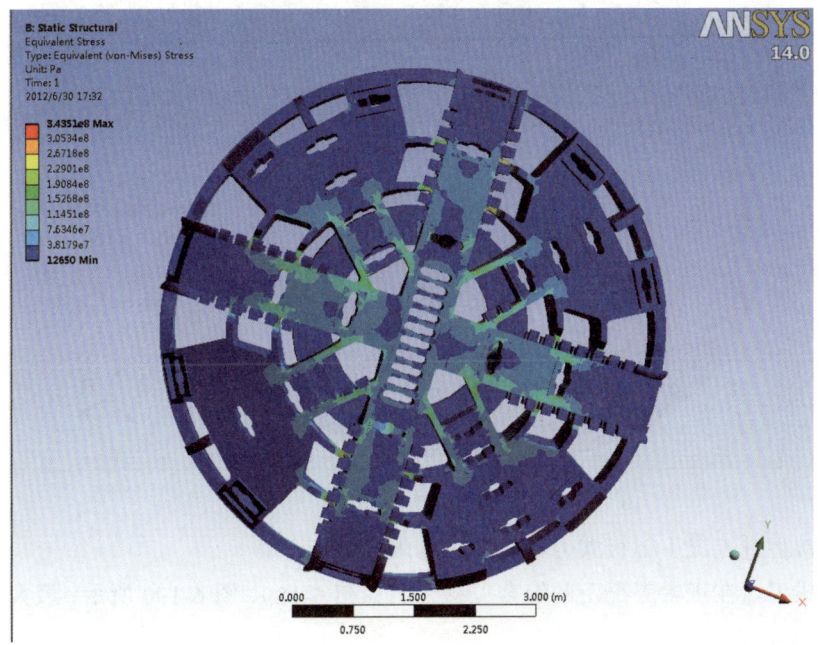

图 6-186　辐板式刀盘正面的等效应力云图

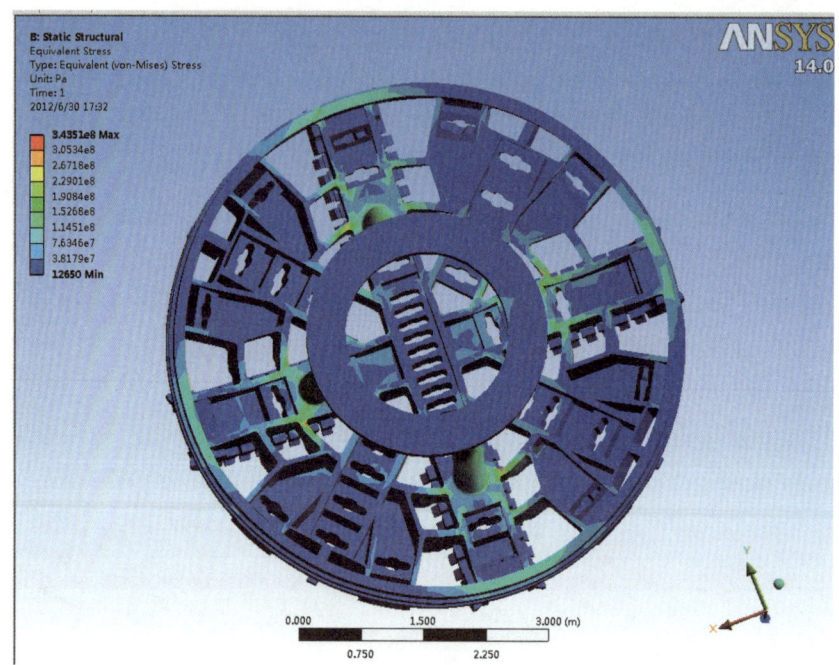

图 6-187　辐板式刀盘背面的等效应力云图

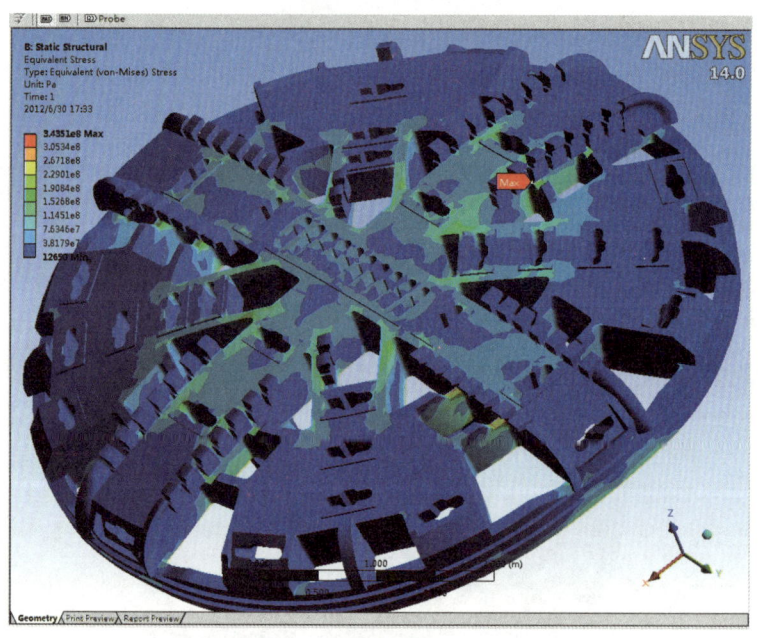

图 6-188　辐板式刀盘的最大等效应力云图

对正常掘进工况下辐板式刀盘进行了有限元刚度计算。

辐板式刀盘在正常工况下的综合位移云图如图 6-189、图 6-190 所示，最大综合位移为 2.519 3 mm。

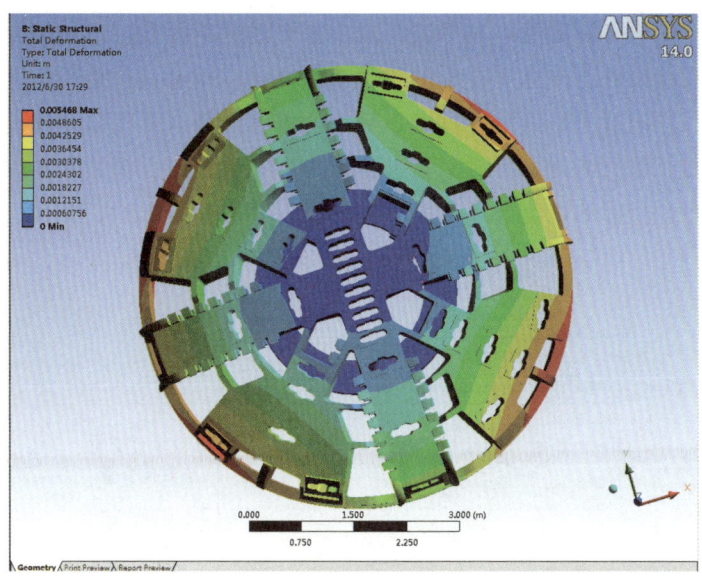

图 6-189 辐板式刀盘正面综合位移云图

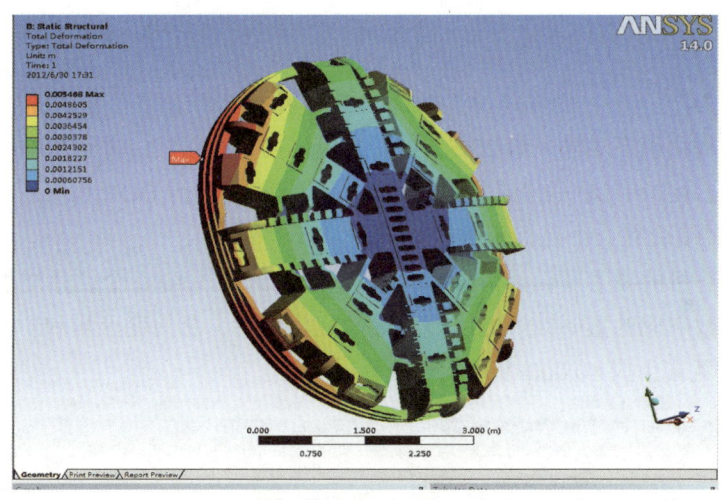

图 6-190 辐板式刀盘最大综合位移云图

5）刀盘优化设计

DesignXplorer/VT 是基于 Workbench 平台的设计变量研究及多目标优化工具，优化设计的主要数据处理工作由 DesignXplorer/VT 完成。ANSYS 的多目标优化技术包括实验设计（Design Of Experiments，DOE）方法和虚拟技术（VT）。实验设计，根据输入参数的数目，利用蒙特卡罗抽样技术，采集设计参数样点，计算每个样点的响应结果，利用二次插值函数构造设计空间的响应面或设计曲线。虚拟技术是完全基于单个单元解，采用泰勒展开以及网格变形技术得到响应面，因此，计算时间大大减少。

工程实际需要多个优化目标，考虑产品的总体性能就要针对多个目标进行优化。选取刀盘质量、刀盘所受到的最大应力、刀盘所受到的最大变形三个目标。即在优化过程中，需要这三个优化指标的折中与平衡，取出三个目标下的相对最优解。

这种基于实验设计（DOE）技术的优化工具 DesignXplorer 是适合设计人员使用的快速优化工具，它通过先进的抽样技术、最少的方案计算，就可以得到设计空间，并用 2D 曲线或 3D 曲面图形象地表示，对设计修改方案提供瞬时反馈，同时在设计空间直接查询得到满足多个目标的优化设计方案。优化设计流程如图 6-191 所示。

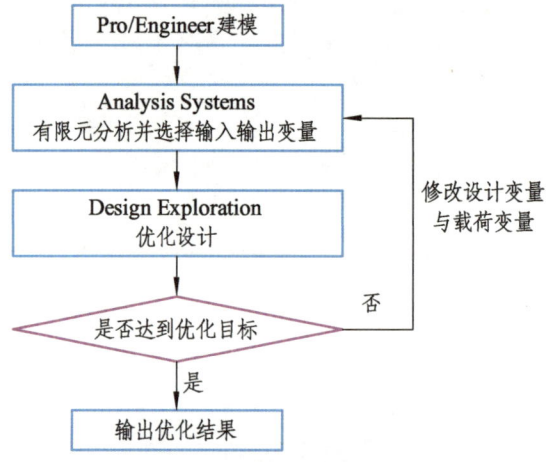

图 6-191　AWE 环境下的优化设计流程

软件里的优化程序对输入参数在各自变化范围内进行组配，并会根据参数的数量自动生成设计点，运行 DOE 程序进行每个设计点的求解。运行 DOE 程序后得到的响应是 4 个输入参数的变化对 3 个目标函数的影响。

考虑到计算机的能力及设计情况，对刀盘的优化选取 10 000 个设计样本，如图 6-192 所示。目标参数响应的重要性等级以刀盘等效应力为主，总的变形量和质量为辅。之后点击 Generate 就会生成 10 000 个样本供选择。

Properties of Outline A2: Optimization

	A	B
1	Property	Value
2	⊟ Design Points	
3	Preserve Design Points After DX Run	☐
4	⊟ Optimization	
5	Optimization Method	Screening
6	Number of Samples	10000
7	Size of Generated Sample Set	10000
8	Verify Candidate Points	☐

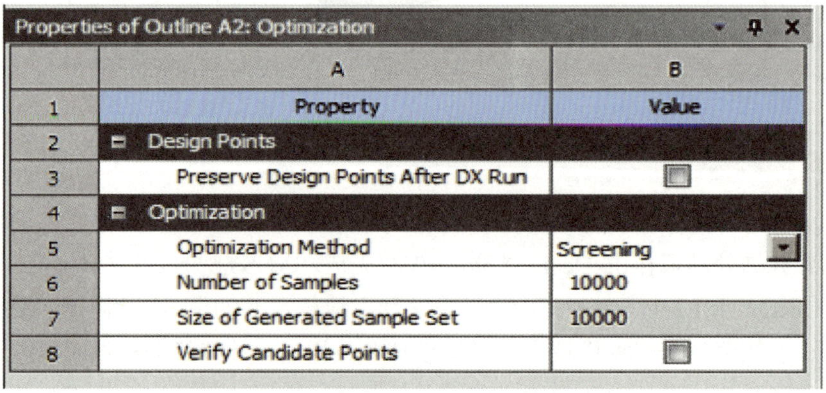

图 6-192　选取 10000 个设计样本

生成完样本后，基于目标参数重要性等级的生成或更新候选设计选项便被激活。在所得到的优化设计结果中选出 3 个候选设计点。软件本身会对所提供的设计组合进行评价,其中的三颗星号代表优化程序计算得出的最为满足所设定参数目标的设计组合。

(1) 优化参数选取

① 面板式刀盘优化参数选取。

面板式刀盘结构复杂,考虑的因素较多,设计变量在 Pro/Engineer 软件中已定义好,需要在 DM(Design Modeler)模块中选择刀盘的主要钢板厚度作为输入变量:刀盘筋板厚度(DS_JB)、前面板厚度(DS_QB)、后面板厚度(DS_HB)、云腿角度(DS_YTA),如图 6-193 所示。目标函数变量在 DS 模块中定义和选择:刀盘质量(Geometry Mass)、最大等效应力(Equivalent Stress Maximum)、总变形(Total Deformation Maximum)。

ID	Parameter Name	Value	Unit
Input Parameters			
Geometry (A1)			
P2	DS_QB	75	
P1	DS_D	6280	
P3	DS_HB	72	
P9	DS_A	13.5	
P10	DS_GDJJ	100	
Static Structural (B1)			
P7	Force X Component	9E+06	N
P8	Moment X Component	4.458E+09	N mm
New input parameter	New name	New expression	
Output Parameters			
Static Structural (B1)			
P4	Total Deformation Maximum	3.5006	mm
P5	Equivalent Stress Maximum	183.04	MPa
P6	Geometry Mass	55.958	tonne
New output parameter		New expression	
Charts			

图 6-193 面板式刀盘优化参数选取

② 辐条式刀盘优化参数选取。

辐条式刀盘共有 5 个输入参数,分别是 P1、P2、P6、P7、P8;3 个输出参数,分别是 P3、P4、P5。设计变量需要在 DM(Design Modeler)模块中选择刀盘的筋板厚度(DS_JB)、面板厚度(DS_QB)、刀盘外径(DS_D)作为输入参数。其中,P6、P7、P8 不作为优化参数,目标函数变量在 DS 模块中定义和选择:最大等效应力(Equivalent Stress Maximum)、总变形(Total Deformation Maximum)、刀盘质量(Geometry Mass),如图 6-194 所示。

③ 辐板式刀盘优化参数选取。

辐板式刀盘优化参数与辐条式类似,也是选取筋板厚度和面板厚度作为两个设计变量,其他参数 P6、P7、P8 不作为优化参数。目标函数变量分别是最大等效应力(Equivalent Stress Maximum)、总变形(Total Deformation Maximum)、刀盘质量(Geometry Mass),如图 6-194 所示。

图 6-194　辐条式面板式刀盘优化参数选取

（2）参数的优化

① 面板式刀盘优化。

面板式刀盘 7 个输入参数为 P1、P2、P3、P7、P8、P9、P10，3 个输出参数为 P4、P5、P6。输入参数 P1、P9、P10、P7、P8 不作为优化参数；P2（前板厚度）下限为 67.5 mm，上限为 82.5 mm；P3（后板厚度）下限为 64.8 mm，上限为 79.2 mm；目标函数是使 P4、P5、P6 同时达到最小。刀盘的设计要求是希望在满足材质强度和刚度的情况下，尽可能降低刀盘的重量。各设计变量采用连续型变量，DX 模块根据两个输入参数及参数范围，自动生成 9 组设计点。结合生成的 9 组设计点，如图 6-195 所示，并确定优化结果时需要设置三个目标函数为求解的最小值（Minimize）和重要级别，可得到三组较好的优化方案结果。重要性级别设置如下：Equivalent Stress Maximum 为较高级别（Higher），Geometry Mass 和 Total Deformation 为默认等级（Default）。

图 6-195　面板式刀盘设计点的 9 种连续变量组合结果

每个设计变量对目标函数的敏感程度如图 6-196 所示。刀盘前面板的厚度对最大等效应力和刀盘质量的影响最大，云腿角度对变形的影响最大。

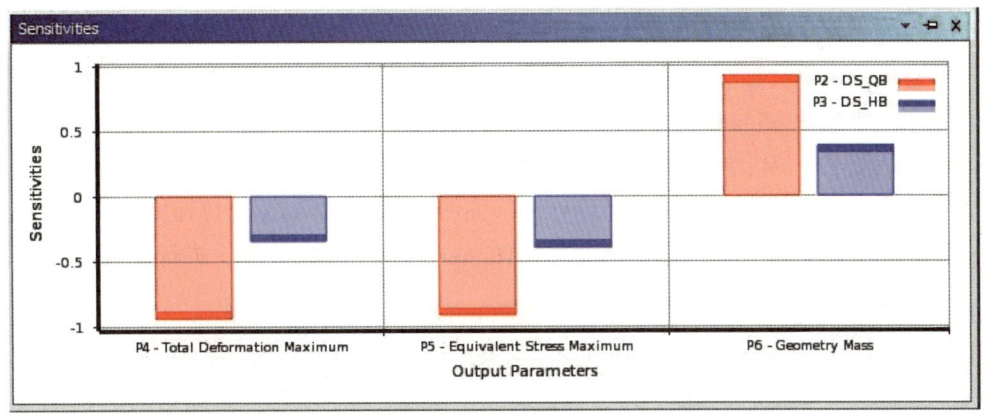

图 6-196　面板式刀盘设计变量对目标函数的敏感程度

AWE 的优化主要采用响应面的变化趋势来确定优化方向和得到优化结果。对面板式刀盘的优化得到设计变量与目标函数间的响应面，图 6-197、图 6-198 为三维响应面图。

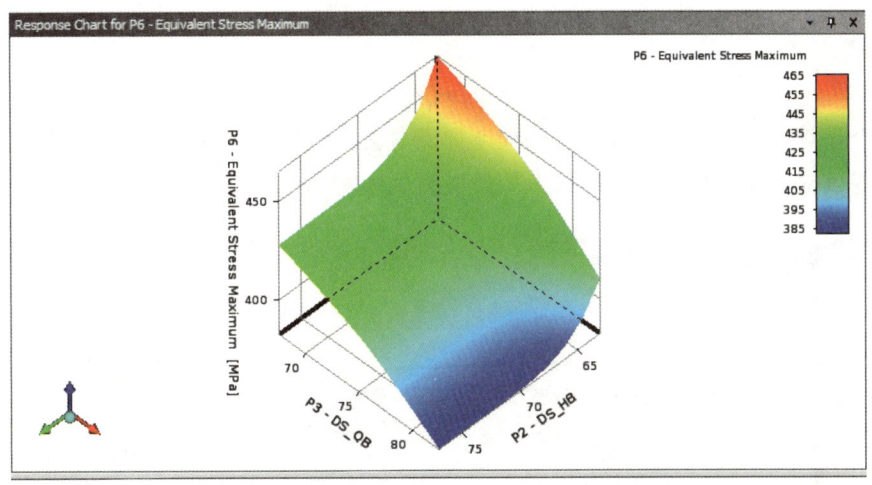

图 6-197　面板式刀盘前面板厚度和后面板厚度板对等效应力最大值响应关系图

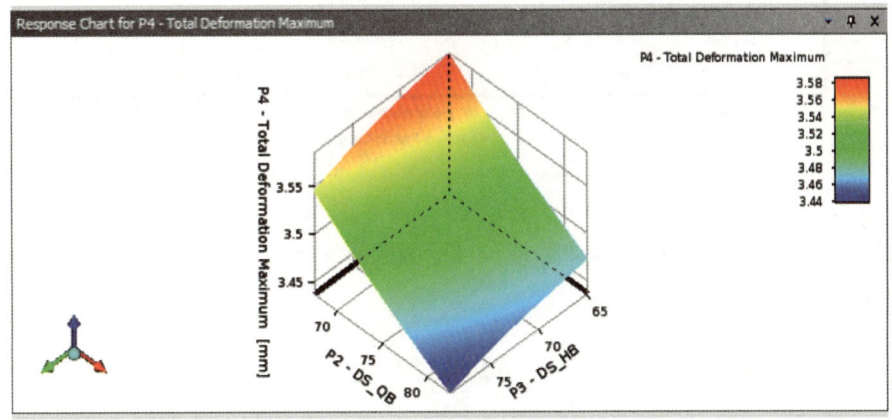

图 6-198　面板式刀盘前面板厚度和后面板厚度板对总变形最大值响应关系图

②辐板式刀盘的优化。

辐板式盾构刀盘有 2 个优化参数 P1、P2，3 个输出参数 P3、P4、P5。输入参数 P1（面板厚度）下限为 65 mm，上限为 80 mm；P2（筋板厚度）下限为 74 mm，上限为 90 mm；目标函数是使 P3、P4、P5 同时达到最小。DX 模块根据两个输入参数及参数范围，自动生成 9 组设计点。结合生成的 9 组设计点，如图 6-199 所示，3 个目标函数的重要级别分别按最大等效应力（Higher）、总变形（Higher）、质量（Default）进行设置。

Name	P1 - DS_MB	P2 - DS_JB	P3 - Equivalent Stress Maximum (MPa)	P4 - Total Deformation Maximum (mm)	P5 - Geometry Mass (tonne)
1	72.5	82	187.12	2.9964	56.661
2	65	82	183.29	3.0062	56.308
3	80	82	184.14	2.9861	57.012
4	72.5	74	203.85	3.1187	55.678
5	72.5	90	179.25	2.8799	57.634
6	65	74	195.59	3.1246	55.322
7	80	74	193.78	3.1075	56.033
8	65	90	181.27	2.8839	57.284
9	80	90	176.92	2.8704	57.982

图 6-199　辐板式刀盘设计点的 9 种连续变量组合结果

每个设计变量对目标函数的敏感程度如图 6-200 所示。在设计变量许可范围内，刀盘筋板厚度对刀盘质量、变形和最大等效应力的影响都比对面板厚度的影响要大。

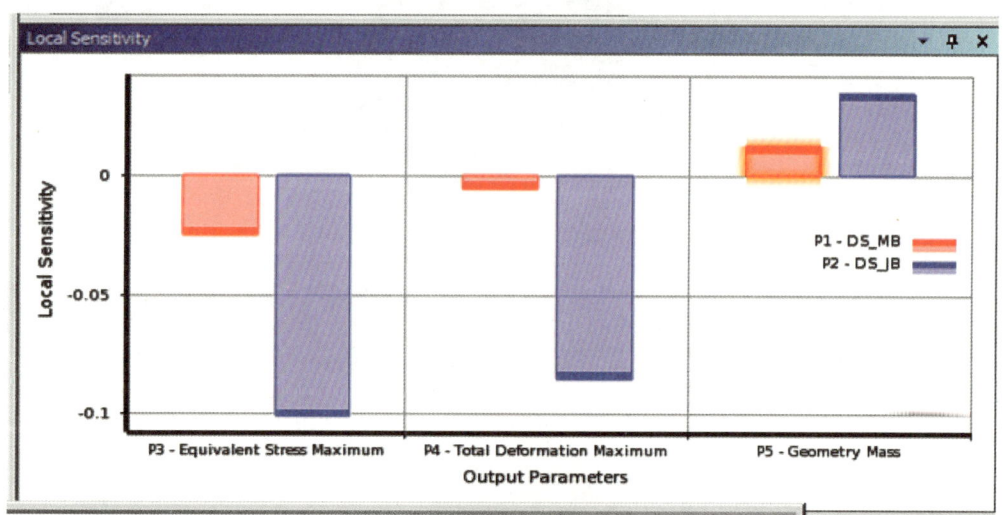

图 6-200　辐板式刀盘设计变量对目标函数的敏感程度

对辐板式刀盘的优化得到设计变量与目标函数间的响应面，图 6-201～图 6-203 为三维响应面图。

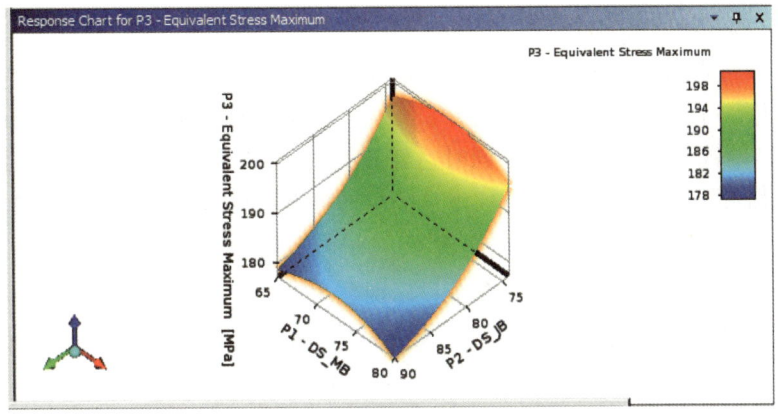

图 6-201　辐板式刀盘设计变量对最大等效应力的响应图

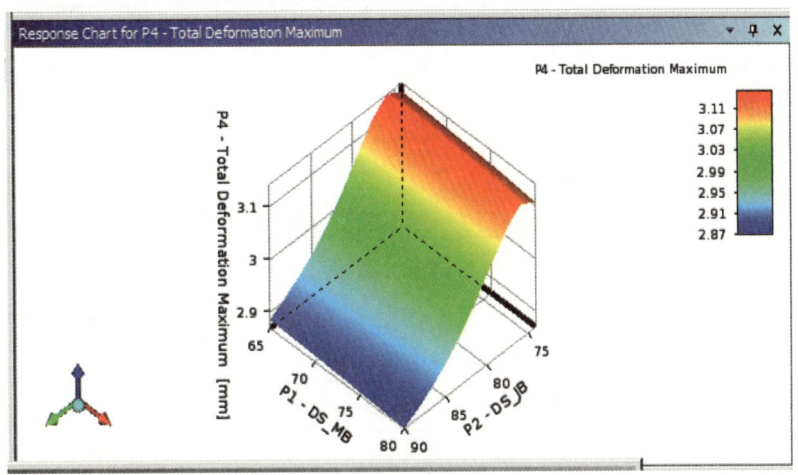

图 6-202　辐板式刀盘设计变量对变形的响应图

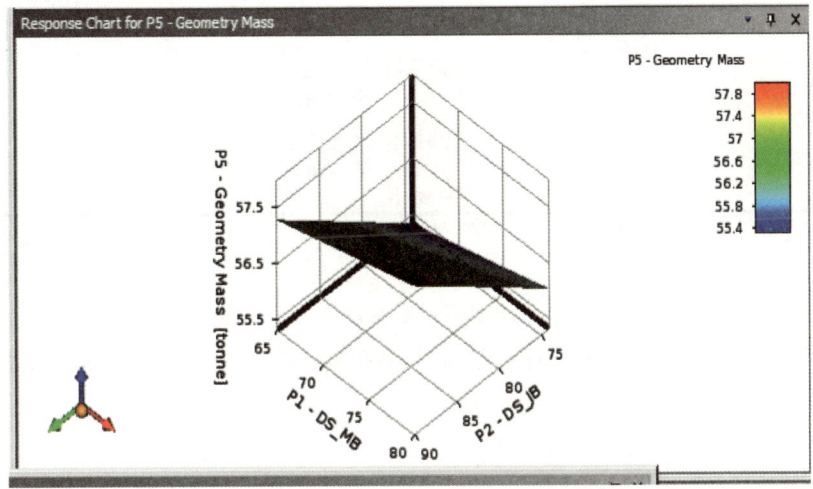

图 6-203　辐板式刀盘设计变量对刀盘质量的响应图

③ 辐条式刀盘的优化。

辐条式盾构刀盘也有两个优化参数 P1、P2，3 个输出参数 P3、P4、P5。输入参数 P1（筋板厚度）下限为 72 mm，上限为 88 mm；P2（面板厚度）下限为 54 mm，上限为 66 mm；目标函数是使 P3、P4、P5 同时达到最小。刀盘的设计要求是希望在满足材质强度和刚度的情况下，尽可能使刀盘的重量减小。各设计变量采用连续型变量，DX 模块根据两个输入参数及参数范围，自动生成 9 组设计点。结合生成的 9 组设计点，如图 6-204 所示，并确定优化结果时需要设置三个目标函数为求解的最小值（Minimize）和重要级别。重要性级别设置如下：Equivalent Stress Maximum、Geometry Mass 为较高级别（Higher），Total Deformation 为默认等级（Default）。

Name	P1 - DS_JB	P2 - DS_MB	P3 - Equivalent Stress Maximum (MPa)	P4 - Total Deformation Maximum (mm)	P5 - Geometry Mass (tonne)
1	80	60	96.841	2.5193	32.382
2	72	60	99.49	2.5722	31.685
3	88	60	98.45	2.5087	33.079
4	80	54	99.194	2.5408	31.882
5	80	66	101.55	2.4796	32.882
6	72	54	98.348	2.6003	31.185
7	88	54	97.551	2.542	32.579
8	72	66	101.78	2.5486	32.185
9	88	66	99.998	2.4743	33.579

图 6-204　辐条式刀盘设计点的 9 种连续变量组合结果

每个设计变量对目标函数的敏感程度如图 6-205 所示。刀盘筋板厚度对刀盘质量和变形程度的影响最大，面板厚度对最大等效应力的影响最大。

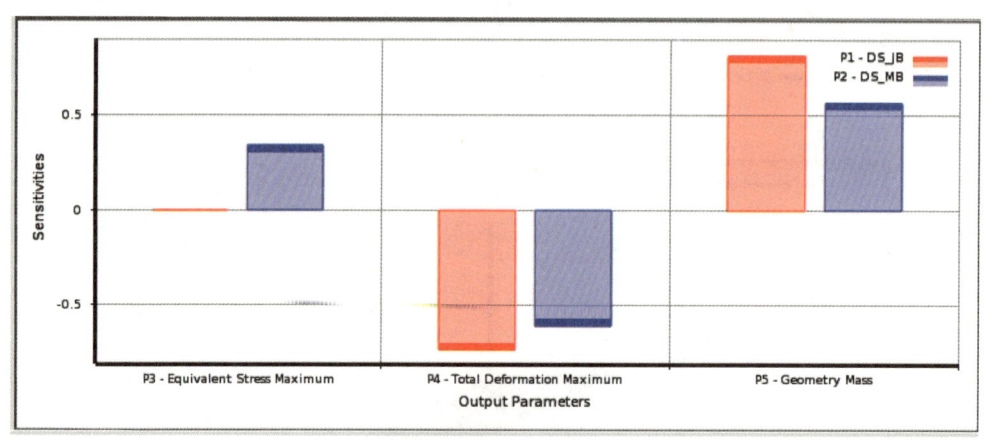

图 6-205　辐条式刀盘设计变量对目标函数的敏感程度

对辐条式刀盘的优化得到设计变量与目标函数间的响应面，图 6-206 ~ 图 6-208 为三维响应图。

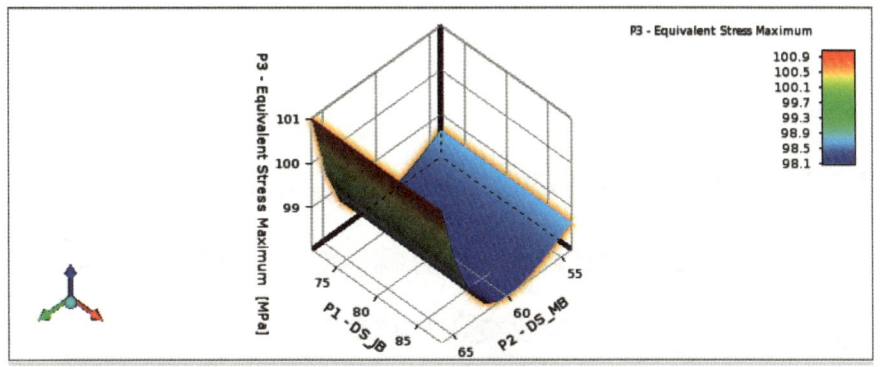

图 6-206　辐条式刀盘设计变量对最大等效应力的响应图

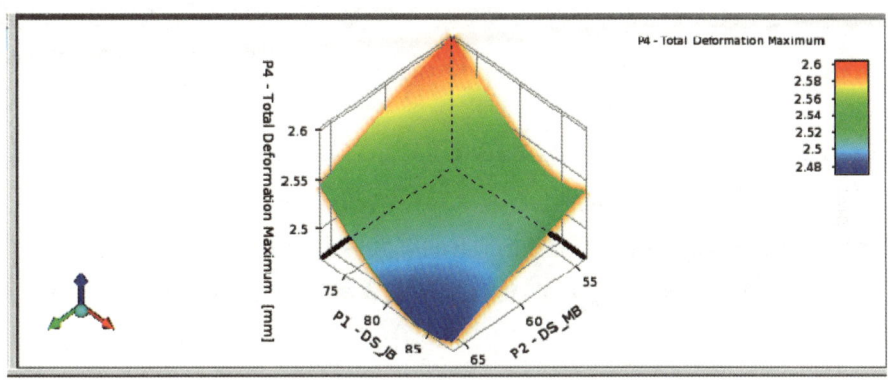

图 6-207　辐条式刀盘设计变量对变形的响应图

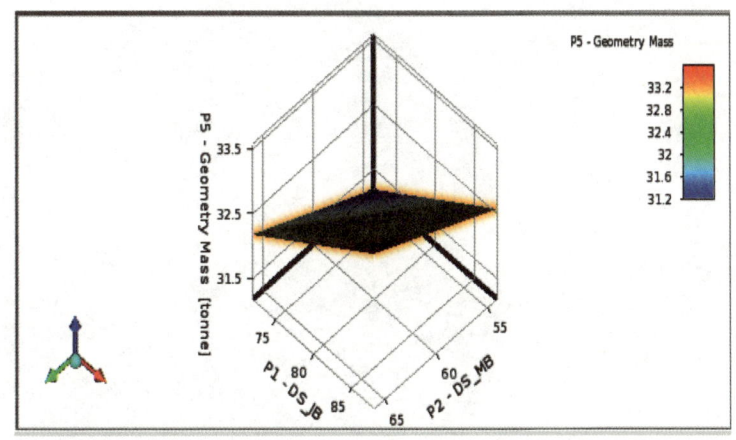

图 6-208　辐条式刀盘设计变量对刀盘质量的响应图

（3）参数优化结果

① 面板式刀盘参数优化结果。

在得到设计变量与目标函数的响应图后，利用 AWE 环境的 GDO 方法可得到比较理想的优化结果。在得到优化结果时需要对多个目标函数设置优先级别：三个目标函数项设置为 Minimize；重要性级别设置如下：Equivalent Stress Maximum 为较高级别（Higher），

Geometry Mass 和 Total Deformation 为默认等级（Default）；其他参数与项目均设置为默认选项。设置后系统根据设置的优化目标优先等级和响应面图得到三组较好的优化结果（图 6-209）。

	A	B	C	D	E	F
1		P2 - DS_QB	P3 - DS_HB	P4 - Total Deformation Maximum (mm)	P5 - Equivalent Stress Maximum (MPa)	P6 - Geometry Mass (tonne)
2	Optimization Domain					
3	Lower Bound	67.5	64.8			
4	Upper Bound	82.5	79.2			
5	Optimization Objectives					
6	Objective	No Objective	No Objective	Minimize	Minimize	Minimize
7	Target Value					
8	Importance			Default	Higher	Default
9	Constraint Handling					
10	Candidate Points					
11	Candidate A	82.373	78.968	3.4363	171.43	56.073
12	Candidate B	82.433	76.043	3.4394	172.89	55.955
13	Candidate C	82.283	73.568	3.4467	174.66	55.836

图 6-209 面板式刀盘参数优化结果

优化后，在面板式刀盘正常掘进工况下的等效应力云图（图 6-210、图 6-211）中，最大应力 178.42 MPa（图 6-212）。与优化前的最大等效应力 184.73 MPa 相比，减小了约 6 MPa。

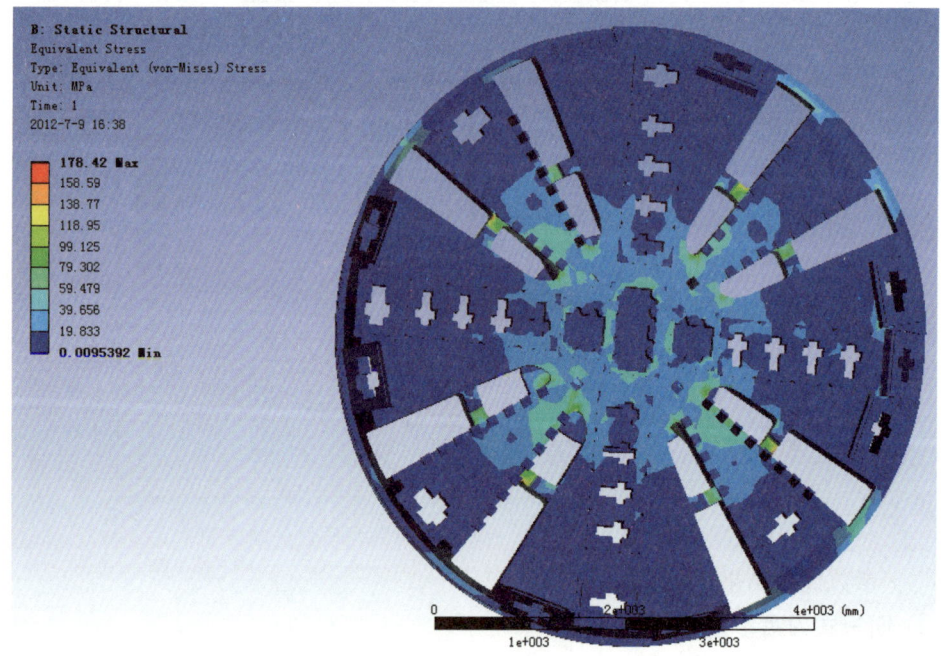

图 6-210 刀盘正面正常掘进工况下的等效应力云图

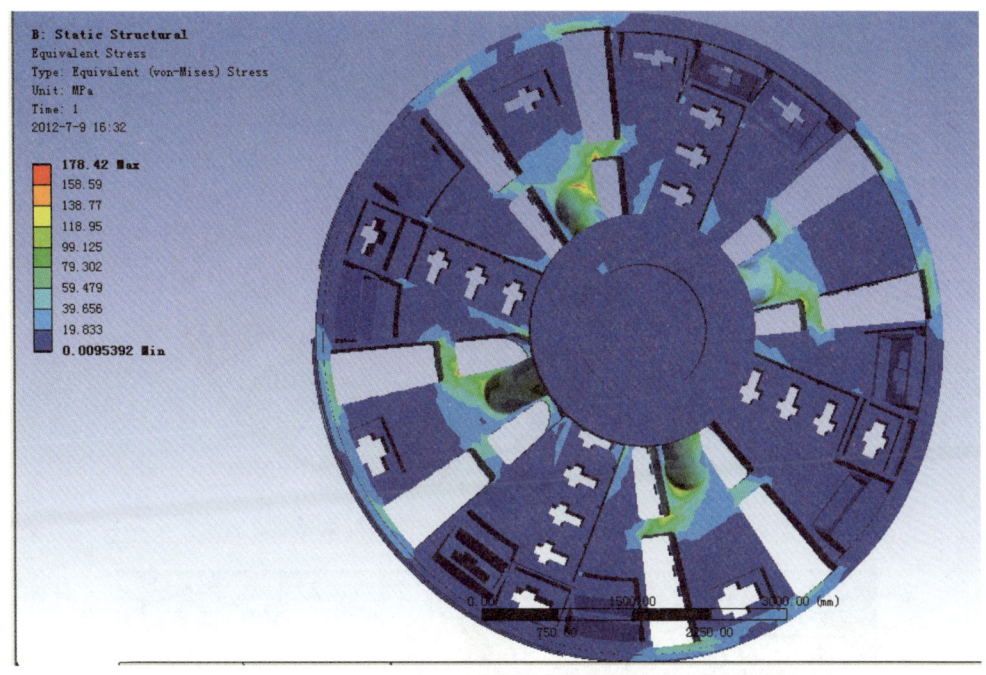

图 6-211 刀盘背面正常掘进工况下的等效应力云图

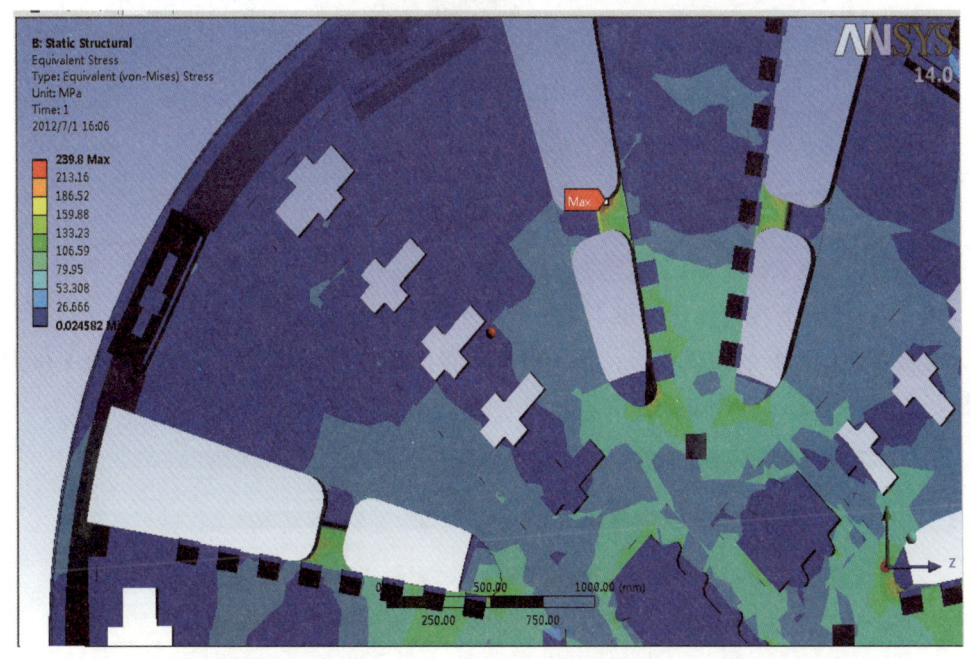

图 6-212 刀盘正常掘进工况下的最大等效应力云图

优化后,刀盘在正常掘进工况下的综合位移云图如图 6-213 所示,最大综合位移为 3.3424 mm,最大位移出现在大圆环处。最大的 X 方向位移为 2.6389 mm。与优化前相比,最大综合位移减小了约 0.16 mm,如图 6-214 所示。

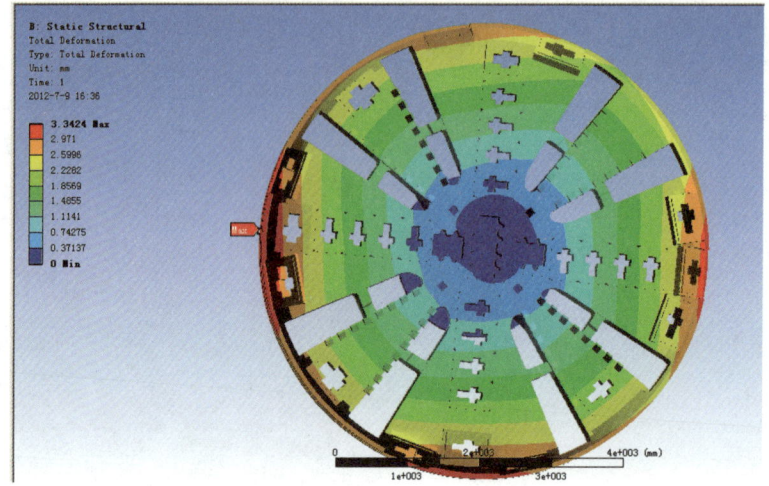

图 6-213　正常掘进工况下的刚度计算结果

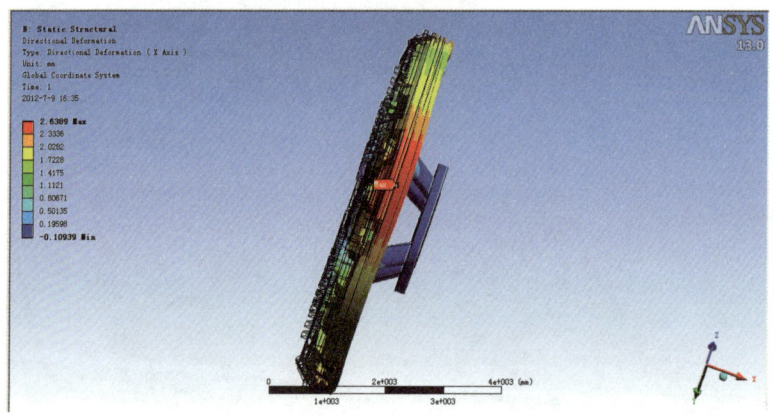

图 6-214　正常掘进工况下变形放大 82 倍显示比例的 X 方向最大位移

② 辐板式刀盘参数优化结果。

按照前面设置好的重要等级，系统根据设置的优化目标优先等级和响应面图得到三组较好的优化结果，如图 6-215 所示。

	A	B	C	D	E	F
1		P1 - DS_MB	P2 - DS_JB	P3 - Equivalent Stress Maximum (MPa)	P4 - Total Deformation Maximum (mm)	P5 - Geometry Mass (tonne)
2	Optimization Domain					
3	Lower Bound	65	74			
4	Upper Bound	80	90			
5	Optimization Objectives					
6	Objective	No Objective	No Objective	Minimize	Minimize	Minimize
7	Target Value					
8	Importance			Higher	Higher	Default
9	Constraint Handling					
10	Candidate Points					
11	Candidate A	65.473	89.508	★★ 179.23	★ 2.8897	✗ 57.246
12	Candidate B	79.873	89.742	★★ 177.5	★ 2.8725	✗✗ 57.945
13	Candidate C	67.873	89.621	★★ 180.5	★ 2.8849	✗✗ 57.397

图 6-215　辐板式刀盘参数优化结果

得到优化结果后，可将建议方案 A、B、C 分别作为设计点进行分析，得到优化后结构的最大等效应力及变形。下面以方案 C 为例进行说明，优化后正常掘进工况下的等效应力云图分别如图 6-216～图 6-218 所示。

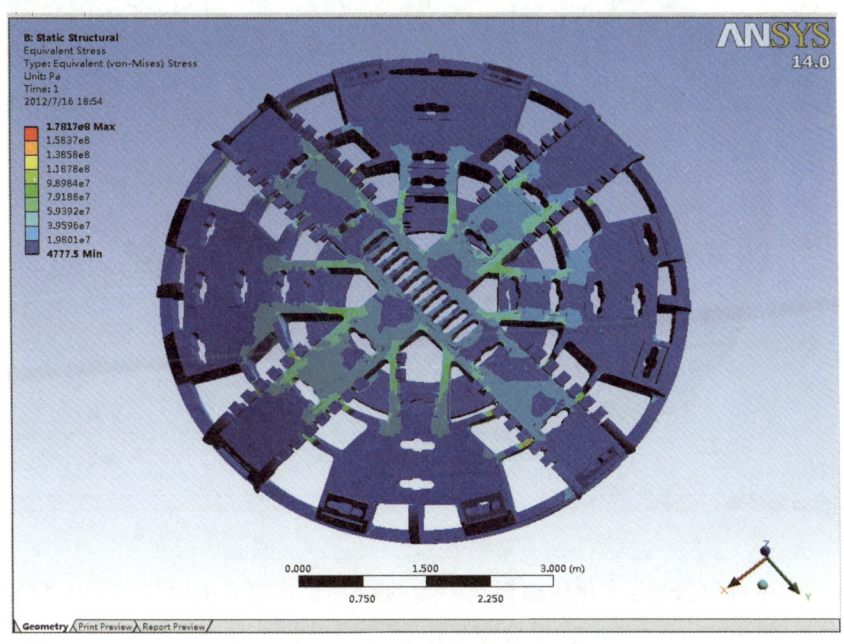

图 6-216　刀盘正面正常掘进工况下的等效应力云图

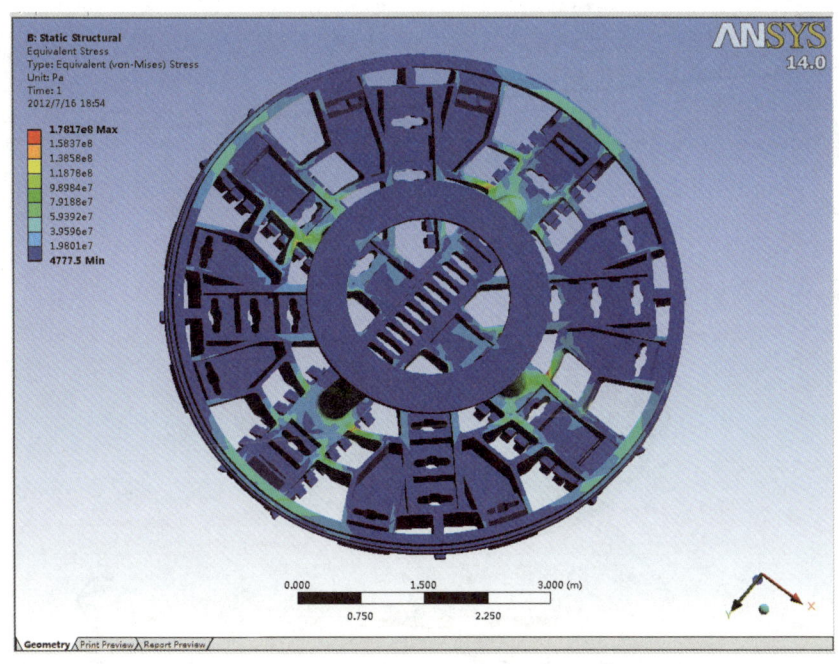

图 6-217　刀盘背面正常掘进工况下的等效应力云图

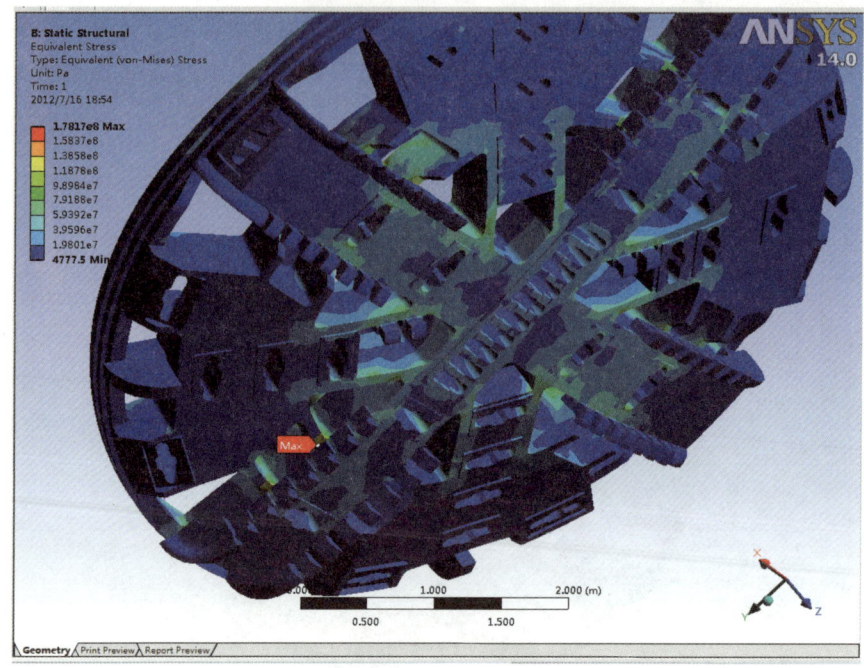

图 6-218　刀盘正常掘进工况下的最大等效应力云图

从上述图中可以看出，优化后辐板式刀盘的最大等效应力由原来的 185.72 MPa 变为 178.17 MPa，减小了 7.55 MPa，综合变形由原来的 3.0314 mm 减小为 2.8763 mm（图 6-219）。

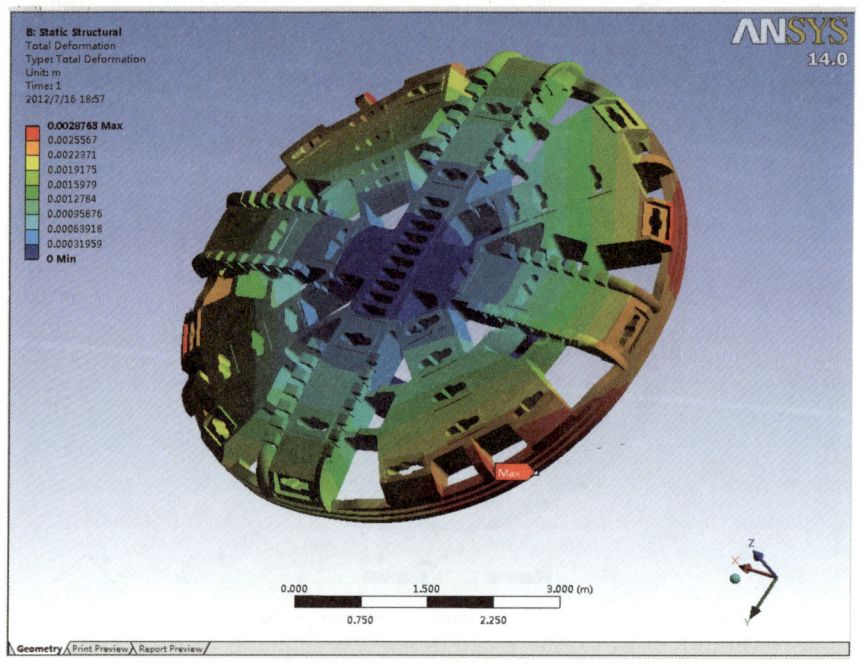

图 6-219　正常掘进工况下的刚度计算结果

③ 辐条式刀盘参数优化结果。

按照前面设置好的重要等级,系统根据设置的优化目标优先等级和响应面图得到三组较好的优化结果,如图 6-220 所示。

	A	B	C	D	E	F
1		P1 - DS_JB	P2 - DS_MB	P3 - Equivalent Stress Maximum (MPa)	P4 - Total Deformation Maximum (mm)	P5 - Geometry Mass (tonne)
2	Optimization Domain					
3	Lower Bound	72	54			
4	Upper Bound	88	66			
5	Optimization Objectives					
6	Objective	No Objective	No Objective	Minimize	Minimize	Minimize
7	Target Value					
8	Importance			Higher	Default	Higher
9	Constraint Handling					
10	Candidate Points					
11	Candidate A	76.968	59.092	★★ 98.047	— 2.5386	★ 32.042
12	Candidate B	75.688	58.834	★★ 98.062	✗ 2.5495	★ 31.909
13	Candidate C	74.28	59.303	★★ 98.037	✗ 2.5586	★ 31.825

图 6-220 辐条式刀盘参数优化结果

得到优化结果后,可将建议方案 A、B、C 分别作为设计点进行分析,得到优化后结构的最大等效应力和变形。下面以方案 A 为例进行说明,优化后结构的分析结果分别如图 6-221 ~ 图 6-223 所示。

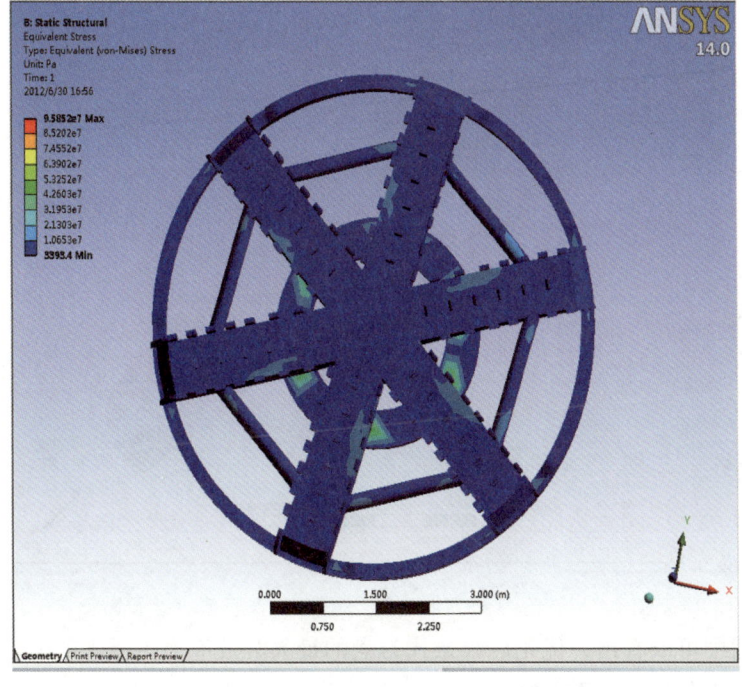

图 6-221 刀盘正面正常掘进工况下的等效应力云图

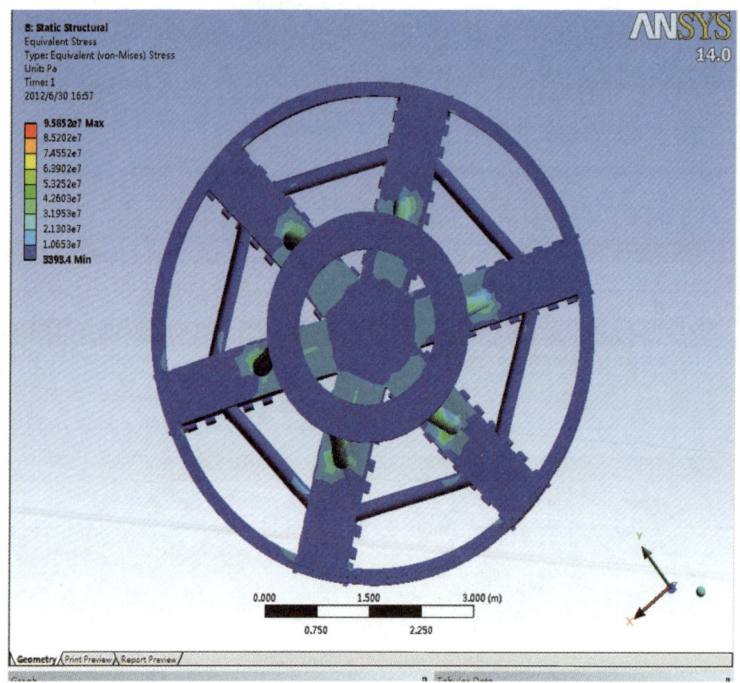

图 6-222　刀盘背面正常掘进工况下的等效应力云图

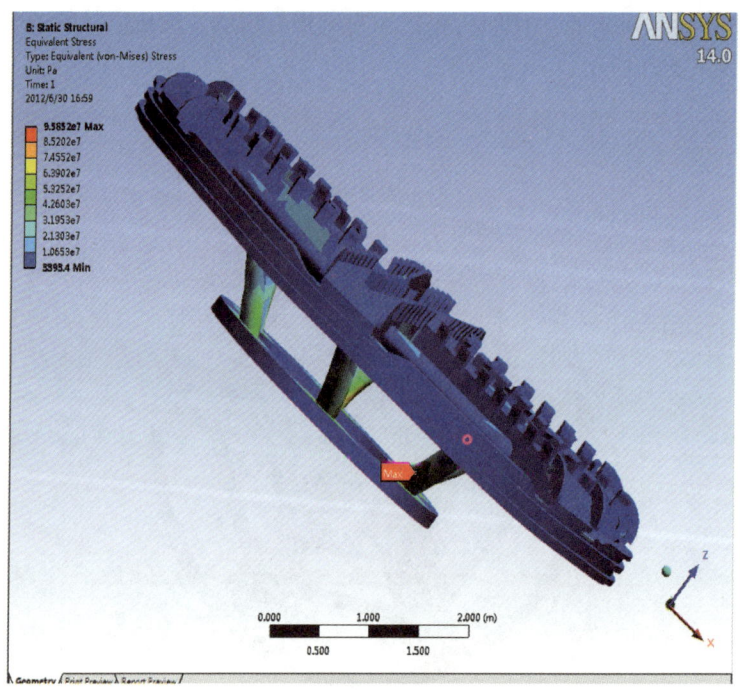

图 6-223　刀盘正常掘进工况下的最大等效应力云图

从上述图中可以看出，优化后辐条式刀盘的最大等效应力由原来的 96.84 MPa 变为 95.852 MPa，综合变形由原来的 5.468 mm 减小为 5.183 8 mm（图 6-224）。

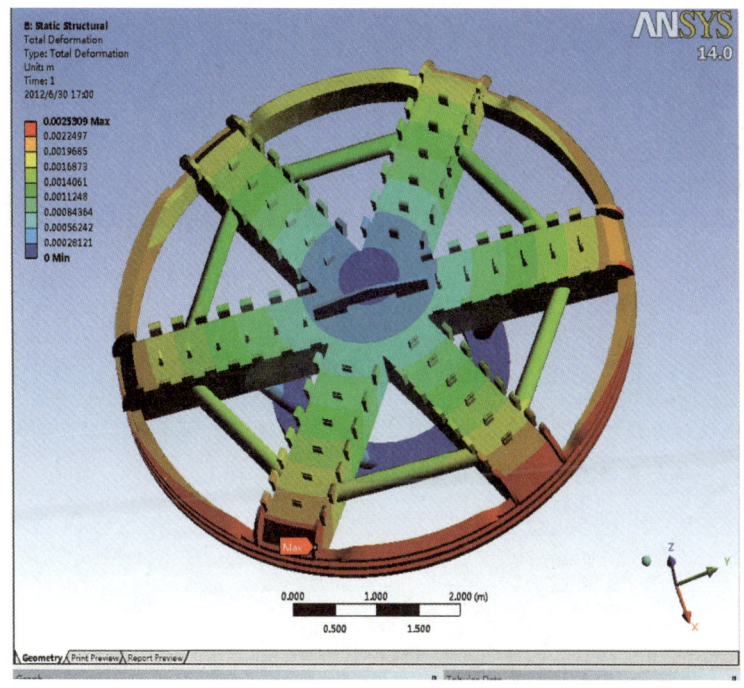

图 6-224　正常掘进工况下的刚度计算结果

6.4.4　小结

经过调研和资料收集,深入研究辐条式刀盘、面板式刀盘和辐板式刀盘的结构特点及使用状况,完成三种典型刀盘的参数化建模和优化分析。

(1)实现三种结构类型刀盘参数化建模并进行装配干涉检查,保证结构设计的准确性和合理性。

(2)通过应用 ANSYS 平台对刀盘进行有限元结构应力应变及模态分析,得出结构设计中的缺陷,并对盾构刀盘进行优化设计,合理配置刀盘各个性能参数,不但能提高刀盘整体使用性能,而且能够提高材料利用率,达到减重降本的效果。

第 7 章　复杂地质盾构刀盘刀具配置实例

> **本章重点**
>
> 通过天津地铁 3 号线、武汉长江公路隧道、汕头海湾隧道工程等具体工程实例介绍土压平衡盾构、泥水盾构、超大直径泥水盾构的刀盘刀具配置关键技术。

7.1　天津地铁 3 号线土压平衡盾构

7.1.1　工程概况

天津地铁 3 号线营口道站—和平路站区间隧道（以下简称营和区间）右线里程为 DK12+014.722～DK13+024.5，右线区间长度为 1 009.778 m；左线区间里程为 DK12+010.687～DK13+024.50，左线短链为 4.646 m，左线区间长度为 1 009.167 m。总体施工方案为采用 1 台 ϕ6.4 m 土压平衡盾构施工，装配式钢筋混凝土管片衬砌，盾构从营口道站下井右线始发掘进至和平路站端头吊出，吊出后转场至营口道左线进行二次始发。区间 DK12+550 设置联络通道 1 座，联络通道地面为赤峰道与河北道交叉口，交通繁忙，不具备地面加固条件，拟采用冻结法加固地层，矿山法施工。

营和区间地处天津市和平区繁华地段，位于赤峰道下，穿越建筑物为张学良旧宅、瓷房子、范竹斋旧居、天津电报总局、辽宁路住宅、久大精盐公司、渤海大楼等。线路主要为直线，局部为大曲线转弯半径，R=4 000 m，除到达端 205 m 为 2‰上坡外，其余各段均为下坡，坡度分别为 3‰、7.837‰。营和区间覆土厚度 8.3～12.6 m，以浅埋和中埋为主，盾构区间穿越地层主要为粉土、淤泥质黏土、粉质黏土、粉砂层及软土、粉土、粉砂和黏性土层软硬不均地层。营和区间线路如图 7-1 所示。

第 7 章 复杂地质盾构刀盘刀具配置实例 | 241

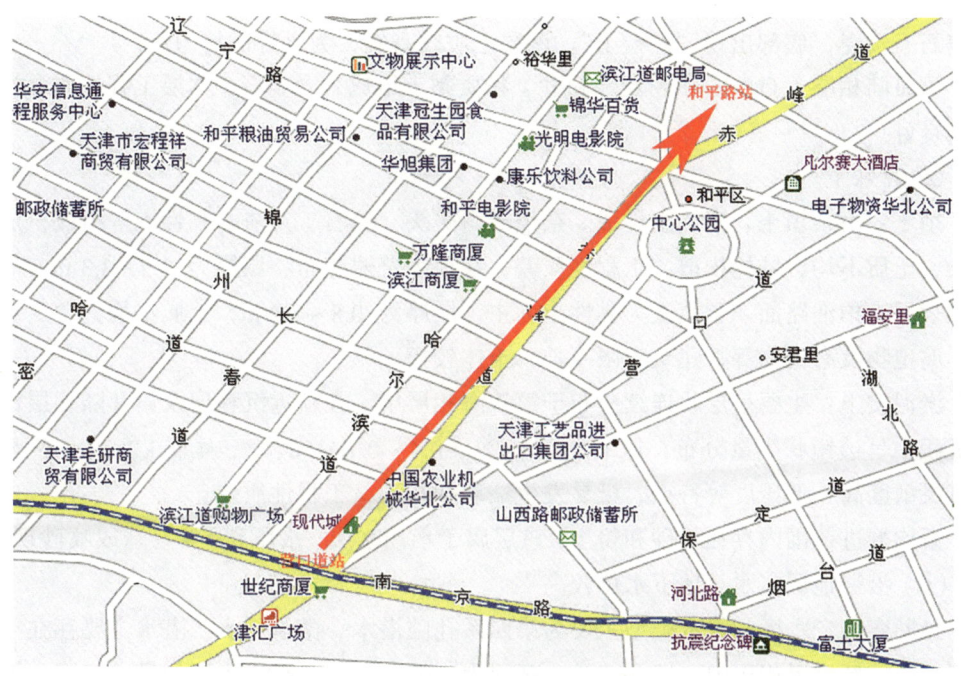

图 7-1 天津地铁 3 号线营和区间线路示意图

天津地铁 3 号线营和区间隧道工程主要具有以下特点：

（1）工程地质较复杂且地层软硬不均

① 地层岩性。

受海进海退的影响，天津形成了较有规律的沉积层。市区内表层一般为人工填土层，填土层下部分布有零星的新近沉积层，新近沉积层下部依次分布各陆相层及海相层，具有明显的海陆交互相沉积层。

区间范围内自上而下主要为第四系全新统人工填土层（人工堆积 Q^{ml}），第Ⅰ陆相层（第四系全新统上组河床～河漫滩相沉积 Q_{43}^{al}）、第Ⅰ海相层（第四系全新统中组浅海相沉积 Q_{42}^{m}）、第Ⅱ陆相层（第四系全新统下组沼泽相沉积 Q_{41}^{h} 及河床～河漫滩相沉积 Q_{41}^{al}）、第Ⅲ陆相层（第四系上更新统五组河床～河漫滩相沉积 Q_{3}^{eal}）、第Ⅱ海相层（第四系上更新统四组滨海～潮汐带相沉积 Q_{3}^{dmc}）、第Ⅳ陆相层（第四系上更新统三组河床～河漫滩相沉积 Q_{3}^{cal}）。

第Ⅰ陆相层（Q_{43}^{al}），岩性为粉质黏土、黏土、粉土，工程质量尚好。

第Ⅰ海相层（Q_{42}^{m}），岩性以粉质黏土、淤泥质粉质黏土、粉土为主，粉质黏土夹有大量粉土薄层，工程性质差。淤泥质粉质黏土含水量高，具高压缩性、高灵敏度、低强度、弱渗透性，工程性质差。

第Ⅱ陆相层（Q_{41}^{h}），上部主要为湖沼相沉积层，该层厚度较小，工程性质差；下部为河床～河漫滩相沉积层，以可塑状粉质黏土及中密～密实粉土为主，粉质黏土夹粉土，含姜石及贝壳，底部出现"混粒土"。该层土质较密实，为良好的持力层。

第Ⅲ陆相层（Q_3^{eal}），由粉土、粉砂、粉质黏土组成，含姜石。本层工程性质及抗震性能良好。

② 特殊土。

填土：由杂填土、素填土构成。杂填土由砖头、碎石、灰渣、黏性土等组成，成分复杂，土质不均，结构松散，工程性质差，在地表普遍分布，层厚为 0.5~3.3 m，局部地段表层为柏油路面。素填土为黏性土为主，层厚为 0.8~3.4 m，土质不均，含少量灰渣、腐殖物及有机物等，建筑年限不长，土体较松。

淤泥质土：主要呈层状连续分布于第一海相层中，在新近沉积层及第Ⅱ陆相层沼泽相沉积中呈透镜状少量分布。压缩系数 $\alpha_{0.1-0.3}$=0.4~0.7 MPa^{-1}，c=4.66 kPa，φ=8.46°，具有灵敏度高、低压度等特点，极易发生蠕动和扰动，工程性质差。

盾构掘进范围内存在粉砂和粉土，该层属于承压水层，水压高，容易造成喷砂现象。

（2）沿线地层富水且地下水位较高

经勘察确定本区间富水类型主要为第四系孔隙潜水、微承压水。潜水主要存在于人工填土层、新近沉积层中，埋深较浅（高程为－0.28~0.89 m），主要依靠大气降水渗入和地表水体入渗补给，水位具有明显的丰、枯水期变化，受季节影响明显。地下水丰水期水位上升，枯水期水位下降。高水位期出现在雨季后期的 9 月份，低水位期出现在干旱少雨的 4—5 月份。潜水位年变化幅度的多年平均值约 0.8 m。

潜水赋存于人工填土层①层、第Ⅰ陆相层③层及第Ⅰ海相层④层中。该层水以第Ⅱ陆相层⑤1 粉质黏土、⑥1 粉质黏土为隔水底板。潜水地下水位埋藏较浅，勘测期间水位埋深为 1.03~1.93 m（高程为 0.68~1.52 m）。水位具有明显的丰、枯水期变化，受季节影响明显。地下水丰水期水位上升，枯水期水位下降。高水位期出现在雨季后期的 9 月份，低水位期出现在干旱少雨的 4—5 月份。潜水位年变化幅度的多年平均值约 0.8 m。

微承压水以第Ⅱ陆相层⑤1 粉质黏土、⑥1 粉质黏土为隔水顶板。⑥2 粉土、⑥4 粉砂、⑦2 粉土、⑦4 粉砂、⑦5 细砂、⑦6 粉土、⑨2 粉土、⑨4 粉砂、⑨5 细砂为主要含水地层，含水层厚度较大，分布相对稳定。各含水层局部夹透镜体状粉质黏土。微承压水水位受季节影响不大，水位变化幅度小。该层微承压水接受上层潜水的补给，以地下径流方式排泄，同时以渗透方式补给深层地下水。水位观测初期，该层水上升很快，一般 30 min 之内即可完成全部上升高度的 80%左右；30 min 之后，水位上升速度变缓慢；经过 24 h 之后，稳定水位一般稳定于潜水层水位之下。勘测期间对微承压进行分层抽水，分层观测，第一层微承压水稳定水位埋深约为 5.13 m（高程约为－0.08 m）。承压水头为承压水稳定水位至隔水顶板的距离。

潜水、微承压水含水层含水介质颗粒较细，水力坡度小，地下水径流十分缓慢。

（3）地下水对钢结构具有中等腐蚀性

经分层取水样化验，地表水及第Ⅱ陆相层之上的潜水对混凝土结构无腐蚀性，对钢筋混凝土结构中的钢筋具有中等腐蚀性，对钢结构具有中等腐蚀性。

第Ⅱ陆相层及以下的微承压水对混凝土结构具有硫酸盐中等～强腐蚀性，对钢筋混凝土结构中的钢筋具有弱腐蚀性，对钢结构具有中等腐蚀。

（4）周边环境复杂且环境保护要求高

本区间地处天津市中心地带和平区繁华地段，位于赤峰道下，古建筑物多，重点保护的建筑物多。盾构沿线的建筑多为20世纪20年代的建筑，基础形式多为条形基础，结构为砖木结构，对地表沉降反应灵敏。沿线重点保护的建筑物主要有张学良旧宅、瓷房子、范竹斋旧居、天津电报总局、辽宁路住宅、久大精盐公司、渤海大楼等。

渤海大楼建于1936年，由法商永和营造公司设计，是当时天津最高、最新式的大楼，也是当时天津市中心的标志性建筑。该建筑为钢混框架结构8层楼房（局部10层），如图7-2所示。

图 7-2　历史风貌建筑——渤海大楼

瓷房子（图7-3）位于天津市和平区赤峰道72号，修建于1935年，是一座有多年历史的法式建筑，地下 1 层，地上 3 层，高约 10 m，两边各有 1 座耳房，院内有人防工事。

图 7-3　历史风貌建筑——瓷房子

营和区间左线盾构隧道在 DK12+778～DK12+812（环号 586～615）段侧穿瓷房子主楼，线路中心距离瓷房子结构边线最近为 17 m，覆土厚度为 12 m。

瓷房子围墙是条形结构，稳定性很差。隧道方向与围墙方向平行，对围墙的稳定更加不利，地表稍微发生沉降将对围墙造成致命的危害。围墙外表全部粘贴瓷片，围墙下部为砖砌基础，外表粘贴瓷片，中间部分为各类瓷瓶竖向黏合，两列瓷瓶之间留有较大空隙，顶部是曲线形压顶，压顶表面粘贴瓷片。据调查，围墙内没有钢筋，全部是用水泥胶黏在一起的，因此围墙极易破损。

7.1.2　工程重难点

本区间主要为粉土和粉质黏土，端头地层稳定性较差，易发生涌水、涌泥、涌砂等现象，始发及到达端头加固土层深，地面不具备场地加固条件。因此，盾构始发、到达安全是区间工程的难点。

区间隧道沿线有各类地下管线及建筑物，环境条件复杂，道路、管线及周边建筑物的沉降和变形控制要求高。营和区间隧道位于赤峰道下，沿线交通繁忙，道路两侧建筑物密集，主要有张学良旧宅、范竹斋旧居、天津电报总局、辽宁路住宅、久大精盐公司、渤海大楼、瓷房子等。因此，区间隧道盾构法施工变形控制要求高是本工程的难点。

联络通道位于城市道路下，管线密集，交通繁忙，地层为粉质黏土、粉土，软流塑状的特性。在地层冻结施工中必须采取切实可靠的技术措施，以确保联络通道施工和端头部位地面安全。因此，联络通道冻结加固是本工程的重点。

本区间隧道的盾构施工难点主要如下：

（1）软土地层对盾构掘进的影响

盾构施工范围内存在④5及⑤4层淤泥质黏土，高含水量、高灵敏度、高压缩性、低强度、低透水性，蠕变量大，土层的蠕动流动易造成开挖面失稳；同时淤泥质粉质黏土的黏性较高，易黏着盾构设备或造成管路堵塞，给掘进带来困难。

（2）高塑黏性土对盾构掘进影响

盾构施工范围内局部地段存在黏土夹层，黏性较大，施工过程中易黏着盾构设备或造成管路堵塞，使开挖难以进行，施工中需进行渣土改良。

（3）透水性强的砂土与粉土层对盾构掘进的影响

盾构掘进施工经过的地层有第④2粉土层、⑥2粉土、⑥4粉砂含水层，隧道掘进过程中应注意粉土、粉砂涌水并引起开挖面失稳和地面沉降的问题。

（4）具微承压水的粉土、粉砂层对盾构掘进的影响

盾构施工影响范围内⑥2粉土、⑥4粉砂、⑦2粉土、⑦4粉砂层内的地下水具有微承压性，掘进过程中易发生突发性的涌水和流砂，可能造成地下空洞，严重时会随着地下空洞的扩大引起地面大范围的突然塌陷，必要时采取注浆加固措施。

（5）软硬不均地层对盾构施工影响

当掘进开挖面进入软土、粉土、粉砂和黏性土层软硬两种不同土性地层时，有可能因软弱层排土过多引起盾构在线路方向上的偏离。

7.1.3　刀盘本体结构设计

刀盘结构根据依托工程的地质进行针对性设计，具体结构如图7-4所示。

适用于天津地铁的刀盘本体结构主要特点如下：

（1）刀盘结构主要由中心小圆环、大圆环和8个刀梁组成，刀梁全部为箱形结构，刀梁之间用$\delta 50$的弧形板进行连接加强，具有足够的刚度和强度用于支撑开挖面水土压力和承受掘进中的推力及扭矩，能满足天津地铁施工的需要。具体分析详见本节中"7.1.6刀盘参数化自动建模与优化技术"相关内容。

（2）刀盘的开口形式：合适的刀盘开口率可以保证渣土进入土舱的顺畅性，其开口形式为周边分布的16个长条形开口和中心均布的4个三角形开口，结构形式利于渣土流动，中心位置的开口率很大，非常利于中心部位渣土的流动。大开口率可以使开挖面与刀盘之间的阻碍物减少，土体容易进入土舱，其土舱中的土体密度及压力更接近开挖面的土体密度与压力，因此，便于土舱中土压力的控制。

（3）刀盘与开挖面之间接触面积小，渣土不易堆积在刀盘与开挖面之间，因此，刀盘不容易产生"泥饼"堵塞现象，并减轻了刀盘与刀具的磨损，且能降低刀盘切削扭矩。

（4）刀梁箱形结构设计巧妙，做成了前大后小的结构，效果是开口前小后大，这样更有利于渣土向后流动。

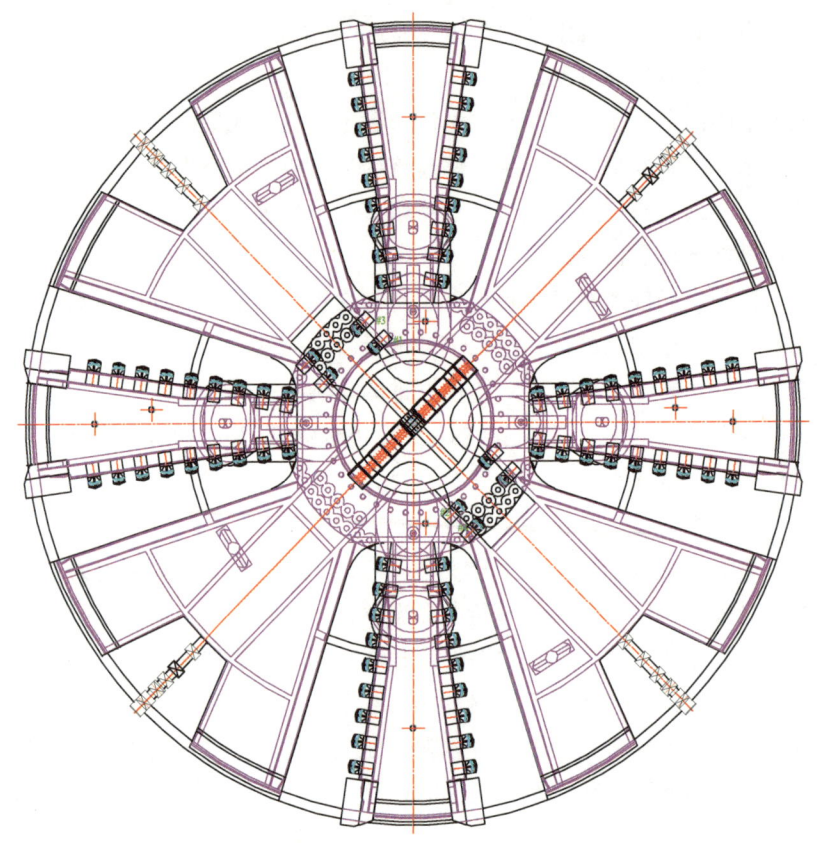

图 7-4 适用于天津地铁的刀盘本体结构

（5）耐磨设计：刀盘的周边布设 2 条耐磨条，耐磨材料采用耐磨性更好的 Hardox500 材料，刀盘面板焊接格栅状耐磨材料，充分保证刀盘在不良地质掘进时的耐磨性能。

（6）刀盘上合理配置足够数量添加剂（膨润土或气泡）注入口，保证添加剂均匀地注入开挖面，改善开挖土的塑流性。

7.1.4 刀盘功能结构设计

1）法兰设计及结构特点

法兰是连接到盘面板和盾体的关键部件，刀盘掘进时的推力和扭矩都由它来传递给刀盘支撑。

（1）刀盘支撑形式

一是中间支撑式（图 7-5），二是周边支撑式（图 7-6）。中间支撑式和周边支撑式各自具有不同的特点，见表 7-1。

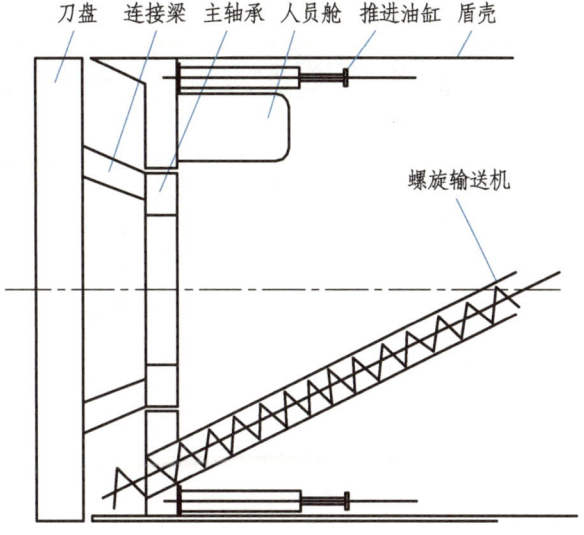

图 7-5　中间支撑式

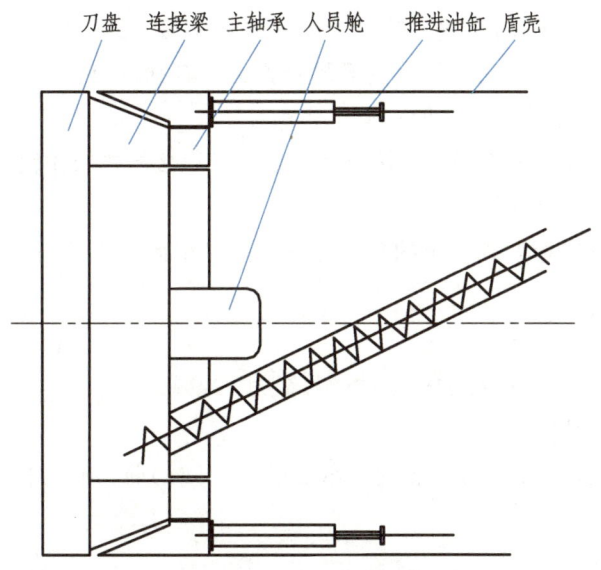

图 7-6　周边支撑式

表 7-1　刀盘支撑方式对比

项目	中间支撑式	周边支撑式
人员舱的安装位置	盾构的顶部	盾构的中心（或顶部）
适合的盾构直径	≥ϕ5 m	ϕ2 m ~ ϕ7 m
主轴承的尺寸	较小	较大
主驱动的加工要求	高	相对较低

续表

项目	中间支撑式	周边支撑式
对地层的适应性	对地层的适应性较好	也能较好地适应地层
刀盘连接的布置	由于主轴承的尺寸较小，刀盘连接必须要靠近刀盘的中心部位安装，因此布置较为困难	由于主轴承的尺寸较大，连接梁可以靠近刀盘的外缘布置，因此连接梁的布置容易
对主驱动的要求	由于主驱动靠近盾构的中心，盾构底部的泥水对主驱动的影响较小	由于主驱动靠近盾构的外缘，当隧道穿越富含水的地层且盾构底部有水时，对主驱动的密封要求较高

综合考虑所选主轴承及各因素，选择中间支撑更为合适。

（2）法兰支撑的结构特点

支撑是刀盘传递推力和扭矩的关键部件，要求从材料和结构上必须保证提供足够的推力和扭矩。制造中采用的是锻造材质为 Q345B 的钢管。此结构的主要特点如下：

① 采用钢管做支撑，对液压管路等的布置更为有利，可以把泡沫及液压管路布置为内置式，与外置式相比管路更加安全。

② 支撑与法兰及本体之间为焊接连接，虽然对焊接的要求比较高，但可靠性更高，减少了螺栓连接的不确定因素。

③ 圆形的钢管支撑搅拌渣土的能力更强，并且由此产生的扭矩小，从而降低了功率消耗。

（3）法兰连接螺栓

螺栓的直径为 M42，螺栓的机械性能等级为 12.9 级。

① 承载能力计算。

高强度螺栓容许承载能力按照同时承受摩擦面间的剪切和螺栓轴线方向的外拉力的受力模式进行计算。

$$[N_1] = 0.7 n_m f (P - 1.4T)$$

式中：$[N_1]$——每一个高强度螺栓的容许承载能力（kN）；

n_m——传力摩擦面数目，该设计中为 1；

f——摩擦系数，查表选取为 0.35；

P——高强度螺栓的预拉力（kN），查表为 677.7 kN；

T——每个高强度螺栓所受的外拉力（kN），此拉力不应大于螺栓预拉力的 70%，按照 40% 计算为 271 kN。

由各个参数可以计算出 $[N_1]$：

$$[N_1] = 0.7 \times 1 \times 0.35 \times (677.7 - 1.4 \times 271) = 73 \text{ kN}$$

② 连接螺栓的数量。

刀盘受到的扭矩约等于盾构的驱动扭矩。盾构的驱动扭矩的计算方法较多，一般采用下式进行估算：

$$T = \alpha D^3$$

式中：D——刀盘直径（m）；

α——系数，取决于盾构的机型，对于土压平衡盾构取 15~20。

本次计算的是直径为 6.4 m 的土压平衡盾构，因此，盾构的驱动扭矩为：

$$T = \alpha D^3 = 20 \times 6.4^3 = 5\ 242 \text{ kN} \cdot \text{m}$$

$$T = FR$$

式中：R—传力半径（m），R=1.3 m。

$$F = 5\ 242/1.3 = 4\ 032 \text{ kN}$$

因此连接螺栓的数量应为：

$$N = F/[N_1] = 4\ 032/73 \approx 56$$

为了提高连接的可靠性，根据连接结构的布置，取连接螺栓的数量为 92 颗。

连接螺栓的安全系数为：92/56=1.6。

刀盘法兰连接螺栓布置参见图 7-7。

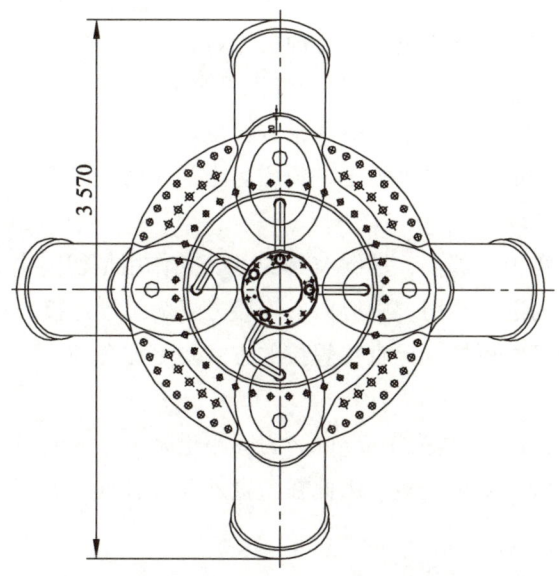

图 7-7 刀盘法兰连接螺栓布置

2）泡沫管路

在刀盘面板上共设置了 8 个添加剂注入口，可根据需要向开挖面添加泡沫、膨润土，从而改善渣土的流动性、止水性。添加剂注入口设有橡胶逆流防止阀（单向阀）（图 7-8），以防止管路被泥砂堵塞。

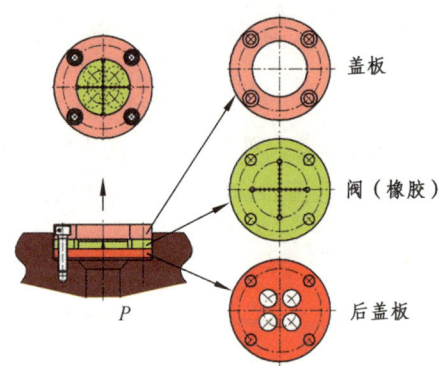

图 7-8　添加剂单向阀

3）搅拌棒

在刀盘上设置 4 个搅拌棒，分布在两个不同的半径上，与切口环隔板上的 4 个搅拌棒配合搅拌，使渣土与添加材料充分混合，渣土具有很好的塑流性，利于出土。在搅拌棒和添加材料的共同作用下，再加上刀盘中心部位的开口率很大，从而保证了刀盘不容易产生"泥饼"及"糊刀"现象。

7.1.5　刀具种类及布置

刀盘上刀具布置主要考虑以下几个方面的因素：① 刀具覆盖整个断面；② 使刀盘受力均衡、振动小、运转平稳；③ 尽量使各刀具磨损均匀；④ 有利于保证刀盘的开挖直径；⑤ 方便排除岩土；⑥ 便于装拆和检查修理。

天津地铁 3 号线的地质主要为粉土、粉质黏土，采用了以下种类的刀具：

（1）中心刀

中心刀布置在刀盘中心部位，是倒 V 形结构，其作用是切削中部位的土层，同时可以起到类似钻头钻尖的定心作用。中心刀的安装方式为螺栓连接，和切割刀的连接方式一样，这样中心刀便可以更换，比直接焊接的方式要更加合理。

（2）切刀

共设置了 80 把切刀，刀高为 100 mm，刀间距也是 100 mm。每一个轨迹上有两把。由于刀盘外部的切削轨迹要长很多，因此在刀盘外部装有贝壳刀，以此来增加切削轨迹上的刀具数量。

（3）边刮刀

边刮刀的切削原理同切刀，主要是切削最外部土体，并起到刮渣和保径的作用，其最大切削直径为 6 400 mm。

（4）保护刀

保护刀为五刃贝壳刀，刀高与切刀和刮刀相同，主要作用是增加外部切削轨迹上刀具的数量，从而减少外部切刀和刮刀由于切削轨迹长而导致的快速磨损。同时，最外侧一把保护刀还可以和边刮刀一同起保径作用。

7.1.6 刀盘参数化自动建模与优化技术

1）刀盘的参数化自动建模

盾构刀盘是隧道掘进过程中实现岩土剥离和界面支护的关键部件，刀盘刀具的性能、可靠性和地质适应性直接影响掘进效率与施工安全。因此，在刀盘设计阶段即对刀盘掘进性能进行评估以优化设计，可以提高刀盘的综合性能，节约大量成本。

由于刀盘体积庞大，掘进地质情况复杂，用实验方法评估刀盘性能需要较长的时间和较多的经费。而数值分析方法则有明显的优越性。它可以用很小的代价得到刀盘与界面耦合作用下掘进过程中的动态应力和变形场，获得切削过程中的刀具力学参数，实现刀盘总体性能的评价，为刀盘优化设计提供依据。

在研究过程中，相关单位建立了刀盘数字分析平台。该平台具有以下功能：

（1）刀盘的参数化自动建模功能

建立刀盘的有限元模型是对刀盘进行数值模拟必需的前期工作。由于刀盘拓扑形状复杂，建立刀盘的有限元数值模型非常耗时，而通常工程建设工期安排很紧，因此快速建模并完成有限元分析是工程建设的紧迫要求。通过编写刀盘参数化自动建模软件，在该软件中输入不同参数，即可自动生成所需刀盘的有限元模型，大大节约了建模时间，简化了刀盘建模工作。

为使软件有广泛的适用性，首先搜集典型刀盘结构图（图 7-9），根据典型刀盘结构特点，将刀盘主要分为辐条刀梁、扇形刀梁、内圆中心刀、刀盘支座、刀具等 5 大结构，每个结构又有若干类型。然后分析提取各结构部件的关键参数，实现各大结构的参数化建模。为了保证各大结构正确拼装，通过建立基准体系，使结构的组装结合面有统一关联参数，实现无缝拼装。

图 7-9 典型刀盘结构

图 7-10 是用该软件建立的刀盘模型。

图 7-10 刀盘参数化有限元模型

如图 7-11 所示为三种不同刀盘,只需改变少许参数即可自动生成。图 7-11(a)是 4 个辐条刀盘,图 7-11(b)是改变参数生成的 6 个辐条刀盘,图 7-11(c)为双窗口刀盘。

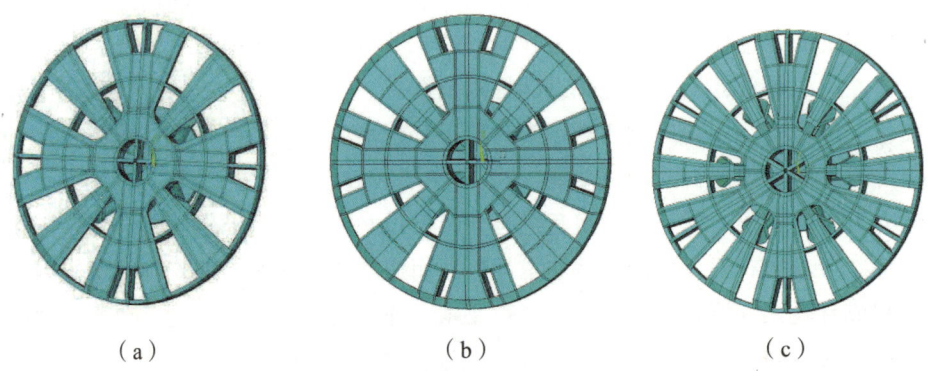

(a)　　　　　　　　(b)　　　　　　　　(c)

图 7-11 刀盘参数化模型

利用该软件建立刀盘有限元模型一般只需要几分钟,节约了大量建模工作量。

(2)自动计算功能

输入刀盘参数后,软件自动调用有限元分析软件 ANSYS,生成并显示刀盘有限元模型。

经查看模型无误后,启动计算,完成刀盘的有限元分析。

(3)刀盘数字分析平台的应用

利用该软件,对刀盘(图 7-12)进行强度分析。

通过计算,得到该刀盘的应力场和位移场。图 7-13 是刀盘轴向变形图。图 7-14、图 7-15 为刀盘 Mises 应力分布。

通过对盾构刀盘的有限元分析,得到刀盘的强度、刚度和应力分布状态,为刀盘进一步优化设计提供依据。

图 7-12　用于天津地铁的 ϕ6.4 m 盾构刀盘

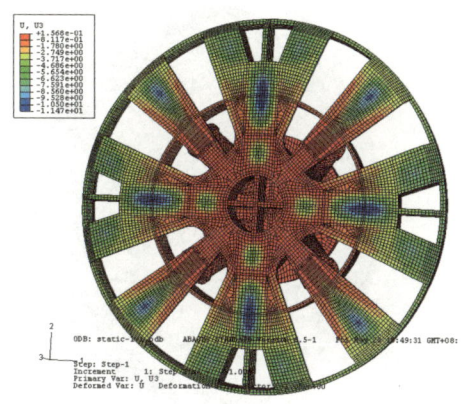

图 7-13　刀盘轴向变形

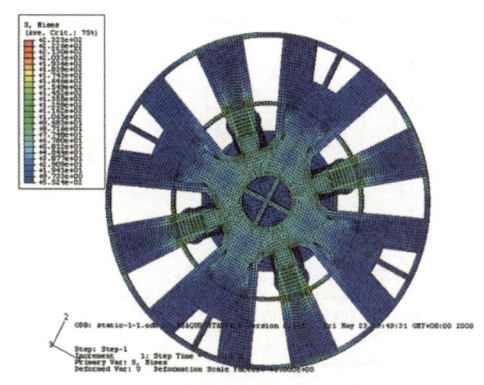

图 7-14　刀盘 Mises 应力分布

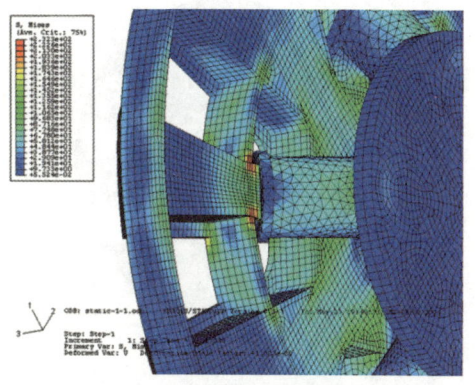

图 7-15　刀盘局部 Mises 应力分布

2）刀盘掘进过程的数值仿真

为了掌握盾构掘进状态下刀盘系统与掘进界面的相互作用和刀盘承载状态，采用包括刀盘模型的全规模数值仿真方法模拟隧道掘进过程，得到掘进状态刀盘的全面信息，为研究刀盘与围岩的相互作用、揭示刀盘拓扑结构参数与其性能及地质环境适应性规律提供了技术途径，为刀盘的设计提供了理论与技术支撑。

图 7-16 是掘进数值仿真计算的数值模型，其中刀盘为设计的 ϕ6.4 m 盾构刀盘。刀盘前面是掘进界面的软土模型。由于掘进仿真计算非常耗时，软土模型只建立一个比刀盘直径略大的圆盘，软土材料为非线性材料，采用 D-P 本构模型。

图 7-17 为掘进中刀盘切削力分布图，图 7-18 为刀盘面板在掘进稳定后的 Mises 应力分布图，图 7-19 为刀盘在掘进过程中的扭矩。

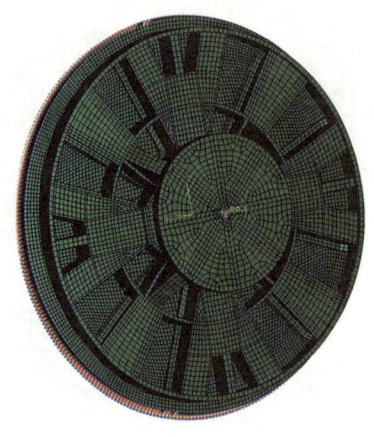

图 7-16 掘进仿真的数值模型　　　　图 7-17 掘进中刀盘切削力的分布

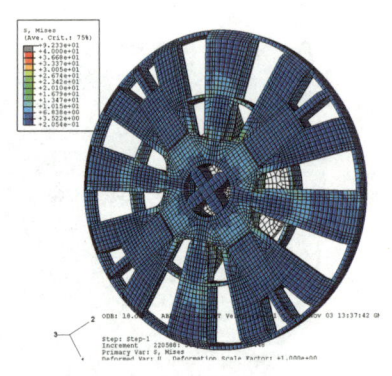
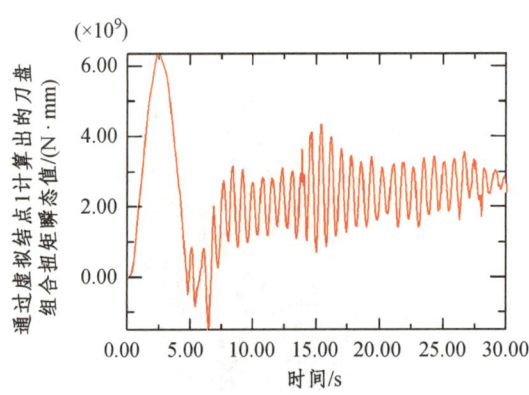

图 7-18 掘进中刀盘 Mises 应力分布　　图 7-19 掘进过程中刀盘的扭矩

上面是针对真实的盾构刀盘掘进软土的仿真工作。由于掘进模拟仿真计算非常耗时，因此计算模型中尚未考虑土体的边界效应，掘进的长度也很短。但通过此简化模型，我们突破了掘进仿真过程中的许多技术障碍，掌握了掘进数值仿真的方法，得到了掘进过程中界面的力学特征、刀盘的动态荷载变化规律和刀盘的动态随机强度，为高性能刀盘设计奠定了基础。

3）刀盘结构有限元分析

（1）有限元分析目的与意义

刀盘结构有限元分析的目的是确定刀盘在给定工况对应荷载作用下的变形趋势和变形量、应力分布趋势和应力值，并对刀盘的强度、刚度进行校核。刀盘是盾构的核心结构部件，在掘进过程中直接与周围岩土介质接触，完成破岩和切削功能，承受着主轴承传来的巨大推力和扭矩。刀盘性能的优劣直接影响整套系统的掘进效率，因此，有必要详细了解刀盘的工作性能。另外，通过有限元计算，可以直观地观察刀盘在给定荷载工况下的变形趋势和应力分布趋势，进而对刀盘结构进行优化设计。

(2) 刀盘结构与尺寸

刀盘是针对天津地铁的地质而设计的面板式刀盘,是由前面板、背面板和筋板焊接而成的箱形结构,刀盘开挖直径为 6.4 m,刀盘前面板上布置有切刀 80 把、贝壳刀 24 把、边刀 8 把、中心刀 1 把。刀盘的开口率为 34%。

(3) 与强度计算相关的材料参数

刀盘的制作材料为 Q345B 钢,弹性模量 $E=2.06 \times 10^5$ MPa,泊松比为 0.3,密度为 7 800 kg/m³,重力加速度 g 取 9.8 m/s²。Q345B 的力学性能见表 7-2。

表 7-2 刀盘用钢板的力学性能

钢号	质量等级	屈服点 σ_s/MPa				抗拉强度 σ_b/MPa	许用应力 $[\sigma]$/MPa
		≤16	16～35	35～50	50～100		
Q345	B	345	325	295	275	470～630	148

注:许用应力的确定考虑了 2 倍的安全系数。

4) 刀盘有限元模型建立

(1) 刀盘模型的简化

用于有限元计算的模型与计算目的密切相关,对同一结构进行不同目的的有限元计算通常要建立不同的有限元模型。本次计算的目的是计算刀盘在给定工况对应荷载作用下的变形趋势和变形量、应力分布趋势和应力值,并对刀盘的强度、刚度进行校核。因此,在建立刀盘的有限元模型时可以去掉对刀盘强度和刚度影响不大的刀具以及泡沫孔、螺栓孔等细节结构。简化后的刀盘三维实体模型如图 7-20 所示。

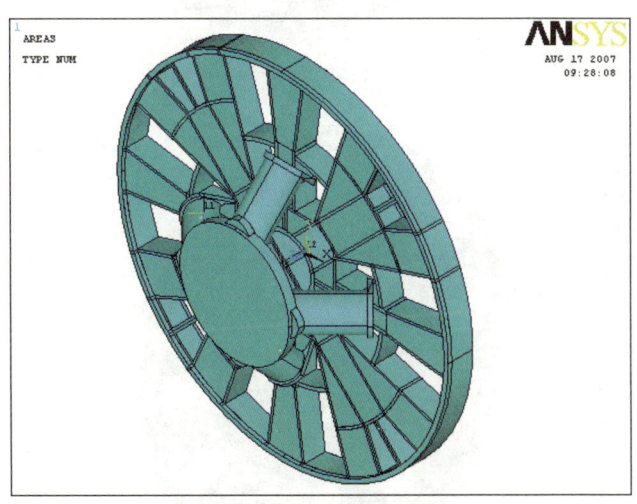

图 7-20 简化的刀盘三维实体模型

(2) 单元类型选择

为了保证足够的计算精度和适当的运算效率,本次用于有限元模型使用了三种类型的单元。对于前面板、背面板和筋板,采用 8 节点的 SOLID45 单元剖分成六面体;连接支撑和法兰盘采用 20 节点的 SOLID95 单元剖分成四面体。为了方便切向荷载的施加,在刀盘的前面板的外表面使用 3D structural 154 单元建立了一层表面效应单元。

(3)网格剖分

在有限元分析中,只有网格划分得合理,才能得到满意的结果。因此,网格划分密度很重要。如果网格过于粗糙,那么结果可能包含严重的错误;如果网格过于细致,将花费过多的计算时间,浪费计算机资源,而且模型太大,可能导致计算机系统无法运行。本次刀盘的网格剖分选择单元边长为 40 mm,在剖分前首先运用布尔运算工具建立刀盘各部件间的连接,确保剖分后各部件连接处的网格连续。整个刀盘共剖分了 227 341 个实体单元和 12 729 个表面效应单元,其中 SOLID45 单元 35 288 个,SOLID95 单元 192 053 个。剖分后的刀盘模型如图 7-21、图 7-22 所示。

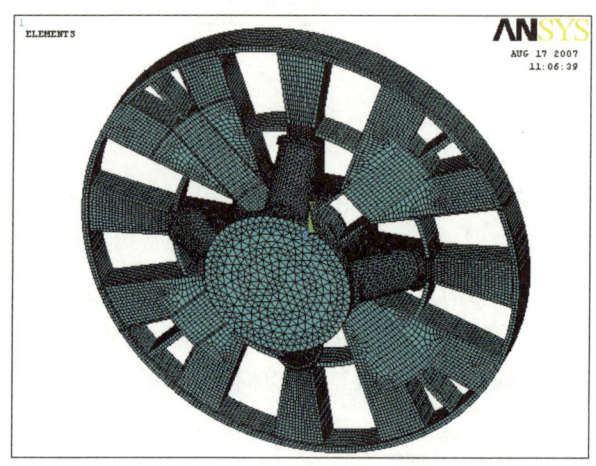

图 7-21 刀盘的有限元模型(后视)

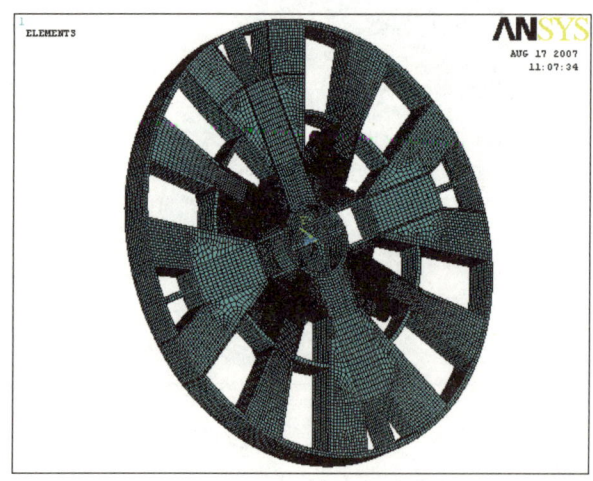

图 7-22 刀盘的有限元模型(前视)

(4) 边界条件处理

边界条件处理主要包括位移边界条件的确定、各给定工况对应荷载的简化与计算、各种荷载在模型上的施加方案。

①位移边界条件的确定。

所施加的位移约束要与给定工况的实际情况相符合。在实际工作中,刀盘是通过 56 个 M42 的高强螺栓与主驱动连接的。考虑到高强螺栓的预紧力作用,本次计算约束法兰后端面上节点的全部自由度为位移边界条件。

② 给定工况对应荷载的简化与计算。

刀盘强度计算通常考虑刀盘在掘进时的三种工况,即正常掘进、高速掘进和软土脱困。在这三种工况下,刀盘受三种荷载作用:刀盘自重、轴向推力和扭矩。其中,轴向推力包括均匀作用在刀盘前面板上的推力和仅作用在刀盘下半部分的附加推力。根据推力及扭矩计算结果并参考外国盾构相关资料,确定三种工况下荷载大小见表 7-3。

表 7-3 给定工况下的荷载

荷载工况	均布推力/kN	附加推力/kN	扭矩/(kN·m)
正常掘进	5000	1000	3000
高速掘进	4000	3000	1500
软土脱困	7000	2000	5000

③ 各种荷载在刀盘模型上的施加方案。

首先施加切向力,为了方便切向荷载的施加,在刀盘前面板的外表面建立一层表面效应单元,将切向荷载直接作用在表面效应单元的节点上,程序自动将荷载转换到刀盘的相关节点上。切向力的大小根据对刀盘中心矩等效原则由扭矩转化得到,转化方案如下:首先假定每个单元上作用单位切向力时对刀盘中心的合力矩,用刀盘受到的扭矩除以此合力矩得到单位面积上的切向力大小;然后计算出每个单元上的切向力,最后将此切向力分配到与该单元相关的节点上。这一过程要对与刀盘前面板对应的所有表面效应单元进行,因此,这一过程要应用 ANSYS 自带的 APDL 语言编制相关程序。轴向推力的施加相对比较简单,直接将推力按面积离散到各个单元上,再分配到与单元相关的节点上。轴向力的离散可以与施加切向力的程序一起编程实现。重力的施加通过给定材料密度和重力加速度来实现。

5) 刀盘有限元计算结果

(1) 脱困工况下有限元强度计算结果

脱困工况下所施加的荷载为扭矩 5 000 kN·m、均匀的轴向推力 9 000 kN。

如图 7-23 所示,计算结果显示刀盘上的最大等效应力为 938 MPa,最大值出现在法兰支撑的端板与背面板的连接处,为一个锐角连接。此处的应力值具有明显的局部性质,此处附近的材料处于三向受压的应力状态，即使应力很大，材料往往仍处于弹性阶段；又由于此应力处于非常小的局部区域，因此即使此处的等效应力超出材料的屈服极限，也只不过在这局部区域发生塑性变形，而附近仍为弹性区域。另外，此处不存在拉应力，因此不会在此处出现断裂破坏。

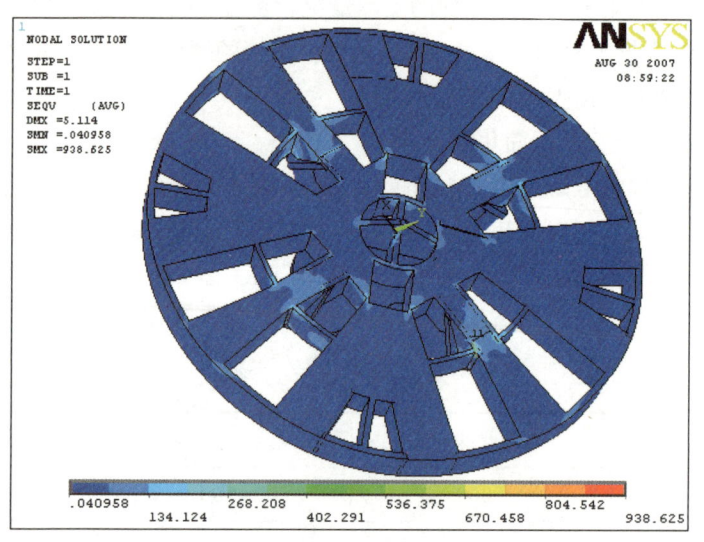

图 7-23　刀盘正常掘进工况下的等效应力云图

在中间环向筋板与前面板连接处存在 230 MPa 的小范围的高应力区，尽管此处的应力低于 Q345 钢的屈服强度 295 MPa（图 7-24），但是此处可能出现拉应力，焊缝在长期的动荷载作用下可能出现开裂，因此必须保证附近焊缝的焊接质量。

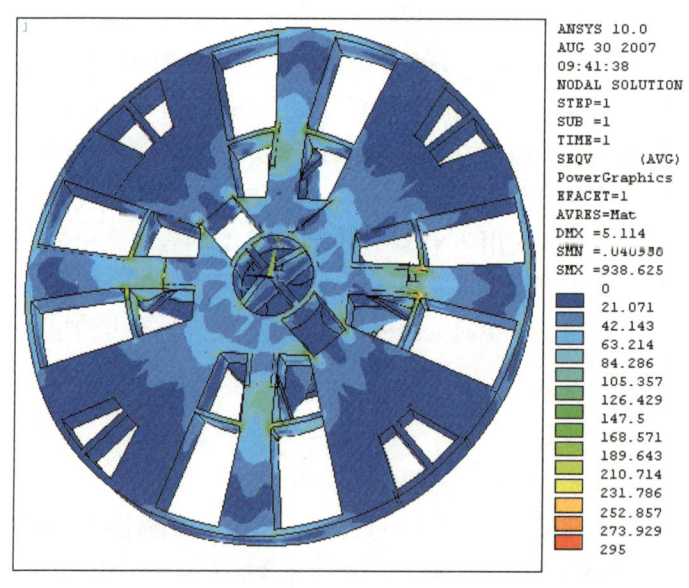

图 7-24　屈服点以下的等效应力分布云图（0~295 MPa）

（2）脱困工况下有限元刚度计算结果

刀盘在脱困工况下的综合位移云图如图 7-25 所示，最大综合位移为 5.114 mm，出现在大圆环处；最大的 Z 向位移为 4.787 mm。

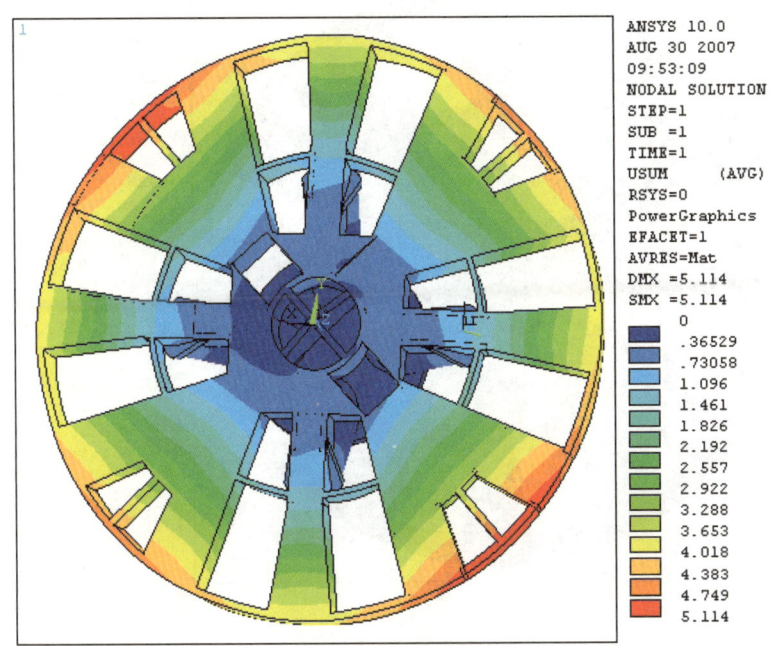

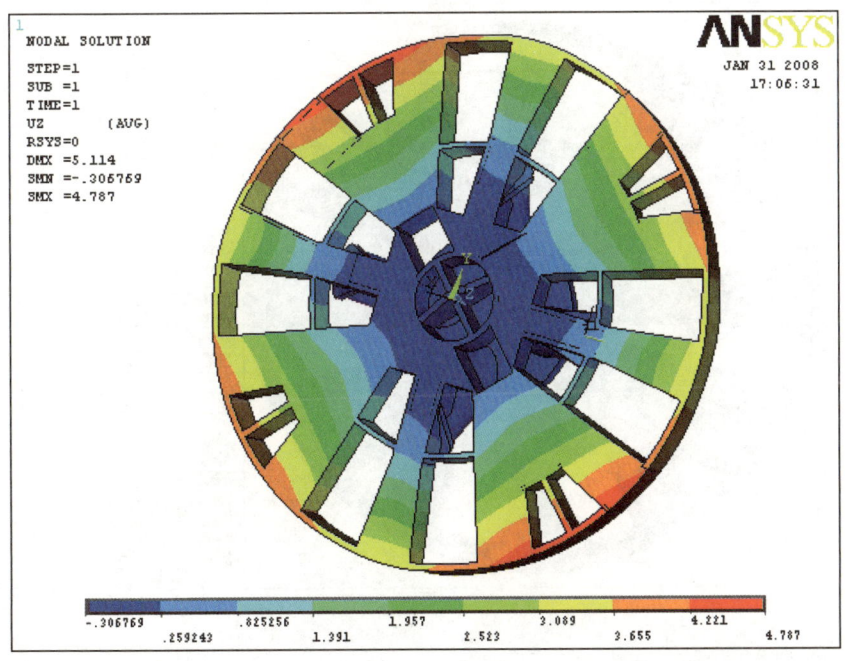

图 7-25　刀盘在脱困工况下的综合位移云图

(3)正常掘进工况下有限元强度计算结果

正常掘进工况下有限元强度计算结果如图 7-26～图 7-29 所示。

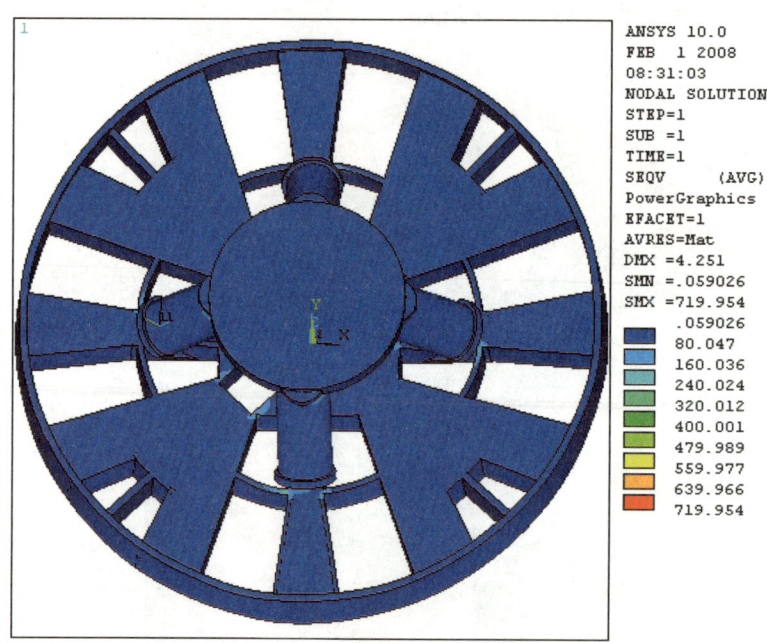

图 7-26　正常掘进工况下的等效应力云图

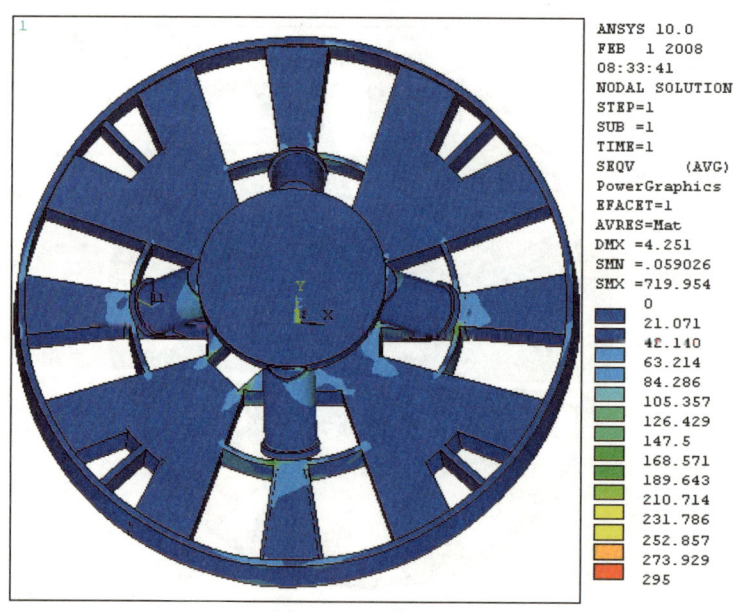

图 7-27　材料屈服点以下的等效应力云图

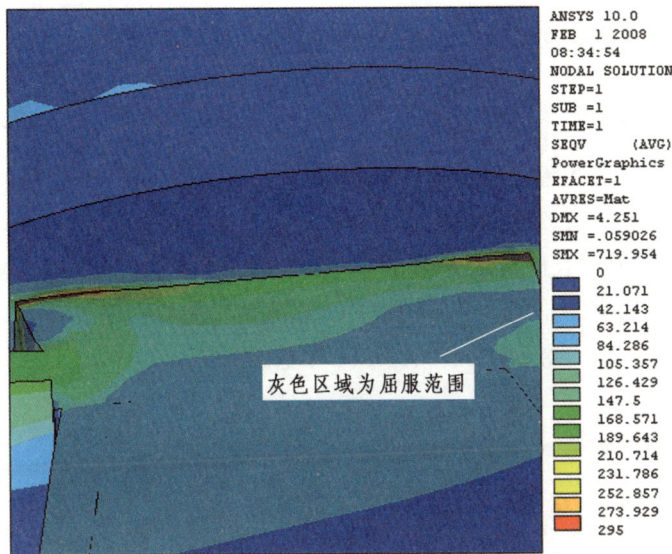

图 7-28 超出屈服点的范围

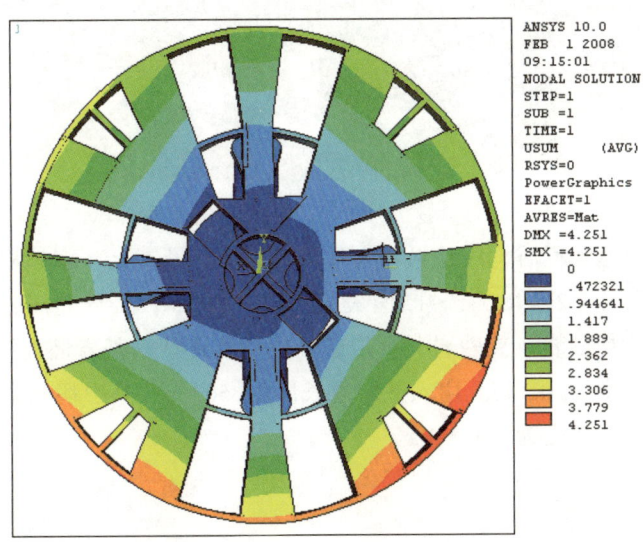

图 7-29 正常掘进工况下的刚度计算结果

6）小结

通过分析不同埋深、不同地质和掘进参数的掘进动态特征，研究各种掘进参数对掘进力学状态的影响，为刀盘优化设计提供依据。由此形成了适应天津地铁工程地质的高强度、高寿命刀盘及驱动设计多项技术。利用计算机三维仿真模拟对刀盘本体结构进行刚性和变形量等数值分析，完成了刀具布置合理、刀具磨损小、刀盘开口率合理的刀盘结构和刀具设计。

7.2 武汉长江公路隧道大直径泥水盾构

7.2.1 工程概况

武汉长江公路隧道工程主要包括盾构隧道工程、南岸竖井、北岸竖井、中山大道暗挖隧道、A 匝道暗挖隧道段所有土建施工以及设备安装工程。其中，盾构隧道开挖直径为 11.38 m，其左、右线长度分别为 2550 m 和 2499.2 m。盾构隧道在出洞段约 500 m 和进洞段约 300 m 处净间距小于 1 倍盾构直径。在隧道出洞段，左线盾构与右线盾构井之间最小净距仅为 5.5 m。武汉长江公路隧道工程示意图如图 7-30。

图 7-30 武汉长江公路隧道工程示意图

武汉长江公路隧道工程盾构线路纵坡大致为 U 形，其最大上、下坡坡度分别为 4.4% 和 4.35%。隧道埋深为 7.2～40.5 m，断面最大水压为 0.6 MPa。区间江底地层主要为砂层，以及砂层与泥质粉砂岩、夹砂岩、页岩的互层。隧道切入基岩最大深度约 3.5 m，其中切入微风化带深度为 0.3 m。切入基岩总长度约 503 m，其中切入微风化带长度为 18 m，其岩石单轴抗压强度为 120 MPa。

7.2.2 工程重难点

武汉长江公路隧道穿越地层地质条件复杂多样，尤其是江中段下半断面需穿越长约 300 m 的由卵石层、强～微风化泥质砂岩、夹砂岩和页岩等构成的软硬不均地层，其卵石及基岩厚（最厚达 3.8 m）、岩石强度高（40 MPa）、透水性强、水压高，要求一次掘进距离长，加之国内外尚无可供借鉴的高水压强透水地层下大直径泥水盾构施工经验，盾构地质适应性设计选型和施工难度均极大。具体施工重难点主要体现在如下方面：

（1）考虑到普通盾构在该地层下施工时随时可能发生开挖面坍塌、刀盘刀具严重磨损、超挖、掘进方向大幅度偏移等事故，本工程所使用盾构要求具有地质适应性强、可靠性高和耐久性等特点，故选型设计难度大。刀盘刀具设计既要满足软土与岩石交替推进，又要具有很高的耐磨性，以确保一次过江而避免江中换刀风险。

（2）要求能精确平衡掌子面水土压力，避免出现压力波动而导致工作面失稳，控制难度大。在本工程中，盾构在最大水压 0.57 MPa 下强透水地层中推进，极易发生开挖面失稳、冒顶，从而发生塌陷和江水倒灌等重大事故。同时，由于盾构施工的扰动、纠偏力度过大或者盾构隧道回填注浆的不密实，隧道周围土体易发生坍塌，也会造成地表沉降。

（3）盾构在高水压区掘进时，隧道受地下高压水及泥浆的包裹，较长时间内处于悬浮状态，因此，防止隧道上浮和管片变形难度较大。

（4）本工程中隧道防水和盾尾密封要求高，导致防水设计及防水施工难度大，具体要求包括以下三个方面：

① 武汉长江公路隧道一次掘进距离长，除对盾构刀盘刀具耐久性要求高外，还对盾构密封性及密封耐久性提出了较高要求，以便能在高水压下长距离安全推进。

② 要求大断面管片抗渗性能强、接缝防水和拼装质量高，能够避免出现裂缝和管片破损，以确保结构防水性能。

③ 要求精确控制盾构掘进参数（注浆压力、注浆量、掘进姿态、盾尾油脂压力、注脂量等）和管片拼装质量，以避免盾尾发生涌水涌砂而造成结构破坏。

（5）高气压下作业风险大。

本工程需要在高气压下带压进行刀具检查与更换等作业，工艺风险大，技术要求高。

（6）浅覆土富水地层下盾构始发、到达难度高。武汉长江公路隧道始发与到达端隧道覆土浅，且处于长江一级阶地，地下水丰富、类型多样，故破除洞门后易发生涌水，进而导致地面坍塌、结构破坏等事故。

（7）要求具有良好的方向控制能力和高精度的导向系统，以保证正确的盾构姿态通过江底地层。在上软下硬复合地层中施工时，盾构姿态控制难度大。

（8）武汉长江公路隧道穿越武汉市中心繁华地区，地层中天然含水量高、压缩性高而强度低，受扰动后变形大，地面沉降控制和建筑物保护难度大，尤其是盾构处于软弱地层下掘进时。

7.2.3 刀盘刀具地质适应性设计

根据地质勘探资料，合理进行盾构刀盘刀具设计方案比选，使刀盘设计和刀具配置能够适应首先穿越黏土、砂层，中间穿越岩石层，最后穿越砂层和黏土层的特点，设置切刀、刮刀和盘型滚刀来适应武汉长江公路隧道穿越软弱不均地层和岩石地层。刀盘刀具设计耐磨保护，满足长距离一次过江要求，避免或降低江中换刀的可能性，使设备可靠性、技术先进性与经济适宜性相统一。

1）刀盘结构特点

刀盘采用辐板式结构，如图 7-31 所示。刀盘由 8 块辐条及 8 块辐板组成，采用中心支撑。刀盘开挖尺寸为 $\phi 11.38$ m，刀盘开口率为 30%，刀盘中心开口率约 50%。刀盘上配置中心鱼尾刀 1 把、单刃滚刀 39 把、切刀 278 把、边刮刀 8 把、仿形刀 1 把。

图 7-31　武汉长江公路隧道工程使用的 ϕ11.38 m 泥水盾构刀盘

2）刀盘驱动

刀盘驱动装置设计成可在正、反两个方向以同样的速度和扭矩进行岩土的切割，刀盘驱动电机为变频控制水冷式标准感应式电动机，驱动功率 200 kW × 8 即 1 600 kW，双向转速为 0 ~ 2.3 r/min（连续可调）。

采用适用于高扭矩和大推力的重工况整体式主轴承，为 3 排滚柱（2 排轴向，1 排径向）轴承。主轴承寿命为 10 000 h，开挖室的最大工作压力为 0.6 MPa。

3）刀具形式

盾构刀具是根据本标段硬岩、砂土及黏土等不同地质特点，结合刀具在软土、硬岩中不同的破岩机理，进行设计和选择的（图 7-32）。刀盘设计为复合刀盘（39 把 17 in 单刃滚刀、278 把切刀），以适应不同地层的开挖。所有的刀具以及滚刀都能从泥水舱中进行拆卸和更换。提供起吊机具便于换刀操作，适用于复杂条件下快速换刀作业。

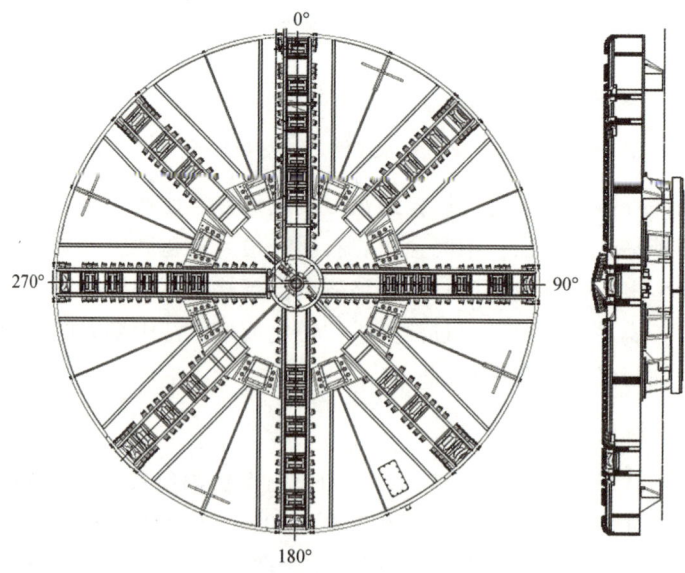

图 7-32　武汉长江公路隧道 ϕ11.38 m 泥水盾构刀具布置

4）刀盘刀具的耐磨设计

武汉长江公路隧道盾构穿越的地层，石英含量高达 66%。针对盾构穿越的高磨损地层，采取了以下针对性耐磨设计：

（1）刀盘面板用特殊耐磨材料焊接成格栅状，刀盘的外圈焊接高强度的耐磨板，对刀盘开口部位的表面进行硬化处理，充分保证刀盘在掘进时的耐磨性能。

（2）为减少或避免中途换刀，对切刀结构进行了针对性设计（图 7-33），切刀刀刃采用具有两排碳化钨的镶嵌物，以形成两层刀刃。刀体由经过加工的碳钢制成，刀体上可能与掌子面发生摩擦的其他表面由硬化面层加以保护。

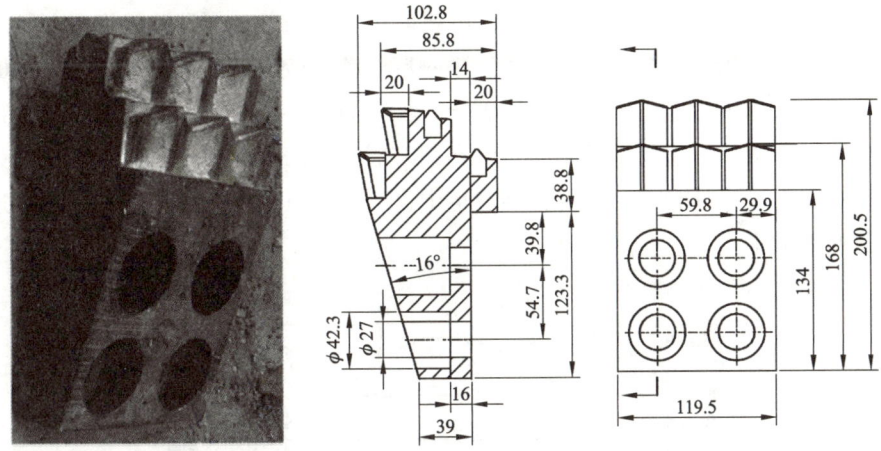

图 7-33　双层刀刃切刀实物及其结构设计图（单位：mm）

（3）滚刀刀圈材料采用碳化钨。这种镶嵌型球齿刀圈滚刀（图 7-34）具有非常高的耐磨性。滚刀的启动力矩值设计为 15～16 N·m，在软土地层中掘进时具有抗停转效应，以避免滚刀偏磨。也就是说，这种滚刀能"抓住"软土地层并继续转动，因此滚刀不会偏磨。

图 7-34　碳化钨镶嵌型的球齿刀圈

（4）刀具磨损检测。在不同区域的切刀上安装有刀具磨损检测装置，能够及时掌握刀具的磨损情况。在 4 把刀具上配备有磨损检测装置。在这些刀具上建立起一个静压回路。这些带有磨损检测装置的刀具，在靠近外表面的地方设有一个漏油孔，如果刀具磨损到一定程度，这个漏油孔就被打开，使压力断开。

5）刀具三层立体复合布置

由于武汉长江公路隧道盾构江中段需要穿过风化岩层，同时一次掘进距离长，为满足软土地层与硬岩地层的交替推进功能，刀具采用三层立体布置方式，如图 7-35 所示。第一层为切刀，第二层为滚刀，第三层为切刀，滚刀安装在半径 2.0 m 至周缘处，间距为 108 mm。在掘进第一段砂和黏土时，由超前量较大的第一层碳化钨切刀开挖土壤，并对滚刀起保护作用。当掘进到基岩时，第一层超前量较大的切刀已磨损了约 40 mm，由布置在第二层的滚刀对基岩进行滚压破岩，切刀只起导渣作用。当盾构达到第二段软土时，滚刀已磨损，由超前量较小的布置在第三层的切刀切削软土，直到掘进结束。采用这种独特的刀具设计和刀具布置，能避免中途进行刀具更换，不仅加快了施工进度，更降低了换刀成本。

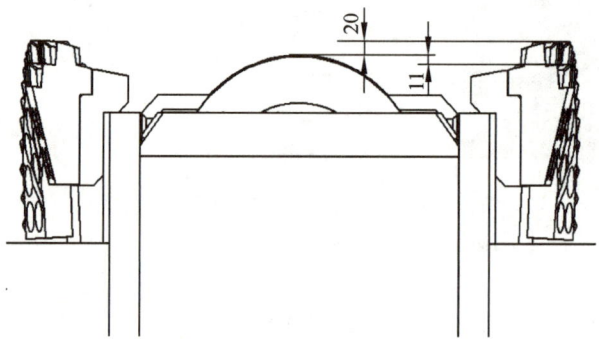

图 7-35　三层立体布置的刀具（单位：mm）

7.2.4　刀具配置

1）刀具类型

为适用于武汉黏土、砂卵石及局部硬岩地层，采用复合刀盘。在刀盘的中心布置鱼尾刀，正面布切刀，刀盘的边缘布置周边刮刀。

刀具对称布置，以满足刀盘正反转的需要。

切削刀具根据地层需要有连续的，但大多数是不连续的。正面切刀重叠系数随着半径的减小而变小，一般是 1～3。边刮刀通常是连续布置的，其体积也大，布刀重叠系数大，一般是 4～8。

为适应江底局部风化岩段，在刀盘半径 2.5～5.5 m 范围配置辐条，中间布置单刃滚刀。

此外，根据功能需要布置辅助刀具，如仿形刀、刀盘保护刀等。

2）刀具布置

（1）中心刀

在刀盘中心配置中心刀，中心刀超前切刀 155 mm。

中心刀由一排切刀组成，有两排碳化镶嵌物，形成两层切割层。

中心刀超前切刀布置，如图 7-36 所示。

盾构分两步切削土体，利用中心刀先切削中心部位小圆断面土体，而后扩大到全断面切削土体。中心刀设计成锥形，使刀盘旋转时随鱼尾刀切削下来的土体，在切向、径向运动的基础上，又增加一项翻转运动。这样既可解决中心部分土体的切削问题和改善切削土体的流动性，又能大大提高盾构整体掘进效果。

图 7-36　中心刀

（2）单刃滚刀

单刃滚刀适应掘进中段可能遇到风化的砂岩地层。滚刀高出刀盘面板 80 mm，比第一排切刀刀刃低 20 mm，比第二排切刀刀刃高 11 mm。首先第一排碳化物刀刃磨损，在该排碳化物刀刃的保护下，滚刀基本不磨损。

（3）切刀

切刀伸出刀盘面板的高度为 100 mm，保证渣土的流动，防止刀盘面板与掌子面间产生泥饼。考虑到刀盘的受力均匀性，刀具布置具有对称性，刀具安装采用螺栓固定以便于更换。切刀具有两排碳化镶嵌物，形成两层切割层，每层厚度分别为 31.5 mm 和 34 mm。

（4）边刮刀

考虑边刮刀磨损后开挖直径应大于盾构切口环的直径，以保证盾构姿态的调整，其开挖洞径的允许变化量为 20 mm，边刮刀最大切削直径比刀盘直径大 40 mm。同样边刮刀也有两排碳化镶嵌物，形成两层切割层，如图 7-37 所示，提高了刀具的可磨耗量。并且，部分刀具外表面具有球状碳化镶嵌物，提高了刀具的耐磨性能。

（5）保护刀与仿形刀

保护刀安装在刀盘外缘的周边，保护刀可以用来校准盾构的开挖直径与保护刀盘，保护刀的开挖直径比刀盘本体大 40 mm。

仿形刀安装在刀盘的外缘上，通过一个液压油缸来操作，可以控制仿形刀开挖的深度及超挖的位置，用于盾过曲线掘进和盾构纠偏。

刀盘保护刀与仿形刀布置如图 7-38 所示。

图 7-37　边刮刀　　　　　　图 7-38　保护刀与仿形刀

7.2.5　刀盘有限元分析

1）刀盘基本情况概述

武汉长江公路隧道泥水盾构刀盘直径为 11 380 mm，自重为 1 475 kN，开口率为 30%。刀盘由 8 个辐条、8 块辐板组成，辐条上装有切刀 278 把、单刃滚刀 39 把，刀盘上还有边刮刀、保护刀、仿形刀等。图 7-39 为刀盘的正视图、侧视图和立体图。

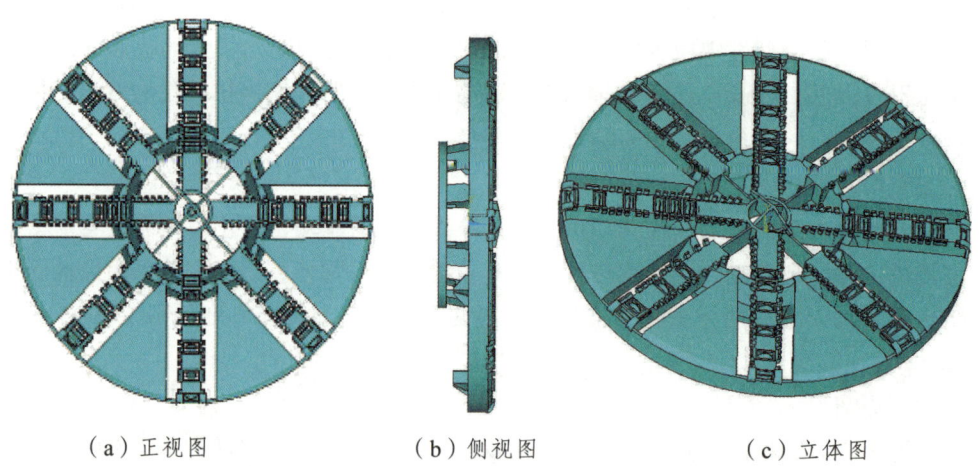

（a）正视图　　　　　　（b）侧视图　　　　　　（c）立体图

图 7-39　武汉长江公路隧道盾构刀盘

刀盘制作材料为 Q345 钢，屈服极限为 345 MPa，弹性模量 E=200GPa，横向变形系数 μ=0.3。

刀盘工作中最大转速为 2.3 r/min，最大扭矩为 13 650 kN·m，推进力为 3367 kN。刀盘在工作中承受着巨大的轴向荷载和扭矩。由于盾构工作条件特殊，开始掘进后只能一直向前达到目标，不能半途更换刀盘，因此刀盘必须有足够的承载能力，即强度和刚度、稳定性应满足掘进施工要求。确定刀盘的强度、刚度和稳定性是一项重要的工作。由于刀盘工作环境恶劣，很难用测试手段获取刀盘工作时的信息，因此，用有限元方法进行数值计算是实用有效的方法。

2) 有限元计算

(1) 有限元计算软件和单元类型

ANSYS 程序是美国 ANSYS 公司研制的大型有限元分析软件，功能强大，可以进行线性和各类非线性分析，还可以进行综合多物理场耦合分析。

刀盘结构是用钢板焊接成的大型箱体。为保证分析结果的精度，选用 ANSYS 的 8 节点六面体三维实体单元，同时在划分网格时尽量少用退化的四面体单元。

(2) 建立有限元计算模型

由于刀盘的空间几何形状复杂，用图形方式直接建模非常困难。我们采用参数化建模方式，利用 APDL 语言，编写建模程序。ANSYS 执行程序的命令流，即可形成有限元模型。

在建模工作中，坚持忠实原型，严格按图纸建立其三维模型。只对非关键处的安装孔等局部结构进行简化。简化后可以减小计算数据量，对计算结果的影响只发生在简化处局部小范围，不影响整体和关键部位的计算精度。图 7-39 为用于有限元计算的三维立体数字模型。

(3) 网格划分

刀盘有限元计算采用 ANSYS 的 45 号 8 节点三维实体线性单元。由于刀盘的几何尺寸很大，为保证计算有足够的精度和适当的运算效率，根据钢板的厚度和应力分布梯度，单元边长 40~60 mm。同时，为了保证计算精度，在建模时根据各构件相连接处的几何关系，建立适当的面和体，使划分后的单元绝大部分为六面体单元。刀盘共划分 323 876 个单元，443 599 个节点。图 7-40~图 7-44 是划分单元图后的刀盘网格图。

图 7-40　有限元网格正视图　图 7-41　有限元网格侧视图　图 7-42　有限元网格立体图

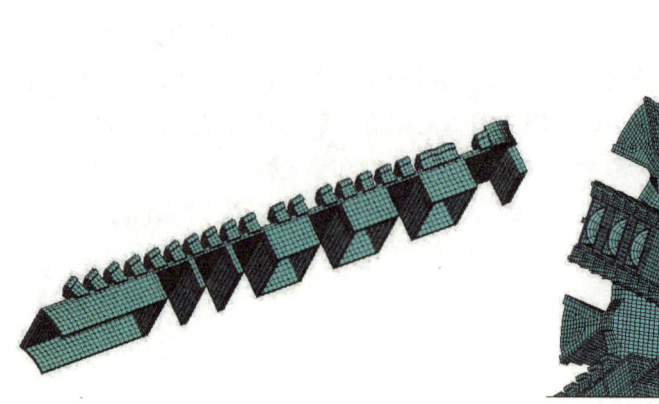
图 7-43 辐条对称面的有限元网格剖视图

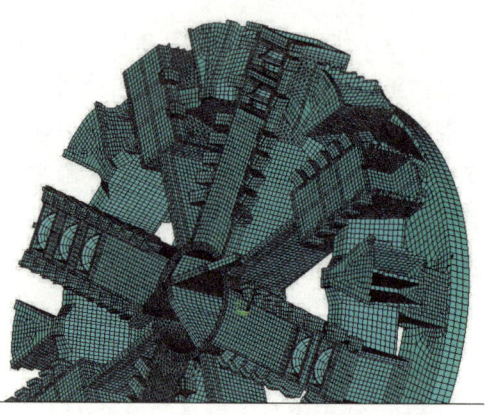
图 7-44 刀盘内圆部分网格剖视图

（4）边界条件处理

刀盘受自重、轴向推力和切向力等 3 种荷载作用。根据刀盘所处状态，轴向推力作用在刀盘与掘进面接触的前面板和刀具上。在理想情况下，轴向力均匀分布在整个作用面上。

当掘进中切向力均由刀具承受时，刀具所受切向力 P 的计算如下。

首先，假定各个刀具所切割的材料性质相同，则各个刀具所受到的切向力相等。先将所有刀具加上一个单位的切向力 P_1，然后计算这些切向力形成的合力矩 T_P，则每把刀具应承担的切向力 P 为：

$$P = P_1 \frac{T}{T_P}$$

当掘进中切向力均由面板承受时，面板节点 i 所受切向力 P_i 的计算同上，可以假设每个单位面积承受相同的单位切向力 P。先计算出面板上每个节点与面板面积的对应关系，设 i 节点所代表的面板面积为 A_i，面板总面积 $A=\sum A_i$；然后计算全部面板节点切向力形成的合力矩 T_P，则面板上的节点 i 应承担的切向力 P_i 为：

$$P_i = PA_i \frac{T}{T_P}$$

位移边界条件处理：约束刀盘圆环支座外端面全部节点的自由度。

3）计算结果

对刀盘受力的 3 种极端工况进行分析。

（1）软土层中脱困工况下的计算结果

在此工况下，刀盘承受的荷载有重力、推力和扭矩。推力和扭矩均作用在刀盘面板上。

推进系统的 36 个油缸提供的最大推力为 3 367 kN，均匀分布在刀盘面板上。为准确确定面板的压力值 q，对模型面板单元加上分布力，然后求其合力。通过计算，得到当

q = 0.066 MPa 时，合力等于最大推力。

软土层刀盘脱困扭矩为 17 750 kN·m，扭矩引起刀盘面板上的切向力也应是均匀分布的。因切向力必须加在单元节点上，采用前述"2）之（4）"所述方法确定刀盘面板上每个节点的切向力。由于单元大小不同，每个节点所受的切向力也不同，但节点力与面板承受均匀切向力是完全等效的。位移约束条件如前述"2）之（4）"所述。

通过计算，得到刀盘在软土层脱困荷载下的应力场和位移场。

图 7-45～图 7-48 是刀盘的变形图。

为了便于观察变形情况，变形图所示变形是实际变形的 146 倍。

从变形图中可以看到，刀盘的变形很小。切向位移最大值为 -3.521 mm，发生在刀盘左侧边缘处，这是由于扭矩和重力均使该处产生向下的位移。刀盘的 z 向最大位移（刀盘中心轴方向）为 -1.9 mm。

由图 7-45～图 7-48 可以看出，刀盘的最大合成位移为 3.887 mm，与刀盘的直径 11 380 mm 相比，变形很小。因此刀盘具有足够的刚度。

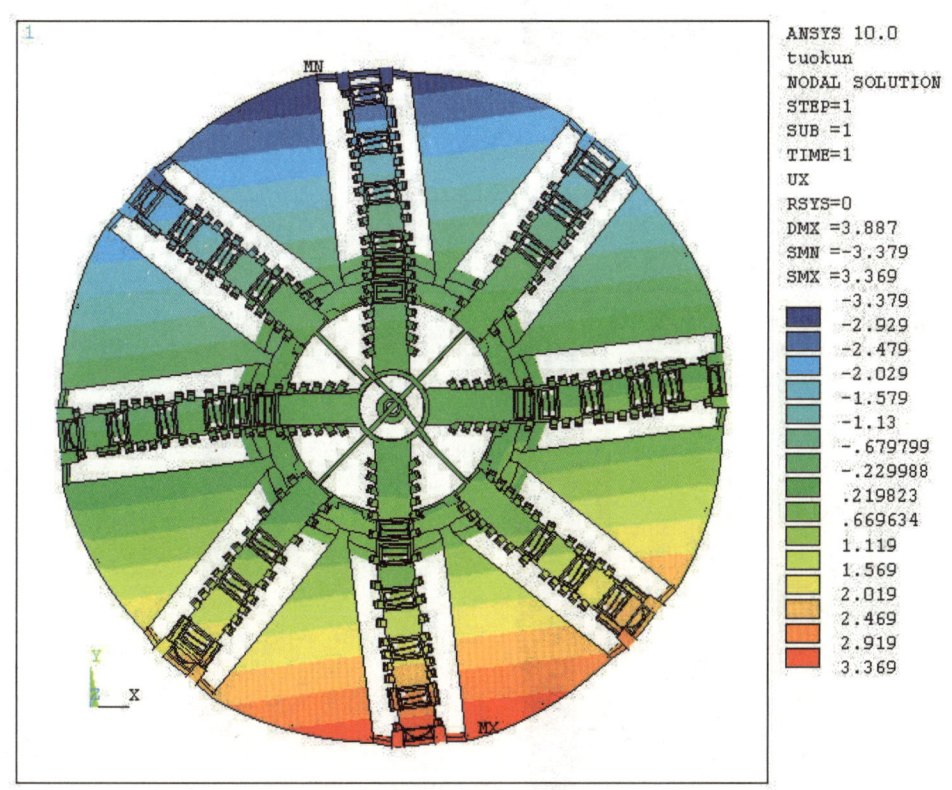

图 7-45 软土层脱困荷载下刀盘 x 方向变形图

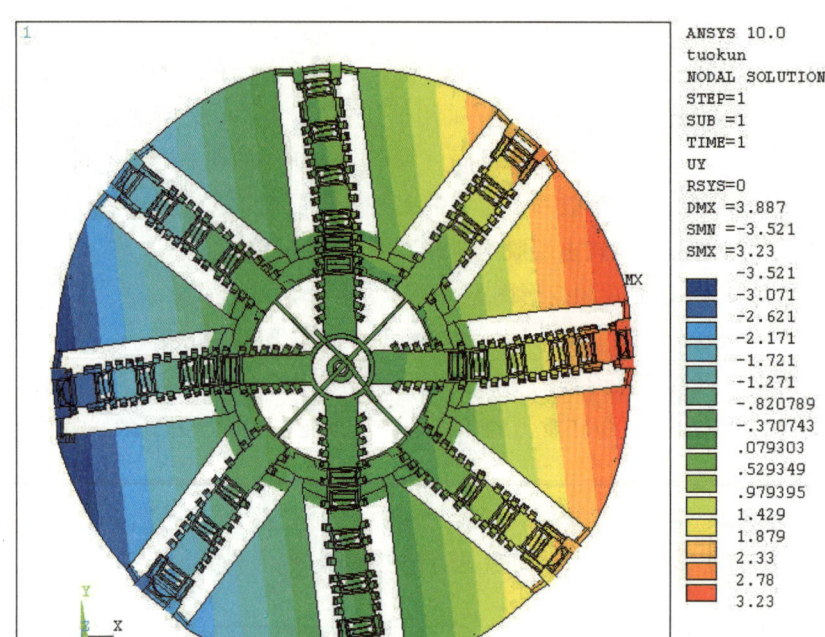

图 7-46 软土层脱困荷载下刀盘的 y 向变形图

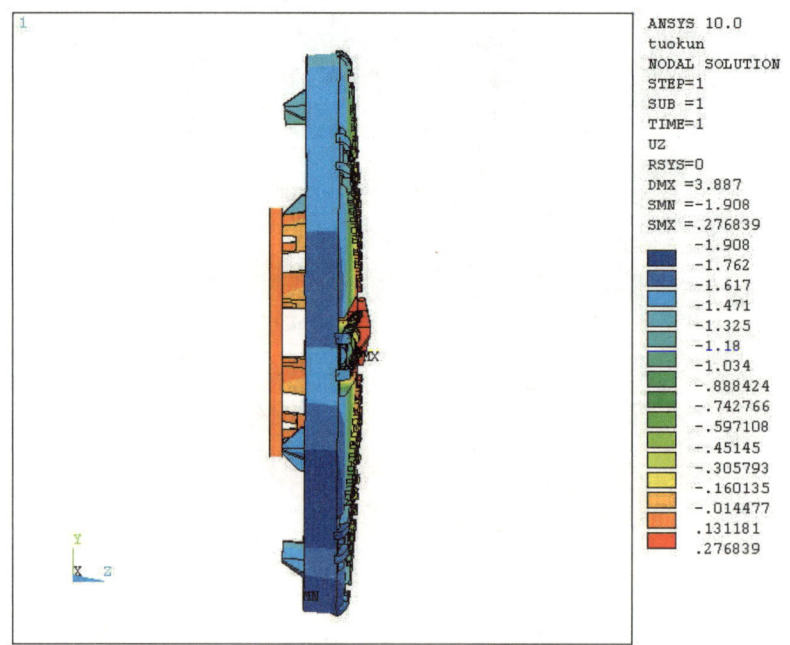

图 7-47 软土层脱困荷载下刀盘的 z 向变形图（侧视）

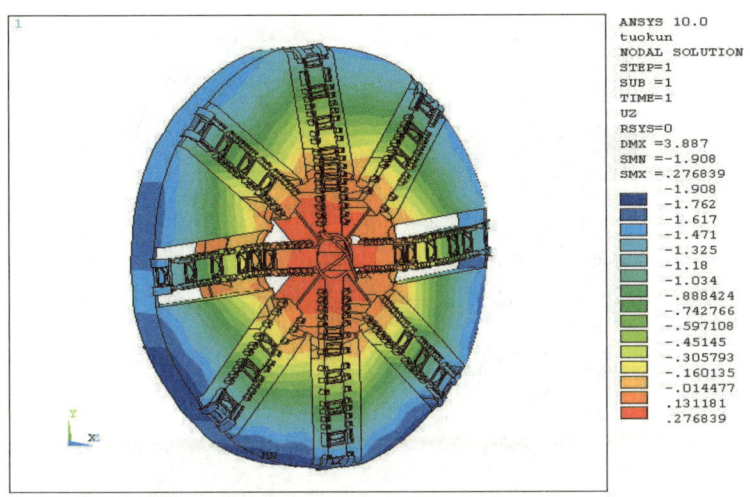

图 7-48　软土层脱困荷载下刀盘的 z 向变形图（正视）

下面分析刀盘的应力。

图 7-49 ~ 图 7-54 为刀盘在软土层脱困荷载下的应力 σ_x 分布图。

图 7-49 为刀盘前面应力 σ_x 分布图。图中不同色彩代表不同的应力值，其值参照右侧色块所标数值确定。图 7-50 ~ 图 7-52 为刀盘背面和局部放大图。从图中可以看出，刀盘上应力 σ_x 最大值为 -156.15 MPa，但刀盘大部分区域的应力均很小。为了看清应力分布，图 7-53、图 7-54 显示刀盘应力值为 -20 MPa ~ $+20$ MPa 区域的应力分布。从图 7-53、图 7-54 中可知，刀盘大部分区域的应力 σ_x 绝对值小于 20 MPa，应力较大的区域发生在刀盘辐板根部很小的范围内。

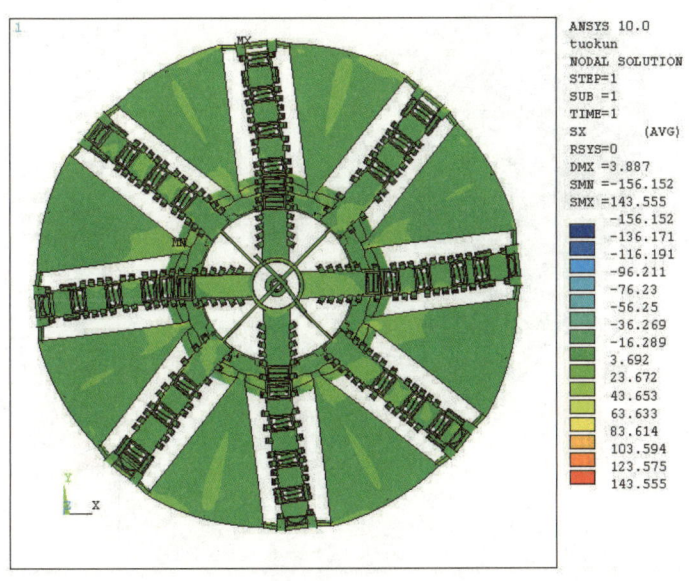

图 7-49　软土层脱困荷载下刀盘前面应力 σ_x 分布图

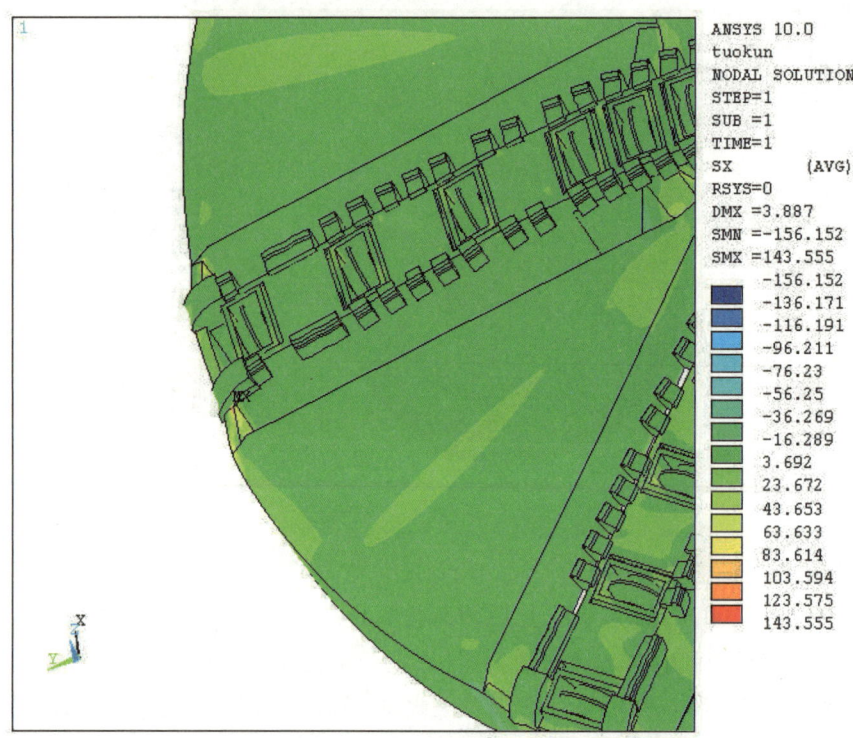

图 7-50　软土层脱困荷载下刀盘前面应力 σ_x 局部放大图

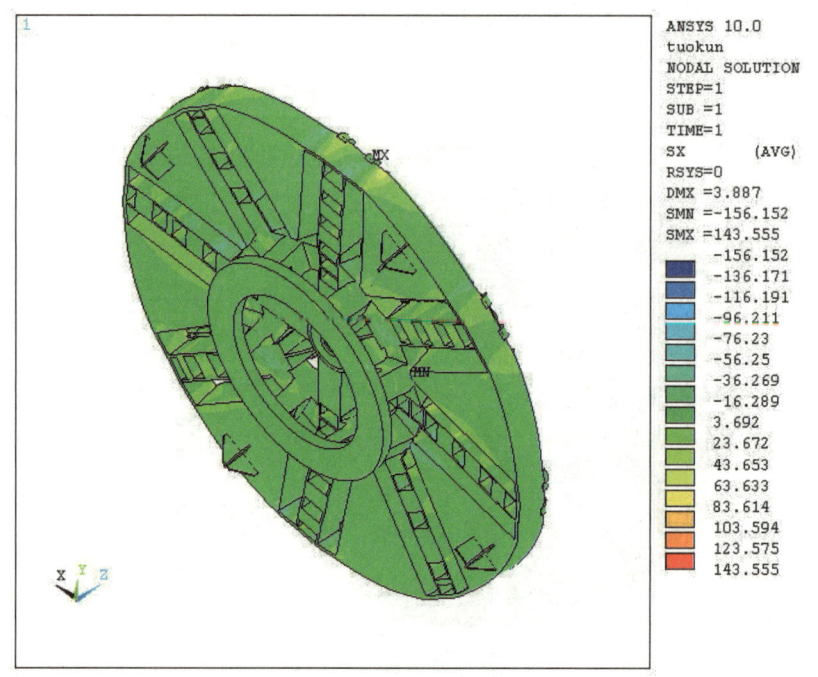

图 7-51　软土层脱困荷载下刀盘背面应力 σ_x 分布图

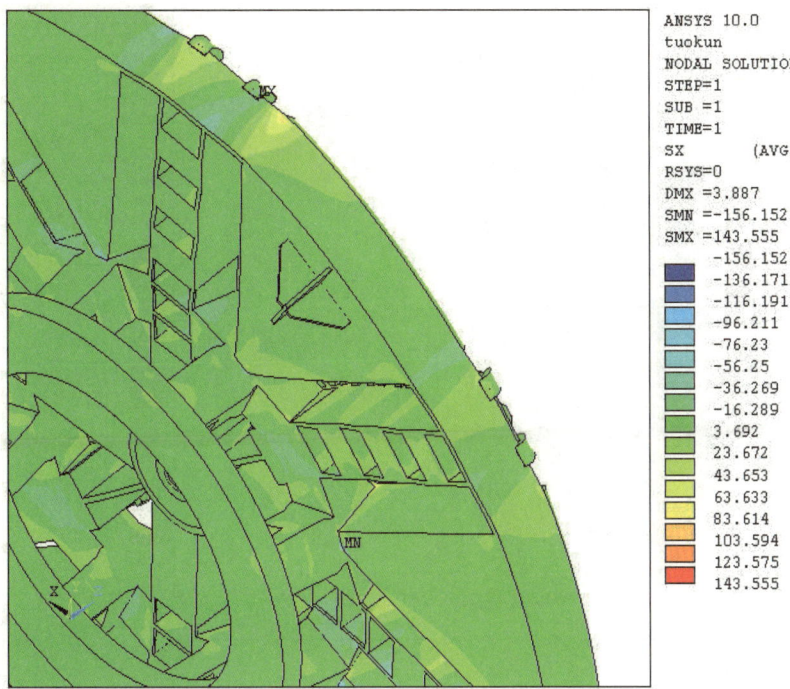

图 7-52 软土层脱困荷载下刀盘背面应力 σ_x 局部放大图

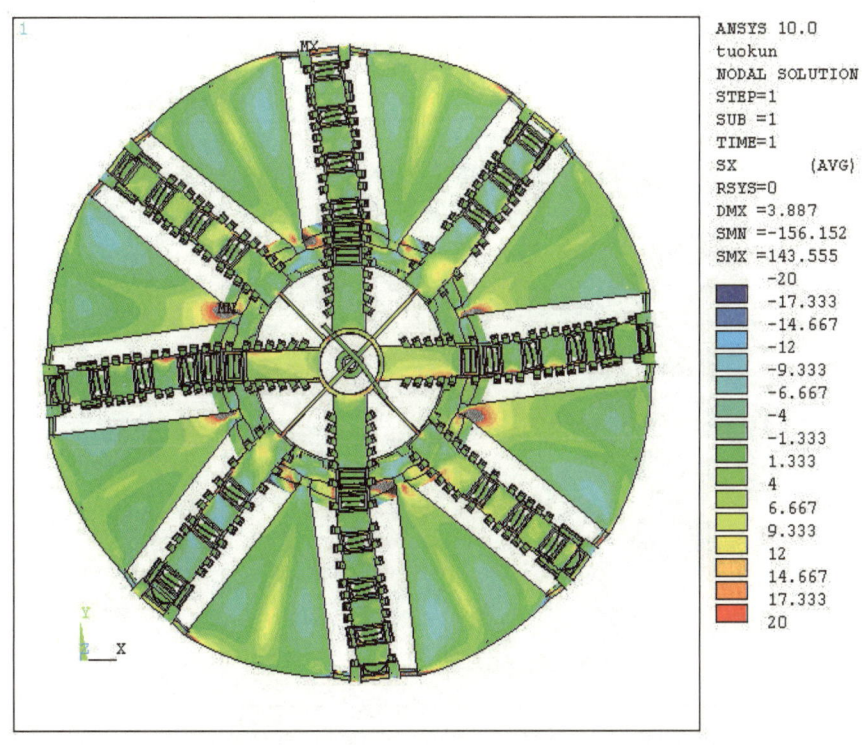

图 7-53 软土层脱困荷载下刀盘前面应力 σ_x（-20~20 MPa）分布图

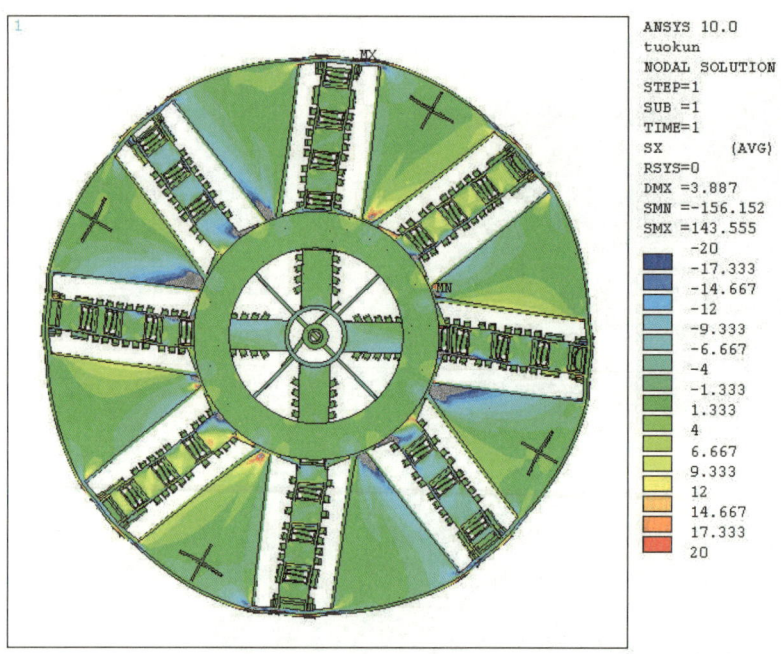

图 7-54 软土层脱困荷载下刀盘背面应力 σ_x（$-20\sim20$ MPa）分布图

图 7-55～图 7-57 为刀盘在软土层脱困荷载下的应力 σ_y 分布图。刀盘上应力 σ_y 最大值为 -156.13 MPa，但刀盘大部分区域的应力 σ_y 绝对值小于 20 MPa，应力较大的区域同样发生在刀盘辐板根部很小的范围内。

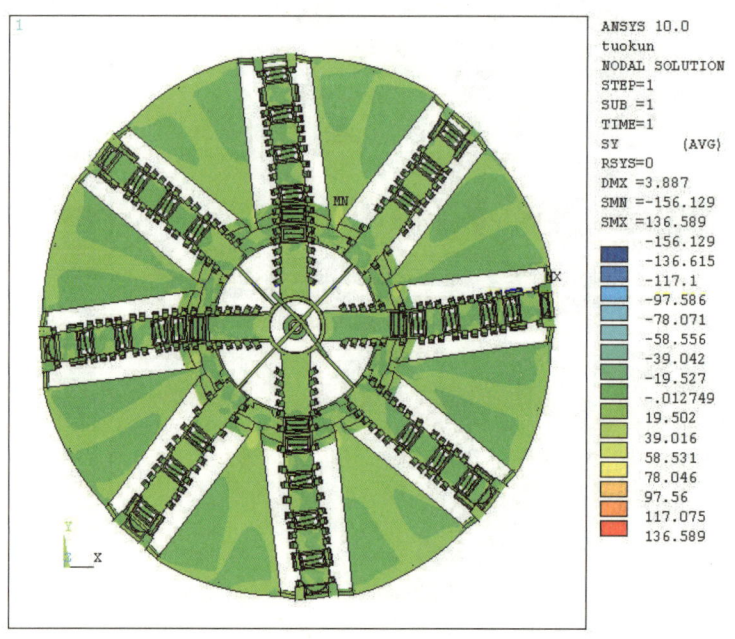

图 7-55 软土层脱困荷载下刀盘前面应力 σ_y 分布图

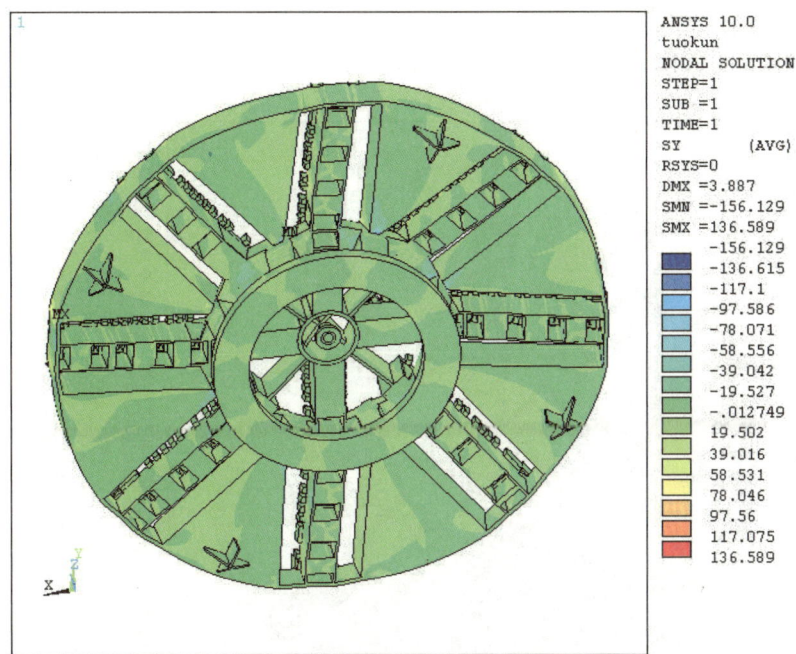

图 7-56　软土层脱困荷载下刀盘背面应力 σ_y 分布图

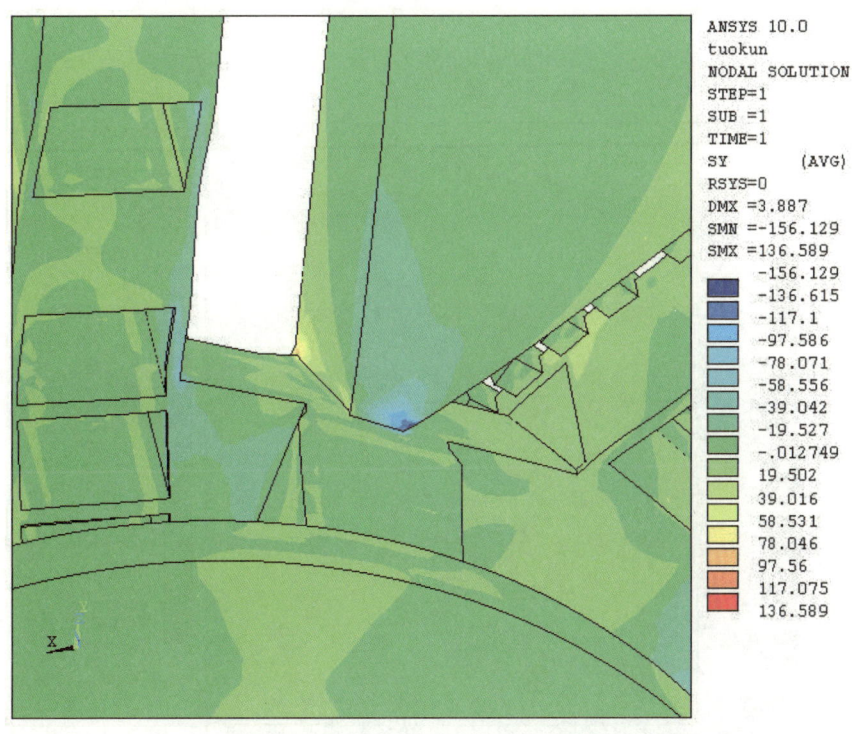

图 7-57　软土层脱困荷载下刀盘应力 σ_y 局部放大图

图 7-58、图 7-59 为刀盘在软土层脱困荷载下的应力 σ_z 分布图。

应力 σ_z 分布特点与 σ_x、σ_y 相同，大部分区域应力很小，应力较大的区域同样发生在刀盘辐板根部很小的范围内。刀盘上应力 σ_z 最大值为 -118.97 MPa。

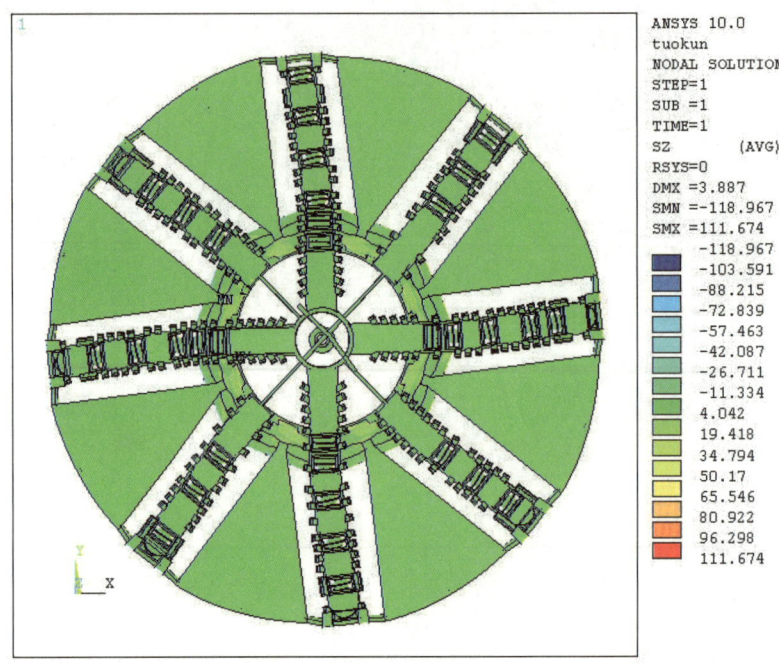

图 7-58　软土层脱困荷载下刀盘前面应力 σ_z 分布图

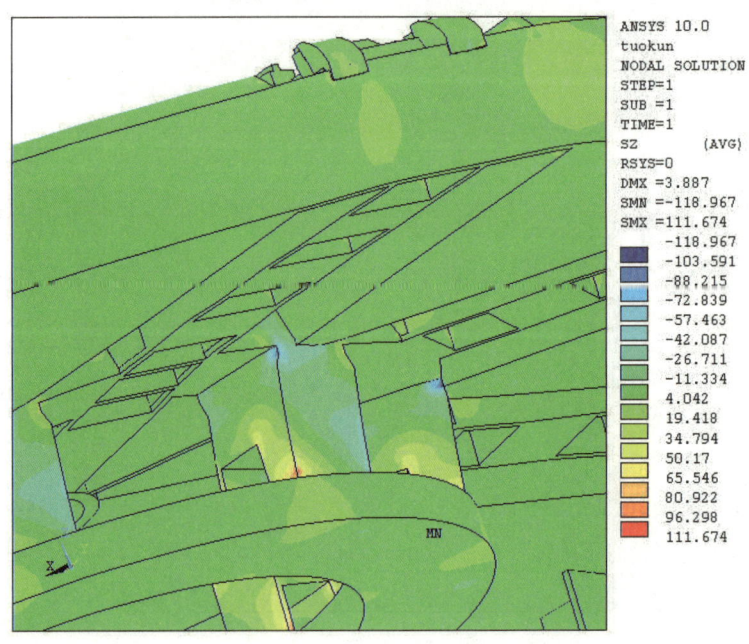

图 7-59　软土层脱困荷载下刀盘局部应力 σ_z 分布图

图 7-60～图 7-65 为刀盘在软土层脱困荷载下的应力 τ_{xy}、τ_{yz} 和 τ_{zx} 分布图。

刀盘的切应力相对正应力均较小，切应力 τ_{xy} 最大值为 76.78 MPa，切应力 τ_{yz} 最大值为 53.74 MPa，切应力 τ_{xz} 最大值为 54.42 MPa，均发生在刀盘辐板根部很小的范围内，其他区域的切应力均在 10 MPa 以下。

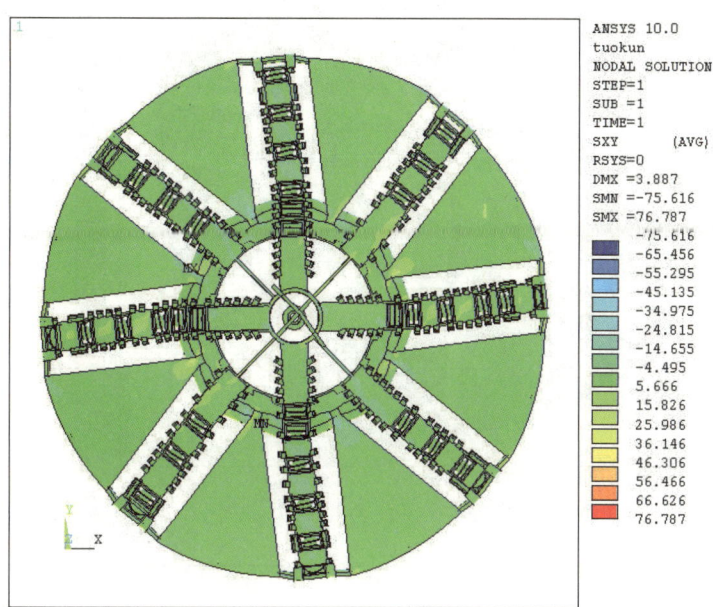

图 7-60　软土层脱困荷载下刀盘前面切应力 τ_{xy} 分布图

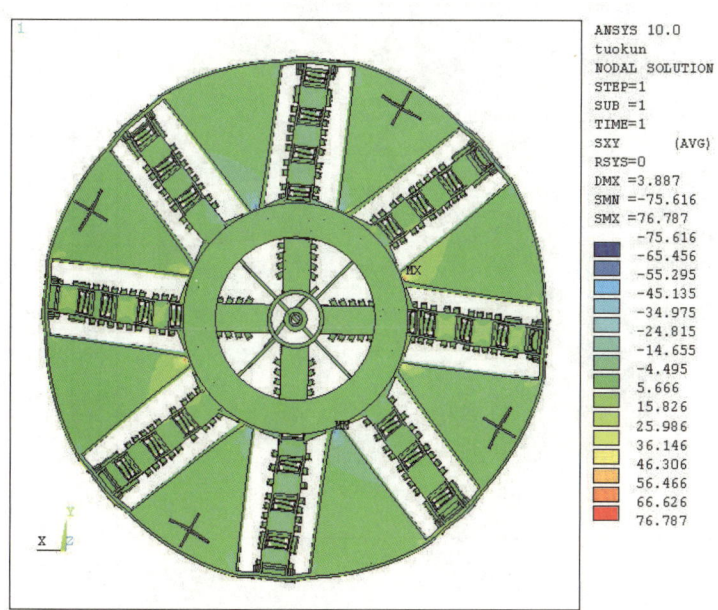

图 7-61　软土层脱困荷载下刀盘背面切应力 τ_{xy} 分布图

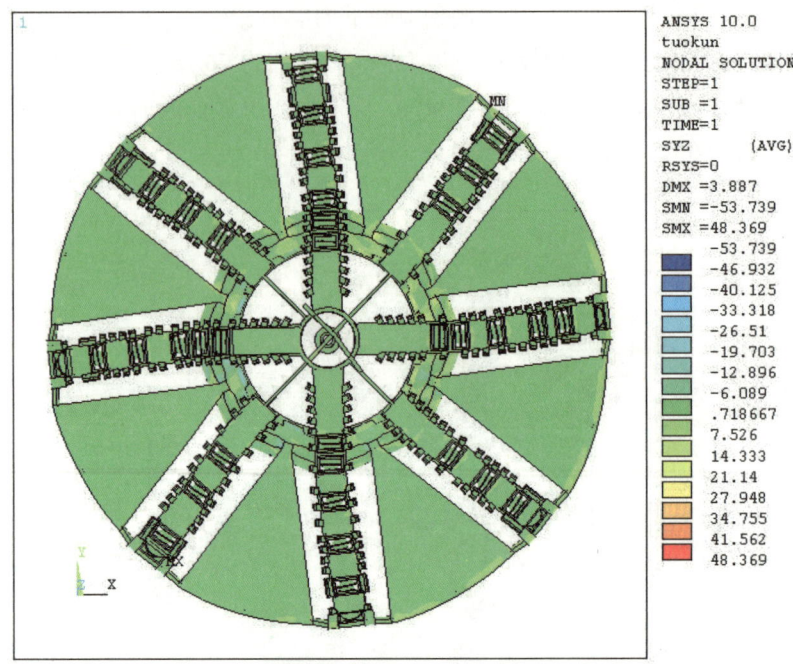

图 7-62　软土层脱困荷载下刀盘前面切应力 τ_{zy} 分布图

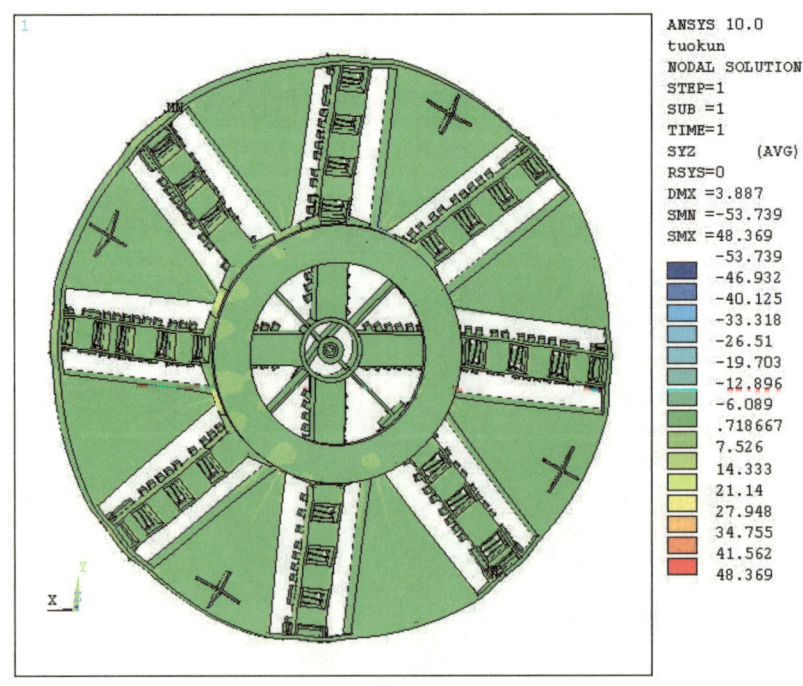

图 7-63　软土层脱困荷载下刀盘背面切应力 τ_{yz} 分布图

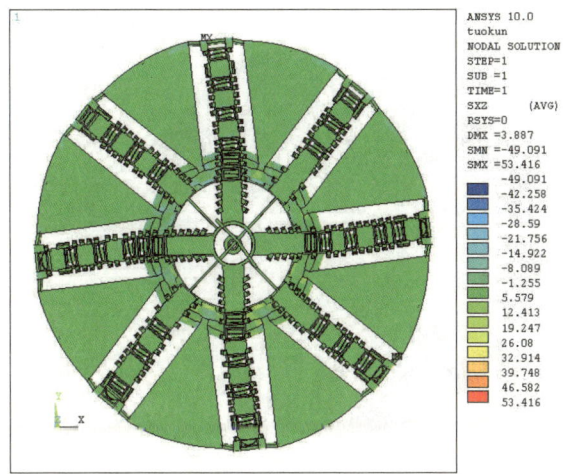

图 7-64　软土层脱困荷载下刀盘前面切应力 τ_{xz} 分布图

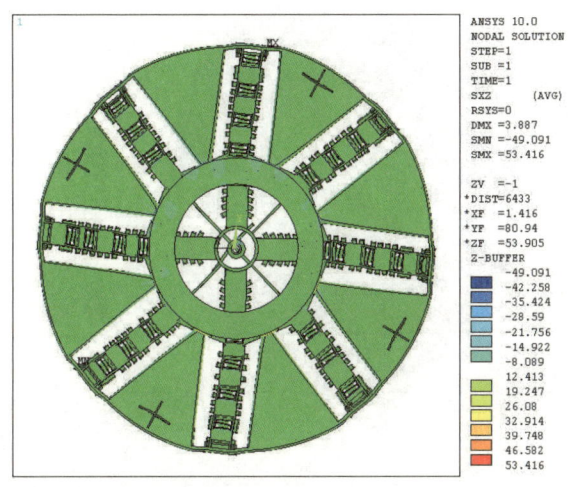

图 7-65　软土层脱困荷载下刀盘后面切应力 τ_{xz} 分布图

Mises 应力是各种应力的综合效应，是反映结构强度的重要指标，因此是重点分析的对象。

图 7-66～图 7-68 为刀盘前面和前面局部 Mises 应力 σ_e 分布图。图 7-69、图 7-70 为刀盘背面和背面局部 Mises 应力 σ_e 分布图。从图中可以看出，刀盘上 Mises 应力 σ_e 最大值为 180.18 MPa，但刀盘大部分区域的应力均很小。为了看清应力分布，图 7-71、图 7-72 彩图只显示刀盘应力值为 0～60 MPa 的应力分布。由图可知，刀盘大部分区域的 Mises 应力 σ_e 值小于 60 MPa，应力较大的区域发生在刀盘辐板上下根部很小的范围内。

图 7-73 显示在软土层脱困荷载下刀盘背面 Mises 应力分布，图 7-74 显示刀盘在软土层脱困荷载下 Mises 应力 σ_e 最大值发生点，该点在辐板后部的根部。

在软土层脱困荷载下，最大 Mises 应力为 180.18 MPa，材料的屈服应力为 345 MPa，安全因数为 1.91，刀盘在软土层脱困荷载下是安全的。

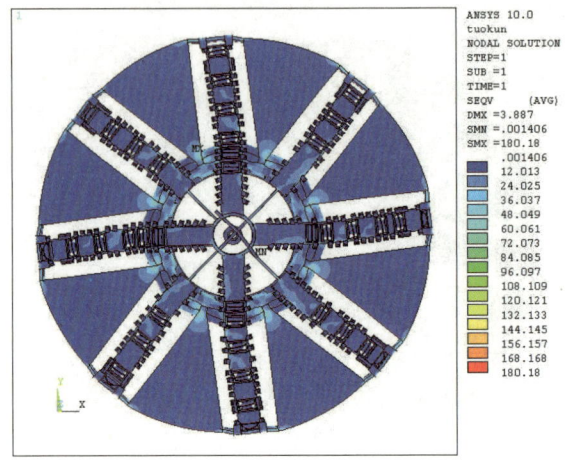

图 7-66　软土层脱困荷载下刀盘前面 Mises 应力分布图

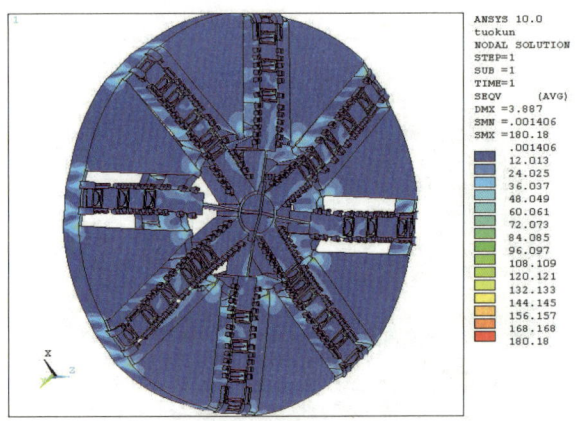

图 7-67　软土层脱困荷载下刀盘 Mises 应力立体分布图

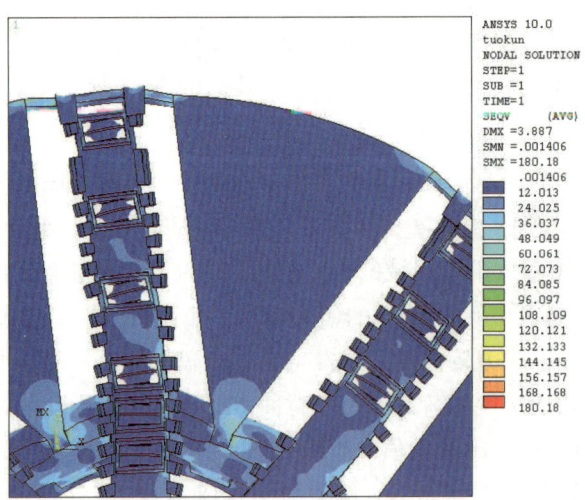

图 7-68　软土层脱困荷载下刀盘前面局部 Mises 应力分布图

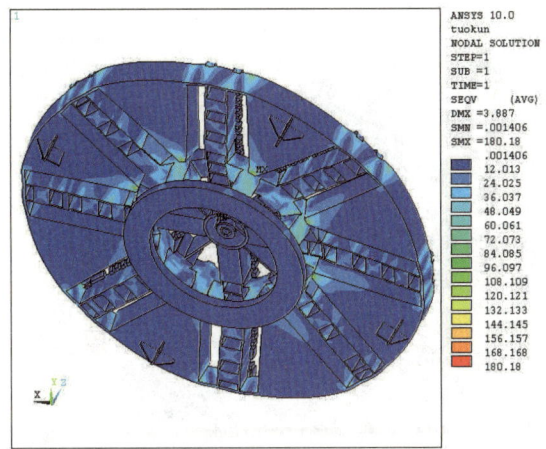

图 7-69　软土层脱困荷载下刀盘背面 Mises 应力分布图

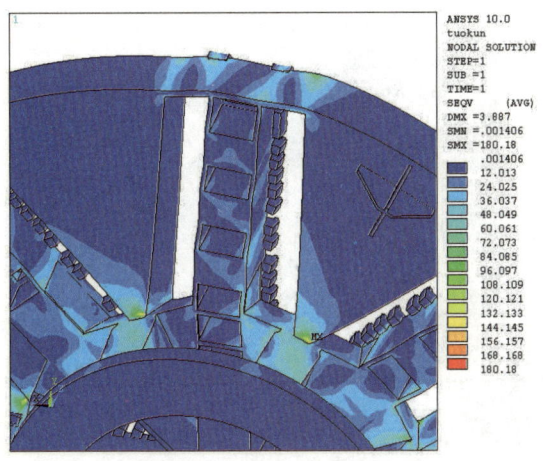

图 7-70　脱困荷载下刀盘背面局部 Mises 应力分布图

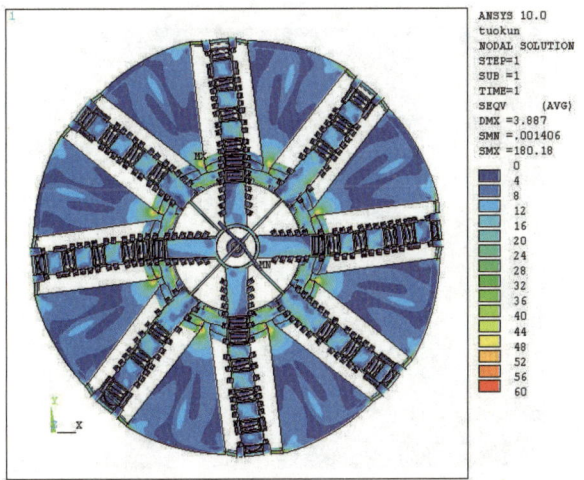

图 7-71　脱困荷载下刀盘前面 Mises 应力（0～60 MPa）分布图

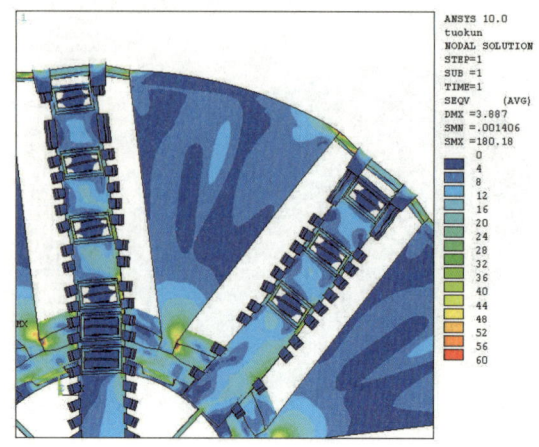

图 7-72　脱困荷载下刀盘前面局部应力 Mises 应力（0~60 MPa）分布图

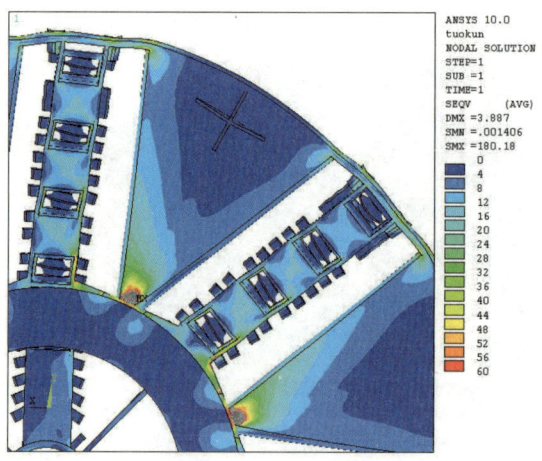

图 7-73　脱困荷载下刀盘背面 Mises 应力（0~60 MPa）分布图

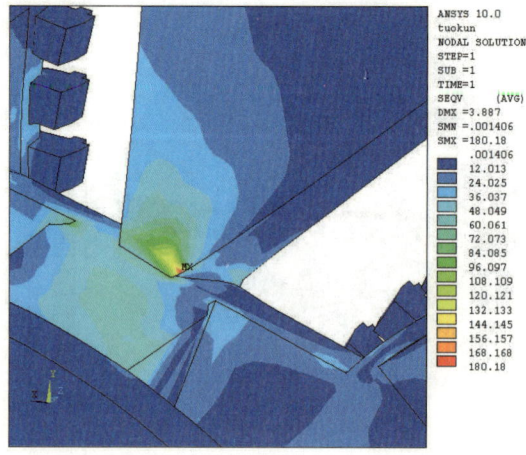

图 7-74　脱困荷载下刀盘背面 Mises 应力最大局部应力分布图

（2）上软下硬地质条件下脱困工况的计算结果

在此工况下，刀盘承受的荷载有重力、推力和扭矩。推进系统的 36 个油缸提供的最大推力为 3 367 kN，软土层推力作用在刀盘面板上，硬土层作用在滚刀上。软土层刀盘面板上压力值 $q = 0.066$ MPa，硬土层的推力分担在刀盘下半部分的滚刀上。刀盘的上软下硬地层脱困扭矩为 17 750 kN·m。扭矩引起的切向力，软土层处作用在刀盘面板上，硬土层处作用在滚刀上和切刀上。软土层处节点切向力值与第一工况相同，软土层承担总扭矩的一半，即 8 875 kN·m。硬土层处应承受另一半扭矩。每个滚刀承受最大切向力 38 kN，通过计算，滚刀承受扭矩为 2 887.5 kN·m，其余的扭矩为（8 875 − 2 887.5）= 5 987.5 kN·m，应由切刀承担。设每把切刀受切向力相同，半个刀盘上的切刀节点共 11 348 个，通过计算，为承担 5 987.5 kN·m 的扭矩，切刀上的节点切向力应为 0.148 kN。

以下是刀盘在上软下硬地质情况下的脱困荷载产生的应力场和位移场。图 7-75 ~ 图 7-78 是刀盘的变形图。

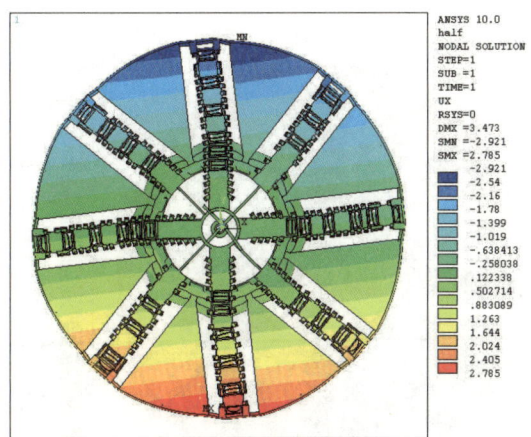

图 7-75　上软下硬地层脱困荷载下 x 向变形图

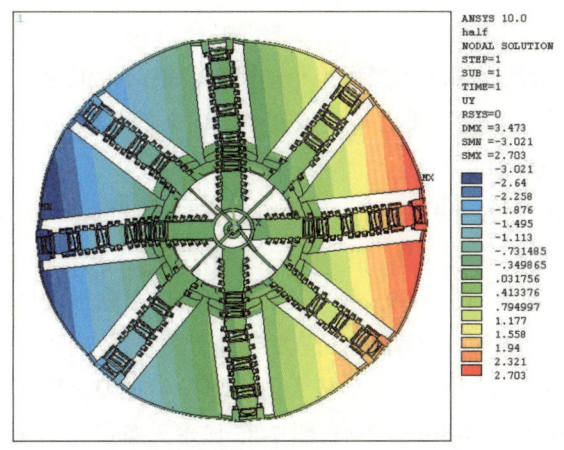

图 7-76　上软下硬地层脱困荷载下刀盘的 y 向变形图

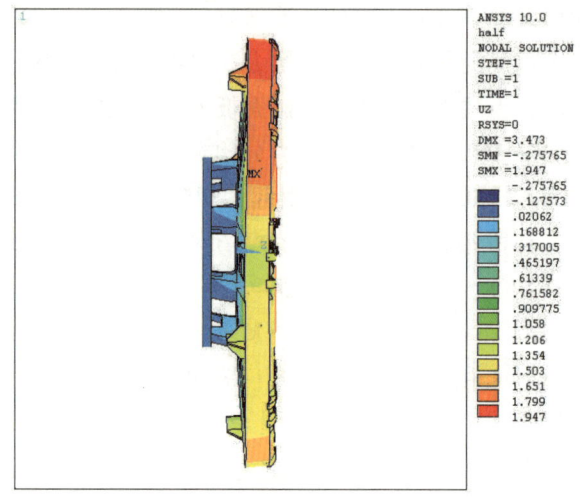

图 7-77　上软下硬地层脱困荷载下刀盘的 z 向变形图（侧视）

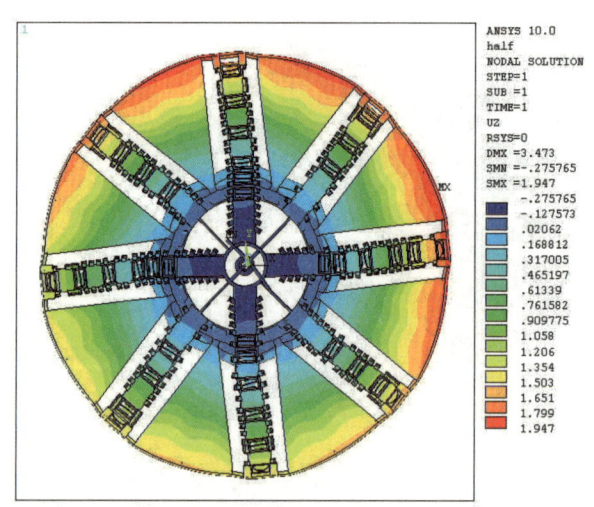

图 7-78　上软下硬地层脱困荷载下刀盘的 z 向变形图（正视）

从变形图中可以看到，刀盘的变形很小。切向位移最大值为 -3.021 mm，发生在刀盘左侧边缘处，这是由于扭矩和重力均使该处产生向下的位移。刀盘的 z 向最大位移（刀盘中心轴方向）为 1.947 mm。

刀盘的最大合成位移为 3.473 mm，与刀盘的直径 11 380 mm 相比，变形很小。因此刀盘有足够的刚度。

下面分析刀盘的应力。图 7-79～图 7-84 为刀盘在上软下硬地层脱困荷载下的应力 σ_x 分布图。图 7-79～图 7-81 为刀盘前面应力 σ_x 分布图，图 7-82～图 7-84 为从刀盘背面应力 σ_x 分布图。从图中可以看出，应力较大的区域发生在刀盘辐板根部很小的范围内，σ_x 最大值为 138.55 MPa。图 7-80、图 7-81、图 7-83 显示刀盘应力值为 -20 MPa～+20 MPa 区域应力分布，由图可知，刀盘大部分区域的应力 σ_x 绝对值小于 20 MPa。

图 7-85~图 7-90 为刀盘前面、后面及局部在上软下硬地层脱困荷载下的应力 σ_y 分布图。

刀盘上应力 σ_y 最大值为 -139.26 MPa，发生在刀盘后面辐板根部。刀盘大部分区域的应力 σ_y 绝对值小于 20 MPa，应力较大的区域同样发生在刀盘辐板根部很小的范围内。

图 7-91~图 7-97 为刀盘在上软下硬地层脱困荷载下的应力 σ_z 分布图。

应力 σ_z 分布特点与 σ_x、σ_y 相同，大部分区域应力很小，应力较大的区域同样发生在刀盘辐板根部很小的范围内。刀盘上应力 σ_z 最大值为 110.296 MPa。

图 7-98~图 7-100 为刀盘在上软下硬地层脱困荷载下的三个切应力分布图。

刀盘的切应力相对正应力均较小，切应力 τ_{xy} 最大值为 58.439 MPa，切应力 τ_{yz} 最大值为 40.55 MPa，切应力 τ_{xz} 最大值为 43.159 MPa，均发生在刀盘辐板根部很小的范围内，其他区域的切应力均在 10 MPa 以下。

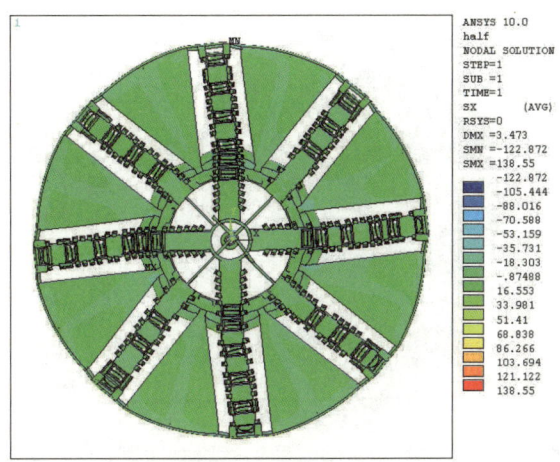

图 7-79　上软下硬地层脱困荷载下刀盘前面应力 σ_x 分布图

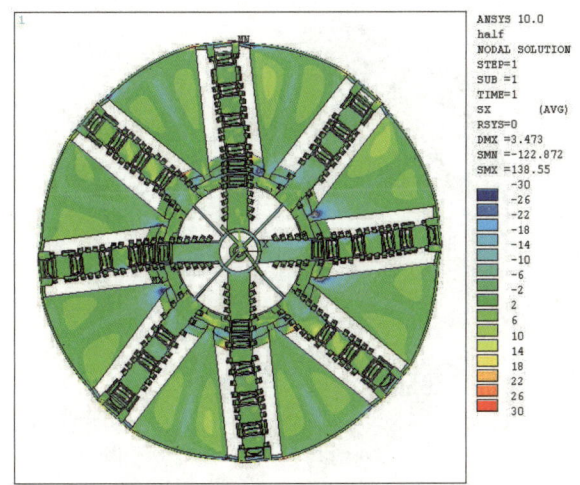

图 7-80　上软下硬地层脱困荷载下刀盘前面小应力 σ_x（-30~30 MPa）分布图

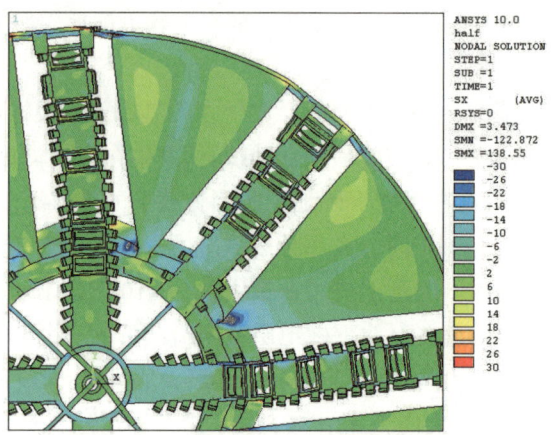

图 7-81 上软下硬地层脱困荷载下刀盘前面局部应力 σ_x 分布图

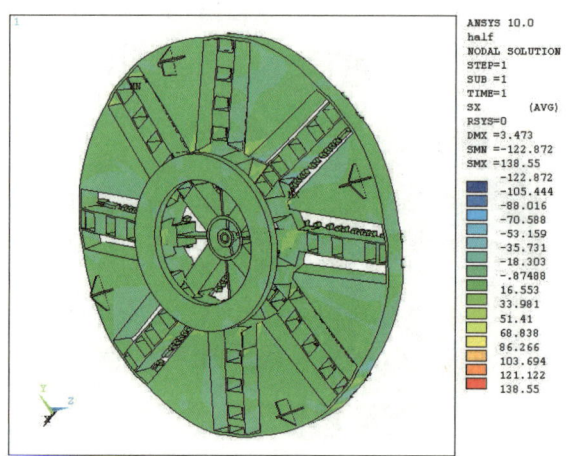

图 7-82 上软下硬地层脱困荷载下刀盘背面应力 σ_x 分布图

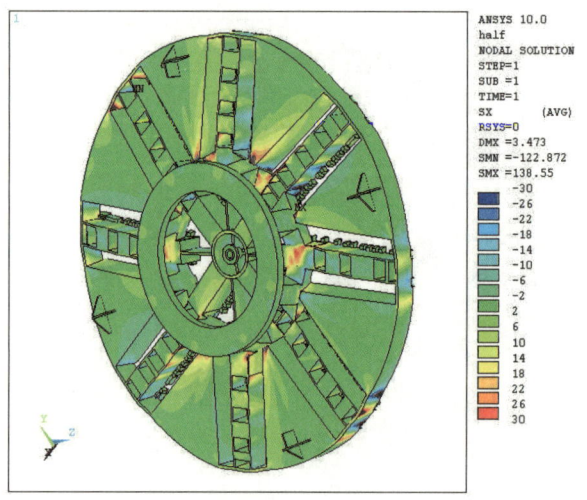

图 7-83 上软下硬地层脱困荷载下刀盘背面小应力 σ_x（-30~30 MPa）分布图

图 7-84　上软下硬地层脱困荷载下刀盘背面局部应力 σ_x 分布图

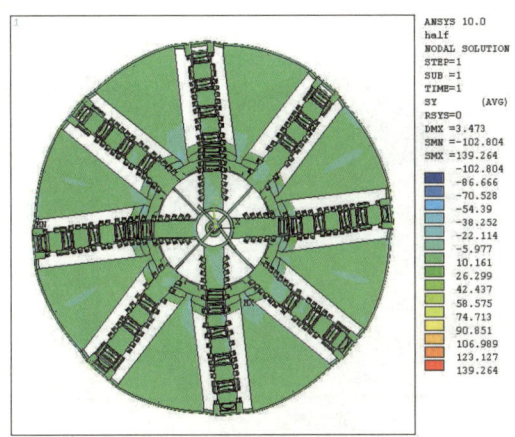

图 7-85　上软下硬地层脱困荷载下刀盘前面应力 σ_y 分布图

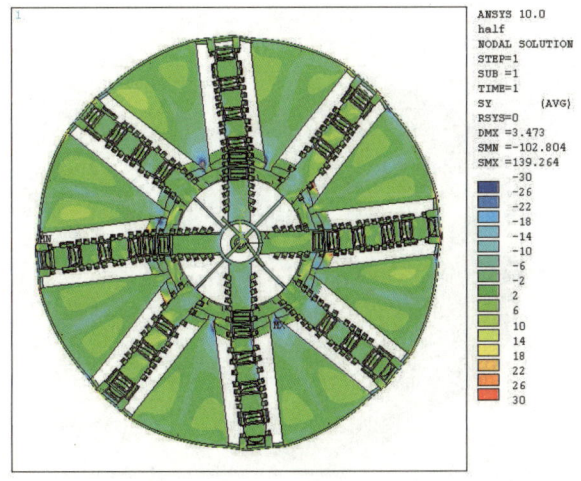

图 7-86　上软下硬地层脱困荷载下刀盘前面小应力 σ_y（−30～30 MPa）分布图

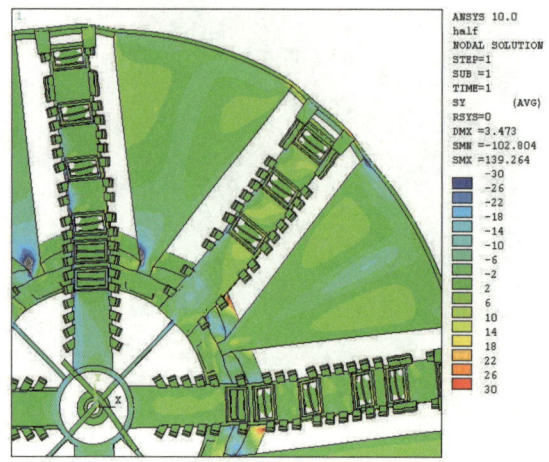

图 7-87　上软下硬地层脱困荷载下刀盘前面局部应力 σ_y 分布图

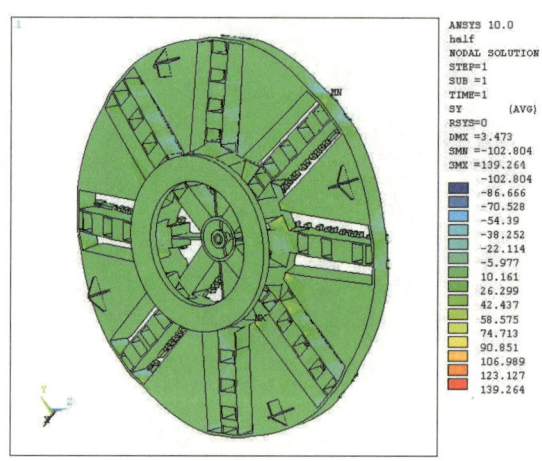

图 7-88　上软下硬地层脱困荷载下刀背前面切应力 σ_y 分布图

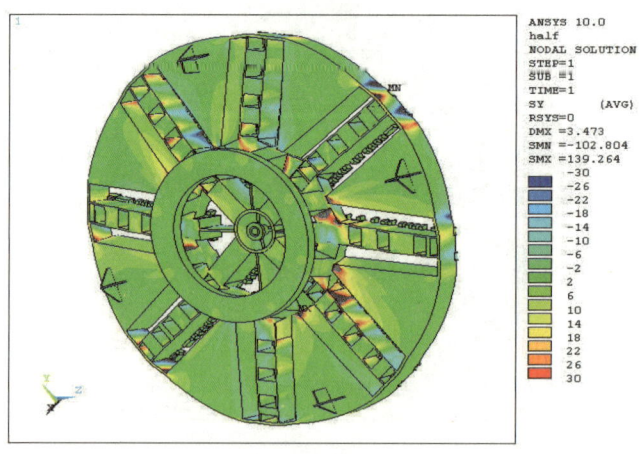

图 7-89　上软下硬地层脱困荷载下刀盘背面小应力 σ_y（-30~30 MPa）分布图

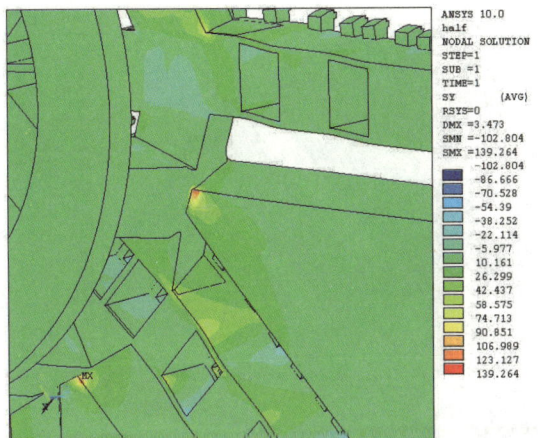

图 7-90　上软下硬地层脱困荷载下刀盘背面局部应力 σ_y 分布图

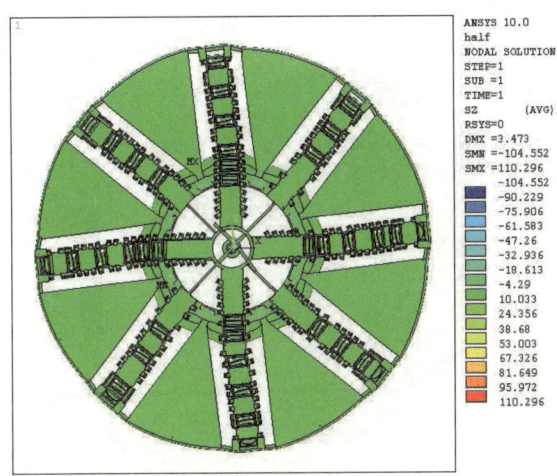

图 7-91　上软下硬地层脱困荷载下刀盘前面应力 σ_z 分布图

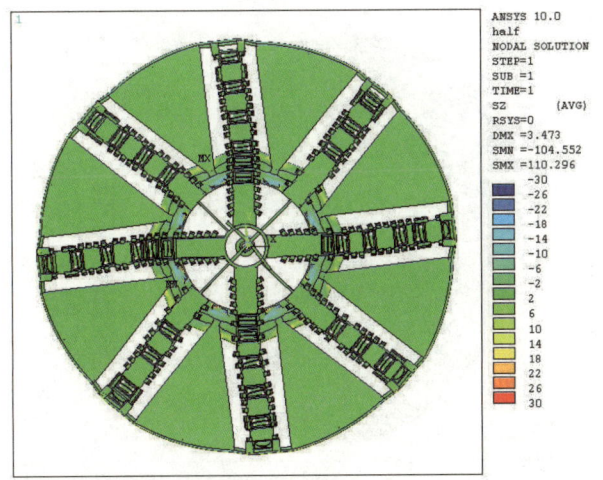

图 7-92　上软下硬地层脱困荷载下刀盘前面小应力 σ_z（-30~30 MPa）分布图

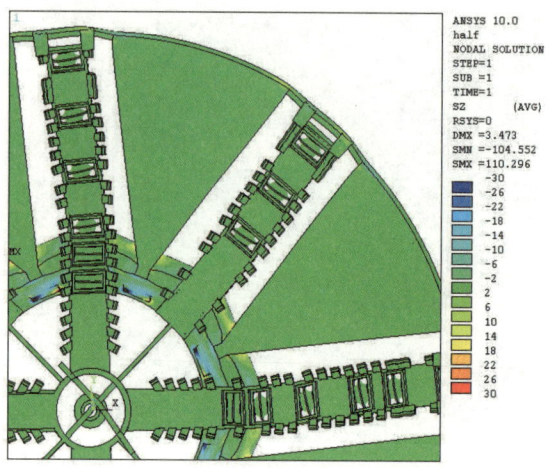

图 7-93　上软下硬地层脱困荷载下刀盘前面局部应力 σ_z 分布图

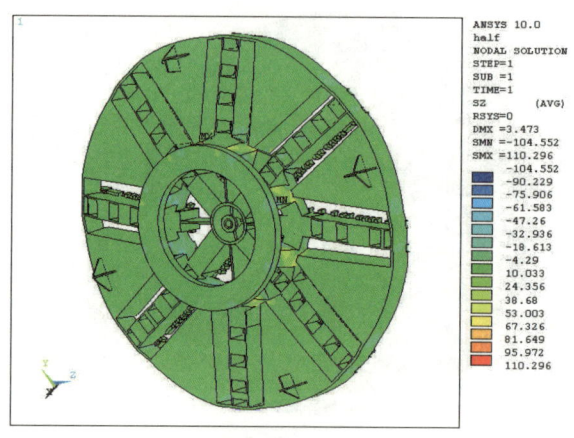

图 7-94　上软下硬地层脱困荷载下刀盘背面应力 σ_z 分布图

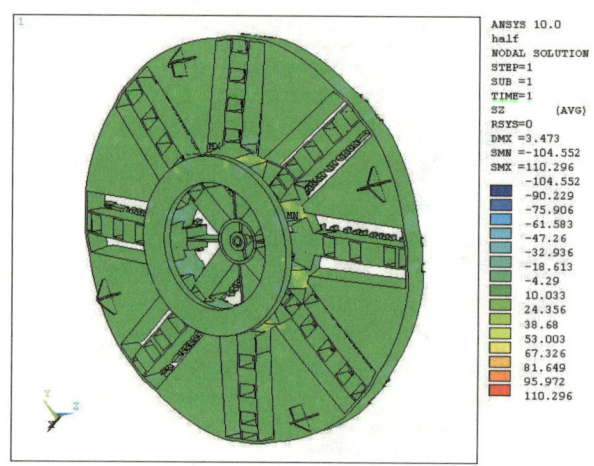

图 7-95　上软下硬地层脱困荷载下刀盘背面应力 σ_z 分布图

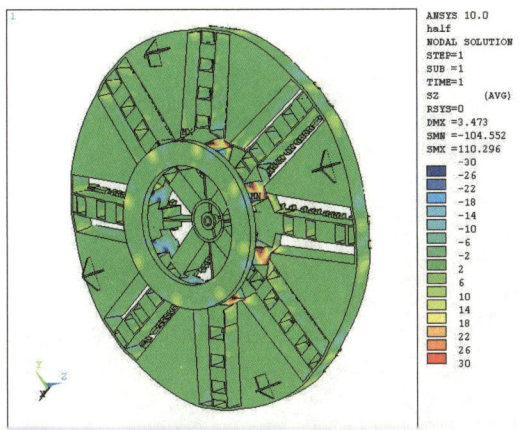

图 7-96　上软下硬地层脱困荷载下刀盘背面小应力 σ_z（−30～30 MPa）分布图

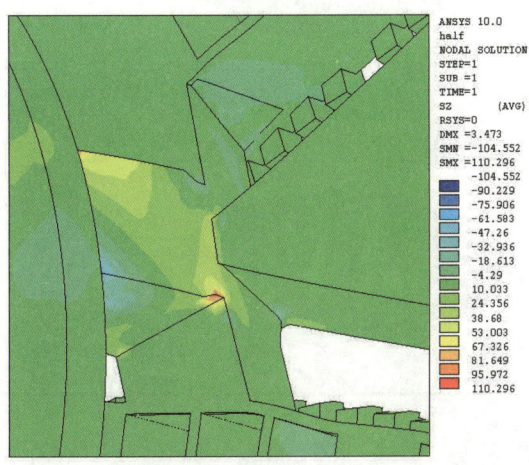

图 7-97　上软下硬地层脱困荷载下刀盘背面局部应力 σ_z 分布图

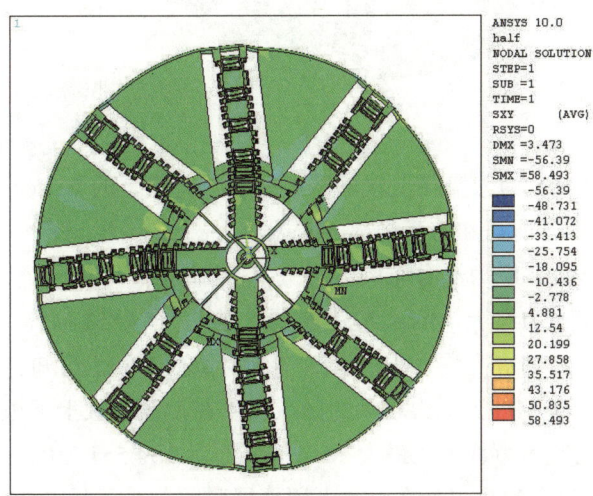

图 7-98　上软下硬地层脱困荷载下刀盘切应力 τ_{xy} 分布图

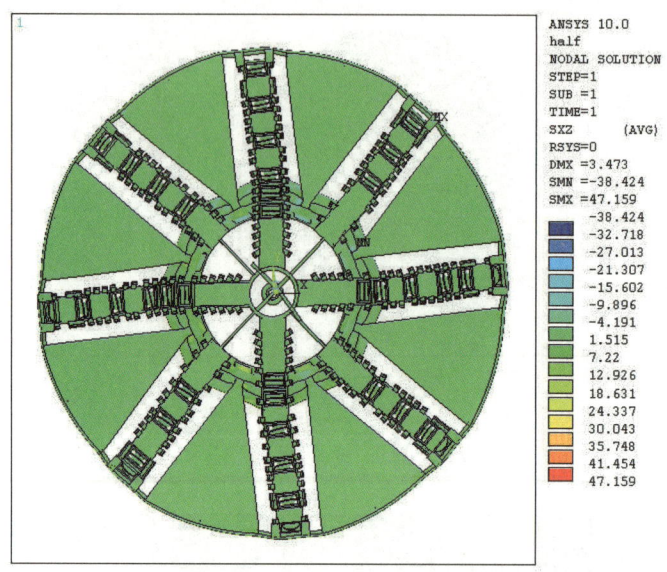

图 7-99　上软下硬地层脱困荷载下刀盘后面切应力 τ_{yz} 分布图

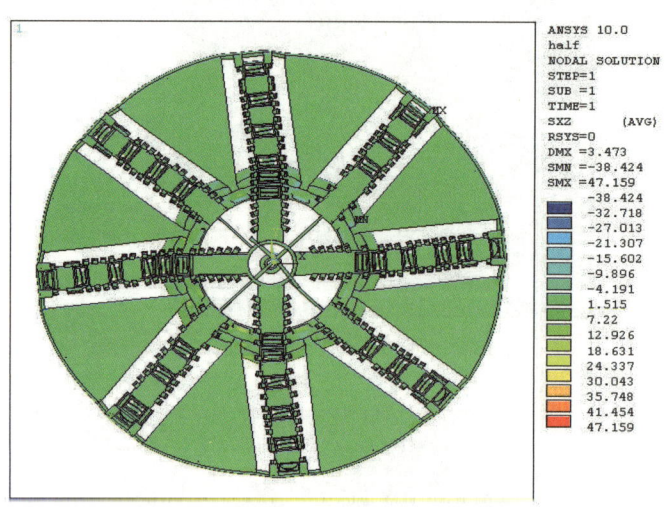

图 7-100　上软下硬地层脱困荷载下刀盘后面切应力 τ_{xz} 分布图

图 7-101~图 7-105 为刀盘在上软下硬地层脱困荷载下的 Mises 应力 σ_e 分布图。图 7-101~图 7-103 为刀盘前面和前面局部 Mises 应力 σ_e 分布图。图 7-104~图 7-105 为刀盘背面和背面局部 Mises 应力 σ_e 分布图。

从图中可以看出，刀盘上 Mises 应力 σ_e 最大值为 154.551 MPa，其位置如图 7-105 所示。刀盘大部分区域的应力均很小，由图 7-103 和图 7-105 可知，刀盘大部分区域的 Mises 应力 σ_e 值小于 60 MPa，应力较大的区域发生在刀盘辐板上下根部很小的范围内。

在上软下硬地层脱困荷载下，最大 Mises 应力为 154.551 MPa，材料的屈服应力为 345 MPa，安全因数为 2.23，刀盘在上软下硬地层脱困荷载下是安全的。

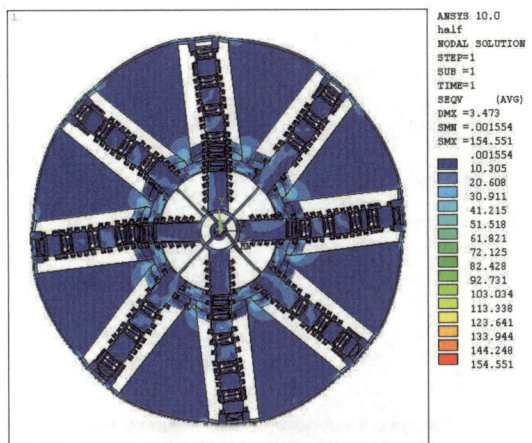

图 7-101　上软下硬地层脱困荷载下刀盘前面 Mises 应力分布图

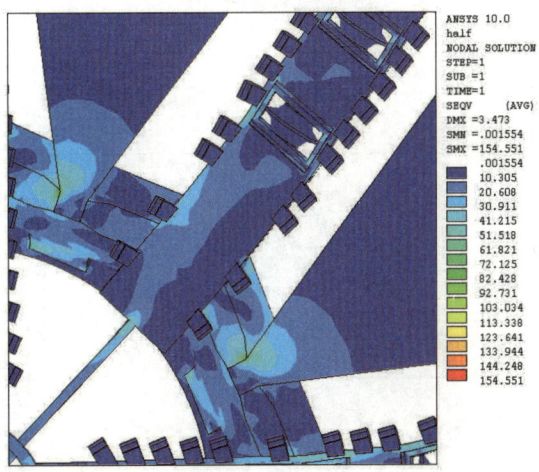

图 7-102　上软下硬地层脱困荷载下刀盘前面局部 Mises 应力分布图

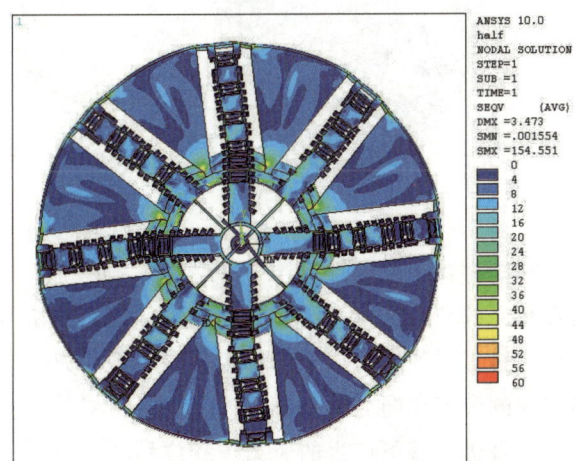

图 7-103　上软下硬地层脱困荷载下刀盘前面小 Mises 应力（0～60 MPa）分布图

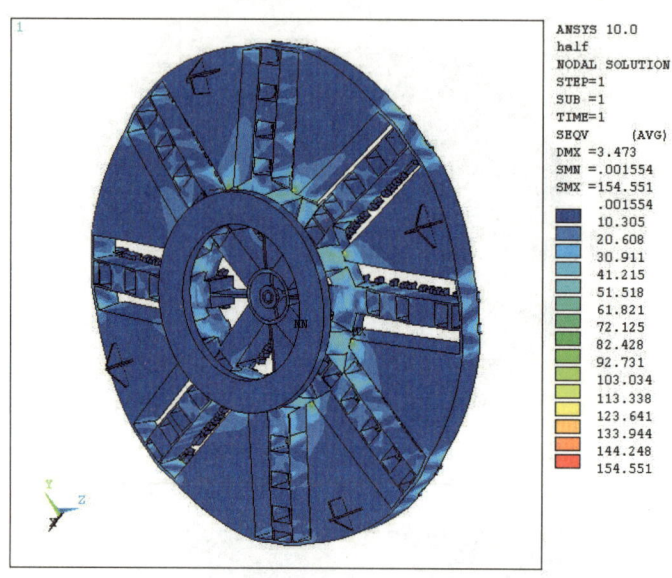

图 7-104　上软下硬地层脱困荷载下刀盘后部 Mises 应力分布图

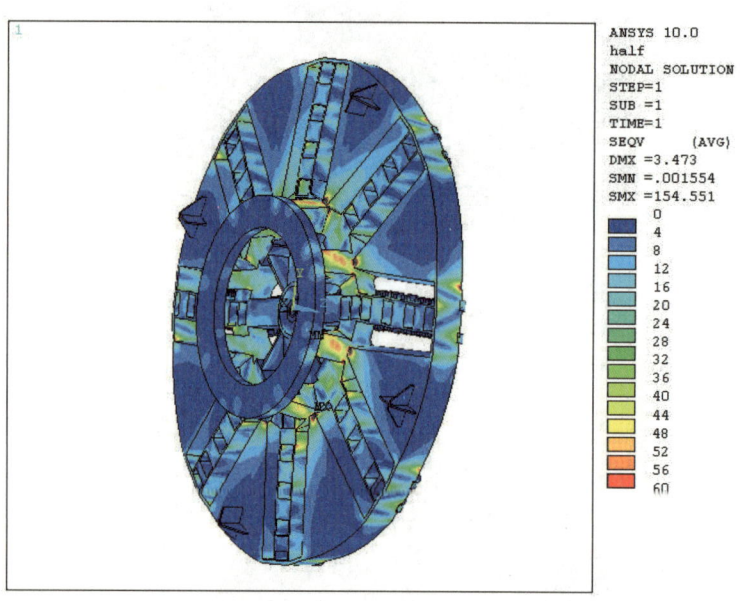

图 7-105　上软下硬地层脱困荷载下刀盘后面小 Mises 应力（0~60 MPa）分布图

（3）全硬岩中最大扭矩掘进工况的计算结果

在此工况下，刀盘承受的荷载有重力、推力和扭矩。推力和扭矩均作用在滚刀上。

推进系统的 36 个油缸提供的推力，全部作用在 39 把滚刀上。掘进的最大扭矩为 13 650 kN·m，扭矩引起的滚刀切向力为 89.81 kN。

以下是刀盘在全硬岩掘进荷载下产生的应力场和位移场。

图 7-106~图 7-109 是刀盘的变形图。

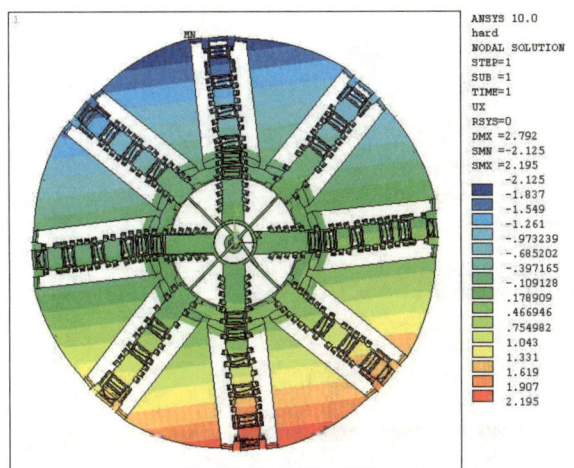

图 7-106　全硬岩掘进荷载下刀盘的 x 向变形图

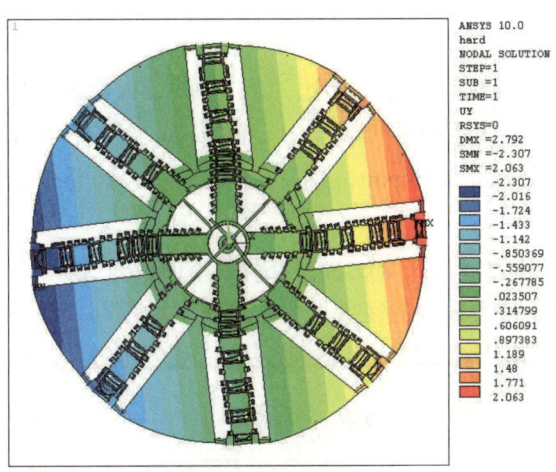

图 7-107　全硬岩掘进荷载下刀盘的 y 向变形图

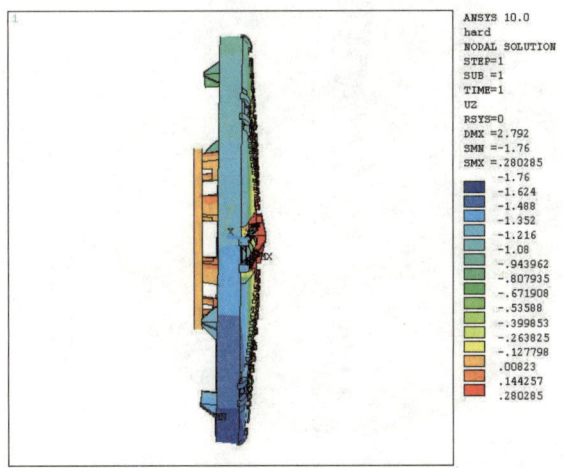

图 7-108　全硬岩掘进荷载下刀盘的 z 向变形图（侧视）

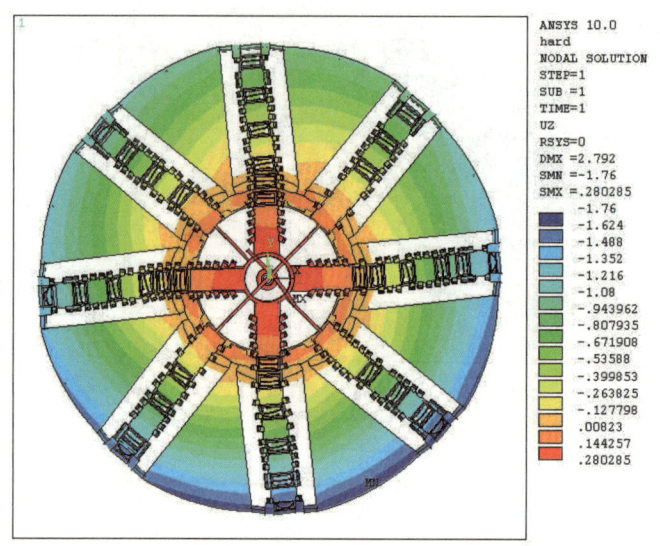

图 7-109　全硬岩掘进荷载下刀盘的 z 向变形图（正视）

与前两个工况相同，刀盘的变形很小。切向位移最大值为 -2.307 mm，发生在刀盘左侧边缘处。刀盘的 z 向最大位移（刀盘中心轴方向）为 1.76 mm。

刀盘的最大合成位移为 2.79 mm，与刀盘的直径 11380 mm 相比，变形很小。因此刀盘有足够的刚度。

图 7-110 ~ 图 7-114 为刀盘在全硬岩掘进荷载下的应力 σ_x 分布图。

从图中可以看出，应力较大的区域发生在刀盘辐板根部很小的范围内，应力 σ_x 最大值为 -102.426 MPa，其位置如图 7-114 所示，刀盘大部分区域的应力 σ_x 绝对值小于 20 MPa。

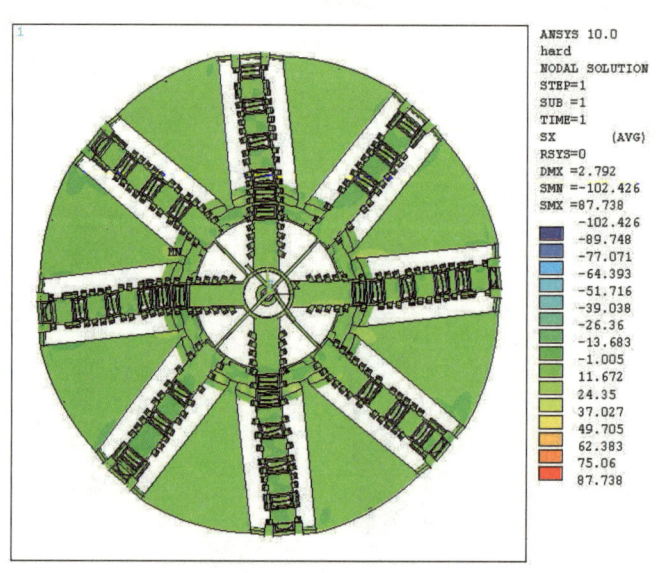

图 7-110　全硬岩掘进荷载下刀盘前面应力 σ_x 分布图

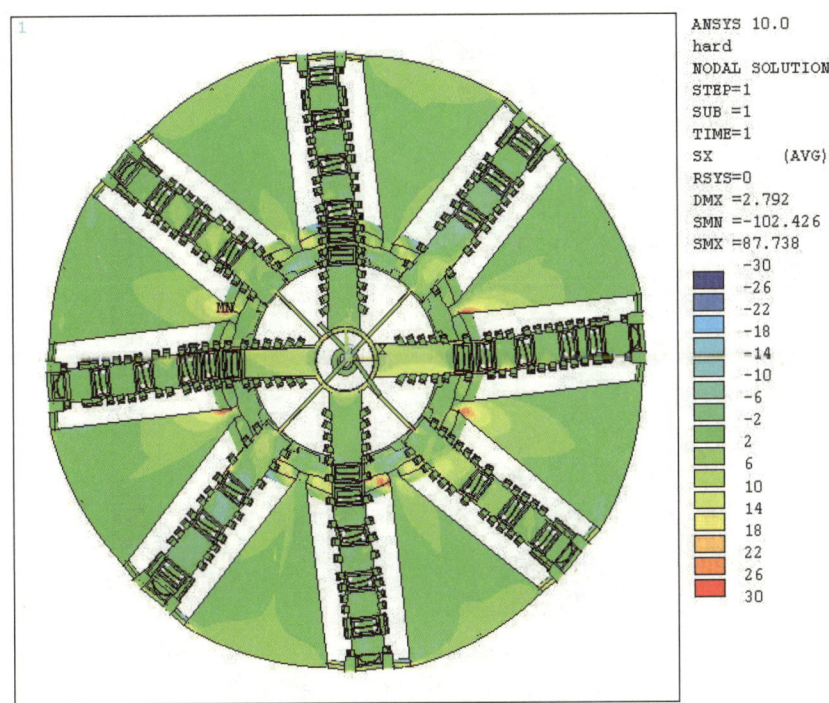

图 7-111　全硬岩掘进荷载下刀盘前面小应力 σ_x（$-30 \sim 30$ MPa）分布图

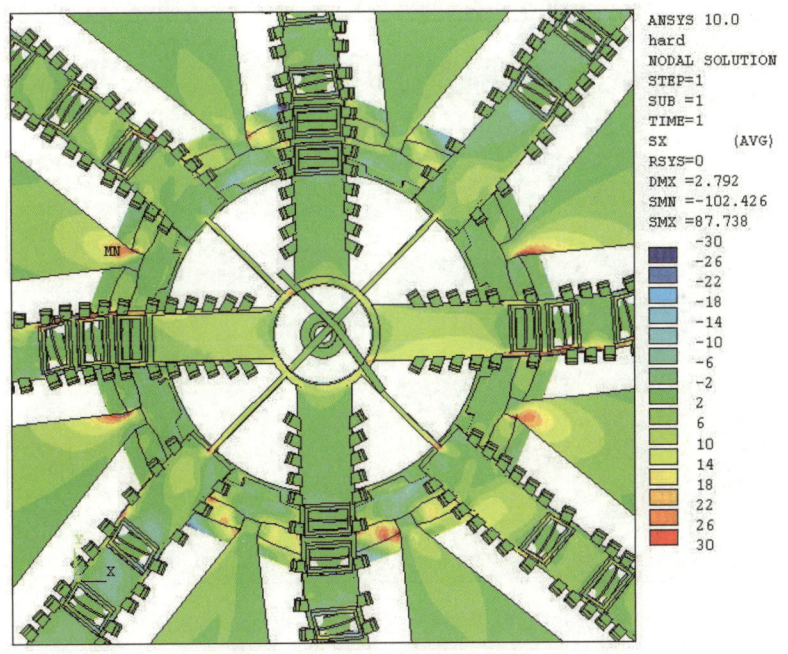

图 7-112　全硬岩掘进荷载下刀盘前面局部应力 σ_x 分布图

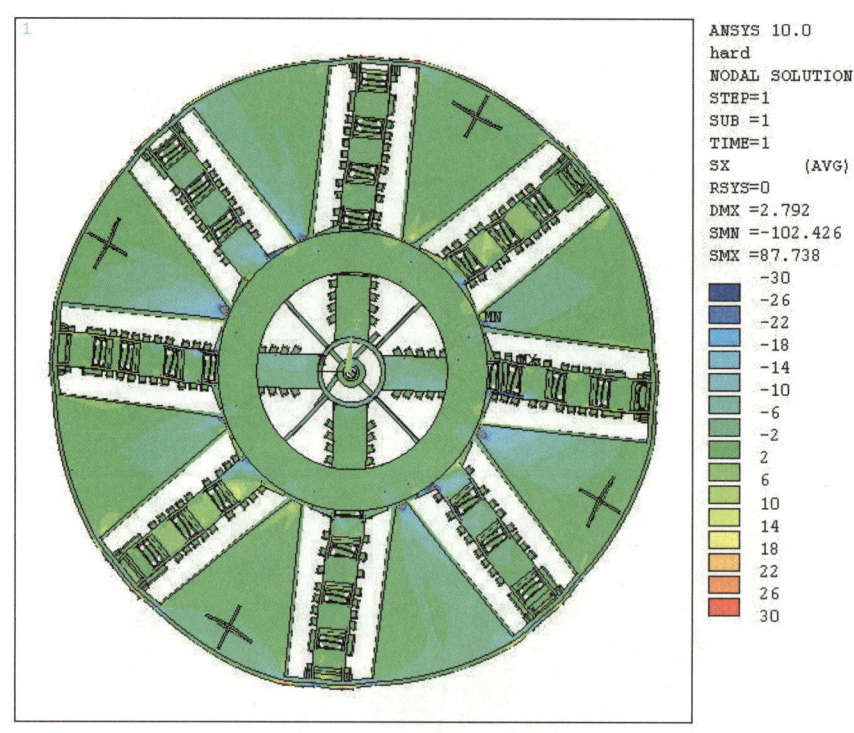

图 7-113　全硬岩掘进荷载下刀盘背面应力 σ_x 分布图

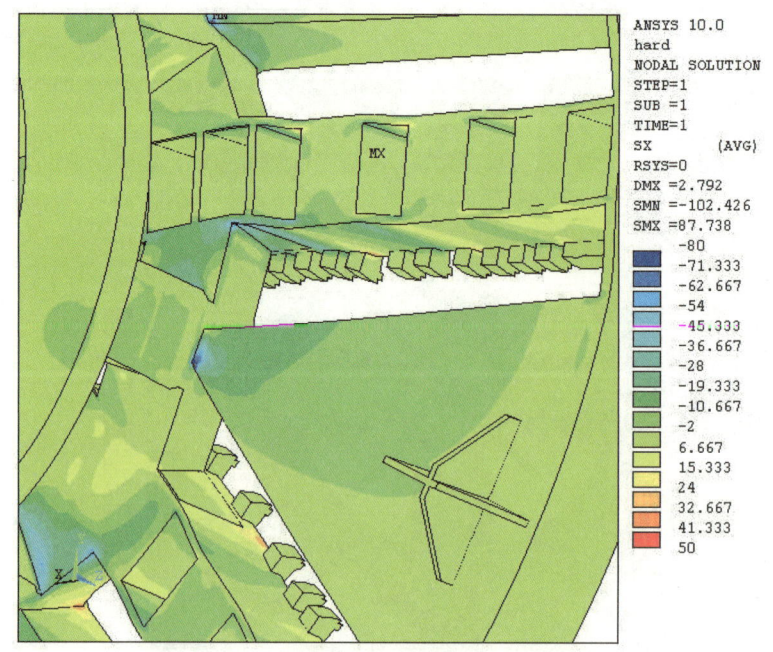

图 7-114　全硬岩掘进荷载下刀盘背面局部应力 σ_x 分布图

图 7-115～图 7-120 为刀盘在全硬岩掘进荷载下的应力 σ_y 分布图。

刀盘上应力 σ_y 最大值为 -156.13 MPa，但刀盘大部分区域的应力 σ_y 绝对值小于 20 MPa，应力较大的区域同样发生在刀盘辐板根部很小的范围内。

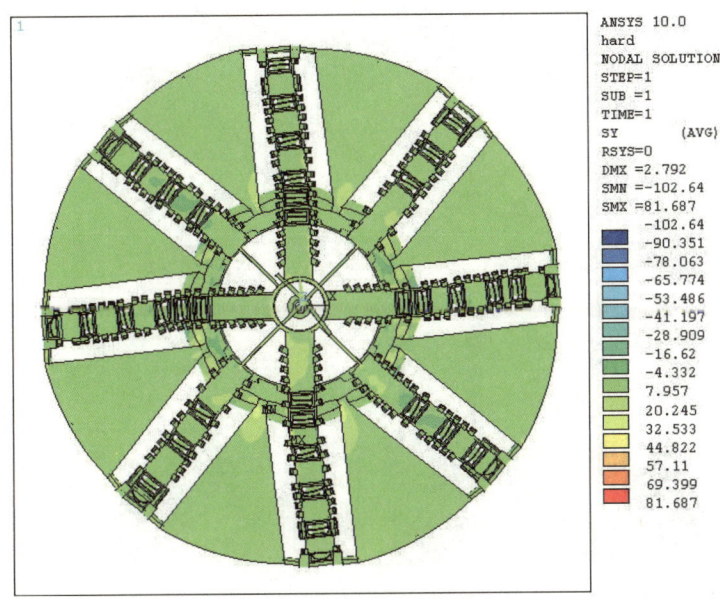

图 7-115　全硬岩掘进荷载下刀盘前面应力 σ_y 分布图

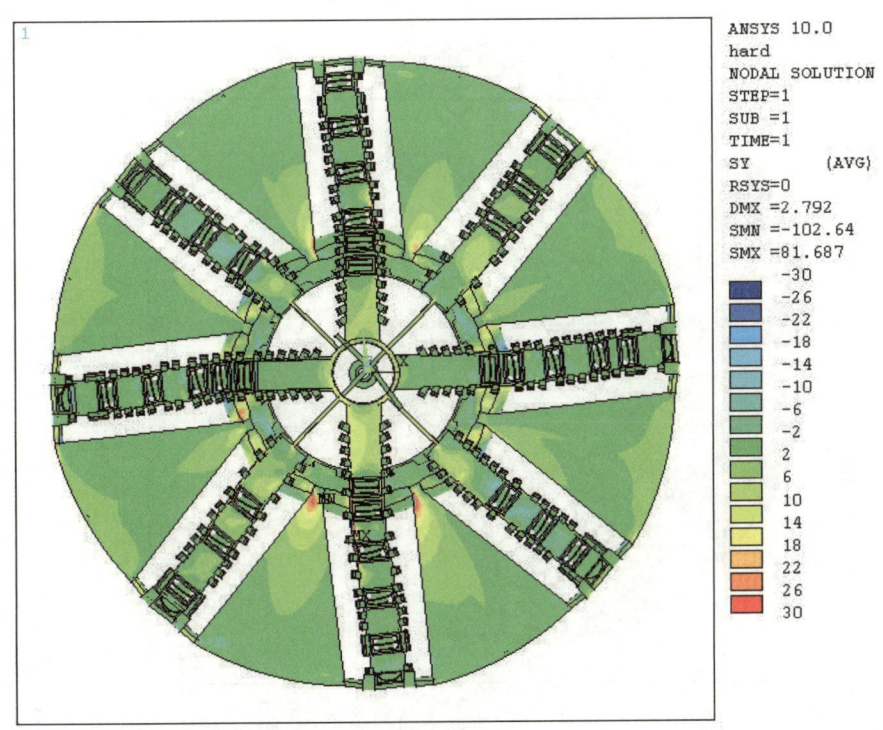

图 7-116　全硬岩掘进荷载下刀盘前面小应力 σ_y（$-30\sim30$ MPa）分布图

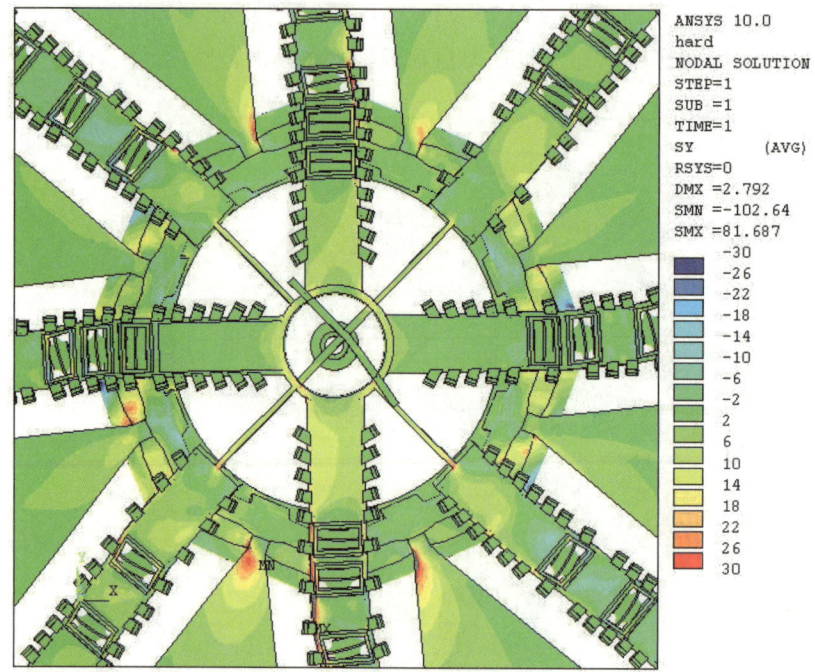

图 7-117　全硬岩掘进荷载下刀盘前面局部应力 σ_y 分布图

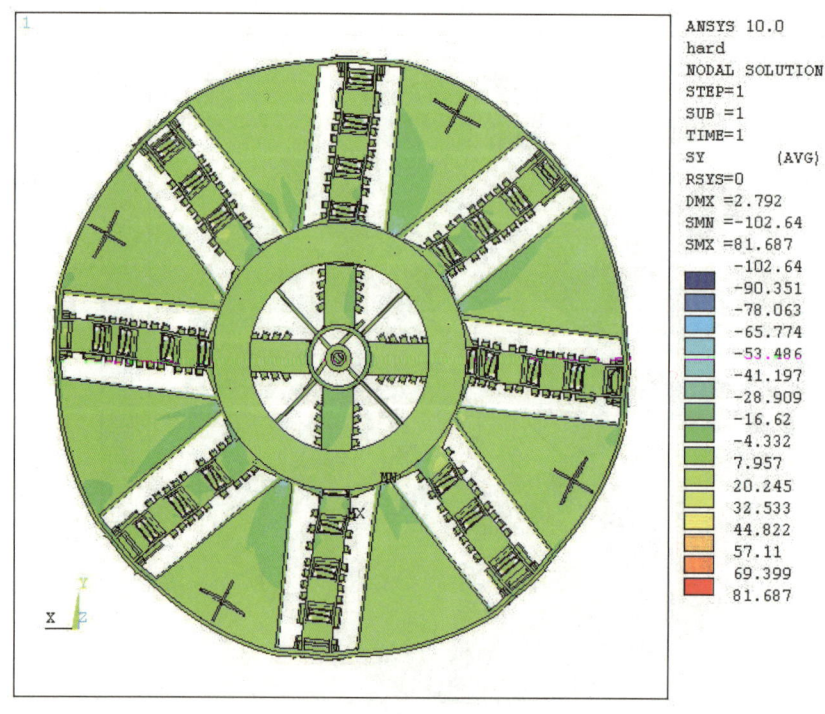

图 7-118　全硬岩掘进荷载下刀盘背面应力 σ_y 分布图

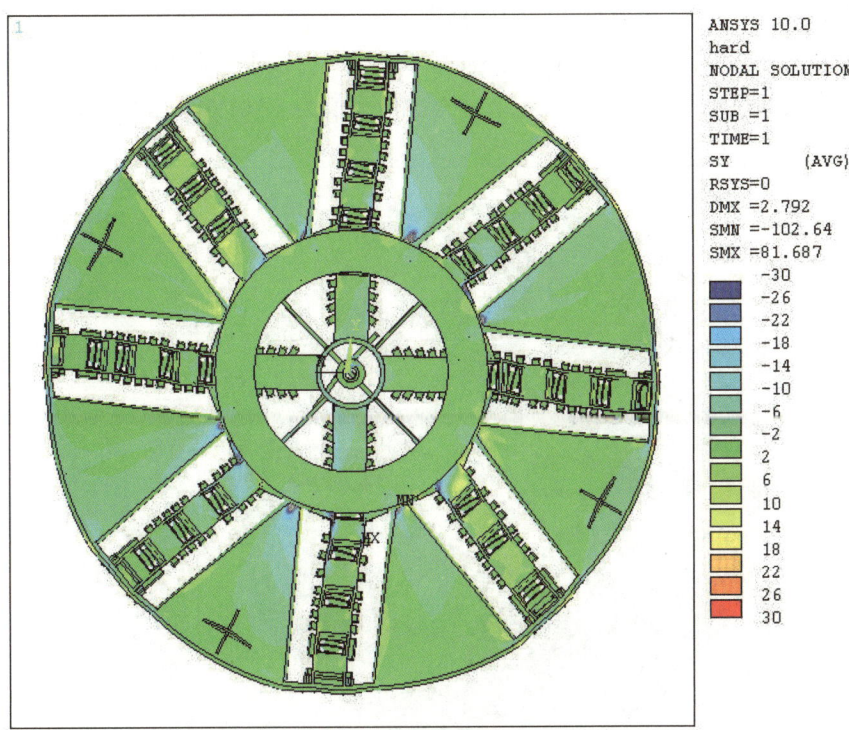

图 7-119　全硬岩掘进荷载下刀盘背面小应力 σ_y（-30～30 MPa）分布图

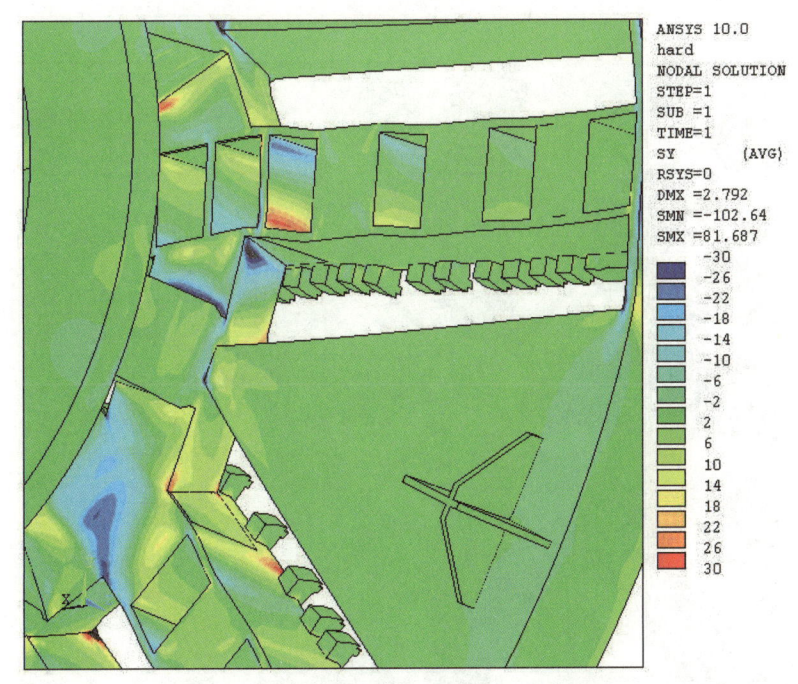

图 7-120　全硬岩掘进荷载下刀盘背面局部应力 σ_y 分布图

图 7-121～图 7-124 为刀盘在全硬岩掘进荷载下的应力 σ_z 分布图。

应力 σ_z 的分布特点与 σ_x、σ_y 相同，大部分区域应力很小，应力较大的区域同样发生在刀盘辐板根部很小的范围内。刀盘上应力 σ_z 最大值为 -101.677 MPa。

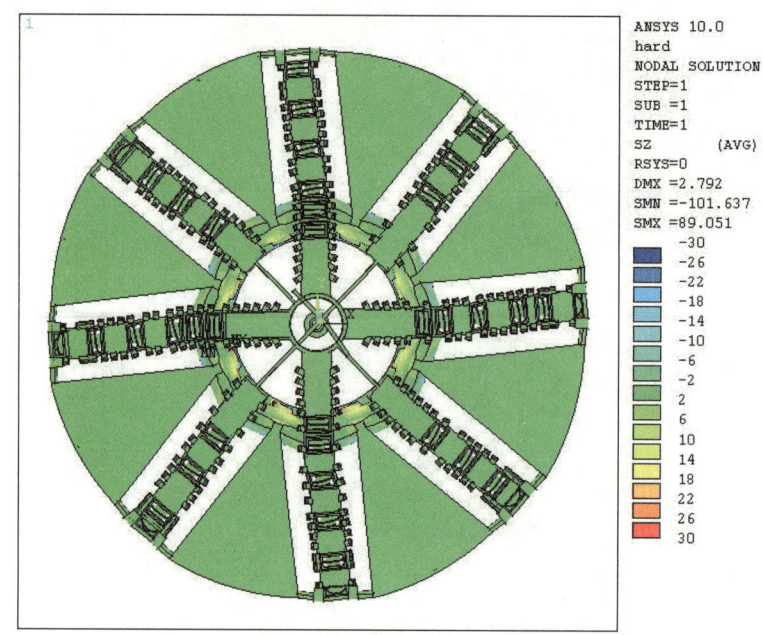

图 7-121　全硬岩掘进荷载下刀盘前面小应力 σ_z（$-30\sim30$ MPa）分布图

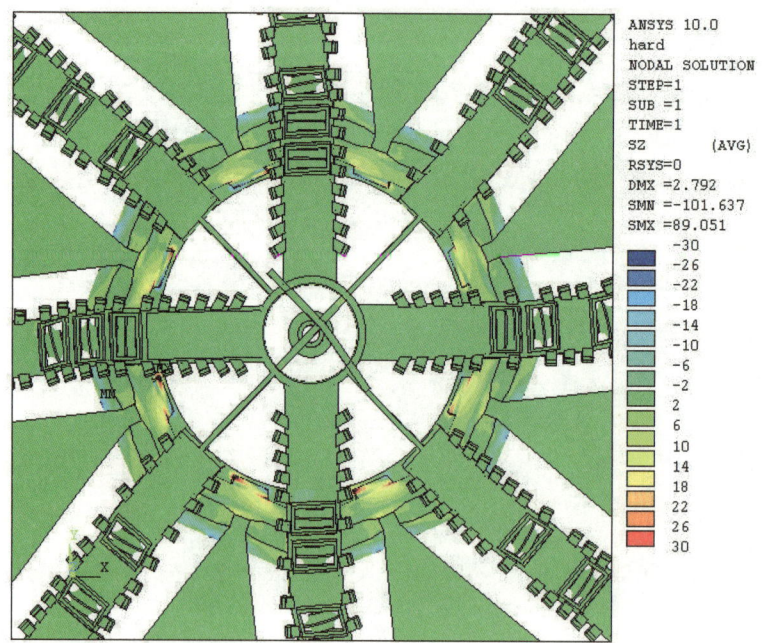

图 7-122　全硬岩掘进荷载下刀盘前面局部小应力 σ_z（$-30\sim30$ MPa）分布图

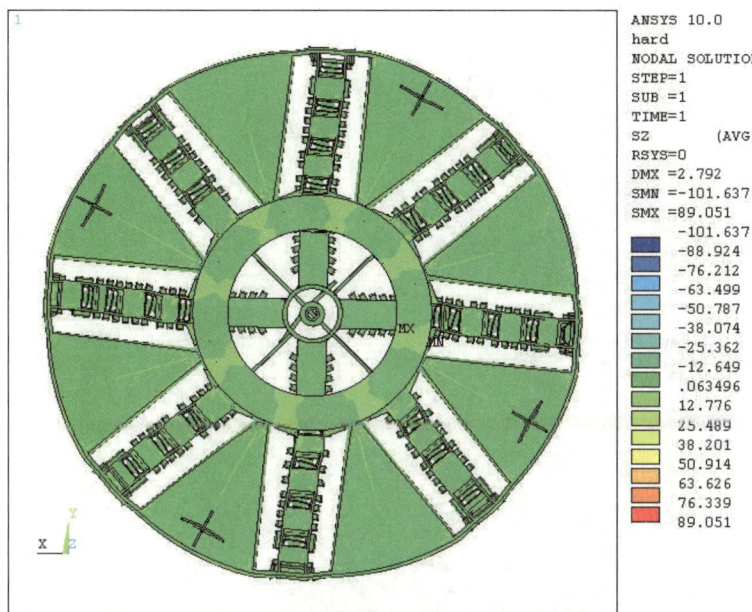

图 7-123　全硬岩掘进荷载下刀盘前面应力 σ_z 分布图

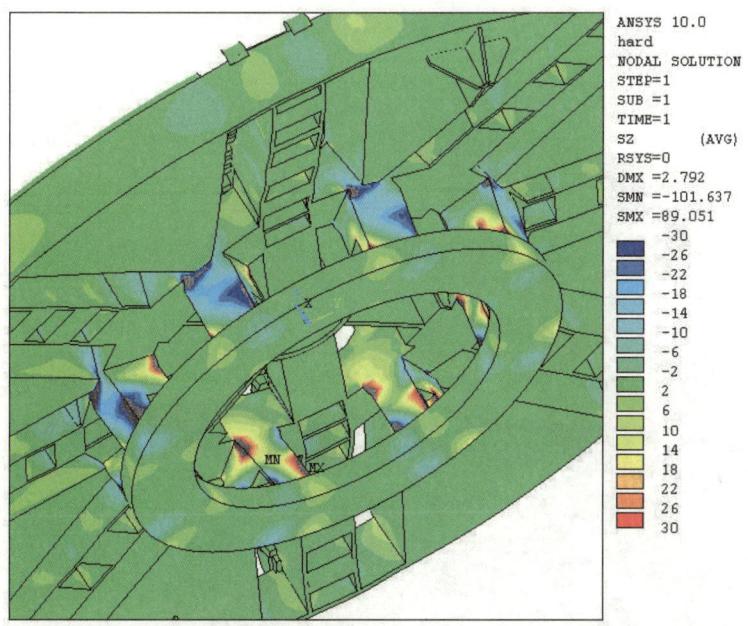

图 7-124　全硬岩掘进荷载下刀盘后面应力 σ_z 分布图

图 7-125 ~ 图 7-128 为刀盘在全硬岩掘进荷载下的三个切应力分布图。

刀盘的切应力相对于正应力均较小,切应力 τ_{xy} 最大值为 45.608 MPa,切应力 τ_{yz} 最大值为 31.06 MPa,切应力 τ_{xz} 最大值为 24.48 MPa,均发生在刀盘辐板根部很小的范围内,其他区域的切应力均在 10 MPa 以下。

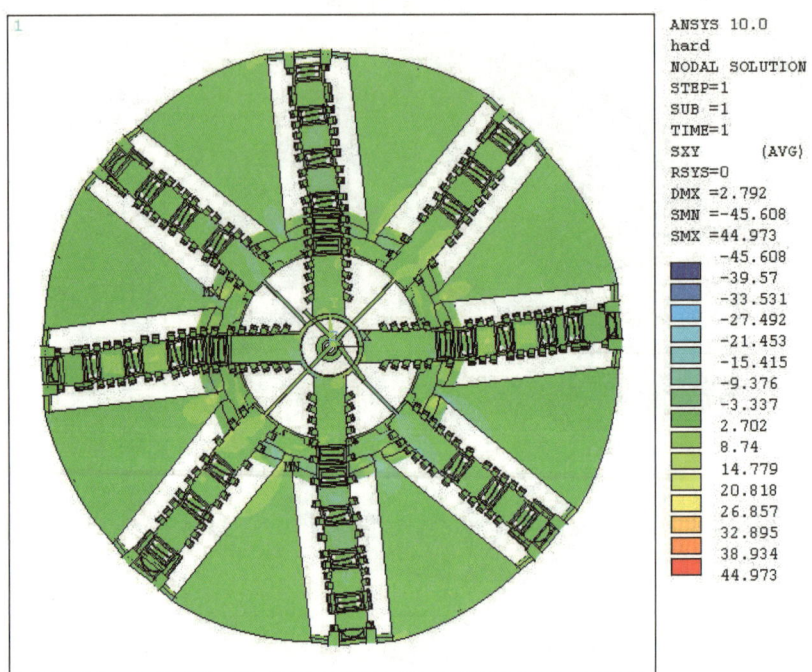

图 7-125　全硬岩掘进荷载下刀盘切应力 τ_{xy} 分布图

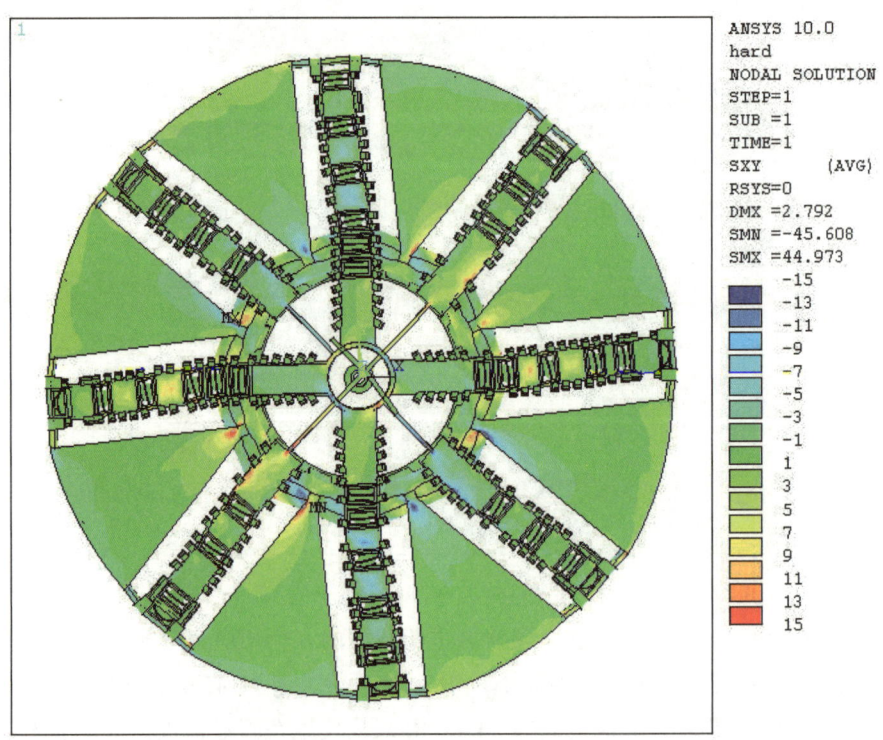

图 7-126　全硬岩掘进荷载下刀盘小切应力 τ_{xy}（-15～15 MPa）分布图

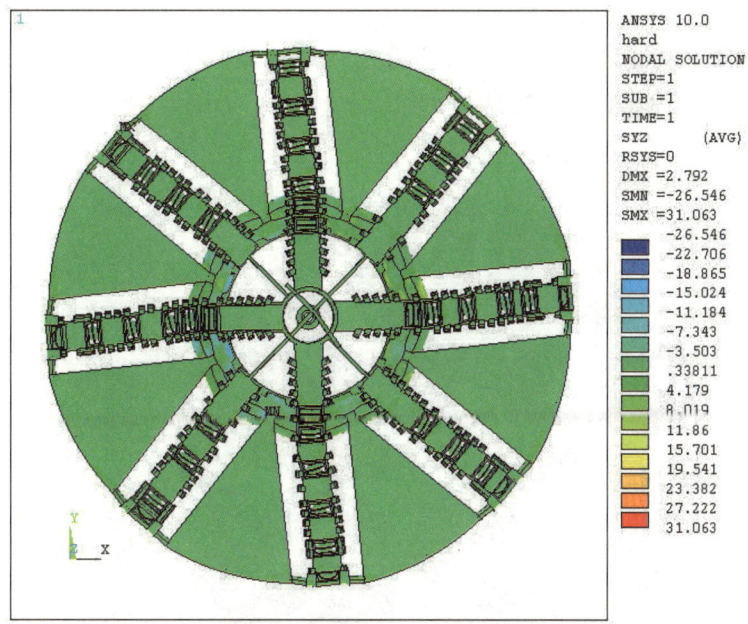

图 7-127　全硬岩掘进荷载下刀盘切应力 τ_{yz} 分布图

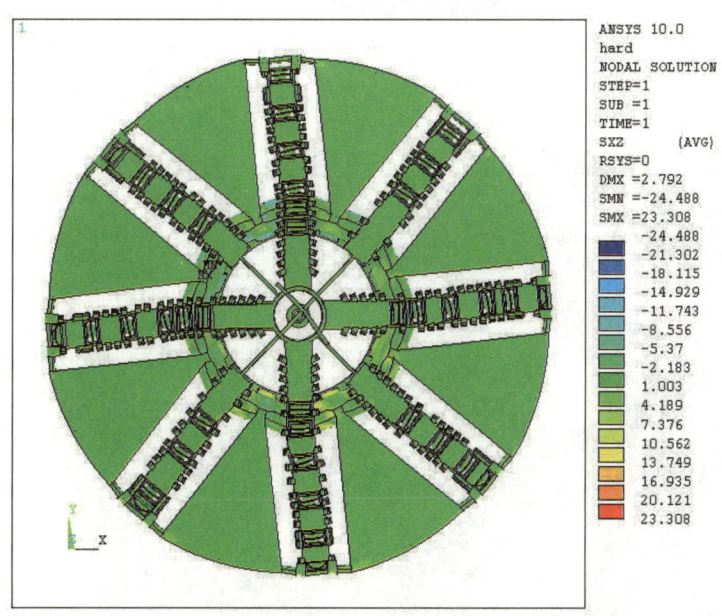

图 7-128　全硬岩掘进荷载下刀盘切应力 τ_{xz} 分布图

图 7-129 为～图 7-134 为刀盘在全硬岩掘进荷载下的 Mises 应力 σ_e 分布图。图 7-129、图 7-130 为刀盘前面和前面局部 Mises 应力 σ_e 分布图，图 7-131、图 7-132 为刀盘背面和背面局部 Mises 应力 σ_e 分布图。刀盘上 Mises 应力 σ_e 最大值为 113.58 MPa，其位置如图 7-132 所示。刀盘大部分区域的应力均很小，由图 7-133、图 7-134 可知，刀盘大部分区

域的 Mises 应力 σ_e 值小于 30 MPa，应力较大的区域发生在刀盘辐板上下根部很小的范围内。在全硬岩掘进荷载下，最大 Mises 应力为 113.58 MPa，材料的屈服应力为 345 MPa，安全因数为 3.03，刀盘在全硬岩掘进荷载下是安全的。

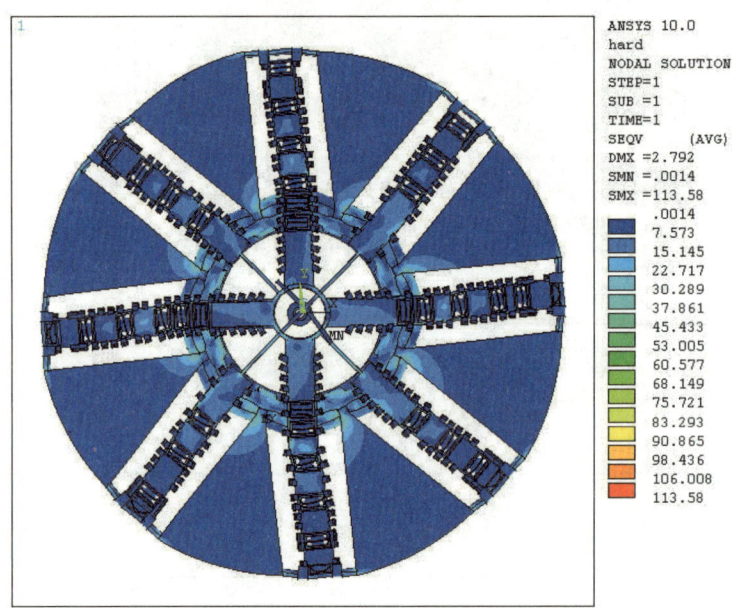

图 7-129　全硬岩掘进荷载下刀盘前面 Mises 应力分布图

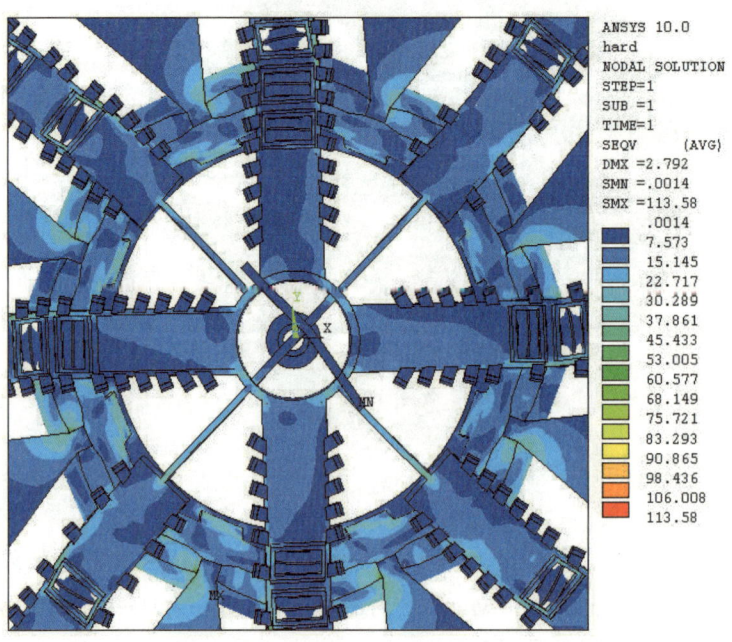

图 7-130　全硬岩掘进荷载下刀盘前面局部 Mises 应力分布图

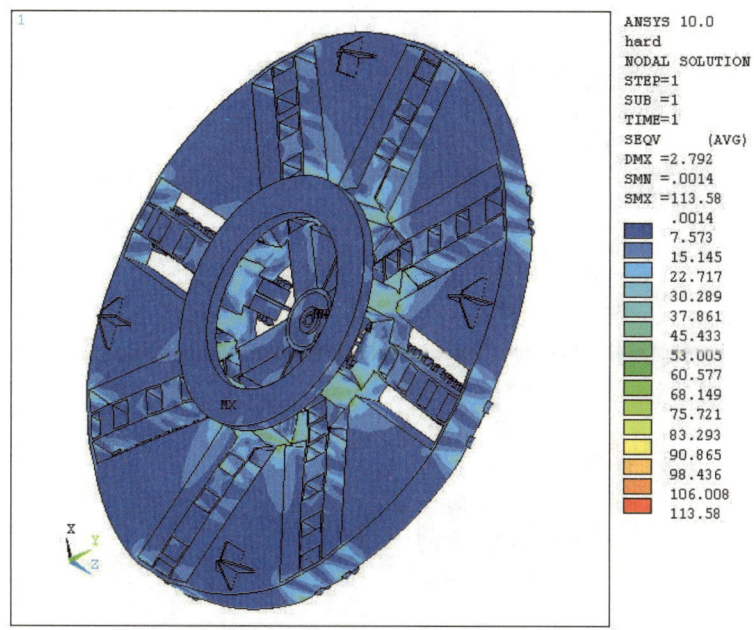

图 7-131　全硬岩掘进荷载下刀盘背面 Mises 应力分布图

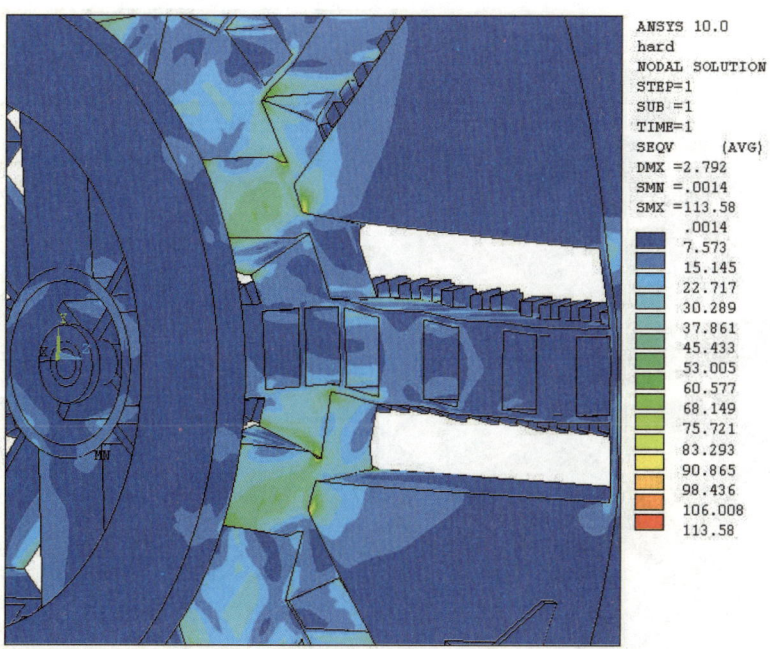

图 7-132　全硬岩掘进荷载下刀盘背面 Mises 应力最大值位置

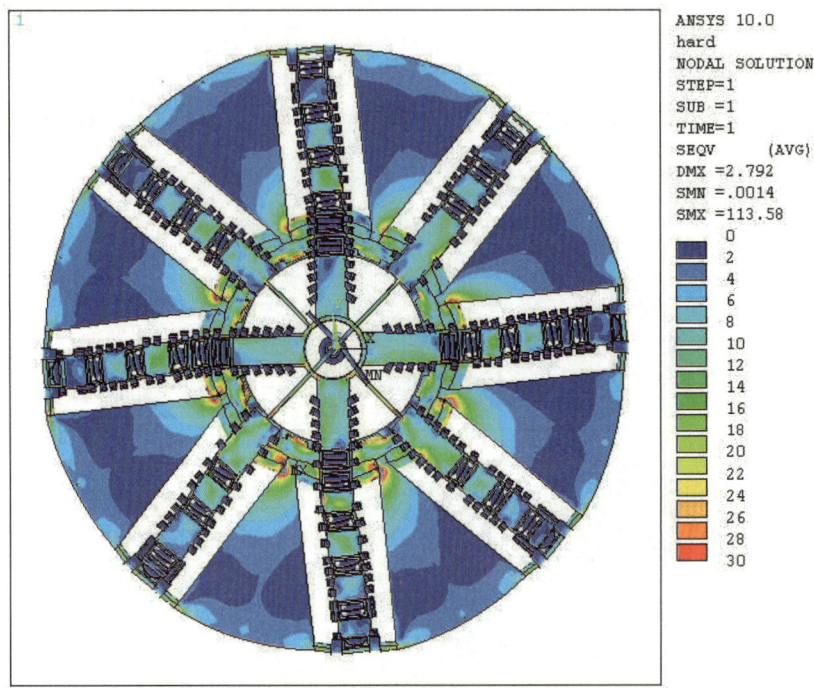

图 7-133　全硬岩掘进荷载下刀盘前面小 Mises 应力（0~30 MPa）分布图

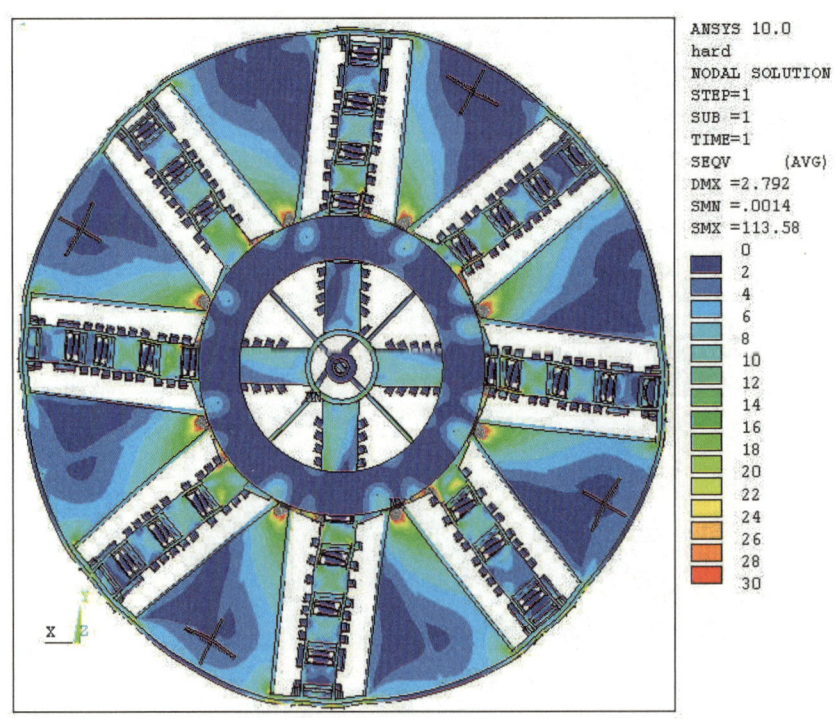

图 7-134　全硬岩掘进荷载下刀盘背面小 Mises 应力（0~30 MPa）分布图

4）结果分析与设计优化

通过以上对武汉长江公路隧道工程泥水盾构刀盘的有限元分析，得出以下结论：

（1）刀盘总体强度和刚度符合工程机械要求，特别是刚度，其值很大。因此刀盘的稳定性也是没有问题的。

（2）刀盘的应力分布不均匀，刀盘大部分区域的应力均很小，Mises 应力在 60 MPa 以下。刀盘应力较大的区域均在刀盘扇形辐板的根部与下部连接处。这是因为刀盘受扭和轴向受压时，此部分的内力扭矩和弯矩最大，同时此处的横截面相对很小。刀盘另一个应力较大的位置是刀盘扇形轮辐和辐条与外圆连接处之间，这是因为该处两边的刚度很大，发生变形大，因此应力较大，如图 7-135 所示。

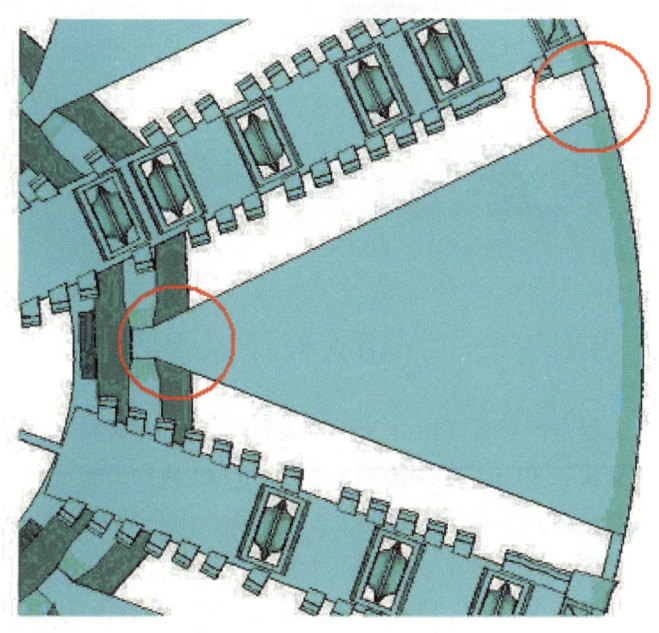

图 7-135　应力大的区域

（3）从强度出发，一个构件的理想状态是应力分布尽量均匀，避免应力大小差别太大。这样可以避免构件因长期工作造成局部失效，导致整个构件报废，同时还可以在保证强度的条件下，减小构件重量，节约材料。

针对刀盘的具体情况，优化刀盘的局部设计，以降低其最大应力：在扇形轮辐与下部连接处，加宽扇形轮辐的宽度，如图 7-136 所示。扭矩对扇形轮辐的作用是扇形轮辐产生绕中心轴线的弯曲变形，扇形轮辐与下部连接处有最大弯矩，同时该处截面尺寸小，所以应力很大。弯曲应力与其宽度的三次方成反比，因此加宽其宽度会使该处的应力明显降低，同时，扇形轮辐加宽后，其绕轴线的弯曲刚度增大，弯曲变形减小，会使扇形轮辐和辐条之间的外圆扭曲减小，降低该处应力。另外，在扇形轮辐与下部连接处，除有扭转产生的应力外，还有轴向压力产生的应力，在两个方向荷载共同作用下，扇形轮辐下方与下部连接处有最大压应力。如在扇形轮辐与下部连接处用圆角过渡，这样会降低该处的应力集中，同时也增大了该截面沿高度的尺寸，会使该处应力降低，如图 7-137 所示。

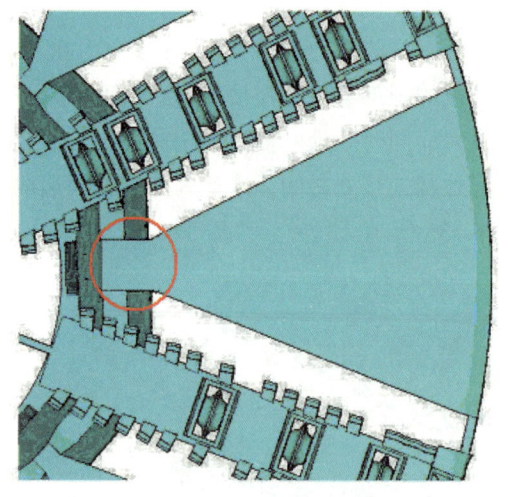

图 7-136　优化设计 1（红圆圈处）

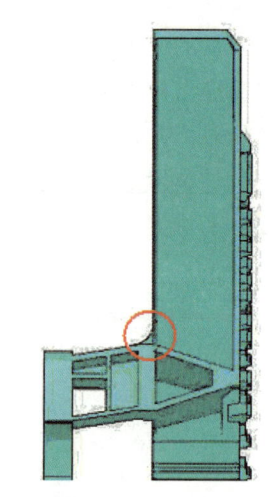

图 7-137　优化设计 2（红圆圈处）

7.3　汕头海湾隧道工程超大直径泥水盾构

汕头海湾隧道工程是世界首座地处 8 度地震烈度区的海湾隧道，位于海湾大桥和礐石大桥之间，线路全长 6680 m，其中隧道总长 5300 m（盾构段长 3047.5 m），盾构隧道采用"一中一德"2 台超大直径泥水盾构（东线采用德国海瑞克盾构，西线采用中国中铁盾构）施工。工程按一级公路兼城市道路功能设计，设计速度为 60 km/h，双向 6 车道。隧道穿越大量高强度孤石和 3 段基岩突起段。本节主要以西线工程为例，介绍西线工程的工程概况、工程重难点、刀盘刀具适应性设计技术、高强度花岗岩破岩实验与进行刀盘强度分析。

7.3.1　工程概况

汕头海湾隧道工程为苏埃通道工程的重要组成部分。苏埃通道工程为 G324 的复线，旨在解决汕头市过海交通瓶颈问题。该工程起点位于汕头北岸龙湖区天山南路与金砂东路平交口，路线沿天山南路向南敷设，下穿长平东路，后以敞开段的形式布置于天山南路与龙湖沟间的绿地内，下穿中山东路、龙湖沟电排站，避开码头，穿龙湖沟后以 R=1 500 m 曲线转入华侨公园，于华侨公园东南角处进入海域，以直线形式穿越苏埃湾海域（即汕头海湾隧道），到达南岸围堰，下穿南滨路，后以明挖暗埋及敞开的结构形式通过南岸湿地，以互通立交形式到达设计终点，接规划的虎头山隧道与南滨南路。

隧道主要工程量见表7-4。工程南岸、北岸岸上段均采用明挖法施工；海域段采用2台泥水平衡盾构施工，分别从南岸（围堰始发井）东、西线先后始发，北岸华侨公园接收井吊出。海湾隧道工程地理位置如图7-138所示。盾构段为2条单洞隧道，隧道内径为13.3 m，外径为14.5 m，环宽2 m，厚0.6 m，采用双面楔形环，楔形量为48 mm，采用"7+2+1"分块模式，错缝拼装。

表7-4 隧道工程量统计　　　　　　　　　　　　　　　　　单位：m

线路	北岸			海中段	南岸		
	敞开段	暗埋段	接收井	盾构段	始发井	暗埋段	敞开段
东线	635	875	30	3 047.5	25	437.5	250
西线	634.77	873.29	30	3 045.75	25	437.13	250

图7-138　海湾隧道工程地理位置

1）工程地质

盾构段隧道穿越地质为填筑土、淤泥、淤泥质土、淤泥混砂、粉细砂、粉质黏土、中砂、粗砂、砾砂、砾质黏性土、微弱中全风化花岗岩等，不良地质有砂土液化、软土震陷、花岗岩球状风化体（孤石）、基岩突起、有害气体等，工程地质纵断面图如图7-139所示，地层特性见表7-5。盾构穿越的主航道下有3处基岩突起段，具体情况见表7-6。补勘结果表明，基岩突起段 $RQD=55\% \sim 78\%$，层顶高程为 $-34.72 \sim -27.46$ m，层底未揭穿，揭露厚度为1.10～9.00 m，饱和单轴抗压强度为41.7～214 MPa，抗拉强度为2.02～9.35 MPa。工程线位所处的地质情况比较复杂。

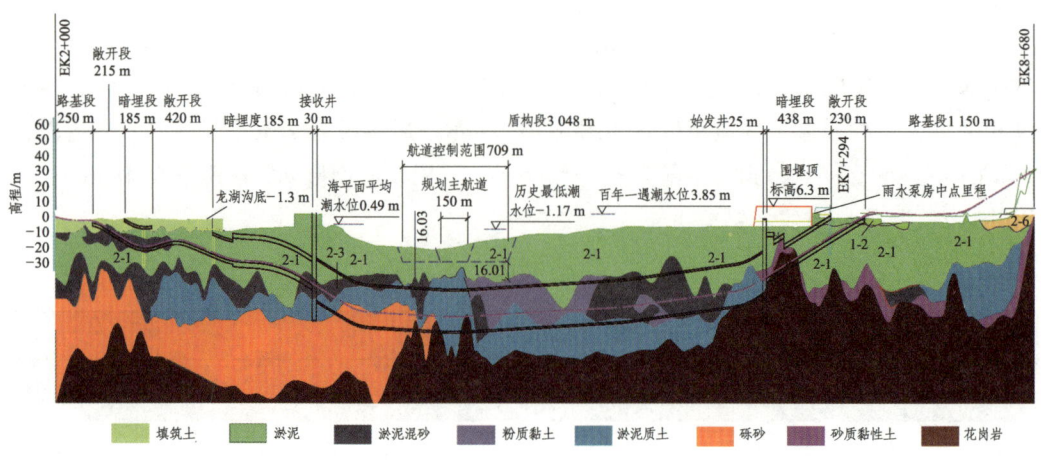

图 7-139 海湾隧道盾构段地质纵断面图

表 7-5 盾构段地层特性

序号	名称	里程	长度/m	比例/%
1	顶部淤泥；洞身掘进段淤泥、粉细砂、中粗砂；底部中粗砂、淤泥质土	K3+790～K3+900	110	3.60
2	顶部淤泥；洞身掘进段淤泥、粉细砂、中粗砂、淤泥质土；底部淤泥质土	K3+900～K4+000	100	3.30
3	顶部粉细砂、淤泥；洞身掘进段淤泥、粉细砂、中粗砂；底部淤泥质土、中粗砂	K4+000～K4+420	420	13.80
4	顶部淤泥混砂、淤泥；洞身掘进段淤泥，粉细砂，中粗砂，中、微风化花岗岩；底部中、微风化花岗岩	K4+420～K4+487	67	2.20
5	顶部淤泥混砂、粉细砂、淤泥；洞身掘进段淤泥质土、中粗砂；底部淤泥质土	K4+487～K4+590	103	3.30
6	顶部淤泥混砂、粉细砂、淤泥；洞身掘进段淤泥质土、中粗砂、粉质黏土、中、微风化花岗岩；底部中、微风化花岗岩	K4+590～K4+660	70	2.30
7	顶部淤泥混砂、粉细砂、淤泥；洞身掘进段淤泥质土、中粗砂、粉质黏土；底部淤泥质土	K4+660～K4+805	145	4.80
8	顶部淤泥混砂、粉细砂、淤泥；洞身掘进段淤泥质土、粉质黏土、中、微风化花岗岩；底部中、微风化花岗岩	K4+805～K4+830	45	1.35
9	顶部淤泥混砂、淤泥；洞身掘进段泥质混砂、中粗砂、粉质黏土、淤泥质土、砾质黏性土；底部中粗砂、淤泥质土、砾质黏性土	K4+830～K6+837.5	2007.5	65.90

表 7-6 基岩突起段概况

线位	进入结构范围内基岩的分布里程及长度
东线	EK4+790.326～EK4+857.620，长度为 67.294 m，侵入隧道高度 6.6 m；EK4+586.214～EK4+656.000，长度为 69.786 m，侵入隧道高度 5.0 m； EK4+455.094～EK4+500.000，长度为 44.906，侵入隧道高度 3.0 m。共计约 182 m
西线	WK4+790.326～WK4+857.620，长度为 67.294 m，侵入隧道高度 6.6 m；WK4+586.214～WK4+656.000，长度为 69.786 m，侵入隧道高度 5.0 m； WK4+455.094～WK4+500.000，长度为 44.906 m，侵入隧道高度 3.0 m。共计约 182 m

2）水文地质

（1）地下水

工程场地地下水分为松散岩类孔隙潜水、松散岩类孔隙承压水及块状岩类裂隙水，分布于粉细砂层、中粗砂、砾层、风化岩层中，情况如下：

粉细砂层：主要呈不连续的透镜状分布，厚度差异大，分布的位置和埋深不同，有的为潜水，有的为承压水。

中粗砂、砾砂层：该层主要分布在北岸和盾构段范围内，层厚差异较大，分布连续，为承压含水层。在勘察范围内，该层上覆较厚的淤泥、淤泥质土等隔水层，与地表无直接水力联系，但根据抽水试验孔的观测，该层地下水位变化与海水涨落潮同步，即该层在勘察区外与海水存在直接的水力联系。

风化岩层：基岩裂隙水，发育程度取决于基岩裂隙的发育程度。除南岸工作井开挖范围大部分位于基岩内，裂隙水对其施工有一定影响外，其他地段对工程施工的影响不大。

（2）地表水

工程场地地表水体较发育，主要为汕头湾、龙湖沟、其他小涌及鱼塘等。在南北两岸地下水与地表水呈互补关系。

（3）腐蚀性

按照《公路工程地质勘察规范》（JTG C20—2011）附录 K 的有关规定，场地水对建筑材料的腐蚀性评价针对不同的环境类型、含水层渗透性、浸水条件等有着不同的规定。根据本工程的特点，结合本场区地下水特征，地下水的腐蚀性评价见表 7-7。

表 7-7　各工点地下水、地表水腐蚀性等级一览

工点名称	地下水		地表水	
	对混凝土结构腐蚀性	对钢筋混凝土结构中的钢筋腐蚀性	对混凝土结构腐蚀性	对钢筋混凝土结构中的钢筋腐蚀性
北岸连接线段及明挖段	中等	强	弱	中等
海域段	中等	强	中等	强
南岸明挖段	弱	中等	弱	强
南岸连接线及立交段	微	微	微	弱

（4）潮汐特征

汕头湾内潮汐属不规则半日潮，潮差不大，平均为 1.0～1.5 m，常年的最大潮差在 2.3～2.7 m，涨潮差稍大于落潮差；涨潮平均历时约长于落潮平均历时 1 h，多年平均涨潮历时为 6 h30 min 至 6 h50 min，落潮历时为 5 h30 min 至 5 h50 min。

7.3.2　工程重难点

汕头海湾隧道是国内首条地处 8 度地震烈度区，采用超大直径盾构穿越复杂地层的海底隧道，对隧道结构的抗震性提出了很高的要求。隧道穿越淤泥质土、砂土等软土地层，同时存在风化状花岗岩、上软下硬地层，地质条件非常复杂。工程重难点如下：

（1）超大直径盾构刀盘刀具地质适应性设计。

刀盘结构及刀具布置需要考虑工程边界条件、滚刀破岩能力、换刀方式等多方面的因素，且诸多因素相互掣肘，给刀盘刀具设计带来了较大的挑战。由于汕头海湾隧道开挖地层中存在 3 段基岩突起段，需要采用盘形滚刀进行破岩，并且该段地层将会对盾构刀具的寿命带来不利的影响，需要研究滚刀常压换刀装置，以提高刀具更换效率和安全性。为了提高滚刀的破岩效率，需要结合常压换刀装置研究滚刀刀间距的设置及刀具布置，在换刀装置结构紧凑性、滚刀破岩能力及刀间距之间寻求平衡，保证盾构能顺利通过基岩突起段。

（2）超大直径盾构隧道海底孤石探测与处理技术。

根据工程地质勘察，汕头海湾隧道始发段存在大小不一、形状各异的花岗岩球状风化体（孤石）。由于目前无法准确探明黄岗岩球状风化体的大小与位置，导致盾构始发与掘进存在较大的不确定性，增加了施工风险。

（3）海底浅覆土地层掘进稳定性控制技术。

海湾隧道盾构始发端头位于淤泥层中，隧道埋深约 8 m；到达端头位于淤泥和砂层中，隧道埋深为 12 m，均小于 1 倍洞径；主航道浅埋段埋深为 12.8 m，不足 1 倍洞径。盾构在中粗砂及软弱的淤泥层掘进过程中可能发生海底冒浆甚至海水倒灌、隧道涌水涌

砂、冒顶等事故，面临浅覆土施工地层稳定性控制难题。

（4）超大直径盾构基岩突起地层施工技术。

海湾隧道海域段主航道下方存在 3 段花岗岩基岩突起地层，侵入隧道最高 6.6 m，最大抗压强度达到 214 MPa，不仅给盾构的适应性设计提出了更高的要求，同时也给基岩段超大直径泥水盾构施工方案的制订、掘进参数及盾构姿态的控制带来巨大挑战。

7.3.3 刀盘刀具地质适应性设计

1）盾构刀盘设计

汕头海湾隧道盾构刀盘设计为具有常压换刀功能的辐条箱体式刀盘，如图 7-140 所示。

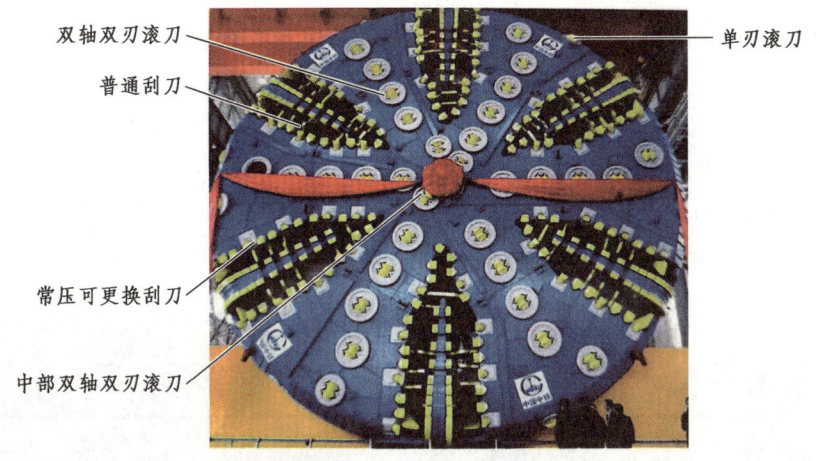

图 7-140 常压换刀刀盘

开挖直径为 15.03 m，厚度约为 2 m，开口率为 28%，采用 6 根主梁和 6 根副梁的结构形式。其中：6 根主梁为箱体式，便于在主梁上安装滚刀、切刀常压换刀装置，并给作业人员留出常压换刀作业的空间；6 根副梁为条状钢结构，上面安装固定式切刀和边刮刀。

2）盾构刀具设计

（1）刀具布置参数

为了应对含孤石地层及软硬不均地层，刀盘上安装滚刀共计 78 把，均为常压更换滚刀。其中，中心区域安装 6 组 12 把 17 in 双轴双刃滚刀（每个常压换刀刀筒视为 1 组，刀筒内安装 2 把滚刀），刀高为 225 mm，刀间距为 120 mm；刀盘正面区域安装 54 把 19 in 双轴双刃滚刀，刀高为 225 mm，刀间距为 80 mm、90 mm 和 100 mm；刀盘边缘区域安装 10 把 19 in 双轴双刃滚刀和 2 把 19 in 单轴单刃滚刀（每个常压换刀刀筒内安装 1 把滚刀）。利用刀具互换功能可将滚刀更换为撕裂刀，以适应粉质黏土、淤泥质软土地层及孤石地层、软硬不均地层对刀具的不同需求。刀盘上布置常压更换切刀 48 把，带压更换切刀 194 把，带压更换边刮刀 36 把，刀高均为 185 mm。不同类型刀具如图 7-141 所示。

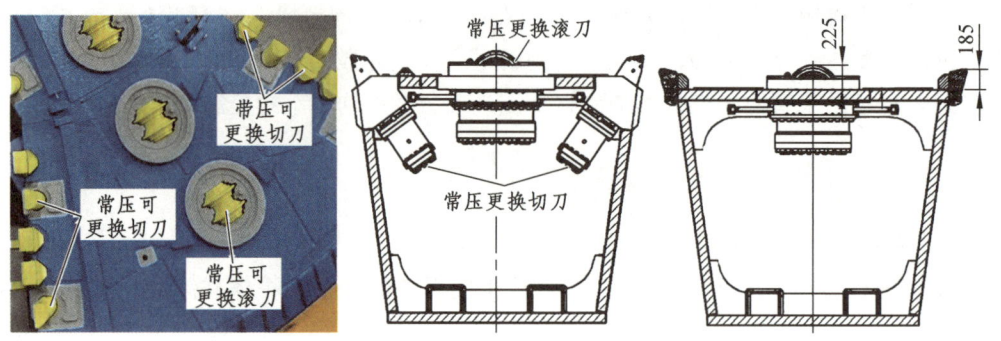

图 7-141　刀盘上不同类型的刀具（单位：mm）

常压更换刀具都在刀盘主梁上，其中常压更换滚刀覆盖整个刀盘开挖区域，常压可更换切刀分布在 24 条轨迹线上，分布在半径 2 992 ~ 7 495 mm 的区域；带压更换切刀安装在刀盘主梁和副梁上，主梁上切刀 98 把，工作区半径为 2 330 ~ 6 990 mm，副梁上切刀 96 把，工作区半径为 3 870 ~ 6 630 mm。

（2）滚刀和切刀常压换刀装置

滚刀常压换刀装置如图 7-142 所示。

图 7-142　滚刀常压换刀装置

常压可更换滚刀主要包括密封装置、润滑装置、泄压装置、刀座专用拆卸装置和刀筒。换刀时工作人员位于常压舱内，通过换刀装置把位于高压区域的滚刀移动到常压区，并在移动刀具的过程中保证高压舱和常压区隔离，实现常压环境下更换高压环境下的刀具。密封装置主要作用是保证盾构高压区和常压区分离，采用推拉门结构，包括保压门、推拉油缸。盾构正常掘进时，保压门打开，滚刀伸出刀盘面板；换刀时，滚刀缩回，保压门关闭，保证在常压环境下进行更换滚刀。润滑装置的主要作用是润滑刀座与保压腔接触面，保证刀座拆卸方便。泄压装置的主要作用是泄除关闭保压门后刀座腔内的高压环境，保证刀座安全拆卸，主要由泄压阀和接头等部件组成。刀座拆装装置的主要作用是满足刀座安全拆卸和安装，主要由油缸组成，利用油缸的伸缩，将刀筒推出或者缩进刀盘舱。

常压切刀换刀装置如图 7-143 所示，包括切刀刀筒、密封装置、润滑装置、拆刀油缸及管路等。使用常压切刀换刀装置作业的基本流程为：

① 冲刷球阀保持关闭状态，通过球阀检测刀筒内部有无压力，如果有压力，先查明原因，再决定是否换刀，没有压力可拆除刀筒端盖。

② 将拆刀油缸安装在刀筒上，油缸处于收缩状态。

③ 安装切刀拖拉油缸，连接换刀油缸油管，使用螺钉安装拖拉油缸工装，使用销轴连接拖拉油缸工装。

④ 连接冲刷球阀的冲刷管路，收缩油缸，当刀筒拔出 40 mm 时，打开球阀进行冲刷，抽出切刀刀筒及附件，直到油缸端面顶住拖拉油缸工装，利用安全螺栓锁紧刀筒。

⑤ 使用闸门油缸关闭闸门，闸门关闭后降低后腔压力，检测后腔压力，确认压力没有增大为止。持续冲刷至闸门完全关闭后结束，关闭球阀，移除管路。

⑥ 闸门完全关闭后，保持闸门油缸压力，使用切刀闸门用固定杆及螺栓锁紧，在拔出刀筒过程中，通过冲刷球阀进行压力补偿，并排除污水。

⑦ 利用拖拉油缸工装上的螺纹孔拔出刀筒及附件，将刀筒及附件从密封装置中完全退出，如图 7-144 所示。拔出的切刀运输至物料舱。

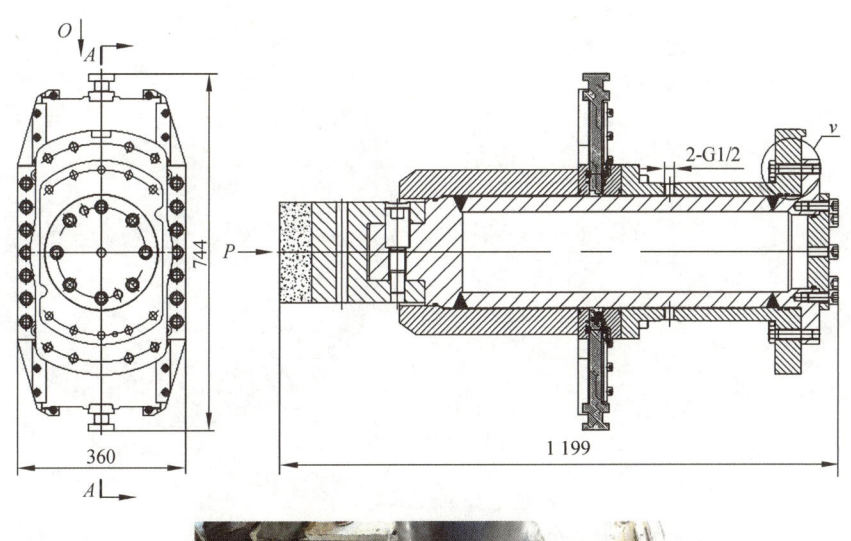

图 7-143　切刀常压换刀装置

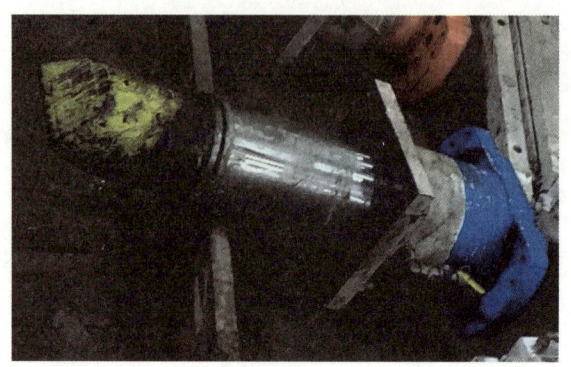

图 7-144 拔出后的切刀

3）刀盘刀具磨损状态监测

（1）刀盘磨损监测

海湾隧道盾构设计安装油压式磨损检测装置，通过对测点内腔油压的测量，判断刀盘刀具是否达到设定的磨损上限。设定的测点位置一旦达到磨损上限，预留的内腔结构被磨穿，内腔压力无法保持，压力传感器检测到压力的变化，由此判断刀盘刀具的磨损状态。刀盘正面板布置 6 道磨损检测，背面板布置 3 道磨损检测，如图 7-145 所示。

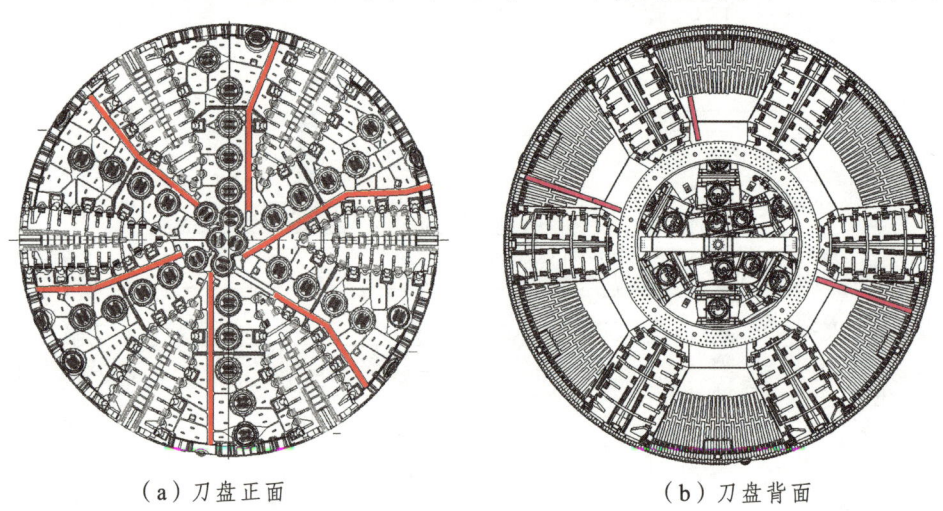

（a）刀盘正面　　　　　　　　　　（b）刀盘背面

图 7-145　刀盘面板油压式磨损检测装置布置

刀盘面板上布置油压式磨损检测装置，如图 7-146 所示。相对刀盘面板设置 3 组不同的高度，分别为超出面板 101 mm、64 mm、26 mm，依靠逐级布置的油压式磨损检测装置，实现对刀盘面板磨损分层次的预警。

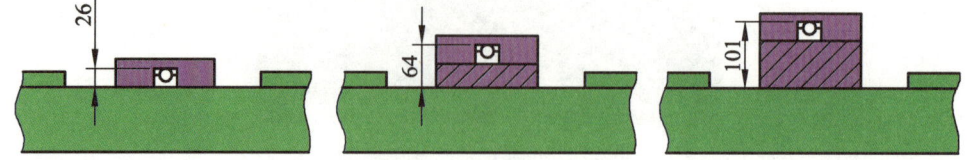

图 7-146　刀盘面板上的油压式磨损检测布置（单位：mm）

(2)刀具磨损监测

刀盘上有 12 把双轴双刃 17 in 中心滚刀上设置 6 个检测点（图 7-147），54 把 19 in 双轴双刃正滚刀上设置 27 个检测点，10 把 19 in 双轴双刃边滚刀上设置 5 个检测点，另有 2 把 19 in 单刃边滚刀设置 2 个检测点，一共在滚刀上设置 40 套磨损检测装置。

图 7-147　滚刀油压式磨损检测装置

通过设定合理的磨损上限，在滚刀磨损到一定程度后，油腔压力降低，压力传感器将采集到的压力送至可编程逻辑控制器（PLC）判断，过低的油腔压力触发报警在主控室操作界面产生报警信息。因滚刀设置有磨损状态在线监测装置，正常情况下在线监测会设定合理的磨损上限，在滚刀磨损到一定程度后，油腔压力降低，借助阀、传感器产生信号通过 PLC 判断，最终在主控室界面产生报警信息。

(3)滚刀磨损、温度、旋转状态监测

滚刀磨损采用非接触式监测方法。当滚刀刀圈磨损时，刀圈与电涡流传感器之间距离逐渐增大，引起传感器输出电压变化，从而实现刀圈的磨损检测。滚刀磨损、温度、旋转监测装置进行集成设计，传感器中的信号经过测量电路的放大、检波、信号调理后变成数字信号，数字信号利用天线以无线信号的方式传输至路由中端，路由中端采用有线的方式将数据传输至主控室，通过上位机可以实时监测滚刀的状态。信号传输路线如图 7-148 所示。

滚刀旋转状态监测系统利用电磁感应原理来监测滚刀转速、旋转状态，通过在滚刀的刀体边缘上布置若干（如 4 个）磁铁，在刀座上安装有铁芯（探头），如图 7-149 所示。当滚刀旋转时，在铁芯周围会产生变化的磁场，铁芯与磁场之间存在相对的运动。根据法拉第电磁感应定律，导体在磁场中切割磁感线势必会产生感应电流（电压）；磁铁与铁芯的位置越近，铁芯周围的磁场越强，同样速度下切割磁感线，产生的感应电流（电压）也越大，可以依据产生的感应电流（电压）的大小判断滚刀的旋转状态。如果产生的感应电流（电压）基本为零且没有起伏，则滚刀没有转动；产生的感应电流（电压）呈周期性脉冲状，则滚刀处于转动状态；转动速度越快，则电流（电压）的幅值越高，脉冲的频率也越高。常压换刀装置刀筒内安装的滚刀磨损、温度及旋转状态监测装置如图 7-150 所示。

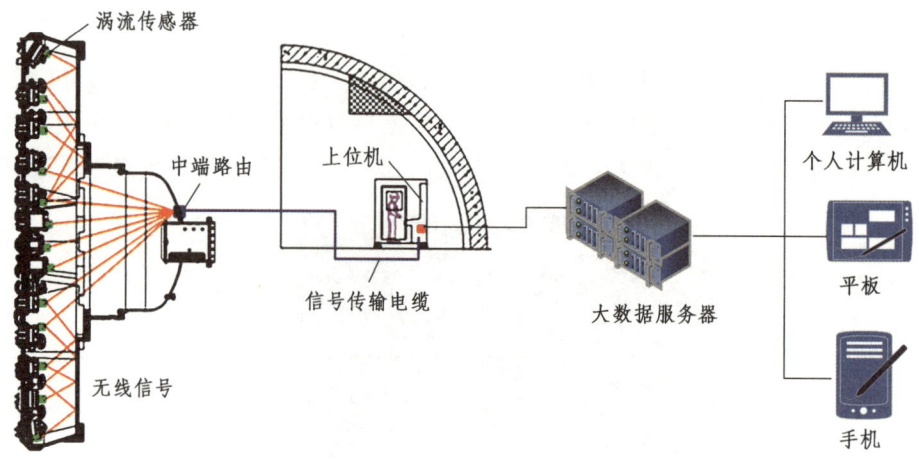

图 7-148　滚刀状态监测信号传输路线

图 7-149　滚刀旋转状态监测装置探头

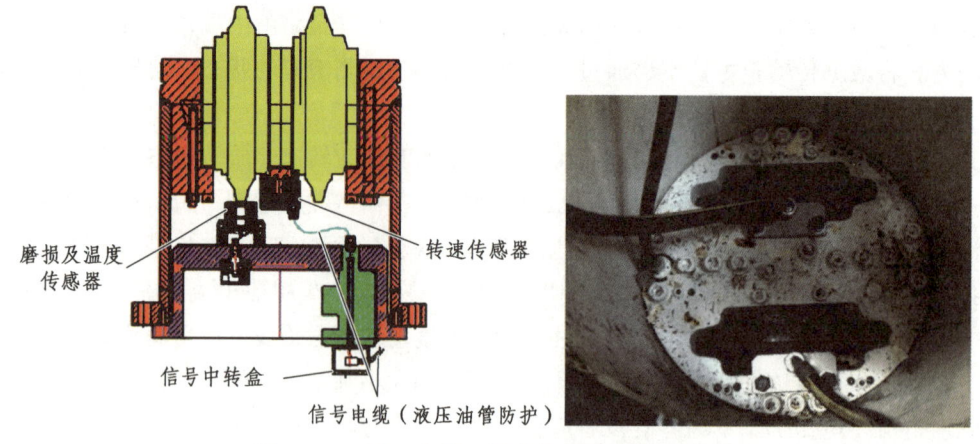

图 7-150　滚刀磨损、温度旋转状态监测装置

滚刀状态监测数据可在盾构上位机上实时显示，如图 7-151 所示。对于转速异常的滚刀，用不同的颜色标识并实时警示，使刀具检查、更换更具有针对性。

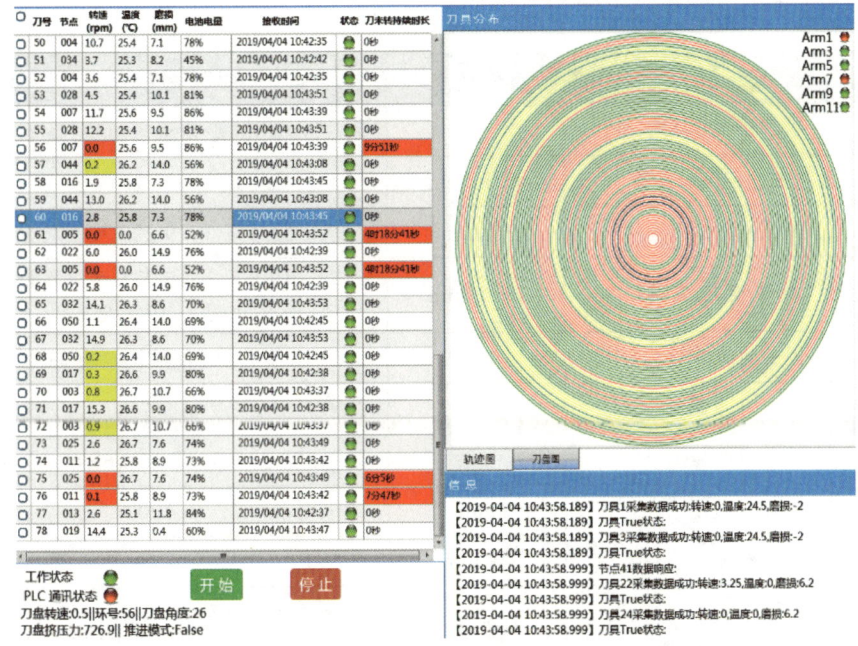

图 7-151　滚刀磨损、温度旋转状态监测数据

4）盾构主要参数配置

西线盾构主要参数见表 7-8。

表 7-8　汕头海湾隧道西线中国中铁盾构主要参数

项目名称	单位	盾构参数
开挖直径	m	15.03
主机长度（含刀盘）	m	约 15
整机长度	m	约 130（不含调车平台）
主机质量	t	约 2 675
整机质量	t	约 4 600
最小转弯半径	m	1 000
适应的最大坡度		50‰
最大推进速度	mm/min	50
最大推力	kN	222 200
能承受最大工作水土压力	MPa	1.0
装机总功率	kW	约 11 500
开口率		28%
主动搅拌臂数量	个	6

续表

项目名称	单位	盾构参数
扩挖形式		球形轴承摆动扩挖
中心滚刀数量/直径/刀高	把/in/mm	12（刃）/17/225 双轴双刃
正滚刀数量/直径/刀高	把/in/mm	54（刃）/19/225 双轴双刃
边滚刀数量/直径/刀高	把/in/mm	10（刃）/19/225 双轴双刃 2（刃）/19/225 单刃
滚刀安装方式		双楔块+拉紧块螺栓安装
正滚刀刀间距	mm	80/90/100
边滚刀刀间距	mm	100/93/95/90/84/70/69/60/50/20
中心刀刀间距	mm	120
扩挖刀数量/扩挖量	把/mm	1/40
可常压更换刀具类型及数量		6 把 17 in 双轴双刃滚刀 32 把 19 in 双轴双刃 2 把 19 in 单刃滚刀
刮刀数量/刀高	把/mm	常压 48 把/185 mm 带压 162 把/185 mm
撕裂刀数量/刀高	把/mm	与滚刀数量相同，可互换
边刮刀数量/刀高	把/mm	48/185
驱动总功率	kW	5 600（350×16）
驱动电机数量	个	16
驱动电机参数	kW	350 kW，50Hz，4 极
转速范围	r/min	0~2.25
额定转速	r/min	1.1
额定扭矩	kN·m	45 450
脱困扭矩	kN·m	63 630
主轴承直径（内径/外径）	mm	6 550/7 600

7.3.4 高强度花岗岩破岩实验

汕头海湾隧道工程东线盾构由德国海瑞克公司设计制造，盾构开挖直径为 15.01 m，刀盘中心区域布置 12 把 17 in 双联滚刀，刀间距为 130 mm、135 mm，正面区域刀间距为 90 mm 和 100 mm。西线盾构由中铁装备设计制造，开挖直径为 15.03 m，刀盘中心区域布置 12 把 18 in 双联滚刀，刀间距为 120 mm，正面区域刀间距为 80 mm、90 mm 和

100 mm，其中 80 mm 和 100 mm 交错布置居多。

汕头海湾隧道工程盾构段在海中主航道下方，存在 3 段基岩凸起（图 7-152），长度约为 182 m，侵入隧道最大高度约 6 m。主要为微风化花岗岩块状构造，裂隙较发育，局部存在强度较大的微风化花岗岩，最大抗压强度约 214 MPa。

汕头海湾隧道工程盾构刀盘具有常压换刀功能，由于受常压换刀装置及刀盘中心区域空间的限制，刀盘上尤其是中心区域的滚刀刀间距都比较大，这对盾构顺利通过基岩突起段带来挑战，需要通过实验检验上述刀间距布置的合理性。

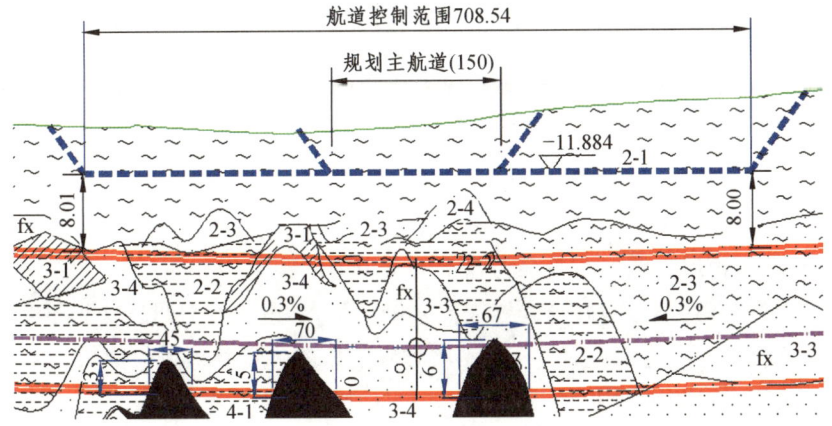

图 7-152　汕头海湾隧道工程基岩突起段（单位：m）

1）实验过程

（1）刀间距设置

利用盾构/TBM 掘进模态综合实验平台开展实验，实验平台如图 7-153 所示。根据实验要求，将实验平台上的单刃滚刀刀间距分别调整为 80 mm、90 mm、100 mm、110 mm、120 mm 和 130 mm。

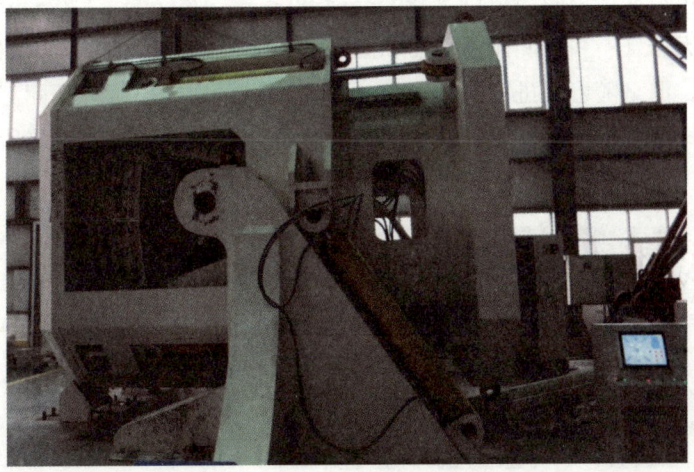

图 7-153　盾构/TBM 掘进模态综合实验平台

（2）岩样制作

按照图 7-154 所示的样式，分别加工 4 块（每种 2 块），进行拼接，中间的缝隙用混凝土填充。所用岩石为花岗岩，强度约 190 MPa。

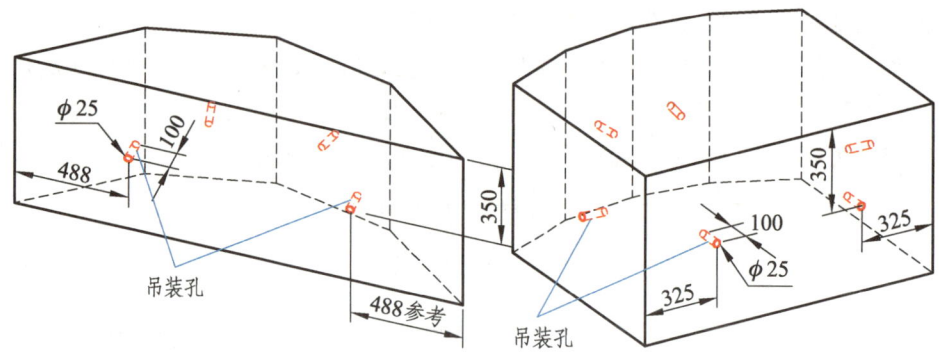

图 7-154　花岗岩岩样（单位：mm）

（3）实验步骤

① 浇筑好岩箱后，调整实验台刀盘上的滚刀刀间距为 100 mm。

② 将刀盘推进到滚刀刚好与岩样表面接触的位置，设定好刀盘转速 n 和掘进速度 v，启动刀盘开始掘进，经过掘进时间 t 后，将破碎的岩渣收集并称重，记为 Q_1，称重后进行筛分，记录掘进过程中的推力、扭矩、刀盘转速和掘进速度。

③ 每组掘进参数下的岩渣筛分后，测量大块岩渣（粒径≥50 mm）的几何尺寸。

④ 调整实验台刀盘的刀间距分别为 90 mm、80 mm、110 mm、120 mm 和 130 mm，重复步骤②和步骤③。

⑤ 每组掘进完成后观察岩样表面是否存在岩脊。

2）实验结果

（1）岩样及岩渣

当实验台单刃滚刀刀间距分别为 80 mm、90 mm、100 mm、110 mm 时均能有效破岩，岩样表面无岩脊；当刀间距为 120 mm 及 130 mm 时，岩样表面刀间距之间局部有未掉落的岩石，但是随着掘进的继续，这些残留的岩石均能掉落。不同刀间距下的岩渣如图 7-155～图 7-160 所示。筛分统计不同刀间距、不同粒径下的岩渣所占比例，如图 7-161 所示。

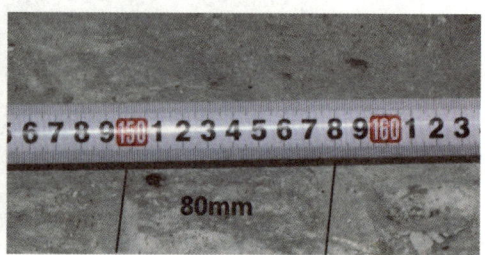

图 7-155　刀间距为 80 mm 时破碎的岩渣

图 7-156　刀间距为 90 mm 时破碎的岩渣

 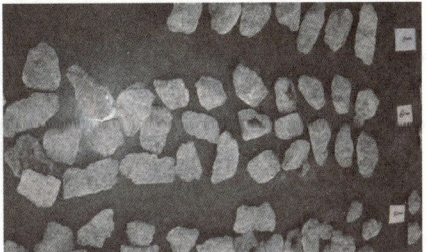

图 7-157　刀间距为 100 mm 时破碎的岩渣

图 7-158　刀间距为 110 mm 时破碎的岩渣

图 7-159　刀间距为 120 mm 时破碎的岩渣

图 7-160　刀间距为 130 mm 时破碎的岩渣

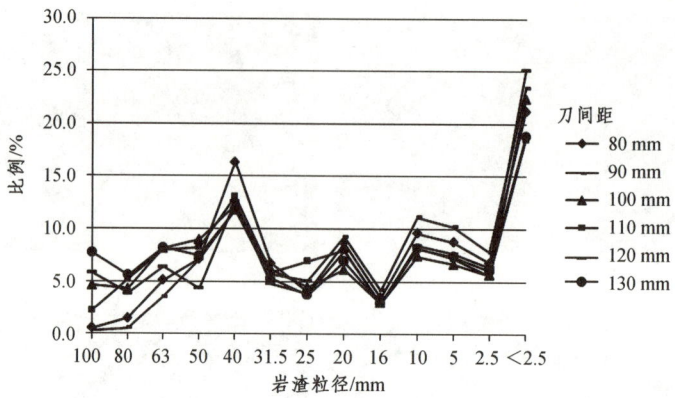

图 7-161　不同刀间距条件下各种岩渣粒径所占比例

从图 7-161 中可观察到,在不同刀间距情况下,岩渣各个粒径所占比例虽略有不同,但总体分布情况是相似的。其中,粒径在 40~50 mm 的岩块和低于 2.5 mm 岩粉所占比例较高,分别在 11%~16% 和 18%~25%,其他粒径的岩块所占比例大都在 10% 以下。

（2）掘进数据

刀间距为 80 mm 时,实验过程中刀盘转速为 0.35r/min,推进速度为 4.31 mm/min,掘进时间控制为 2.3 min,得到的推力、扭矩曲线如图 7-162 所示。

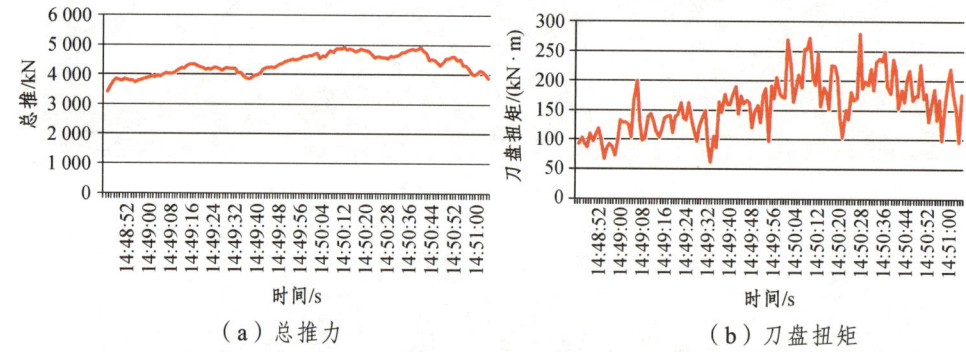

（a）总推力　　　　　　　　　　　　（b）刀盘扭矩

图 7-162　刀间距为 80 mm 时的总推力和扭矩时间曲线

刀盘刀间距调整为 90 mm 时,实验过程中刀盘转速为 0.45r/min,推进速度为 1.03 mm/min,掘进时间为 4.3 min,得到的推力、扭矩曲线如图 7-163 所示。

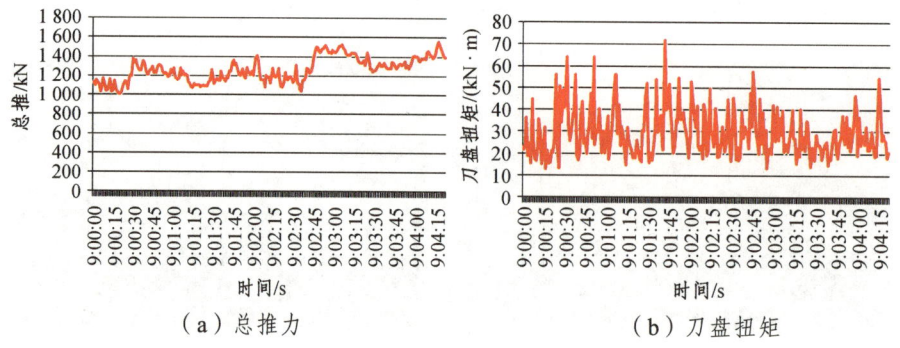

（a）总推力　　　　　　　　　　　　（b）刀盘扭矩

图 7-163　刀间距为 90 mm 时的总推力和扭矩时间曲线

将刀盘刀间距调整为 100 mm 时，实验过程中刀盘转速为 0.4r/min，推进速度为 1.15 mm/min，掘进时间控制为 3 min，得到的推力、扭矩曲线如图 7-164 所示。

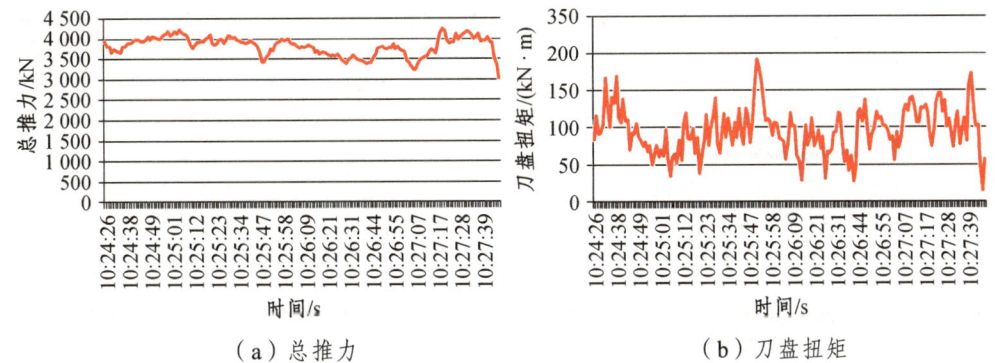

图 7-164　刀间距为 100 mm 时的总推力和扭矩时间曲线

将刀盘刀间距调整为 110 mm 时，实验过程中刀盘转速为 0.5r/min，推进速度为 3.94 mm/min，掘进时间控制为 2 min，得到的推力、扭矩曲线如图 7-165 所示。

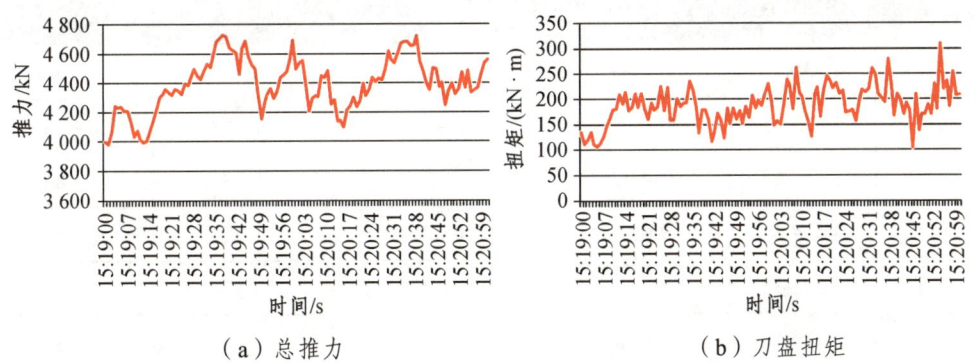

图 7-165　刀间距为 110 mm 时的总推力和扭矩时间曲线

将刀盘刀间距调整为 120 mm 时，实验过程中刀盘转速为 1.1r/min，推进速度为 1.44 mm/min，掘进时间控制为 3.37 min，得到的推力、扭矩曲线如图 7-162 所示。

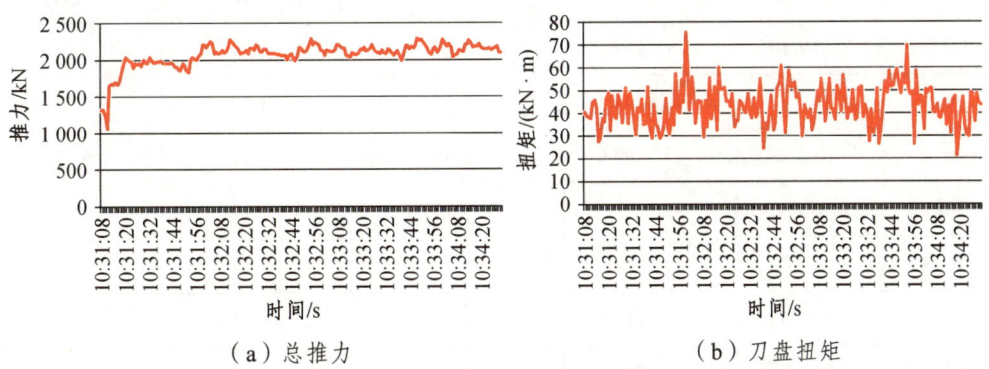

图 7-166　刀间距为 120 mm 时的总推力和扭矩时间曲线

将刀盘刀间距调整为 130 mm 时，实验过程中刀盘转速为 0.614r/min，推进速度为

3.85 mm/min，掘进时间控制为 2.33 min，得到的推力、扭矩曲线如图 7-167 所示。

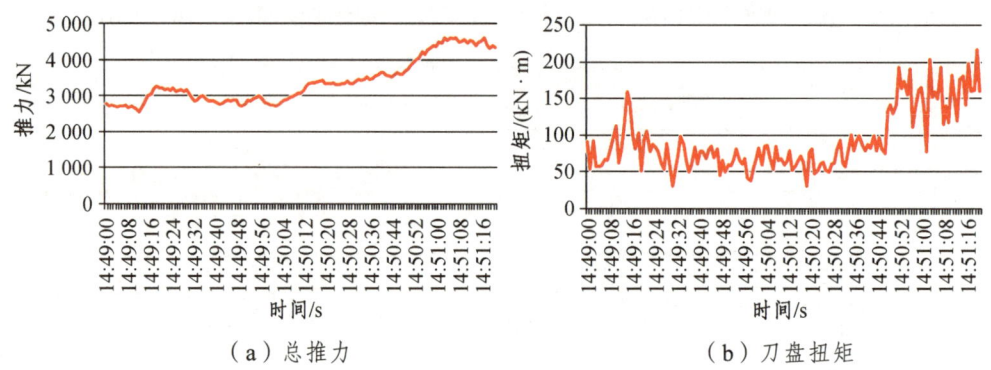

（a）总推力　　　　　　　　　　　　（b）刀盘扭矩

图 7-167　刀间距为 130 mm 时的总推力和扭矩时间曲线

最终将实验所得的不同刀间距、不同掘进参数下的推力、扭矩数据汇总，见表 7-9。

表 7-9　不同刀间距、不同掘进参数下的推力、扭矩数据

组别	推力/kN	扭矩/(kN·m)	掘进速度/(mm/min)	刀盘转速/(r/min)	贯入度/(mm/r)
80-1	4 336.52	158.47	4.31	0.35	12.49
80-2	3 325.35	84.25	3.42	0.78	4.38
80-3	3 217.63	106.52	3.95	1.03	3.84
80-4	3 557.56	95.34	6.02	1.55	3.89
80-5	3 291.33	90.83	1.30	0.38	3.38
80-6	3 539.17	99.22	4.33	0.74	5.89
80-7	3 384.02	92.42	4.36	1.08	4.03
80-8	3 235.76	75.92	4.88	1.48	3.30
90-1	1 262.27	29.17	1.03	0.45	2.31
90-2	3 519.14	85.11	4.07	0.59	6.96
90-3	4 347.92	153.50	4.48	0.70	6.39
90-4	3 684.83	110.06	5.45	1.01	5.39
90-5	2 746.65	114.94	8.17	0.34	24.10
90-6	3 679.03	113.94	3.31	0.72	4.59
90-7	3 192.56	69.11	3.60	1.13	3.18
90-8	2 886.73	50.76	2.09	1.50	1.39
100-1	3 823.27	96.50	1.15	0.39	2.97

续表

组别	推力/kN	扭矩/(kN·m)	掘进速度/(mm/min)	刀盘转速/(r/min)	贯入度/(mm/r)
100-2	3 284.00	77.60	1.39	0.59	2.37
100-3	3 801.46	88.86	3.84	0.75	5.09
100-4	2 099.08	87.08	1.81	0.41	4.46
100-5	3 260.08	103.43	7.35	0.74	9.94
100-6	3 581.56	112.29	5.22	1.11	4.70
100-7	3 337.49	89.07	6.84	1.50	4.56
110-1	4 393.15	187.55	3.94	0.48	8.22
110-2	3 650.58	97.37	6.61	1.48	4.46
110-3	3 027.44	78.98	5.59	1.06	5.29
110-4	2 217.45	93.95	7.18	0.40	17.95
110-5	3 739.41	138.35	5.34	0.70	7.67
110-6	3 550.76	109.96	5.91	1.08	5.48
110-7	3 025.61	76.95	4.77	1.48	3.22
120-1	2 072.36	43.24	1.43	1.11	1.29
120-2	3 808.83	96.24	3.15	0.60	5.26
120-3	3 855.32	84.29	6.00	1.54	3.89
120-4	1 915.61	112.85	5.50	0.37	14.86
120-5	2 337.40	87.23	3.70	0.74	5.00
120-6	2 588.13	72.49	4.17	1.10	3.79
120-7	1 867.34	42.32	3.61	1.50	2.41
130-1	3 372.12	92.82	3.85	0.61	6.27
130-2	3 782.36	106.23	5.45	1.06	5.16
130-3	3 867.40	99.25	5.90	1.53	3.85
130-4	4 328.17	150.94	10.83	1.48	7.33
130-5	635.11	38.95	4.50	0.40	11.25
130-6	3 026.87	58.71	2.50	0.80	3.13
130-7	2 416.09	56.04	3.00	1.13	2.65
130-8	2 284.05	54.44	5.00	1.49	3.36

3）实验总结与分析

（1）从不同刀间距下的破岩效果来看，实验台单刃滚刀刀间距分别为 80 mm、90 mm、100 mm、110 mm 时均能有效破岩，岩样表面无岩脊；当刀间距为 120 mm 及 130 mm 时，岩样表面刀间距之间局部有未掉落的岩石，但是随着掘进的继续，这些残留的岩石均能掉落。这说明对于汕头海湾隧道工程，其盾构刀盘计划采用的刀间距能够实现有效破岩。

（2）从实验统计的刀盘总推力分布情况来看，对于采用 17 in 滚刀滚压破碎全断面高强度（190 MPa）花岗岩，要达到岩石一般可掘性要求（掘进速度不小于 5 mm/min），刀具将经常处于允许荷载的临界点（250 kN）。在这种工况下，刀具会频繁损坏，从破岩轨迹看，在各种刀间距情况下，岩脊现象不明显（岩脊高度小于 10 mm，即岩脊高度小于刀具允许贯入度，一般 17 in 滚刀贯入度为 15 mm/r）。

（3）对于 17 in 滚刀进行短距离非全断面高强度（190 MPa）花岗岩掘进，岩脊现象不明显，说明是可以进行有效掘进的，但掘进速度不宜太高，掘进过程中确保刀具受力维持在其承载力的 80%~90%。

（4）在掘进高强度花岗岩（190 MPa）时，建议选择大直径盘形滚刀，如 19 in 的滚刀，以提高刀具承载能力；若采用小直径滚刀，则应配置高承载能力滚刀轴承。

7.3.5 刀盘强度分析

1）刀盘均载

刀盘结构的三维简化模型如图 7-168 所示。刀盘主要承受主驱动的驱动扭矩、掌子面的水土压力和掘进阻力。经计算可知，取掘进推力为 32 644 kN，取主驱动扭矩为 41 901 kN·m。

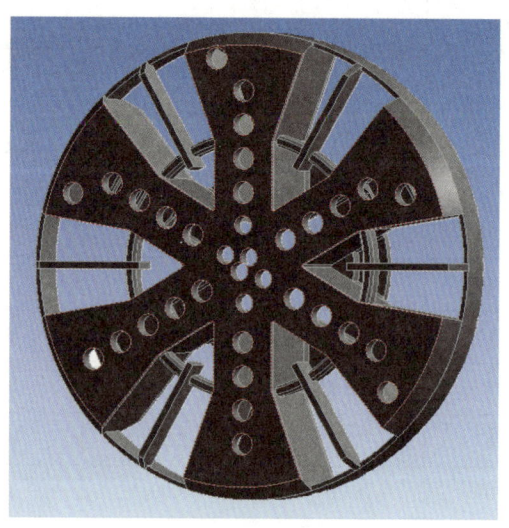

图 7-168　刀盘模型

有限元模型如图 7-169 所示。刀盘所用材料为 Q345R，有限元模型采用的材料参数如下：弹性模量为 210GPa、泊松比为 0.3、密度为 7 850 kg/m³。计算时施加的扭矩为 41 901 kN·m，推力为 32 644 kN，刀盘结构承受 0.6 MPa 的水土压力，并且约束刀盘法兰连接面的全部自由度作为位移边界条件，边界条件如图 7-170 所示。

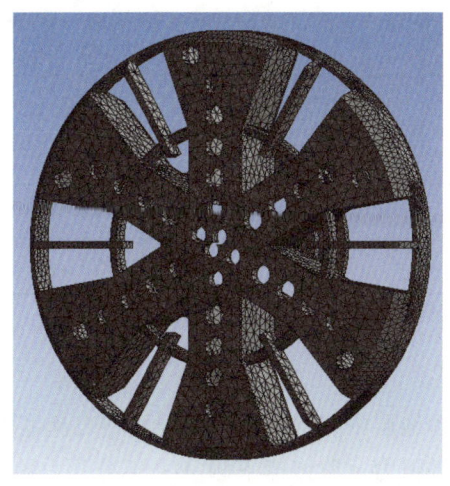
图 7-169　刀盘网格划分

图 7-170　刀盘荷载边界条件

计算结果显示，在所示的刀盘荷载边界条件下刀盘结构的最大等效应力为 164 MPa，刀盘绝大部分区域的等效应力小于 80 MPa，刀盘的等效应力分布云图如图 7-171 所示。刀盘结构的最大变形为 4.3 mm，刀盘的变形分布如图 7-172 所示。刀盘设计所用材料为 Q345R，根据国家标准《压力容器》（GB 150—2011）规定的 Q345R 许用应力（表 7-10），该刀盘的结构设计满足强度要求。

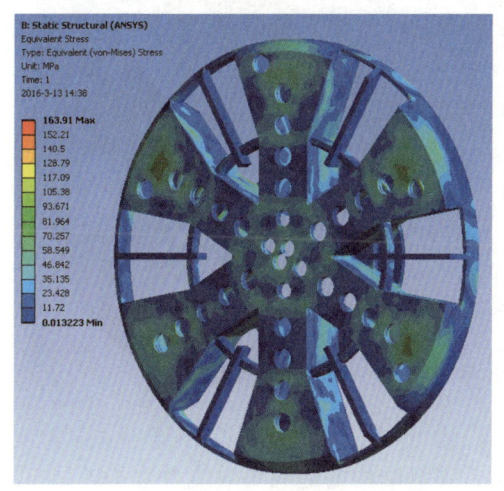
图 7-171　刀盘最大等效应力分布情况

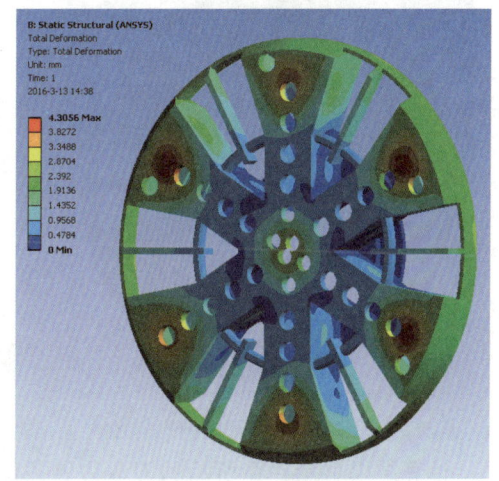
图 7-172　刀盘变形分布情况

表 7-10　《压力容器》（GB 150—2011）中 Q345R 的许用应力

钢号	厚度/mm	室温强度指标/MPa		指定温度下的许用应力（≤20℃）/MPa
		R_m	R_{el}	
Q345R	3 ~ 16	510	345	189
	> 16 ~ 36	500	325	185
	> 36 ~ 60	490	315	181
	> 60 ~ 100	490	305	181
	> 100 ~ 150	480	285	178
	> 150 ~ 200	470	265	174

注：R_m—材料标准抗拉强度下限值；R_{eL}—材料标准室温屈服强度。

2）刀盘偏载

刀盘偏载实验用于校核盾构刀盘在软硬不均地层中掘进时刀盘的强度。刀盘主要承受主驱动的驱动扭矩和掌子面的水土压力、掘进阻力。取刀盘下侧 1/3 部分受力的 1.5 倍计算掘进推力为 16 322 kN，扭矩取主驱动扭矩为 41 901 kN·m。

计算模型和均载时保持一致，驱动扭矩和水土压力全部作用在刀盘上，掘进阻力作用在刀盘下部 1/3 区域，刀盘材料保持不变，计算时施加的扭矩为 41 901 kN·m，推力为 16 322 kN，刀盘结构承受 0.6 MPa 的水土压力，并且约束刀盘法兰连接面的全部自由度作为位移边界条件。有限元模型如图 7-173 所示，边界条件如图 7-174 所示。

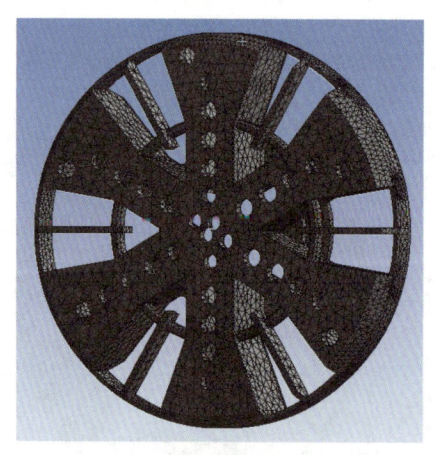
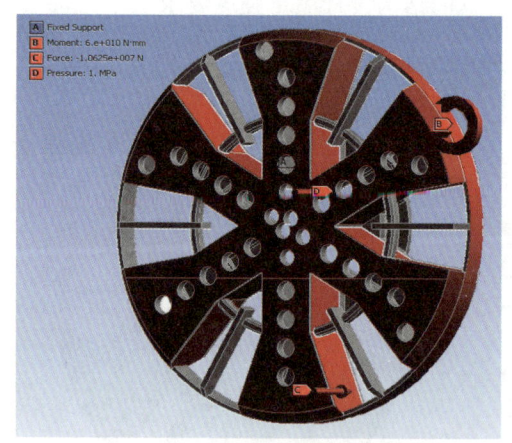

图 7-173　刀盘有限元模型网格划分　　图 7-174　刀盘计算边界条件确定

计算结果显示，在所示的刀盘边界条件下，刀盘结构的最大等效应力为 166 MPa，刀盘绝大部分区域的等效应力小于 80 MPa，刀盘的等效应力分布云图如图 7-175 所示。刀盘结构的最大变形为 6.4 mm，刀盘的变形分布云图如图 7-176 所示。刀盘设计所用材料为 Q345R，根据国家标准《压力容器》（GB 150—2011）规定的 Q345R 许用应力（表

7-10），该刀盘的结构设计满足强度要求。

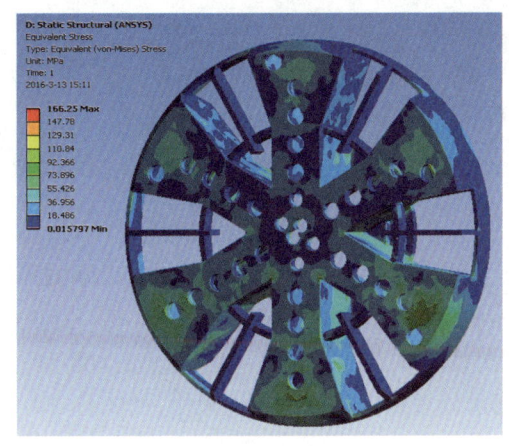

图 7-175　刀盘最大等效应力云图

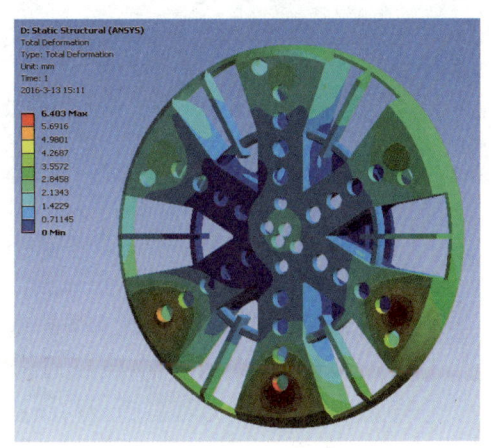

图 7-176　刀盘最大位移云图

3）小结

通过开展不同刀间距条件下的高强度花岗岩滚刀破岩实验，检验所提出的刀间距的可行性和合理性。通过数值仿真技术校核刀盘结构的强度，分析结果表明，无论是在软土地层还是在软硬不均地层中，在最大推力及脱困扭矩作用下，盾构刀盘的结构强度是满足使用要求的。

参考文献

[1] 陈馈. 南京地铁盾构掘进技术[J]. 建筑机械化, 2004, 2: 30-33.
[2] 陈馈. 重庆主城排水长江隧道施工技术[J]. 建筑机械化, 2004, 8: 29-32.
[3] 陈馈. 高水压地段泥水盾构施工防水技术[J]. 建筑机械化, 2004, 9: 21-23.
[4] 陈馈. 南京地铁 TA15 标盾构法施工技术[J]. 建筑机械, 2004, 10: 68-71.
[5] 陈馈. 重庆过江隧道盾构法施工泥水处理技术[J]. 建筑机械化, 2004, 10: 34-36.
[6] 陈馈. 南水北调中线一期穿黄工程盾构选型[J]. 建筑机械, 2005, 12: 26-31.
[7] 陈馈. 重庆过江隧道盾构刀具磨损与更换[J]. 建筑机械化, 2006, 1: 56-58.
[8] 陈馈, 李建斌. 盾构国产化及其市场前景分析[J]. 建筑机械化, 2006, 5: 59-64.
[9] 陈馈. 西安地铁施工盾构选型分析[J]. 建筑机械化, 2006, 9: 34-36.
[10] 解立功. 砂卵石层盾构刀具损坏原因分析及国产化技术[D]. 天津: 天津大学, 2007.
[11] 夏志迎. 地铁盾构刀具等离子体材料表面改性研究及应用[D]. 北京: 北京交通大学, 2007.
[12] 陈馈. 客运专线狮子洋隧道盾构设计与施工[J]. 建筑机械化, 2007, 1: 43-46.
[13] 陈馈. 隧道掘进机产业化及发展方向[J]. 铁道工程学报, 2007, 3: 56-59.
[14] 陈馈. 上海地铁延伸工程盾构刀盘设计与施工[J]. 建筑机械化, 2007, 3: 61-64.
[15] 宋克志, 潘爱国. 盾构切削刀具的工作原理分析[J]. 建筑机械, 2007, 3: 74-76.
[16] 侯克忠, 白佳声, 盛林峰, 等. 盾构掘进机用特种刀具的研究与制备[J]. 硬质合金, 2009, 1: 24-28.
[17] 马利华, 魏晓玉, 何於琏. 盾构掘进机土压舱和刀具工作状况监测的方案设计[J]. 郑州轻工业学院学报（自然科学版）, 2009, 2: 91-94.
[18] 陈馈. 盾构带压进舱安全系统的研制[J]. 铁道工程学报, 2009, 3: 54-56.
[19] 郭殿斌. 盾构掘进机刀盘力学性能及刀具磨损性能传感器的研制[D]. 天津: 天津大学, 2010.
[20] 陈馈. 狮子洋隧道盾构地中对接施工技术[J]. 建筑机械化, 2010, 11: 60-63.
[21] 陈馈. 琼州海峡隧道超大盾构关键技术初探[J]. 建筑机械化, 2011, 8: 51-53.
[22] 陈馈. 重庆地铁工程盾构适应性设计[J]. 建筑机械, 2011, 9: 104-107.
[23] 申智杰, 刘小波. 大直径长距离泥水盾构施工刀盘刀具管理[J]. 建筑机械化, 2011, 9: 54-56.

[24] 李凤远，陈馈. 盾构滚刀地质适应性探析[J]. 建筑机械化，2011，12：80-82.
[25] 陈光鑫，黄雷. 浅议土压平衡盾构机刀具的配置、维修和管理[J]. 现代隧道技术，2012，2：76-81.
[26] 杜佩阳，李月强，方依文. 改进型通电式盾构刀具磨损检测装置的设计[J]. 北京信息科技大学学报（自然科学版），2012，3：30-32.
[27] 邹健. 盾构刀具的加工工艺研究[J]. 金属加工（热加工），2012，4：41-43.
[28] 陈雷. 关于提高盾构刀具性能的研究分析[J]. 市政技术，2012，5：163-166.
[29] 张宁. 盾构机盾构刀具磨损检测的可视化研究[D]. 石家庄：石家庄铁道大学，2013.
[30] 王勇杰. 盾构机刀具磨损检测系统研究[D]. 石家庄：石家庄铁道大学，2013.
[31] 杨明，熊计，郭智兴，等. 国内外盾构机刀盘和刀具研究现状概况[J]. 工具技术，2013，4：8-11.
[32] 张忠健，谢浩，林国标，等. 盾构机盘型滚刀刀圈关键材料设计与试制[J]. 硬质合金，2013，6：326-331.
[33] 闫洪，陈磊，阮先明，等. 盾构刀具用 5Cr5 MoSiV1 钢淬火组织[J]. 金属热处理，2013，6：76-79.
[34] 陈馈. 盾构法施工超高水压换刀技术研究[J]. 隧道建设，2013，8：626-632.
[35] 温晓妮. 盾构机刀具中滚刀的设计及加工工艺[J]. 煤矿机械，2013，11：127-128.
[36] 刘利辉，和大波. 追求过硬 掘进无限——株洲硬质合金集团有限公司盾构刀具产业化纪实[J]. 中国有色金属，2013，12：58-59.
[37] 朱英伟，郑立波，张洪涛. 新型盾构机刀具磨损检测技术研究[J]. 施工技术，2014，1：121-123.
[38] 陈馈. 琼州海峡隧道超大直径盾构新技术展望[J]. 隧道建设，2014，7：603-607.
[39] 陈馈，冯欢欢. 极软弱地层盾构施工关键技术探析[J]. 建筑机械化，2014，11：66-70.
[40] 陈馈. 盾构刀具关键技术及其最新发展[J]. 隧道建设，2015，3：197-203.
[41] 陈馈，洪开荣，焦胜军. 国内外盾构法隧道施工实例[M]. 北京：人民交通出版社，2016.
[42] 陈馈，毛红梅，郭军. 盾构构造与操作维护[M]. 北京：人民交通出版社，2016.
[43] 陈馈，洪开荣，焦胜军. 盾构施工技术[M]. 2版. 北京：人民交通出版社，2016.
[44] 张凌，张爱武. 直读光谱法测定热作模具钢中硫的不确定度评定[J]. 凿岩机械气动工具，2017，1：34-36.
[45] 张凌，于永生，张爱武，等. 隧道掘进机用刀具刀体硬度测定方法的讨论[J]. 凿岩机械气动工具，2017，2：44-47.
[46] 陈馈，杨延栋. 中国盾构制造新技术与发展趋势[J]. 隧道建设，2017，3：

276-284.

[47] 张凌, 黄石起, 方亮, 等. 高品质 TBM 滚刀刀圈材料及生产工艺[J]. 凿岩机械气动工具, 2017, 4: 19-22.

[48] 张凌, 方亮. 隧道掘进机滚刀在刀盘上的固定方式研究[J]. 凿岩机械气动工具, 2018, 1: 40-41.

[49] 张凌, 张爱武, 陈强. 锻压刀圈理化试验分析研究[J]. 凿岩机械气动工具, 2018, 2: 33-35.

[50] HU Yong, TIAN Jiyu, XU Mingxu, et al. The preparation of H13 steel for TBM cutter and the performance test close to working condition[J]. Applied Sciences, 2018, 8: 1877.

[51] 张凌, 张爱武, 于永生, 等. 全断面隧道掘进机（TBM）盘形滚刀刀轴断裂失效分析[J]. 凿岩机械气动工具, 2019, 2: 31-33.

[52] 张凌, 任长海, 张爱武, 等. 一种隧道掘进机刀座的机器人自动化焊接方法[J]. 凿岩机械气动工具, 2019, 3: 35-37.

[53] 黄石起, 江磊峰, 高雪竹, 等. 底吹氩中频炉熔炼高品质 H13 模具钢[J]. 凿岩机械气动工具, 2019, 4: 21-23.

[54] 张凌, 张爱武, 马文超, 等. 隧道掘进机滚刀刀座的自动化无损检测装置[J]. 凿岩机械气动工具, 2019, 4: 24-27; 55.

[55] TIAN Jiyu, HU Yong, ZHAO Hongwei, et al. The indentation and wear performance of hardfacing layers on H13 steel for use in high temperature application[J]. AIP Advances, 2019, 9: 095304.

[56] 张凌, 戈强, 张爱武, 等. 隧道掘进机上的一种新型锁紧式刀箱[J]. 凿岩机械气动工具, 2020, 1: 9-11.

[57] 张凌, 张爱武, 马文超, 等. 一种隧道掘进机刀箱内刀座板材料及其制备方法[J]. 凿岩机械气动工具, 2020, 2: 41-42; 55.

[58] 陈馈, 王江卡, 等. 盾构施工关键技术[M]. 北京: 中国铁道出版社, 2020.

[59] 张凌, 皮春明, 张爱武, 等. 梯度硬度刀圈材料的性能测试失效分析及方法[J]. 凿岩机械气动工具, 2021, 4: 18-22.

[60] FU Jie, ZENG Guiying, ZHANG Hao, et al. Experimental investigation on wear behaviors of TBM disc cutter ring with different cooling methods[J]. Engineering Failure Analysis, 2022, 134: 106076.

[61] YANG Mei, JI Zhiyong, ZHANG Ling, et al. A hybrid comprehensive performance evaluation approach of cutter holder for tunnel boring machine[J]. Advanced Engineering Informatics, 2022, 52: 101546.

[62] 杜彦良, 陈馈, 王江卡. 盾构设计施工管理关键技术[M]. 成都: 西南交通大学出版社, 2023.